한전KDN

NCS + 최종점검 모의고사 6회

KB199812

시대에듀

2025 최신판 시대에듀 한전KDN
NCS + 최종점검 모의고사 6회 + 무료NCS특강

Always **with you**

사람의 인연은 길에서 우연하게 만나거나 함께 살아가는 것만을 의미하지는 않습니다.
책을 펴내는 출판사와 그 책을 읽는 독자의 만남도 소중한 인연입니다.
시대에듀는 항상 독자의 마음을 헤아리기 위해 노력하고 있습니다. 늘 독자와 함께하겠습니다.

머리말 PREFACE

전력사업의 선진화와 스마트그리드 구축에 기여하기 위해 노력하는 한전KDN은 2025년에 신입사원을 채용할 예정이다. 한전KDN의 채용절차는 「지원서 접수 ➡ 서류전형 ➡ 필기전형 ➡ 면접전형 및 실기평가 ➡ 신체검사 ➡ 최종 합격자 발표」 순서로 이루어진다. 필기전형은 직업기초능력평가와 직무수행능력평가로 진행하며, 직업기초능력평가의 경우 NCS 10개 영역을 모두 평가한다. 직무수행능력평가는 채용분야별로 시험과목이 상이하므로 반드시 확정된 채용공고를 확인해야 한다. 또한 필기전형 고득점자 순으로 채용예정인원의 3배수를 선발하여 면접전형을 진행하므로 필기전형에서 고득점을 받기 위해 다양한 유형에 대한 폭넓은 학습과 문제풀이 능력을 높이는 등 철저한 준비가 필요하다.

한전KDN 필기전형 합격을 위해 시대에듀에서는 한전KDN 판매량 1위의 출간 경험을 토대로 다음과 같은 특징을 가진 도서를 출간하였다.

도서의 특징

❶ **기출복원문제를 통한 출제 유형 확인!**
- 2024년 하반기 주요 공기업 NCS 기출문제를 복원하여 공기업별 NCS 필기 유형을 확인할 수 있도록 하였다.

❷ **한전KDN 필기전형 출제 영역 맞춤 문제를 통한 실력 상승!**
- 직업기초능력평가 출제유형분석&실전예제를 수록하여 유형별로 대비할 수 있도록 하였다.

❸ **최종점검 모의고사를 통한 완벽한 실전 대비!**
- 철저한 분석을 통해 실제 유형과 유사한 최종점검 모의고사를 수록하여 자신의 실력을 점검할 수 있도록 하였다.

❹ **다양한 콘텐츠로 최종 합격까지!**
- 한전KDN 채용 가이드와 면접 기출질문을 수록하여 채용을 준비하는 데 부족함이 없도록 하였다.
- 온라인 모의고사를 무료로 제공하여 필기전형에 대비할 수 있도록 하였다.

끝으로 본 도서를 통해 한전KDN 채용을 준비하는 모든 수험생 여러분이 합격의 기쁨을 누리기를 진심으로 기원한다.

SDC(Sidae Data Center) 씀

◇ **미션**

에너지ICT 기술 전문화 및 고도화를 통해 에너지산업 발전에 기여

◇ **비전**

친환경, 디지털 중심의 에너지ICT 플랫폼 전문기업

◇ **핵심가치**

미래선도 / 전문기술 / 국민신뢰 / 혁신추구

◇ **인재상**

창의인재	창의성을 바탕으로 변화 · 혁신을 주도하고 미래가치창출에 도전하는 인재
전문인재	전문성과 열정으로 조직성과를 창출하여 회사의 상징을 주도하는 인재
신뢰인재	청렴윤리를 실천하고 사회적 협력과 책임을 다하여 신뢰를 얻는 인재
고객지향인재	고객의 가치와 성공을 추구하여 신뢰받는 기업위상과 지속가능경영에 기여하는 인재

◇ **전략방향**

디지털 전환	사업다각화	ESG 확산	경영혁신
디지털플랫폼 경쟁력 확보	미래 에너지ICT 다변화	국민지향 KDN형 ESG 선도	경영체계 지속혁신

◇ **전략과제**

디지털플랫폼	에너지믹스	친환경(E)	경영효율
에너지ICT 플랫폼 고도화 및 서비스 발굴	탄소중립 실현을 위한 에너지ICT 사업 확장	에너지ICT 기반 탄소중립 실현	생산성 제고 지향 경영관리 혁신
지능형전력망	**사이버보안**	**안전 · 동행(S)**	**전문역량**
전력계통 솔루션 개발로 전력망 안정성 확보	에너지ICT 사이버보안 사업 확대	국민 최우선, 안전 · 동행사회 구축	핵심역량 강화 중심 내부전문가 육성
전력ICT O&M	**R&D**	**투명경영(G)**	**재무건전성**
수탁사업 고도화로 디지털 경쟁력 강화	핵심 기술 · 솔루션 확보를 통한 경쟁우위 달성	투명하고 신뢰받는 거버넌스 강화	리스크 관리 기반 재무건전성 유지

◇ 지원자격(공통)

❶ 연령 : 제한 없음

※ 단, 근로기준법 제64조 및 관련 법령상 채용이 금지된 자 또는 입사일 기준 정년(만 60세)에 도달한 자 지원 불가

❷ 병역 : 병역 기피 사실이 없는 자, 군미필자 및 입사일 전까지 전역이 가능한 자

❸ 전공 · 자격 : 채용분야별 관련학과 졸업(예정)증명서 발급이 가능한 자 또는 채용 분야 자격증 보유자

❹ 어학(영어) : TOEIC 기준 700점 이상인 자

※ 단, 850점 이상은 만점 처리

❺ 채용 결격 사유에 해당하지 않고 입사일부터 근무가 가능한 자

❻ 해외여행에 결격 사유가 없는 자

◇ 필기전형

구분	평가내용	문항 수	시험시간
직업기초능력평가	수리능력, 의사소통능력, 문제해결능력, 정보능력, 직업윤리, 기술능력, 자원관리능력, 자기개발능력, 조직이해능력, 대인관계능력	50문항	50분
직무수행능력평가	채용분야별 상이	50문항	50분

◇ 면접전형

구분	평가내용
발표면접 · 실기평가	1인 1조 발표면접, 실무지식 및 역량평가 등(단, 실기평가의 경우 전산 분야에 한함)
종합면접	3인 1조 대면 면접을 통해 직무능력 및 조직 적합도 등 검증

❖ 위 채용 안내는 2024년 채용공고를 기준으로 작성하였으므로 세부사항은 확정된 채용공고를 확인하기 바랍니다.

총평

한전KDN 필기전형은 피듈형으로 출제되었으며, 난이도는 평이했다는 후기가 많았다. 의사소통능력의 경우 맞춤법에 대한 문제가 출제되었으므로 평소 자주 틀리는 맞춤법 문제에 대한 연습이 필요해 보인다. 또한, 수리능력의 경우 다양한 유형의 문제가 출제되었으므로 여러 유형의 문제에 대한 연습을 해두는 것이 좋다. 문제해결능력이나 자기개발능력, 대인관계능력 등의 영역에서는 모듈이론과 관련된 문제가 출제되었으므로 모듈형 문제에 대한 준비를 해야 하며, 10개의 NCS 영역에서 골고루 문제가 출제되었으므로 모든 영역을 꼼꼼하게 준비하는 것이 중요해 보인다.

◇ 영역별 출제 비중

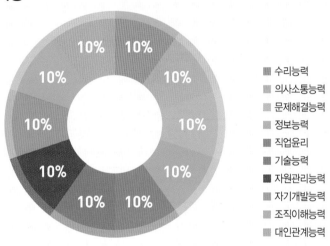

구분	출제 특징	출제 키워드
의사소통능력	• 문학작품 관련 문제가 출제됨 • 맞춤법 문제가 출제됨	• 전우치, 문학, 영웅소설 등
수리능력	• 확률 문제가 출제됨 • 자료 이해 문제가 출제됨	• 원탁, 농도, 비율 등
문제해결능력	• SWOT 분석 문제가 출제됨 • 모듈형 문제가 출제됨	• SWOT 분석, 하드어프로치, 퍼실리테이션 등
자원관리능력	• 보고서 관련 문제가 출제됨 • 인적 자원 관련 문제가 출제됨	• 근무 배치, 보고서 등
정보능력	• 엑셀 문제가 출제됨	• 윈도우, 랜섬웨어, 수식 등
자기개발능력	• 모듈형 문제가 출제됨	• 자기 관리, 경력 개발 등
대인관계능력	• 모듈형 문제가 출제됨	• 리더십, 고객중심, 갈등 관리 등

PSAT형

04 다음은 신용등급에 따른 아파트 보증률에 대한 사항이다. 자료와 상황에 근거할 때, 갑(甲)과 을(乙)의 보증료의 차이는 얼마인가?(단, 두 명 모두 대지비 보증금액은 5억 원, 건축비 보증금액은 3억 원이며, 보증서 발급일로부터 입주자 모집공고 안에 기재된 입주 예정 월의 다음 달 말일까지의 해당 일수는 365일이다)

- (신용등급별 보증료)−(대지비 부분 보증료)+(건축비 부분 보증료)
- 신용평가 등급별 보증료율

구분	대지비 부분	건축비 부분				
		1등급	2등급	3등급	4등급	5등급
AAA, AA	0.138%	0.178%	0.185%	0.192%	0.203%	0.221%
A$^+$		0.194%	0.208%	0.215%	0.226%	0.236%
A$^-$, BBB$^+$		0.216%	0.225%	0.231%	0.242%	0.261%
BBB$^-$		0.232%	0.247%	0.255%	0.267%	0.301%
BB$^+$ ~ CC		0.254%	0.276%	0.296%	0.314%	0.335%
C, D		0.404%	0.427%	0.461%	0.495%	0.531%

※ (대지비 부분 보증료)=(대지비 부분 보증금액)×(대지비 부분 보증료율)×(보증서 발급일로부터 입주자 모집공고 안에 기재된 입주 예정 월의 다음 달 말일까지의 해당 일수)÷365

※ (건축비 부분 보증료)=(건축비 부분 보증금액)×(건축비 부분 보증료율)×(보증서 발급일로부터 입주자 모집공고 안에 기재된 입주 예정 월의 다음 달 말일까지의 해당 일수)÷365

- 기여고객 할인율 : 보증료, 거래기간 등을 기준으로 기여도에 따라 6개 군으로 분류하며, 건축비 부분 요율에서 할인 가능

구분	1군	2군	3군	4군	5군	6군
차감률	0.058%	0.050%	0.042%	0.033%	0.025%	0.017%

〈상황〉

- 갑 : 신용등급은 A$^+$이며, 3등급 아파트 보증금을 내야 한다. 기여고객 할인율에서는 2군으로 선정되었다.
- 을 : 신용등급은 C이며, 1등급 아파트 보증금을 내야 한다. 기여고객 할인율은 3군으로 선정되었다.

① 554,000원
② 566,000원
③ 582,000원
④ 591,000원
⑤ 623,000원

특징
▶ 대부분 의사소통능력, 수리능력, 문제해결능력을 중심으로 출제(일부 기업의 경우 자원관리능력, 조직이해능력을 출제)
▶ 자료에 대한 추론 및 해석 능력을 요구

대행사
▶ 엑스퍼트컨설팅, 커리어넷, 태드솔루션, 한국행동과학연구소(행과연), 휴노 등

모듈형

┃ 문제해결능력

41 문제해결절차의 문제 도출 단계는 (가)와 (나)의 절차를 거쳐 수행된다. 다음 중 (가)에 대한 설명으로 적절하지 않은 것은?

(가)	→	(나)
전체 문제를 개별화된 이슈들로 세분화		문제에 영향력이 큰 핵심이슈를 선정

① 문제의 내용 및 영향 등을 파악하여 문제의 구조를 도출한다.
② 본래 문제가 발생한 배경이나 문제를 일으키는 메커니즘을 분명히 해야 한다.
③ 현상에 얽매이지 말고 문제의 본질과 실제를 봐야 한다.
④ 눈앞의 결과를 중심으로 문제를 바라봐야 한다.
⑤ 문제 구조 파악을 위해서 Logic Tree 방법이 주로 사용된다.

특징
▶ 이론 및 개념을 활용하여 푸는 유형
▶ 채용 기업 및 직무에 따라 NCS 직업기초능력평가 10개 영역 중 선발하여 출제
▶ 기업의 특성을 고려한 직무 관련 문제를 출제
▶ 주어진 상황에 대한 판단 및 이론 적용을 요구

대행사 ▶ 인트로맨, 휴스테이션, ORP연구소 등

피듈형(PSAT형 + 모듈형)

┃ 자원관리능력

07 다음 자료를 근거로 판단할 때, 연구모임 A ~ E 중 세 번째로 많은 지원금을 받는 모임은?

〈지원계획〉
• 지원을 받기 위해서는 한 모임당 5명 이상 9명 미만으로 구성되어야 한다.
• 기본지원금은 모임당 1,500천 원을 기본으로 지원한다. 단, 상품개발을 위한 모임의 경우는 2,000천 원을 지원한다.
• 추가지원금

등급	상	중	하
추가지원금(천 원/명)	120	100	70

※ 추가지원금은 연구 계획 사전평가결과에 따라 달라진다.
• 협업 장려를 위해 협업이 인정되는 모임에는 위의 두 지원금을 합한 금액의 30%를 별도로 지원한다.

〈연구모임 현황 및 평가결과〉

특징
▶ 기초 및 응용 모듈을 구분하여 푸는 유형
▶ 기초인지모듈과 응용업무모듈로 구분하여 출제
▶ PSAT형보다 난도가 낮은 편
▶ 유형이 정형화되어 있고, 유사한 유형의 문제를 세트로 출제

대행사 ▶ 사람인, 스카우트, 인크루트, 커리어케어, 트리피, 한국사회능력개발원 등

한전KDN

농도 ▶ 유형

05 농도를 알 수 없는 설탕물 500g에 3%의 설탕물 200g을 온전히 섞었더니 섞은 설탕물의 농도는 7%가 되었다. 이때, 처음 500g의 설탕물에 녹아있던 설탕은 몇 g인가?

① 40g
② 41g
③ 42g
④ 43g
⑤ 44g

비율 ▶ 키워드

※ 다음은 외국인 직접투자의 투자건수 비율과 투자금액 비율을 투자규모별로 나타낸 자료이다. 이어지는 질문에 답하시오. [12~13]

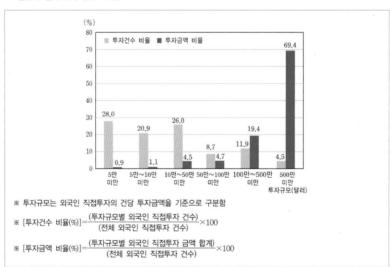

※ 투자규모는 외국인 직접투자의 건당 투자금액을 기준으로 구분함

※ [투자건수 비율(%)]=$\dfrac{(투자규모별\ 외국인\ 직접투자\ 건수)}{(전체\ 외국인\ 직접투자\ 건수)}\times100$

※ [투자금액 비율(%)]=$\dfrac{(투자규모별\ 외국인\ 직접투자\ 금액\ 합계)}{(전체\ 외국인\ 직접투자\ 건수)}\times100$

12 다음 중 투자규모가 50만 달러 미만인 투자건수 비율은?

① 55.3%
② 62.8%
③ 68.6%
④ 74.9%
⑤ 83.6.3%

한국전력공사

문장 삽입 ▶ 유형

06 다음 중 빈칸에 들어갈 문장으로 가장 적절한 것은?

> 사회가 변하면 사람들은 새로운 생활에 맞는 새로운 언어를 필요로 하게 된다. 그 언어가 자연스럽게 육성되기를 기다릴 수도 있지만, 사람들은 대개 외국으로부터 그러한 개념의 언어를 빌려오려고 한다. 돈이나 기술을 빌리는 것에 비하면 언어는 대가 없이 빌려 쓸 수 있으므로 대개는 제한 없이 외래어를 빌린다. 특히 _____ 광복 이후 우리 사회에서 외래어가 넘쳐나는 것은 그간 우리나라의 고도성장과 절대 무관하지 않다.

① 외래어의 증가는 사회의 팽창과 함께 진행된다.
② 새로운 언어는 사회의 변화를 선도하기도 한다.
③ 외래어가 증가하면 범람한다는 비판을 받게 된다.
④ 새로운 언어는 인간의 욕망을 적절히 표현해 준다.
⑤ 새로운 언어는 필연적으로 외국의 개념을 빌릴 수밖에 없다.

퇴직금 ▶ 키워드

09 K공사에 근무하는 A씨는 사정이 생겨 퇴사하게 되었다. A씨의 근무기간 및 기본급 등의 기본정보가 다음과 같다면, A씨가 받게 되는 퇴직금의 세전금액은 얼마인가?(단, A씨의 퇴직일 이전 3개월간 기타수당은 720,000원이며, 퇴직일 이전 3개월간 총일수는 80일이다)

> • 입사일자 : 2021년 9월 1일
> • 퇴사일자 : 2023년 9월 4일
> • 재직일수 : 730일
> • 월기본급 : 2,000,000원
> • 월기타수당 : 월별 상이
> • 퇴직 전 3개월 임금 총액 계산(세전금액)
>
> | 퇴직 이전 3개월간 총일수 | 기본급(3개월분) | 기타수당(3개월분) |
> |---|---|---|
> | 80일 | 6,000,000원 | 720,000원 |
>
> • (1일 평균임금)=[퇴직일 이전 3개월간에 지급 받은 임금총액(기본급)+(기타수당)]/(퇴직일 이전 3개월간 총일수)
> • (퇴직금)=(1일 평균임금)×(30일)×[(재직일수)/365]

① 5,020,000원   ② 5,030,000원
③ 5,040,000원   ④ 5,050,000원
⑤ 5,060,000원

주요 공기업 적중 문제 TEST CHECK

한국수력원자력

암호 ▶ 키워드

※ H공단의 ICT 센터는 정보보안을 위해 직원의 컴퓨터 암호를 다음과 같은 규칙으로 지정해두었다. 이어지는 질문에 답하시오. [36~37]

〈규칙〉

1. 자음과 모음의 배열은 국어사전의 배열 순서에 따른다.
   • 자음
   - 국어사전 배열 순서에 따라 알파벳 소문자(a, b, c, …)로 치환하여 사용한다.
   - 받침으로 사용되는 자음의 경우 대문자로 구분한다.
   - 겹받침일 경우, 먼저 쓰인 순서대로 알파벳을 나열한다.
   • 모음
   - 국어사전 배열 순서에 따라 숫자(1, 2, 3, …)로 치환하여 사용한다.
2. 비밀번호는 임의의 세 글자로 구성하되 마지막 음절 뒤 한 자리 숫자는 다음의 규칙에 따라 지정한다.
   • 음절에 사용된 각 모음의 합으로 구성한다.
   • 모음의 합이 두 자리 이상일 경우엔 각 자릿수를 다시 합하여 한 자리 수가 나올 때까지 더한다.
   • '-'을 사용하여 단어와 구별한다.

36 김사원 컴퓨터의 비밀번호는 '자전거'이다. 이를 암호로 바르게 치환한 것은?

① m1m3ca5-9 ② m1m5Ca5-2

신재생에너지 ▶ 키워드

02 다음은 2022년도 신재생에너지 산업통계에 대한 자료이다. 이를 토대로 작성한 그래프로 옳지 않은 것은?

〈신재생에너지원별 산업 현황〉

(단위 : 억 원)

구분	기업체 수(개)	고용인원(명)	매출액	내수	수출액	해외공장매출	투자액
태양광	127	8,698	75,637	22,975	33,892	18,770	5,324
태양열	21	228	290	290	0	0	1
풍력	37	2,369	14,571	5,123	5,639	3,809	583
연료전지	15	802	2,837	2,143	693	0	47
지열	26	541	1,430	1,430	0	0	251
수열	3	46	29	29	0	0	0
수력	4	83	129	116	13	0	0
바이오	128	1,511	12,390	11,884	506	0	221
폐기물	132	1,899	5,763	5,763	0	0	1,539
합계	493	16,177	113,076	49,753	40,743	22,579	7,966

① 신재생에너지원별 기업체 수(단위 : 개)

한국에너지공단

글의 주제 ▶ 유형

05 다음 글의 주제로 가장 적절한 것은?

> 서양에서는 아리스토텔레스가 중용을 강조했다. 하지만 우리의 중용과는 다르다. 아리스토텔레스가 말하는 중용은 균형을 중시하는 서양인의 수학적 의식에 기초했으며 또한 우주와 천체의 운동을 완벽한 원과 원운동으로 이해한 우주관에 기초한 것이다. 그러므로 그것은 명백한 대칭과 균형의 의미를 갖는다. 팔씨름에 비유해 보면 아리스토텔레스는 두 팔이 똑바로 서 있을 때 중용이라고 본 데 비해 우리는 팔이 한 쪽으로 완전히 기울었다 해도 아직 승부가 나지 않았으면 중용이라고 보는 것이다. 그러므로 비대칭도 균형을 이루면 중용을 이룰 수 있다는 생각은 분명 서양의 중용관과는 다르다.
> 이러한 정신은 병을 다스리고 약을 쓰는 방법에도 나타난다. 서양의 의학은 병원체와의 전쟁이고 그 대상을 완전히 제압하는 데 반해, 우리 의학은 각 장기 간의 균형을 중시한다. 만약 어떤 이가 간장이 나쁘다면 서양 의학은 그 간장의 능력을 회생시키는 방향으로만 애를 쓴다. 그런데 우리는 만약 더 이상 간장 기능을 강화할 수 없다고 할 때 간장과 대치되는 심장의 기능을 약하게 만드는 방법을 쓰는 것이다. 한쪽의 기능이 치우치면 병이 심해진다고 보기 때문이다. 우리는 의학 처방에 있어서조차 중용관에 기초해서 서양의 그것과는 다른 가치관과 세계관을 적용하면서 살아온 것이다.

① 아리스토텔레스의 중용의 의미
② 서양 의학과 우리 의학의 차이
③ 서양과 우리 가치관의 공통점
④ 서양 중용관과 우리 중용관의 차이

성과급 ▶ 키워드

39 다음은 어느 기업의 팀별 성과급 지급 기준 및 영업팀의 분기별 평가표이다. 영업팀에게 지급되는 성과급의 1년 총액은?(단, 성과평가등급이 A등급이면 직전 분기 차감액의 50%를 가산하여 지급한다)

〈성과급 지급 기준〉

성과평가 점수	성과평가 등급	분기별 성과급 지급액
9.0 이상	A	100만 원
8.0 ~ 8.9	B	90만 원(10만 원 차감)
7.0 ~ 7.9	C	80만 원(20만 원 차감)
6.9 이하	D	40만 원(60만 원 차감)

〈영업팀 평가표〉

구분	1/4분기	2/4분기	3/4분기	4/4분기
유용성	8	8	10	8
안정성	8	6	8	8
서비스 만족도	6	8	10	8

※ (성과평가 점수)=[(유용성)×0.4]+[(안정성)×0.4]+[(서비스 만족도)×0.2]

① 350만 원
② 360만 원
③ 370만 원
④ 380만 원

도서 200% 활용하기 STRUCTURES

1 기출복원문제로 출제경향 파악

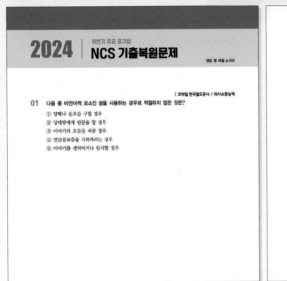

▶ 2024년 하반기 주요 공기업 기출문제를 복원하여 공기업별 NCS 필기 유형을 파악할 수 있도록 하였다.

2 출제유형분석 + 유형별 실전예제로 필기전형 완벽 대비

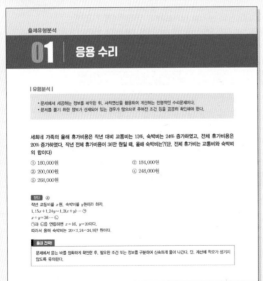
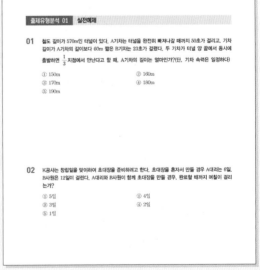

▶ NCS 출제 영역에 대한 출제유형분석과 유형별 실전예제를 수록하여 NCS 문제에 대한 접근 전략을 익히고 점검할 수 있도록 하였다.

3 최종점검 모의고사 + OMR을 활용한 실전 연습

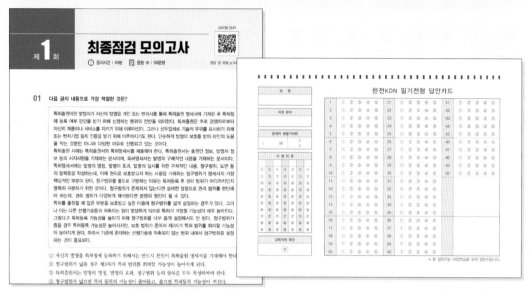

▶ 최종점검 모의고사와 OMR 답안카드를 수록하여 실제로 시험을 보는 것처럼 마무리 연습을 할 수 있도록 하였다.
▶ 모바일 OMR 답안채점/성적분석 서비스를 통해 필기전형에 대비할 수 있도록 하였다.

4 인성검사부터 면접까지 한 권으로 최종 마무리

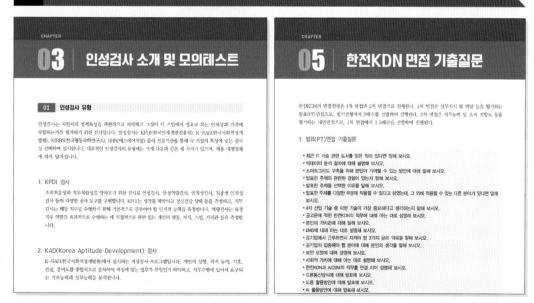

▶ 인성검사 모의테스트를 수록하여 인성검사 유형 및 문항을 확인할 수 있도록 하였다.
▶ 한전KDN 면접 기출질문을 통해 실제 면접에서 나오는 질문을 미리 파악하고 연습할 수 있도록 하였다.

이 책의 차례 CONTENTS

Add + 　2024년 하반기 주요 공기업 NCS 기출복원문제 　　2

PART 1 　직업기초능력평가

CHAPTER 01 수리능력 　　4
출제유형분석 01 응용 수리
출제유형분석 02 자료 계산
출제유형분석 03 자료 이해

CHAPTER 02 의사소통능력 　　18
출제유형분석 01 문서 내용 이해
출제유형분석 02 주제 · 제목
출제유형분석 03 문단 나열
출제유형분석 04 내용 추론
출제유형분석 05 경청 및 의사표현

CHAPTER 03 문제해결능력 　　36
출제유형분석 01 명제 추론
출제유형분석 02 규칙 적용
출제유형분석 03 자료 해석

CHAPTER 04 정보능력 　　48
출제유형분석 01 정보 이해
출제유형분석 02 엑셀 함수
출제유형분석 03 프로그램 언어(코딩)

CHAPTER 05 직업윤리 　　58
출제유형분석 01 윤리 · 근면
출제유형분석 02 봉사와 책임 의식

CHAPTER 06 기술능력 　　64
출제유형분석 01 기술 이해
출제유형분석 02 기술 적용

CHAPTER 07 자원관리능력 　　74
출제유형분석 01 시간 계획
출제유형분석 02 비용 계산
출제유형분석 03 품목 확정
출제유형분석 04 인원 선발

CHAPTER 08 자기개발능력 　　90
출제유형분석 01 자기 관리
출제유형분석 02 경력 관리

CHAPTER 09 조직이해능력 　　96
출제유형분석 01 경영전략
출제유형분석 02 조직 구조
출제유형분석 03 업무 종류

CHAPTER 10 대인관계능력 　　106
출제유형분석 01 팀워크
출제유형분석 02 리더십
출제유형분석 03 갈등 관리
출제유형분석 04 고객 서비스

PART 2 　최종점검 모의고사

제1회 최종점검 모의고사 　　118
제2회 최종점검 모의고사 　　152
제3회 최종점검 모의고사 　　182

PART 3 　채용 가이드

CHAPTER 01 블라인드 채용 소개 　　212
CHAPTER 02 서류전형 가이드 　　214
CHAPTER 03 인성검사 소개 및 모의테스트 　　221
CHAPTER 04 면접전형 가이드 　　228
CHAPTER 05 한전KDN 면접 기출질문 　　238

별　책 　정답 및 해설

Add+ 2024년 하반기 주요 공기업 NCS 기출복원문제 　2
PART 1 직업기초능력평가 　　18
PART 2 최종점검 모의고사 　　46
OMR 답안카드

Add+

2024년 하반기 주요 공기업
NCS 기출복원문제

┃ 코레일 한국철도공사 / 의사소통능력

01 다음 중 비언어적 요소인 쉼을 사용하는 경우로 적절하지 않은 것은?

① 양해나 동조를 구할 경우

② 상대방에게 반문을 할 경우

③ 이야기의 흐름을 바꿀 경우

④ 연단공포증을 극복하려는 경우

⑤ 이야기를 생략하거나 암시할 경우

┃ 코레일 한국철도공사 / 의사소통능력

02 다음 밑줄 친 부분에 해당하는 키슬러의 대인관계 의사소통 유형은?

> 의사소통 시 이 유형의 사람은 따뜻하고 인정이 많으며 자기희생적이나 타인의 요구를 거절하지 못하므로 타인과의 정서적인 거리를 유지하는 노력이 필요하다.

① 지배형   ② 사교형

③ 친화형   ④ 고립형

⑤ 순박형

03 다음 글을 통해 알 수 있는 철도사고 발생 시 행동요령으로 적절하지 않은 것은?

철도사고는 지하철, 고속철도 등 철도에서 발생하는 사고를 뜻한다. 많은 사람이 한꺼번에 이용하며 무거운 전동차가 고속으로 움직이는 특성상 철도사고가 발생할 경우 인명과 재산에 큰 피해가 발생한다.

철도사고는 다양한 원인에 의해 발생하며 사고 유형 또한 다양하게 나타나는데, 대표적으로는 충돌사고, 탈선사고, 열차화재사고가 있다. 이 사고들은 철도안전법에서 철도교통사고로 규정되어 있으며, 많은 인명피해를 야기하므로 철도사업자는 반드시 이를 예방하기 위한 조치를 취해야 한다. 또한 승객들은 위험으로부터 빠르게 벗어나기 위해 사고 시 대피요령을 파악하고 있어야 한다.

국토교통부는 철도사고 발생 시 인명과 재산을 보호하기 위한 국민행동요령을 제시하고 있다. 이 행동요령에 따르면 지하철에서 사고가 발생할 경우 가장 먼저 객실 양 끝에 있는 인터폰으로 승무원에게 사고를 알려야 한다. 만약 화재가 발생했다면 곧바로 119에 신고하고, 여유가 있다면 객실 양 끝에 비치된 소화기로 불을 꺼야 한다. 반면 화재의 진화가 어려울 경우 입과 코를 젖은 천으로 막고 화재가 발생하지 않은 다른 객실로 이동해야 한다. 전동차에서 대피할 때는 안내방송과 승무원의 안내에 따라 질서 있게 대피해야 하며 이때 부상자, 노약자, 임산부가 먼저 대피할 수 있도록 배려하고 도와주어야 한다. 만약 전동차의 문이 열리지 않으면 반드시 열차가 멈춘 후에 안내방송에 따라 비상핸들이나 비상콕크를 돌려 문을 열고 탈출해야 한다. 전동차가 플랫폼에 멈췄을 경우 스크린도어를 열고 탈출해야 하는데, 손잡이를 양쪽으로 밀거나 빨간색 비상바를 밀고 탈출해야 한다. 반대로 역이 아닌 곳에서 멈췄을 경우 감전의 위험이 있으므로 반드시 승무원의 안내에 따라 반대편 선로의 열차 진입에 유의하며 대피 유도등을 따라 침착하게 비상구로 대피해야 한다.

이와 같이 승객들은 철도사고 발생 시 신고, 질서 유지, 빠른 대피를 중점적으로 유념하여 행동해야 한다. 철도사고는 사고 자체가 일어나지 않도록 철저한 안전관리와 예방이 필요하지만, 다양한 원인으로 예상치 못하게 발생한다. 따라서 철도교통을 이용하는 승객 또한 평소에 안전 수칙을 준수하고 비상 상황에서 침착하게 대처하는 훈련이 필요하다.

① 침착함을 잃지 않고 승무원의 안내에 따라 대피해야 한다.
② 화재사고 발생 시 규모가 크지 않다면 빠르게 진화 작업을 해야 한다.
③ 선로에서 대피할 경우 승무원의 안내와 대피 유도등을 따라 대피해야 한다.
④ 열차에서 대피할 때는 탈출이 어려운 사람부터 대피할 수 있도록 도와야 한다.
⑤ 열차사고 발생 시 탈출을 위해 우선 비상핸들을 돌려 열차의 문을 개방해야 한다.

04 다음 글을 읽고 알 수 있는 하향식 읽기 모형의 사례로 적절하지 않은 것은?

글을 읽는 것은 단순히 책에 쓰인 문자를 해독하는 것이 아니라 그 안에 담긴 의미를 파악하는 과정이다. 그렇다면 사람들은 어떤 방식으로 글의 의미를 파악할까? 세상의 모든 어휘를 알고 있는 사람은 없을 것이다. 그러나 대부분의 사람들, 특히 고등교육을 받은 성인들은 자신이 잘 모르는 어휘가 있더라도 글의 전체적인 맥락과 의미를 파악할 수 있다. 이를 설명해 주는 것이 바로 하향식 읽기 모형이다.

하향식 읽기 모형은 독자가 이미 알고 있는 배경지식과 경험을 바탕으로 글의 전체적인 맥락을 먼저 파악하는 방식이다. 하향식 읽기 모형은 독자의 능동적인 참여를 활용하는 읽기로, 여기서 독자는 단순히 글을 받아들이는 수동적인 존재가 아니라 자신의 지식과 경험을 활용하여 글의 의미를 구성해 나가는 주체적인 역할을 한다. 이때 독자는 글의 내용을 예측하고 추론하며, 심지어 자신의 생각을 더하여 글에 대한 이해를 넓혀갈 수 있다.

하향식 읽기 모형의 장점은 빠르고 효율적인 독서가 가능하다는 것이다. 글의 전체적인 맥락을 먼저 파악하기 때문에 글의 핵심 내용을 빠르게 파악할 수 있고, 배경지식을 활용하여 더 깊이 있는 이해를 얻을 수 있다. 또한 예측과 추론을 통한 능동적인 독서는 독서에 대한 흥미를 높여 주는 효과도 있다.

그러나 하향식 읽기 모형은 독자의 배경지식에 의존하여 읽는 방법이므로 배경지식이 부족한 경우 글의 의미를 정확하게 파악하기 어려울 수 있으며, 배경지식에 의존하여 오해를 할 가능성도 크다. 또한 글의 내용이 복잡하다면 많은 배경지식을 가지고 있더라도 글의 맥락을 적극적으로 가정하거나 추측하기 어려운 것 또한 하향식 읽기 모형의 단점이 된다.

하향식 읽기 모형은 글의 내용을 빠르게 이해하고 독자 스스로 내면화할 수 있으므로 독서 능력 향상에 유용한 방법이다. 그러나 모든 글에 동일하게 적용할 수 있는 읽기 전략은 아니므로 글의 종류와 독자의 배경지식에 따라 적절한 읽기 전략을 사용해야 한다. 따라서 하향식 읽기 모형과 함께 상향식 읽기(문자의 정확한 해독), 주석 달기, 소리 내어 읽기 등 다양한 읽기 전략을 활용하여야 한다.

① 기사의 헤드라인을 먼저 읽어 기사의 내용을 유추한 뒤 상세 내용을 읽었다.
② 회의 자료를 읽기 전 회의 주제를 먼저 파악하여 회의 안건을 예상하였다.
③ 제품 설명서를 읽어 제품의 기능과 각 버튼의 용도를 파악하고 기계를 작동시켰다.
④ 요리법의 전체적인 조리 과정을 파악하고 단계별로 필요한 재료와 순서를 확인하였다.
⑤ 서문이나 목차를 통해 책의 전체적인 흐름을 파악하고 관심 있는 부분을 집중적으로 읽었다.

05 농도가 15%인 소금물 200g과 농도가 20%인 소금물 300g을 섞었을 때, 섞인 소금물의 농도는?

① 17%
② 17.5%
③ 18%
④ 18.5%
⑤ 19%

06 다음 식을 계산한 값으로 옳은 것은?

$$98 \times 102 \times 23 - 102^2 - 98^2$$

① 198,800
② 209,900
③ 220,000
④ 231,100
⑤ 242,200

07 남직원 A ~ C, 여직원 D ~ F 6명이 일렬로 앉고자 한다. 여직원끼리 인접하지 않고, 여직원 D와 남직원 B가 서로 인접하여 앉는 경우의 수는?

① 12가지
② 20가지
③ 40가지
④ 60가지
⑤ 120가지

08 다음과 같이 일정한 규칙으로 수를 나열할 때 빈칸에 들어갈 수로 옳은 것은?

-23　-15　-11　5　13　25　$($　$)$　45　157　65	

① 49　　　　　　　　　　　　　② 53

③ 57　　　　　　　　　　　　　④ 61

⑤ 65

09 다음 중 분수 A ~ C를 크기가 큰 순서대로 바르게 나열한 것은?

$$A : \frac{151}{455} \quad / \quad B : \frac{161}{473} \quad / \quad C : \frac{187}{591}$$

① A > C > B　　　　　　　　　② B > A > C

③ B > C > A　　　　　　　　　④ C > A > B

⑤ C > B > A

10 다음은 K시의 유치원, 초·중·고등학교, 고등교육기관의 취학률 및 초·중·고등학교의 상급학교 진학률에 대한 자료이다. 이에 대한 설명으로 옳지 않은 것은?

〈유치원, 초·중·고등학교, 고등교육기관 취학률〉

(단위 : %)

구분	2014년	2015년	2016년	2017년	2018년	2019년	2020년	2021년	2022년	2023년
유치원	45.8	45.2	48.3	50.6	51.6	48.1	44.3	45.8	49.7	52.8
초등학교	98.7	99	98.6	98.9	99.3	99.6	98.1	98.1	99.5	99.9
중학교	98.5	98.6	98.1	98	98.9	98.5	97.1	97.6	97.5	98.2
고등학교	95.3	96.9	96.2	95.4	96.2	94.7	92.1	93.7	95.2	95.6
고등교육기관	65.6	68.9	64.9	66.2	67.5	69.2	70.8	71.7	74.3	73.5

〈초·중·고등학교 상급학교 진학률〉

(단위 : %)

구분	2014년	2015년	2016년	2017년	2018년	2019년	2020년	2021년	2022년	2023년
초등학교	100	100	100	100	100	100	100	100	100	100
중학교	99.7	99.7	99.7	99.7	99.7	99.7	99.7	99.7	99.7	99.6
고등학교	93.5	91.8	90.2	93.2	91.7	90.5	91.4	92.6	93.9	92.8

① 중학교의 취학률은 매년 97% 이상이다.
② 매년 취학률이 가장 높은 기관은 초등학교이다.
③ 고등교육기관의 취학률이 70%를 넘긴 해는 2020년부터이다.
④ 2023년에 중학교에서 고등학교로 진학하지 않은 학생의 비율은 전년 대비 감소하였다.
⑤ 고등교육기관의 취학률이 가장 낮은 해와 고등학교의 상급학교 진학률이 가장 낮은 해는 같다.

11 다음은 A기업과 B기업의 2024년 1 ~ 6월 매출액에 대한 자료이다. 이를 그래프로 옮겼을 때의 개형으로 옳은 것은?

〈2024년 1 ~ 6월 A, B기업 매출액〉

(단위 : 억 원)

구분	2024년 1월	2024년 2월	2024년 3월	2024년 4월	2024년 5월	2024년 6월
A기업	307.06	316.38	315.97	294.75	317.25	329.15
B기업	256.72	300.56	335.73	313.71	296.49	309.85

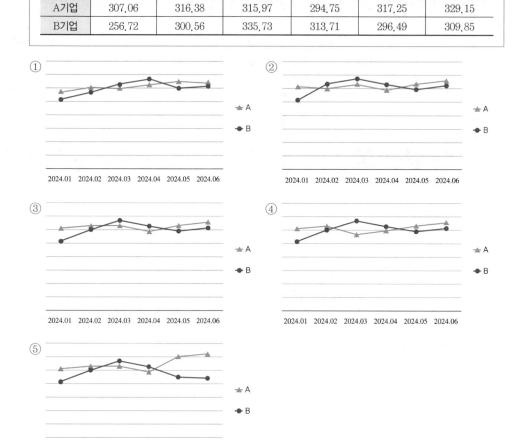

12 다음 대화에서 공통적으로 나타나는 논리적 오류로 가장 적절한 것은?

> A : 반려견 출입 금지라고 쓰여 있는 카페에 갔는데 거절당했어. 반려견 출입 금지면 고양이는 괜찮은 거 아니야?
> B : 어제 직장동료가 "조심히 들어가세요."라고 했는데 집에 들어갈 때만 조심하라는 건가?
> C : 친구가 비가 와서 우울하다고 했는데, 비가 안 오면 행복해지겠지?
> D : 이웃을 사랑하라는 선생님의 가르침을 실천하기 위해 사기를 저지른 이웃을 숨겨 주었어.
> E : 의사가 건강을 위해 채소를 많이 먹으라고 하던데 앞으로는 채소만 먹으면 되겠어.
> F : 긍정적인 생각을 하면 좋은 일이 생기니까 아무리 나쁜 일이 있어도 긍정적으로만 생각하면 될 거야.

① 무지의 오류
② 연역법의 오류
③ 과대해석의 오류
④ 허수아비 공격의 오류
⑤ 권위나 인신공격에 의존한 논증

13 A ~ E열차를 운행거리가 가장 긴 순서대로 나열하려고 한다. 운행시간 및 평균 속력이 다음과 같을 때, C열차는 몇 번째로 운행거리가 긴 열차인가?(단, 열차 대기시간은 고려하지 않는다)

〈A ~ E열차 운행시간 및 평균 속력〉

구분	운행시간	평균 속력
A열차	900분	50m/s
B열차	10시간 30분	150km/h
C열차	8시간	55m/s
D열차	720분	2.5km/min
E열차	10시간	2.7km/min

① 첫 번째
② 두 번째
③ 세 번째
④ 네 번째
⑤ 다섯 번째

14 다음은 스마트팜을 운영하는 K사에 대한 SWOT 분석 결과이다. 이에 따른 전략이 나머지와 다른 것은?

<K사 스마트팜 SWOT 분석 결과>

구분		분석 결과
내부환경요인	강점 (Strength)	• 차별화된 기술력 : 기존 스마트팜 솔루션과 차별화된 센서 기술, AI 기반 데이터 분석 기술 보유 • 젊고 유연한 조직 : 빠른 의사결정과 시장 변화에 대한 적응력 • 정부 사업 참여 경험 : 스마트팜 관련 정부 사업 참여 가능성
	약점 (Weakness)	• 자금 부족 : 연구개발, 마케팅 등에 필요한 자금 확보 어려움 • 인력 부족 : 다양한 분야의 전문 인력 확보 필요 • 개발력 부족 : 신규 기술 개발 속도 느림
외부환경요인	기회 (Opportunity)	• 스마트팜 시장 성장 : 스마트팜에 대한 관심 증가와 이에 따른 정부의 적극적인 지원 • 해외 시장 진출 가능성 : 글로벌 스마트팜 시장 진출 기회 확대 • 활발한 관련 연구 : 스마트팜 관련 공동연구 및 포럼, 설명회 등 정보 교류가 활발하게 논의
	위협 (Threat)	• 경쟁 심화 : 후발 주자의 등장과 기존 대기업의 시장 장악 가능성 • 기술 변화 : 빠르게 변화하는 기술 트렌드에 대한 대응 어려움 • 자연재해 : 기후 변화 등 예측 불가능한 자연재해로 인한 피해 가능성

① 정부 지원을 바탕으로 연구개발에 필요한 자금을 확보
② 스마트팜 관련 공동연구에 참가하여 빠르게 신규 기술을 확보
③ 스마트팜에 대한 높은 관심을 바탕으로 온라인 펀딩을 통해 자금을 확보
④ 포럼 등 설명회에 적극적으로 참가하여 전문 인력 확충을 위한 인맥을 확보
⑤ 스마트팜 관련 정부 사업 참여 경험을 바탕으로 정부의 적극적인 지원을 확보

15 다음 글에서 나타난 문제해결 절차의 단계로 가장 적절한 것은?

> K대학교 기숙사는 최근 학생들의 불만이 끊이지 않고 있다. 특히, 식사의 질이 낮고, 시설이 노후화되었으며, 인터넷 연결 상태가 불안정하다는 의견이 많았다. 이에 K대학교 기숙사 운영위원회는 문제해결을 위해 긴급회의를 소집했다.
>
> 회의에서 학생 대표들은 식단의 다양성 부족, 식재료의 신선도 문제, 식당 내 위생 상태 불량 등을 지적했다. 또한, 시설 관리 담당자는 건물 외벽의 균열, 낡은 가구, 잦은 누수 현상 등 시설 노후화 문제를 강조했다. IT 담당자는 기숙사 내 와이파이 연결 불안정, 인터넷 속도 저하 등 통신환경 문제를 제기했다.
>
> 운영위원회는 이러한 다양한 의견을 종합하여 문제를 더욱 구체적으로 분석하기로 결정했다. 먼저, 식사 문제의 경우 학생들의 식습관 변화에 따른 메뉴 구성의 문제점, 식자재 조달 과정의 비효율성, 조리 시설의 부족 등의 문제점을 파악했다. 시설 문제는 건물의 노후화로 인한 안전 문제, 에너지 효율 저하, 학생들의 편의성 저하 등으로 세분화했다. 마지막으로, 통신환경 문제는 기존 네트워크 장비의 노후화, 학생 수 증가에 따른 네트워크 부하 증가 등의 세부 문제가 제시되었다.

① 문제 인식 ② 문제 도출
③ 원인 분석 ④ 해결안 개발
⑤ 실행 및 평가

16 다음 중 빈칸에 들어갈 단어로 가장 적절한 것은?

> 감사원의 조사 결과 J공사는 공공사업을 위해 투입된 세금을 본래의 목적에 사용하지 않고 무단으로 _____했음이 밝혀졌다.

① 전용(轉用) ② 남용(濫用)
③ 적용(適用) ④ 활용(活用)
⑤ 준용(遵用)

17 다음 중 비행을 하기 위한 시조새의 신체 조건으로 가장 적절한 것은?

> 시조새(Archaeopteryx)는 약 1억 5천만 년 전 중생대 쥐라기 시대에 살았던 고대 생물로, 조류와 공룡의 중간 단계에 위치한 생물이다. 1861년 독일 바이에른 지방에 있는 졸른호펜 채석장에서 화석이 발견된 이후, 시조새는 조류의 기원과 공룡에서 새로의 진화 과정을 밝히는 데 중요한 단서를 제공해 왔다. '시조(始祖)'라는 이름에서 알 수 있듯이 시조새는 현대 조류의 조상으로 여겨지며 고생물학계에서 매우 중요한 연구 대상으로 취급된다.
>
> 시조새는 오늘날의 새와는 여러 가지 차이점이 있다. 이빨이 있는 부리, 긴 척추뼈로 이루어진 꼬리, 그리고 날개에 있는 세 개의 갈고리 발톱은 공룡의 특징을 잘 보여준다. 비록 현대 조류처럼 가슴뼈가 비행에 최적화된 형태로 발달되지는 않았지만, 갈비뼈와 팔에 강한 근육이 붙어있어 짧은 거리를 활강하거나 나뭇가지 사이를 오르내리며 이동할 수 있었던 것으로 추정된다.
>
> 한편, 시조새는 비대칭형 깃털을 가진 최초의 동물 중 하나로, 이는 비행을 하기에 적합한 형태이다. 시조새의 깃털은 현대의 날 수 있는 조류처럼 바람을 맞는 곳의 깃털은 짧고, 뒤쪽은 긴 형태인데, 이러한 비대칭형 깃털은 양력을 제공해 짧은 거리의 활강을 가능하게 했으며, 새의 조상으로서 비행의 초기 형태를 보여준다. 이로 인해 시조새는 공룡에서 새로 이어지는 진화 과정을 이해하는 데 있어 중요한 생물학적 증거로 여겨지고 있다.
>
> 시조새의 화석 연구는 당시의 생태계에 대한 정보도 제공하고 있다. 시조새는 열대 우림이나 활엽수림 근처에서 생활하며 나뭇가지를 오르내렸을 가능성이 큰 것으로 추정된다. 시조새의 이동 방식에 대해서는 여러 가설이 존재하지만, 짧은 거리의 활강을 통해 먹이를 찾고 이동했을 것이라는 주장이 유력하다.
>
> 결론적으로 시조새는 공룡과 새의 특성을 모두 가진 중간 단계의 생물로, 진화의 과정을 이해하는 데 핵심적인 역할을 한다. 시조새의 다양한 신체적 특징들은 공룡에서 새로 이어지는 진화의 연결고리를 보여주며, 조류 비행의 기원을 이해하는 중요한 증거로 평가된다.

① 날개 사이에 근육질의 익막이 있다.
② 날개에는 세 개의 갈고리 발톱이 있다.
③ 날개의 깃털이 비대칭 구조로 형성되어 있다.
④ 척추뼈가 꼬리까지 이어지는 유선형 구조이다.
⑤ 현대 조류처럼 가슴뼈가 비행에 최적화된 구조이다.

18 다음 글의 주제로 가장 적절한 것은?

사람들에게 의학을 대표하는 인물을 물어본다면 대부분 히포크라테스(Hippocrates)를 떠올릴 것이다. 히포크라테스는 당시 신의 징벌이나 초자연적인 힘으로 생각되었던 질병을 관찰을 통해 자연적 현상으로 이해하였고, 당시 마술이나 철학으로 여겨졌던 의학을 분리하였다. 이에 따라 의사라는 직업이 과학적인 기반 위에 만들어지게 되었다. 현재에는 의학의 아버지로 불리며 히포크라테스 선서라고 불리는 의사의 윤리적 기준을 저술한 것으로 알려져 있다. 이처럼 히포크라테스는 서양의학의 상징으로 받아들여지지만, 서양의학에 절대적인 영향을 준 사람은 클라우디오스 갈레노스(Claudius Galenos)이다.

갈레노스는 로마 시대 검투사 담당의에서 황제 마르쿠스 아우렐리우스의 주치의로 활동한 의사로, 해부학, 생리학, 병리학에 걸친 방대한 의학체계를 집대성하여 이후 1,000년 이상 서양의 의학의 토대를 닦았다. 당시에는 인체의 해부가 금지되어 있었기 때문에 갈레노스는 원숭이, 돼지 등을 사용하여 해부학적 지식을 쌓았으며, 임상 실험을 병행하여 의학적 지식을 확립하였다. 이러한 해부 및 실험을 통해 갈레노스는 여러 장기의 기능을 밝히고, 근육과 뼈를 구분하였으며, 심장의 판막이나 정맥과 동맥의 차이점 등을 밝혀내거나, 혈액이 혈관을 통해 신체 말단까지 퍼져나가며 신진대사를 조절하는 물질을 운반한다고 밝혀냈다. 물론 갈레노스도 히포크라테스가 주장한 4원소에 따른 4체액설(혈액, 담즙, 황담즙, 흑담즙)을 믿거나 피를 뽑아 치료하는 사혈법을 주장하는 등 현대 의학과는 거리가 있지만, 당시에 의학 이론을 해부와 실험을 통해 증명하고 방대한 저술을 남겼다는 놀라운 업적을 가지고 있으며, 이것이 실제로 가장 오랫동안 서양의학을 지배하는 토대가 되었다.

① 갈레노스의 생애와 의학의 발전
② 고대에서 현대까지 해부학의 발전 과정
③ 히포크라테스 선서에 의한 전문직의 도덕적 기준
④ 히포크라테스와 갈레노스가 서양의학에 끼친 영향과 중요성
⑤ 히포크라테스와 갈레노스의 4체액설이 현대 의학에 끼친 영향

19 다음 중 제시된 단어와 가장 비슷한 단어는?

비상구

① 진입로   ② 출입구

③ 돌파구   ④ 여울목

⑤ 탈출구

20 A열차가 어떤 터널을 진입하고 5초 후 B열차가 같은 터널에 진입하였다. 그로부터 5초 후 B열차가 터널을 빠져나왔고 5초 후 A열차가 터널을 빠져나왔다. A열차가 터널을 빠져나오는 데 걸린 시간이 14초일 때, B열차는 A열차보다 몇 배 빠른가?(단, A열차와 B열차 모두 속력의 변화는 없으며, 두 열차의 길이는 서로 같다)

① 2배   ② 2.5배

③ 3배   ④ 3.5배

⑤ 4배

21 A팀은 5일부터 5일마다 회의실을 사용하고, B팀은 4일부터 4일마다 회의실을 사용하기로 하였으며, 두 팀이 사용하고자 하는 날이 겹칠 경우에는 A, B팀이 번갈아가며 사용하기로 하였다. 어느 날 A팀과 B팀이 사용하고자 하는 날이 겹쳤을 때, 겹친 날을 기준으로 A팀이 9번, B팀이 8번 회의실을 사용했다면, 이때까지 A팀은 회의실을 최대 몇 번 이용하였는가?(단, 회의실 사용일이 첫 번째로 겹친 날에는 A팀이 먼저 사용하였으며 회의실 사용일은 주말 및 공휴일도 포함한다)

① 61회   ② 62회

③ 63회   ④ 64회

⑤ 65회

22 다음 모스 굳기 10단계에 해당하는 광물 A ~ C가 〈조건〉을 만족할 때, 이에 대한 설명으로 옳은 것은?

〈모스 굳기 10단계〉

단계	1단계	2단계	3단계	4단계	5단계
광물	활석	석고	방해석	형석	인회석
단계	6단계	7단계	8단계	9단계	10단계
광물	정장석	석영	황옥	강옥	금강석

- 모스 굳기 단계의 단계 낮을수록 더 무른 광물이고, 단계가 높을수록 단단한 광물이다.
- 단계가 더 낮은 광물로 단계가 더 높은 광물을 긁으면 긁힘 자국이 생기지 않는다.
- 단계가 더 높은 광물로 단계가 더 낮은 광물을 긁으면 긁힘 자국이 생긴다.

조건
- 광물 A로 광물 B를 긁으면 긁힘 자국이 생기지 않는다.
- 광물 A로 광물 C를 긁으면 긁힘 자국이 생긴다.
- 광물 B로 광물 C를 긁으면 긁힘 자국이 생긴다.
- 광물 B는 인회석이다.

① 광물 A는 방해석이다.
② 광물 C는 석영이다.
③ 광물 A가 가장 무르다.
④ 광물 B가 가장 단단하다.
⑤ 광물 B는 모스 굳기 단계가 7단계 이상이다.

※ 다음은 에너지바우처 사업에 대한 자료이다. 이어지는 질문에 답하시오. [23~24]

〈에너지바우처〉

1. 에너지바우처란?

   국민 모두가 시원한 여름, 따뜻한 겨울을 보낼 수 있도록 에너지 취약계층을 위해 에너지바우처(이용권)를 지급하여 전기, 도시가스, 지역난방, 등유, LPG, 연탄을 구입할 수 있도록 지원하는 제도

2. 신청대상 : 소득기준과 세대원 특성기준을 모두 충족하는 세대
   - 소득기준 : 국민기초생활 보장법에 따른 생계급여 / 의료급여 / 주거급여 / 교육급여 수급자
   - 세대원 특성기준 : 주민등록표 등본상 기초생활수급자(본인) 또는 세대원이 다음 중 하나에 해당하는 경우
     - 노인 : 65세 이상
     - 영유아 : 7세 이하의 취학 전 아동
     - 장애인 : 장애인복지법에 따라 등록한 장애인
     - 임산부 : 임신 중이거나 분만 후 6개월 미만인 여성
     - 중증질환자, 희귀질환자, 중증난치질환자 : 국민건강보험법 시행령에 따라 보건복지부장관이 정하여 고시하는 중증질환, 희귀질환, 중증난치질환을 가진 사람
     - 한부모가족 : 한부모가족지원법에 따른 '모' 또는 '부'로서 아동인 자녀를 양육하는 사람
     - 소년소녀가정 : 보건복지부에서 정한 아동분야 지원대상에 해당하는 사람(아동복지법에 의한 가정위탁보호 아동 포함)
   - 지원 제외 대상 : 세대원 모두가 보장시설 수급자인 경우
   - 다음의 경우 동절기 에너지바우처 중복 지원 불가
     - 긴급복지지원법에 따라 동절기 연료비를 지원받은 자(세대)
     - 한국에너지공단의 등유바우처를 발급받은 자(세대)
     - 한국광해광업공단의 연탄쿠폰을 발급받은 자(세대)
     ※ 하절기 에너지바우처를 사용한 수급자가 동절기에 위 사업들을 신청할 경우 동절기 에너지바우처를 중지 처리한 후 신청(중지사유 : 타동절기 에너지이용권 수급)
     ※ 단, 동절기 에너지바우처를 일부 사용한 경우 위 사업들은 신청 불가

3. 바우처 지원금액

구분	1인 세대	2인 세대	3인 세대	4인 이상 세대
하절기	55,700원	73,800원	90,800원	117,000원
동절기	254,500원	348,700원	456,900원	599,300원
총액	310,200원	422,500원	547,700원	716,300원

4. 지원방법
   - 요금차감
     - 하절기 : 전기요금 고지서에서 요금을 자동으로 차감
     - 동절기 : 도시가스 / 지역난방 중 하나를 선택하여 고지서에서 요금을 자동으로 차감
   - 실물카드 : 동절기 도시가스, 등유, LPG, 연탄을 실물카드(국민행복카드)로 직접 결제

23 다음 중 에너지바우처에 대한 설명으로 옳지 않은 것은?

① 36개월의 아이가 있는 의료급여 수급자 A는 에너지바우처를 신청할 수 있다.

② 혼자서 아이를 3명 키우는 교육급여 수급자 B는 1년에 70만 원을 넘게 지원받을 수 있다.

③ 보장시설인 양로시설에 살면서 생계급여를 받는 70세 독거노인 C는 에너지바우처를 신청할 수 있다.

④ 에너지바우처 기준을 충족하는 D는 겨울에 연탄보일러를 사용하므로 실물카드를 받는 방법으로 지원을 받아야 한다.

⑤ 희귀질환을 앓고 있는 어머니와 함께 단둘이 사는 생계급여 수급자 E는 에너지바우처를 통해 여름에 전기비에서 73,800원이 차감될 것이다.

24 다음은 A, B가족의 에너지바우처 지원 관련 정보이다. 이를 바탕으로 A, B 가족이 올해 에너지바우처를 통해 지원받는 금액의 총합은 얼마인가?

〈A, B가족의 에너지바우처 관련 정보〉

구분	세대 인원	소득기준	세대원 특성기준	특이사항
A가족	5명	의료급여 수급자	영유아 2명	연탄쿠폰 발급받음
B가족	2명	생계급여 수급자	소년소녀가정	지역난방 이용

① 190,800원 ② 539,500원

③ 948,000원 ④ 1,021,800원

⑤ 1,138,800원

25 J공사는 지방에 있는 지점 사무실을 공유 오피스로 이전하고자 한다. 다음 사무실 이전 조건을 참고할 때, 〈보기〉 중 이전할 오피스로 가장 적절한 곳은?

〈사무실 이전 조건〉

- 지점 근무 인원 : 71명
- 사무실 예상 이용 기간 : 5년
- 교통 조건 : 역이나 버스 정류장에서 도보 10분 이내
- 시설 조건 : 자사 홍보영상 제작을 위한 스튜디오 필요, 회의실 필요
- 비용 조건 : 다른 조건이 모두 가능한 공유 오피스 중 가장 저렴한 곳(1년 치 비용 선납 가능)

보기

구분	가용인원수	보유시설	교통 조건	임대비용
A오피스	100명	라운지, 회의실, 스튜디오, 복사실, 탕비실	A역에서 도보 8분	1인당 연간 600만 원
B오피스	60명	회의실, 스튜디오, 복사실	B정류장에서 도보 5분	1인당 월 40만 원
C오피스	100명	라운지, 회의실, 스튜디오	C역에서 도보 7분	월 3,600만 원
D오피스	90명	회의실, 복사실, 탕비실	D정류장에서 도보 4분	월 3,500만 원 (1년 치 선납 시 8% 할인)
E오피스	80명	라운지, 회의실, 스튜디오	E역과 연결된 사무실	월 3,800만 원 (1년 치 선납 시 10% 할인)

① A오피스
② B오피스
③ C오피스
④ D오피스
⑤ E오피스

26 다음 C 프로그램을 실행하였을 때의 결과로 옳은 것은?

```
#include <stdio.h>
int main() {
    int result=0;
    while (result<2) {
        result=result+1;
        printf("%d₩n",result);
        result=result-1;
    }
}
```

① 실행되지 않는다.

② 0
   1

③ 0
   -1

④ 1
   1

⑤ 1이 무한히 출력된다.

27 다음은 A국과 B국의 매월 물가지수 동향에 대한 자료이다. [E2] 셀에 「=ROUND(D2,−1)」를 입력하였을 때, 출력되는 값은?

〈A, B국 물가지수 동향〉

	A	B	C	D	E
1		A국	B국	평균 판매지수	
2	2024년 1월	122.313	112.36	117.3365	
3	2024년 2월	119.741	110.311	115.026	
4	2024년 3월	117.556	115.379	116.4675	
5	2024년 4월	124.739	118.652	121.6955	
6	⋮	⋮	⋮	⋮	
7					

① 100

② 117

③ 117.3

④ 117.34

⑤ 120

28 다음 중 밑줄 친 부분의 단어가 어법상 옳은 것은?

A씨는 항상 ㉠ 짜깁기 / 짜집기한 자료로 보고서를 작성했다. 처음에는 아무도 눈치채지 못했지만, 시간이 지나면서 A씨의 작업이 다른 사람들의 것과 비교해 질적으로 떨어지는 것이 분명해졌다. A씨는 결국 동료들 사이에서 ㉡ 뒤처지기 / 뒤쳐지기 시작했고, 격차를 좁히기 위해 더 많은 시간을 투자해야 했다.

	㉠	㉡
①	짜깁기	뒤처지기
②	짜깁기	뒤쳐지기
③	짜집기	뒤처지기
④	짜집기	뒤쳐지기

29 다음 중 공문서 작성 시 유의해야 할 점으로 옳지 않은 것은?

① 한 장에 담아내는 것이 원칙이다.

② 부정문이나 의문문의 형식은 피한다.

③ 마지막엔 반드시 '끝'자로 마무리한다.

④ 날짜 다음에 괄호를 사용할 경우에는 반드시 마침표를 찍는다.

30 4개의 자연수 1, 2, 3, 4 중 3개의 수를 중복되지 않도록 골라 만들 수 있는 모든 세 자리 자연수의 합은?

① 6,580   ② 6,660

③ 6,740   ④ 6,820

31 어떤 자연수 '25□'가 3의 배수일 때, □에 들어갈 수 있는 모든 자연수의 합은?

① 12   ② 13

③ 14   ④ 15

32 다음과 같이 일정한 규칙으로 수를 나열할 때, 빈칸에 들어갈 수로 옳은 것은?

| 8 18 32 50 72 98 ( ) 162 200 … |

① 128

② 130

③ 132

④ 134

33 대칭수는 순서대로 읽은 수와 거꾸로 읽은 수가 같은 수를 가리키는 말이다. 예컨대, 121, 303, 1,441, 85058 등은 대칭수이다. 1,000 이상 50,000 미만의 대칭수는 모두 몇 개인가?

① 180개

② 325개

③ 405개

④ 490개

34 영서가 어머니와 함께 40분 동안 만두를 60개 빚었다고 한다. 어머니가 혼자서 1시간 동안 만두를 빚을 수 있는 개수가 영서가 혼자서 1시간 동안 만두를 빚을 수 있는 개수보다 10개 더 많을 때, 영서는 1시간 동안 만두를 몇 개 빚을 수 있는가?

① 30개

② 35개

③ 40개

④ 45개

35 K씨는 A지점에서 B지점으로 80km/h의 속력으로 가서 도착 후 10분 동안 쉬고 난 뒤 60km/h 의 속력으로 되돌아왔다. 이때 걸린 시간이 2시간 30분 이상일 때, 두 지점의 거리는 최소 몇 km인가?

① 72km

② 80km

③ 88km

④ 96km

36 다음 그림과 같이 지름 0.5m, 높이 1.2m인 원기둥 모양의 수조에 물이 전체 높이의 $\frac{1}{3}$ 만큼 채워 져 있다. 이때 채워진 물의 부피는?

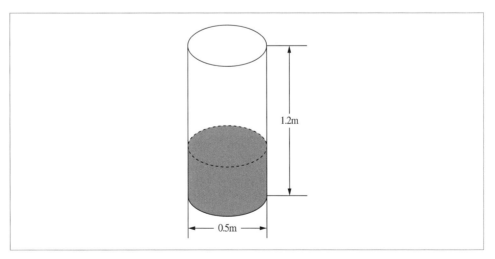

① $12{,}500\pi\,\mathrm{cm}^3$

② $25{,}000\pi\,\mathrm{cm}^3$

③ $37{,}500\pi\,\mathrm{cm}^3$

④ $50{,}000\pi\,\mathrm{cm}^3$

37 바이올린, 호른, 오보에, 플루트 4가지의 악기를 다음 〈조건〉에 따라 좌우로 4칸인 선반에 각각 1대씩 보관하려 한다. 각 칸에는 한 대의 악기만 배치할 수 있을 때, 왼쪽에서 두 번째 칸에 배치할 수 없는 악기는?

> **조건**
> • 호른은 바이올린 바로 왼쪽에 위치한다.
> • 오보에는 플루트 왼쪽에 위치하지 않는다.

① 바이올린   ② 호른
③ 오보에   ④ 플루트

38 다음 중 비영리 조직에 해당하지 않는 것은?

① 교육기관
② 자선단체
③ 사회적 기업
④ 비정부기구

39 다음 중 동료의 피드백을 장려하기 위한 방안으로 적절하지 않은 것은?

① 간단하고 분명한 목표와 우선순위를 설정한다.
② 행동과 수행을 관찰한다.
③ 즉각적인 피드백을 제공한다.
④ 긍정적인 상황에서는 피드백을 자제하는 것도 나쁘지 않다.
⑤ 뛰어난 수행성과에 대해서는 인정한다.

40 다음 중 내적 동기를 유발시키는 방법으로 적절하지 않은 것은?

① 새로운 도전의 기회를 부여한다.
② 주어진 일에 책임감을 갖는다.
③ 업무 관련 교육을 생략한다.
④ 변화를 두려워하지 않는다.
⑤ 창의적인 문제해결법을 찾는다.

41 다음은 갈등정도와 조직성과의 관계에 대한 그래프이다. 이에 대한 설명으로 옳지 않은 것은?

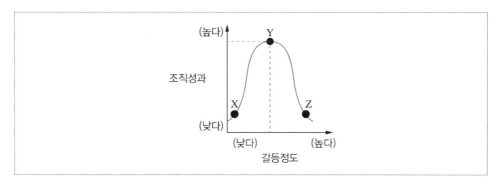

① 적절한 갈등이 있을 경우 가장 높은 조직성과를 얻을 수 있다.
② 갈등이 없을 경우 낮은 조직성과를 얻을 수 있다.
③ 갈등이 잦을 경우 낮은 조직성과를 얻을 수 있다.
④ 갈등이 없을수록 조직 내부가 결속되어 높은 조직성과를 보인다.
⑤ Y점에서는 갈등의 순기능, Z점에서는 갈등의 역기능이 작용한다.

42 다음 순서도에서 출력되는 result 값은?

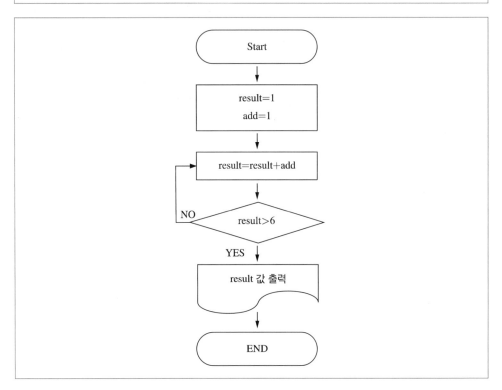

① 11　　　　　　　　　② 10

③ 9　　　　　　　　　④ 8

⑤ 7

43 다음은 A프로그램을 찾는 과정을 나타낸 순서도이다. A프로그램은 찾을 수 없으나 관련 데이터만 찾았을 때 출력되는 메시지는?

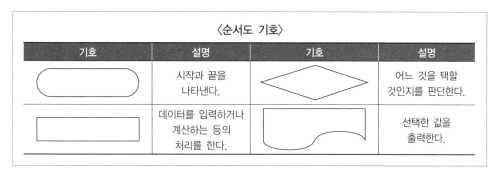

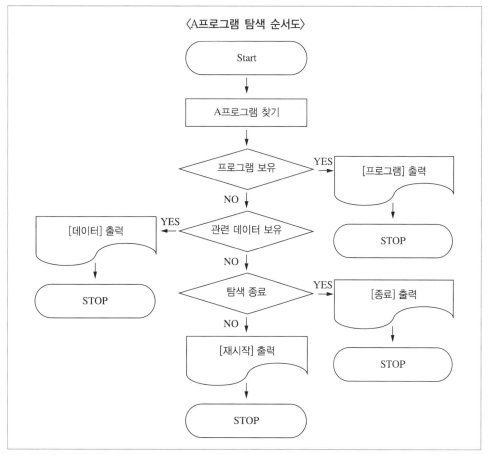

① 프로그램 메시지
② 데이터 메시지
③ 재시작 메시지
④ 종료 메시지
⑤ 메시지가 출력되지 않는다.

44 다음은 A컴퓨터 A/S센터의 하드디스크 수리 방문접수 과정에 대한 순서도이다. 하드디스크 데이터 복구를 문의할 때, 출력되는 도형은 무엇인가?

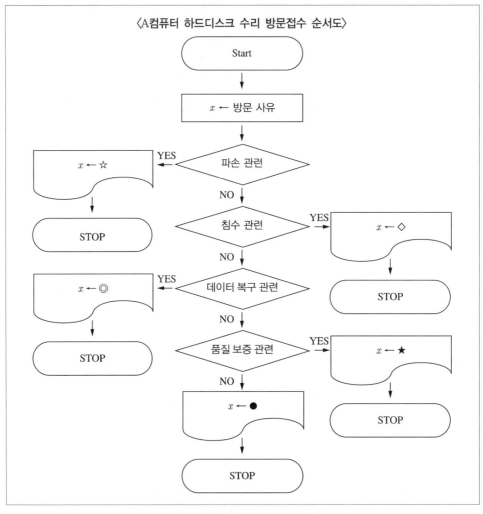

① ☆
② ◇
③ ◎
④ ★
⑤ ●

45 다음 중 자동차관리법에 따른 자동차검사를 위반하지 않은 사람을 〈보기〉에서 모두 고르면?

〈자동차검사(자동차관리법 제43조)〉

① 자동차 소유자(제1호의 경우에는 신규등록 예정자를 말한다)는 해당 자동차에 대하여 다음 각 호의 구분에 따라 국토교통부령으로 정하는 바에 따라 국토교통부장관이 실시하는 검사를 받아야 한다.

  1. 신규검사 : 신규등록을 하려는 경우 실시하는 검사

  2. 정기검사 : 신규등록 후 일정 기간마다 정기적으로 실시하는 검사

  3. 튜닝검사 : 자동차를 튜닝한 경우에 실시하는 검사

  4. 임시검사 : 이 법 또는 이 법에 따른 명령이나 자동차 소유자의 신청을 받아 비정기적으로 실시하는 검사

  5. 수리검사 : 전손 처리 자동차를 수리한 후 운행하려는 경우에 실시하는 검사

② 국토교통부장관은 제1항에 따라 자동차검사를 할 때에는 해당 자동차의 구조 및 장치가 국토교통부령으로 정하는 검사기준(이하 "자동차검사기준"이라 한다)에 적합한지 여부와 차대번호 및 원동기형식이 전산정보처리조직에 기록된 자료의 내용과 동일한지 여부를 확인하여야 하며, 자동차검사를 실시한 후 그 결과를 국토교통부령으로 정하는 바에 따라 자동차 소유자에게 통지하여야 한다. 이 경우 자동차검사기준은 사업용 자동차와 비사업용 자동차를 구분하여 정하여야 한다.

③ 국토교통부장관은 제2항에 따라 검사하여 합격한 자동차에 대하여는 다음 각 호의 구분에 따른 조치를 하여야 한다.

  1. 신규검사 : 신규검사증명서의 발급

  2. 정기검사·튜닝검사·임시검사·수리검사 : 검사한 사실을 등록원부에 기록

④ 국토교통부장관은 자동차 소유자가 천재지변이나 그 밖의 부득이한 사유로 검사를 받을 수 없다고 인정될 때는 국토교통부령으로 정하는 바에 따라 그 기간을 연장하거나 자동차검사를 유예할 수 있다.

⑤ 자동차자기인증의 표시가 된 자동차를 신규등록하는 경우에는 신규검사를 받은 것으로 본다.

⑥ 국토교통부장관은 정기검사를 한 경우에는 검사 장면 및 결과를 전산정보처리조직에 국토교통부령으로 정하는 기간까지 기록하고 보관하여야 한다.

⑦ 누구든지 자동차검사에 사용하는 기계·기구에 설정된 자동차검사기준의 값 또는 기계·기구를 통하여 측정된 값을 조작·변경하거나 조작·변경하게 하여서는 아니 된다.

보기

• A씨는 자동차를 튜닝하였으나, 운행에 차질이 없어 검사를 생략하였다.

• B씨는 자동차 소유주 임의의 판단으로 정기검사 외의 기간에 검사를 받았다.

• C씨는 자동차자기인증의 표시가 된 자동차를 검사하지 않고 신규등록하였다.

• D씨는 자동차검사를 실행하는 자에게 자동차검사기준의 값을 충족하도록 조작을 요구했다.

① A씨, B씨   ② A씨, D씨

③ B씨, C씨   ④ B씨, D씨

⑤ C씨, D씨

※ 다음은 청소 유형별 청소기 사용법 및 고장 신고 전 확인사항에 대한 자료이다. 이어지는 질문에 답하시오. [46~48]

〈청소 유형별 청소기 사용법〉

유형	사용 방법
일반 청소	1. 기본형 청소구를 장착해 주세요. 2. 작동 버튼을 눌러 주세요.
틈새 청소	1. 기본형 청소구의 입구 돌출부를 누르고 잡아당기면 좁은 흡입구를 꺼낼 수 있습니다. 　반대로 돌출부를 누르면서 밀어 넣으면 좁은 흡입구를 안쪽으로 정리할 수 있습니다. 2. 1.의 좁은 흡입구를 꺼낸 상태에서 돌출부를 시계방향으로 돌리면 돌출부를 고정할 수 있습니다. 3. 좁은 흡입구를 고정한 후 작동 버튼을 눌러 주세요. 　(좁은 흡입구에는 솔이 함께 들어 있습니다)
카펫 청소	1. 별도의 돌기 청소구로 교체해 주세요. 　(기본형으로도 카펫 청소를 할 수 있으나, 청소 효율이 떨어집니다) 2. 작동 버튼을 눌러 주세요.
스팀 청소	1. 별도의 스팀 청소구로 교체해 주세요. 2. 스팀 청소구의 물통에 물을 충분히 채운 후 뚜껑을 잠가 주세요. 　※ 반드시 전원을 분리한 상태에서 진행해 주세요. 3. 걸레판에 걸레를 부착한 후 스팀 청소구의 노즐에 장착해 주세요. 　※ 반드시 전원을 분리한 상태에서 진행해 주세요. 4. 스팀 청소 버튼을 누르고 안전 스위치를 눌러 주세요. 　※ 안전을 위해 안전 스위치를 누르는 동안에만 스팀이 발생합니다. 　※ 스팀 청소 작업 도중 및 완료 직후에 청소기를 거꾸로 세우거나 스팀 청소구를 눕히면 뜨거운 물이 새어 나와 화상을 입을 수 있습니다. 5. 스팀 청소 완료 후 물이 충분히 식은 후 물통 및 스팀 청소구를 분리하여 주세요. 　※ 충분히 식지 않은 상태에서 분리 시 뜨거운 물이 새어 나와 화상의 위험이 있습니다.

〈고장 신고 전 확인사항〉

유형	확인사항
흡입력 약화	• 흡입구, 호스, 먼지통, 먼지분리기에 크기가 큰 이물질이 걸려 있는지 확인해 주세요. • 필터를 교체해 주세요. • 먼지통, 먼지분리기, 필터의 조립 상태를 확인해 주세요.
청소기 미작동	• 전원이 제대로 연결되어 있는지 확인해 주세요.
물 보충 램프 깜빡임	• 물통의 물이 충분한지 확인해 주세요. • 물이 충분히 채워졌어도 꺼질 때까지 시간이 다소 걸립니다. 잠시 기다려 주세요.
스팀 안 나옴	• 물통이 물이 충분한지 확인해 주세요. • 안전 스위치를 눌렀는지 확인해 주세요.
바닥에 물이 남음	• 스팀 청소구를 너무 자주 좌우로 기울이면 물이 소량 새어 나올 수 있습니다. • 걸레가 많이 젖었으므로 걸레를 교체해 주세요.
악취 발생	• 제품 기능상의 문제는 아니므로 고장이 아닙니다. • 먼지통 및 필터를 교체해 주세요. • 스팀 청소구의 물통 등 청결 상태를 확인해 주세요.
소음 발생	• 흡입구, 호스, 먼지통, 먼지분리기에 크기가 큰 이물질이 걸려 있는지 확인해 주세요. • 먼지통, 먼지분리기, 필터의 조립 상태를 확인해 주세요.

46 다음 중 청소 유형별 청소기 사용법에 대한 설명으로 옳지 않은 것은?

① 기본형 청소구를 이용하여 좁은 틈새를 청소할 수 있다.

② 기본형 청소구로 카펫 청소가 가능하다.

③ 스팀 청소 시 물 보충 및 걸레 부착 작업은 반드시 전원을 분리한 상태에서 진행해야 한다.

④ 안전 스위치를 1회 누르면 별도의 외부 입력 없이 스팀을 지속하여 발생시킬 수 있다.

⑤ 스팀 청소 직후 통을 분리하면 화상의 위험이 있다.

47 다음 중 고장 유형에 따른 확인사항이 바르게 연결되어 있지 않은 것은?

① 흡입력 약화 : 먼지통, 먼지분리기, 필터 교체하기

② 물 보충 램프 깜빡임 : 잠시 기다리기

③ 바닥에 물이 남음 : 물통에 물이 너무 많이 있는지 확인하기

④ 악취 발생 : 스팀 청소구의 청결 상태 확인하기

⑤ 소음 발생 : 흡입구, 호스, 먼지통, 먼지분리기의 이물질 걸림 확인하기

48 다음 중 K씨가 스팀 청소를 하고자 할 때 사용 방법으로 옳지 않은 것은?

① 전원을 분리한 상태에서 스팀 청소구로 교체한 후 물통에 물을 채웠다.

② 전원을 연결한 후 노즐에서 스팀이 나오는 것을 확인하고 걸레판에 걸레를 장착하였다.

③ 스팀 청소 버튼을 누르고 안전 스위치를 누르면서 청소를 시작하였다.

④ 스팀 청소 중 스팀 청소구를 눕히지 않도록 주의하였다.

⑤ 스팀 청소 완료 후 전원을 분리하고 충분히 식힌 다음 걸레를 떼어내고 스팀 청소구를 분리하였다.

49 다음은 EAN-13 바코드 부여 규칙에 대한 자료이다. 상품코드의 맨 앞 자릿수가 9일 때, 2 ~ 7번째 자릿수가 '387655'라면 이를 이진코드로 바르게 변환한 것은?

<EAN-13 바코드 부여 규칙>

1. 13자리의 상품코드의 맨 앞 자릿수에 따라 다음과 같이 변환한다.

상품코드 번호	2 ~ 7번째 자릿수	8 ~ 13번째 자릿수
0	AAAAAA	CCCCCC
1	AABABB	CCCCCC
2	AABBAB	CCCCCC
3	AABBBA	CCCCCC
4	ABAABB	CCCCCC
5	ABBAAB	CCCCCC
6	ABBBAA	CCCCCC
7	ABABAB	CCCCCC
8	ABABBA	CCCCCC
9	ABBABA	CCCCCC

2. A, B, C는 다음과 같이 상품코드 번호를 이진코드로 변환한 값이다.

상품코드 번호	A	B	C
0	0001101	0100111	1110010
1	0011001	0110011	1100110
2	0010011	0011011	1101100
3	0111101	0100001	1000010
4	0100011	0011101	1011100
5	0110001	0111001	1001110
6	0101111	0000101	1010000
7	0111011	0010001	1000100
8	0110111	0001001	1001000
9	0001011	0010111	1110100

	2번째 수	3번째 수	4번째 수	5번째 수	6번째 수	7번째 수
①	0100001	0101111	0010001	0010111	0100111	0001011
②	0100001	0001001	0010001	0000101	0111101	0111101
③	0111101	0110111	0111011	0101111	0111001	0111101
④	0111101	0001001	0010001	0101111	0111001	0110001
⑤	0111101	0001001	0010001	0101111	0111001	0111001

50 5km/h의 속력으로 움직이는 무빙워크를 이용하여 이동하는 데 36초가 걸렸다. 무빙워크 위에서 무빙워크와 같은 방향으로 4km/h의 속력으로 걸어 이동할 때 걸리는 시간은?

① 10초   ② 15초

③ 20초   ④ 25초

51 다음은 2022년과 2023년의 A ~ C사 자동차 판매 대수 비율에 대한 자료이다. 2022년 A ~ C사 자동차 판매 대수의 합이 10,000대이고, 2023년의 판매 대수의 합은 전년도 대비 16% 증가하였을 때, 전년도 대비 판매 대수가 가장 많이 증가한 기업의 2023년 판매 대수는?

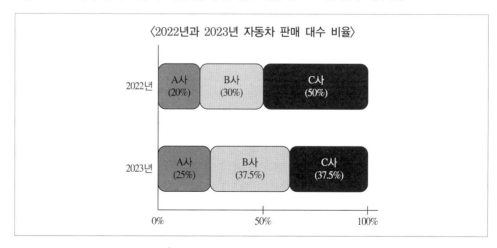

〈2022년과 2023년 자동차 판매 대수 비율〉

① 4,200대   ② 4,250대

③ 4,300대   ④ 4,350대

52 다음은 D기업의 2022년 1분기 ~ 2023년 4분기 재무제표이다. 2022년 4분기의 영업이익률은?

〈D기업 2022년 1분기 ~ 2023년 4분기 재무제표〉

(단위 : 십억 원, %)

구분	2022년 1분기	2022년 2분기	2022년 3분기	2022년 4분기	2023년 1분기	2023년 2분기	2023년 3분기	2023년 4분기
매출액	40	50	80	60	60	100	150	160
매출원가	30	40	70	80	100	100	120	130
매출총이익	10	10	10	( )	−40	0	30	30
판관비	3	5	5	7	8	5	7.5	10
영업이익	7	5	5	( )	−48	−5	22.5	20
영업이익률	17.5	10	6.25	( )	−80	−5	15	12.5

※ (영업이익률)=(영업이익)÷(매출액)×100
※ (영업이익)=(매출총이익)−(판관비)
※ (매출총이익)=(매출액)−(매출원가)

① − 30%
② − 45%
③ − 60%
④ − 75%

53 A, B 두 사람은 같은 날 각각 적금과 예금을 들었다. A는 월초에 10만 원씩, 연 이자율 2%의 단리적금 상품을 선택하였고, B는 단리예금 상품에 연 이자율 0.6%로 1,200,000원을 예금하였다. A의 적금 이자가 B의 예금 1년 이자보다 많아지는 시기는 몇 개월 후인가?(단, 이자 소득에 대한 세금은 고려하지 않는다)

① 6개월 후
② 7개월 후
③ 8개월 후
④ 9개월 후
⑤ 10개월 후

54 다음 글을 뒷받침할 수 있는 근거로 적절하지 않은 것은?

> 인간의 뇌는 '네 삶의 가장 초기에 네가 친밀하게 알고 지냈던 사람에 대해서는 성적인 관심을 끊어라.'라는 규칙을 따르도록 프로그램 되어 있다.

① 여러 사회에서 수집된 자료를 보면 유년기의 결정적인 기간 동안 이성 간의 관계가 친밀할수록 그 둘 간의 성 접촉 빈도가 감소한다.

② 친족 이성 간의 욕정은 근본적이고 강제적인 것으로, 그 어떤 억제본능보다 강하다. 따라서 근친상간과 그로 인한 가정의 재앙을 막기 위해 사회는 '금기'라는 것을 고안하였다.

③ 사회성을 가진 영장류 종(種)에서 젊은 개체들은 인간의 족외혼을 연상시키는 짝짓기 패턴을 보인다. 그들은 몸이 어른 크기가 되기 전에 자신이 속해 있는 집단을 떠나 다른 집단에 합류한다.

④ 키부츠에서는 탁아소에 맡겨진 아이들이 마치 전통적인 가정의 형제자매처럼 친밀하게 양육된다. 인류학자 조셉 셰퍼와 그의 동료들은 이런 환경에서 자란 2,769쌍의 신혼부부 중에서 같은 키부츠 출신은 한 쌍도 없다는 사실을 보고했다.

⑤ 타이완의 민며느리제는 성비 불균형과 가난으로 인해 나중에 아들의 혼삿길이 막힐까봐 미리 어린 나이의 며느리를 데려오는 전략이다. 이런 부부들은 정상적으로 결혼한 부부에 비해 이혼율이 세 배나 높다.

55 다음 글에서 설명하는 의사소통을 저해하는 요인은 무엇인가?

> 일상생활에서는 물론 사회생활에서 우리는 종종 말하고 싶은 대로 말하고, 듣고 싶은 대로 듣는 경우들이 있다. 이로 인해 같은 내용이라도 말하는 자와 듣는 자가 서로 다른 내용으로 기억하곤 한다. 이는 말하는 사람은 그가 전달하고자 하는 내용이 듣는 사람에게 잘 전달되었는지를, 듣는 사람은 내가 들은 내용이 말하고자 하는 내용을 바르게 이해한 것인지를 서로 확인하지 않기 때문에 발생하는 일이다.

① 의사소통 과정에서의 상호작용 부족

② 엇갈린 정보에 대한 책임 회피

③ 말하고자 하는 내용에 지나치게 많은 정보를 담는 복잡한 메시지

④ 서로 모순되는 내용을 가진 경쟁적인 메시지

⑤ 의사소통에 대한 잘못된 선입견

아이들이 답이 있는 질문을 하기 시작하면
그들이 성장하고 있음을 알 수 있다.

– 존 J. 플롬프 –

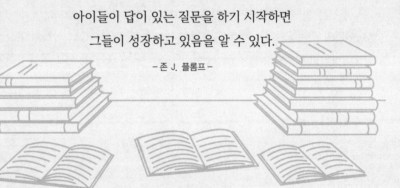

PART 1

직업기초능력평가

CHAPTER 01　수리능력

CHAPTER 02　의사소통능력

CHAPTER 03　문제해결능력

CHAPTER 04　정보능력

CHAPTER 05　직업윤리

CHAPTER 06　기술능력

CHAPTER 07　자원관리능력

CHAPTER 08　자기개발능력

CHAPTER 09　조직이해능력

CHAPTER 10　대인관계능력

수리능력

합격 Cheat Key

수리능력은 사칙 연산·통계·확률의 의미를 정확하게 이해하고 이를 업무에 적용하는 능력으로, 기초 연산과 기초 통계, 도표 분석 및 작성의 문제 유형으로 출제된다. 수리능력 역시 채택하지 않는 공사·공단이 거의 없을 만큼 필기시험에서 중요도가 높은 영역이다.

특히, 난이도가 높은 공사·공단의 시험에서는 도표 분석, 즉 자료 해석 유형의 문제가 많이 출제되고 있고, 응용 수리 역시 꾸준히 출제하는 공사·공단이 많기 때문에 기초 연산과 기초 통계에 대한 공식의 암기와 자료 해석 능력을 기를 수 있는 꾸준한 연습이 필요하다.

1 응용 수리의 공식은 반드시 암기하라!

응용 수리는 공사·공단마다 출제되는 문제는 다르지만, 사용되는 공식은 비슷한 경우가 많으므로 자주 출제되는 공식을 반드시 암기하여야 한다. 문제에서 묻는 것을 정확하게 파악하여 그에 맞는 공식을 적절하게 적용하는 꾸준한 노력과 공식을 암기하는 연습이 필요하다.

2 자료의 해석은 자료에서 즉시 확인할 수 있는 지문부터 확인하라!

수리능력 중 도표 분석, 즉 자료 해석 능력은 많은 시간을 필요로 하는 문제가 출제되므로, 증가·감소 추이와 같이 눈으로 확인이 가능한 지문을 먼저 확인한 후 복잡한 계산이 필요한 지문을 확인하는 방법으로 문제를 풀이한다면 시간을 조금이라도 아낄 수 있다. 또한, 여러 가지 보기가 주어진 문제 역시 지문을 잘 확인하고 문제를 풀이한다면 불필요한 계산을 생략할 수 있으므로 항상 지문부터 확인하는 습관을 들여야 한다.

3 도표 작성에서 지문에 작성된 도표의 제목을 반드시 확인하라!

도표 작성은 하나의 자료 혹은 보고서와 같은 수치가 표현된 자료를 도표로 작성하는 형식으로 출제되는데, 대체로 표보다는 그래프를 작성하는 형태로 많이 출제된다. 지문을 살펴보면 각 지문에서 주어진 도표에도 소제목이 있는 경우가 대부분이다. 이때, 자료의 수치와 도표의 제목이 일치하지 않는 경우 함정이 존재하는 문제일 가능성이 높으므로 도표의 제목을 반드시 확인하는 것이 중요하다.

01 | 응용 수리

| 유형분석 |

- 문제에서 제공하는 정보를 파악한 뒤, 사칙연산을 활용하여 계산하는 전형적인 수리문제이다.
- 문제를 풀기 위한 정보가 산재되어 있는 경우가 많으므로 주어진 조건 등을 꼼꼼히 확인해야 한다.

세희네 가족의 올해 휴가비용은 작년 대비 교통비는 15%, 숙박비는 24% 증가하였고, 전체 휴가비용은 20% 증가하였다. 작년 전체 휴가비용이 36만 원일 때, 올해 숙박비는?(단, 전체 휴가비는 교통비와 숙박비의 합이다)

① 160,000원
② 184,000원
③ 200,000원
④ 248,000원
⑤ 268,000원

정답 ④

작년 교통비를 x원, 숙박비를 y원이라 하자.
$1.15x+1.24y=1.2(x+y)\cdots$ ㉠
$x+y=36\cdots$ ㉡
㉠과 ㉡을 연립하면 $x=16$, $y=20$이다.
따라서 올해 숙박비는 $20\times1.24=24.8$만 원이다.

풀이 전략!

문제에서 묻는 바를 정확하게 확인한 후, 필요한 조건 또는 정보를 구분하여 신속하게 풀어 나간다. 단, 계산에 착오가 생기지 않도록 유의한다.

01 철도 길이가 570m인 터널이 있다. A기차는 터널을 완전히 빠져나갈 때까지 50초가 걸리고, 기차 길이가 A기차의 길이보다 60m 짧은 B기차는 23초가 걸렸다. 두 기차가 터널 양 끝에서 동시에 출발하면 $\frac{1}{3}$ 지점에서 만난다고 할 때, A기차의 길이는 얼마인가?(단, 기차 속력은 일정하다)

① 150m
② 160m
③ 170m
④ 180m
⑤ 190m

02 K공사는 창립일을 맞이하여 초대장을 준비하려고 한다. 초대장을 혼자서 만들 경우 A대리는 6일, B사원은 12일이 걸린다. A대리와 B사원이 함께 초대장을 만들 경우, 완료할 때까지 며칠이 걸리는가?

① 5일
② 4일
③ 3일
④ 2일
⑤ 1일

03 서로 직선상에 있는 A지점과 B지점의 거리는 16km이다. 갑은 A지점에서 B지점을 향해 시속 3km로 걸어서 이동하고, 을은 B지점에서 A지점을 향해 시속 5km로 자전거를 타고 이동한다. 두 사람은 출발한 지 몇 시간 만에 만나게 되며, 두 사람이 이동한 거리의 차이는 얼마인가?

① 1시간, 3km
② 1시간, 5km
③ 2시간, 2km
④ 2시간, 4km
⑤ 3시간, 2km

04 A ~ C 세 사람은 주기적으로 집안 청소를 한다. A는 6일마다, B는 8일마다, C는 9일마다 청소를 할 때, 세 명이 9월 10일에 같이 청소를 했다면 다음으로 같이 청소하는 날은?

① 11월 5일　　　　　　　　　　　② 11월 12일

③ 11월 16일　　　　　　　　　　　④ 11월 21일

⑤ 11월 29일

05 농도를 알 수 없는 설탕물 500g에 3%의 설탕물 200g을 온전히 섞었더니 섞은 설탕물의 농도는 7%가 되었다. 이때, 처음 500g의 설탕물에 녹아있던 설탕은 몇 g인가?

① 40g　　　　　　　　　　　　② 41g

③ 42g　　　　　　　　　　　　④ 43g

⑤ 44g

06 가로 길이가 $x$cm이고 세로 길이가 $y$cm인 직사각형의 둘레의 길이는 20cm이고 넓이는 24cm^{2}이다. 이 직사각형의 가로 길이와 세로 길이를 3cm씩 늘릴 때, 늘어난 직사각형의 넓이는?

① 59cm^2　　　　　　　　　　　② 60cm^2

③ 61cm^2　　　　　　　　　　　④ 62cm^2

⑤ 63cm^2

07 K중학교 학생 10명의 혈액형을 조사하였더니 A형, B형, O형인 학생이 각각 2명, 3명, 5명이었다. 10명의 학생 중에서 임의로 2명을 뽑을 때, 혈액형이 서로 다를 경우의 수는?

① 19가지　　　　　　　　　　　② 23가지

③ 27가지　　　　　　　　　　　④ 31가지

⑤ 35가지

08 철수는 다음과 같은 길을 따라 A에서 C까지 최단 거리로 이동을 하려고 한다. 이때, 최단 거리로 이동하는 동안 점 B를 거쳐서 이동하는 경우의 수는?

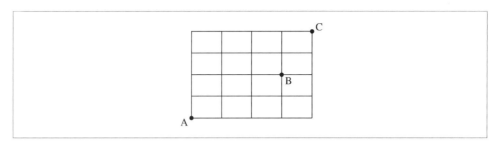

① 15가지　　　　　　　　　　　　　　② 24가지
③ 28가지　　　　　　　　　　　　　　④ 30가지
⑤ 32가지

09 수인이는 베트남 여행을 위해 공항에서 환전하기로 하였다. 다음은 K환전소의 당일 환율 및 수수료를 나타낸 자료이다. 수인이가 한국 돈으로 베트남 현금 1,670만 동을 환전하려고 할 때, 수수료까지 포함하여 필요한 돈은 얼마인가?(단, 모든 계산과정에서 구한 값은 일의 자리에서 버림한다)

〈K환전소 환율 및 수수료〉

• 베트남 환율 : 483원/만 동
• 수수료 : 0.5%
• 우대사항 : 50만 원 이상 환전 시 70만 원까지 수수료 0.4%로 인하 적용
　　　　　　100만 원 이상 환전 시 총 금액 수수료 0.4%로 인하 적용

① 808,840원　　　　　　　　　　　　② 808,940원
③ 809,840원　　　　　　　　　　　　④ 809,940원
⑤ 810,040원

02 | 자료 계산

| 유형분석 |

- 문제에 주어진 도표를 분석하여 각 선택지의 값을 계산해 정답 유무를 판단하는 문제이다.
- 주로 그래프와 표로 제시되며, 경영·경제·산업 등과 관련된 최신 이슈를 많이 다룬다.
- 자료 간의 증감률·비율·추세 등을 자주 묻는다.

다음은 K국의 부양인구비를 나타낸 자료이다. 2023년 15세 미만 인구 대비 65세 이상 인구의 비율은 얼마인가?(단, 비율은 소수점 둘째 자리에서 반올림한다)

〈부양인구비〉

구분	2019년	2020년	2021년	2022년	2023년
부양비	37.3	36.9	36.8	36.8	36.9
유소년부양비	22.2	21.4	20.7	20.1	19.5
노년부양비	15.2	15.6	16.1	16.7	17.3

※ (유소년부양비)$=\dfrac{(15세\ 미만\ 인구)}{(15\sim64세\ 인구)}\times100$

※ (노년부양비)$=\dfrac{(65세\ 이상\ 인구)}{(15\sim64세\ 인구)}\times100$

① 72.4% 　　　　　　② 77.6%

③ 81.5% 　　　　　　④ 88.7%

정답 ④

2023년 15세 미만 인구를 x명, 65세 이상 인구를 y명, $15\sim64$세 인구를 a명이라 하면,

15세 미만 인구 대비 65세 이상 인구 비율은 $\dfrac{y}{x}\times100$이므로

(2023년 유소년부양비)$=\dfrac{x}{a}\times100=19.5 \rightarrow a=\dfrac{x}{19.5}\times100 \cdots$ ㉠

(2023년 노년부양비)$=\dfrac{y}{a}\times100=17.3 \rightarrow a=\dfrac{y}{17.3}\times100 \cdots$ ㉡

㉠, ㉡을 연립하면 $\dfrac{x}{19.5}=\dfrac{y}{17.3} \rightarrow \dfrac{y}{x}=\dfrac{17.3}{19.5}$ 이므로, 15세 미만 인구 대비 65세 이상 인구의 비율은 $\dfrac{17.3}{19.5}\times100 \fallingdotseq 88.7\%$이다.

풀이 전략!

선택지를 먼저 읽고 필요한 정보를 도표에서 확인하도록 하며, 계산이 필요한 경우에는 실제 수치를 사용하여 복잡한 계산을 하는 대신, 대소 관계의 비교나 선택지의 옳고 그름만을 판단할 수 있을 정도로 간소화하여 계산해 풀이시간을 단축할 수 있도록 한다.

01 다음은 과일의 종류별 무게에 따른 가격표이다. 종류별 무게를 가중치로 적용하여 가격에 대한 가중평균을 구하면 42만 원이다. 이때 빈칸 ㉠에 들어갈 수치로 옳은 것은?

<과일 종류별 가격 및 무게>

(단위 : 만 원, kg)

구분	(가)	(나)	(다)	(라)
가격	25	40	60	㉠
무게	40	15	25	20

① 40　　　　　　　　　　② 45

③ 50　　　　　　　　　　④ 55

⑤ 60

02 다음 상황을 근거로 판단할 때, 짜장면 1그릇의 가격은?

- K중식당의 테이블별 주문 내역과 그 금액은 아래 표와 같다.
- 각 테이블에서는 음식을 주문 내역별로 1그릇씩 주문하였다.

테이블	주문 내역	주문 금액
1	짜장면, 탕수육	17,000원
2	짬뽕, 깐풍기	20,000원
3	짜장면, 볶음밥	14,000원
4	짬뽕, 탕수육	18,000원
5	볶음밥, 깐풍기	21,000원

① 4,000원　　　　　　　② 5,000원

③ 6,000원　　　　　　　④ 7,000원

⑤ 8,000원

03 | 자료 이해

| 유형분석 |

- 제시된 자료를 분석하여 선택지의 정답 유무를 판단하는 문제이다.
- 자료의 수치 등을 통해 변화량이나 증감률, 비중 등을 비교하여 판단하는 문제가 자주 출제된다.
- 지원하고자 하는 기업이나 산업과 관련된 자료 등이 문제의 자료로 많이 다뤄진다.

다음은 도시폐기물량 상위 10개국의 도시폐기물량지수와 한국의 도시폐기물량을 나타낸 자료이다. 이에 대한 〈보기〉 중 옳은 것을 모두 고르면?

〈도시폐기물량 상위 10개국의 도시폐기물량지수〉

순위	2020년		2021년		2022년		2023년	
	국가	지수	국가	지수	국가	지수	국가	지수
1	미국	12.05	미국	11.94	미국	12.72	미국	12.73
2	러시아	3.40	러시아	3.60	러시아	3.87	러시아	4.51
3	독일	2.54	브라질	2.85	브라질	2.97	브라질	3.24
4	일본	2.53	독일	2.61	독일	2.81	독일	2.78
5	멕시코	1.98	일본	2.49	일본	2.54	일본	2.53
6	프랑스	1.83	멕시코	2.06	멕시코	2.30	멕시코	2.35
7	영국	1.76	프랑스	1.86	프랑스	1.96	프랑스	1.91
8	이탈리아	1.71	영국	1.75	이탈리아	1.76	터키	1.72
9	터키	1.50	이탈리아	1.73	영국	1.74	영국	1.70
10	스페인	1.33	터키	1.63	터키	1.73	이탈리아	1.40

※ (도시폐기물량지수)= $\dfrac{\text{(해당 연도 해당 국가의 도시폐기물량)}}{\text{(해당 연도 한국의 도시폐기물량)}}$

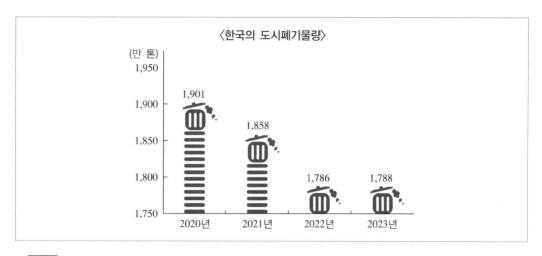

〈한국의 도시폐기물량〉

(만 톤)

1,950

1,901

1,900

1,858

1,850

1,800

1,786   1,788

1,750

2020년   2021년   2022년   2023년

보기

㉠ 2023년 도시폐기물량은 미국이 일본의 4배 이상이다.
㉡ 2022년 러시아의 도시폐기물량은 8,000만 톤 이상이다.
㉢ 2023년 스페인의 도시폐기물량은 2020년에 비해 감소하였다.
㉣ 영국의 도시폐기물량은 터키의 도시폐기물량보다 매년 많다.

① ㉠, ㉢   ② ㉠, ㉣
③ ㉡, ㉢   ④ ㉢, ㉣

정답 ①

㉠ 제시된 자료의 각주에 의해 같은 해의 각국의 도시폐기물량지수는 그 해 한국의 도시폐기물량을 기준해 도출된다. 즉, 같은 해의 여러 국가의 도시폐기물량을 비교할 때 도시폐기물량지수로도 비교가 가능하다. 2023년 미국과 일본의 도시폐기물량지수는 각각 12.73, 2.53이며, 2.53×4=10.12<12.73이므로 옳은 설명이다.

㉢ 2020년 한국의 도시폐기물량은 1,901만 톤이므로 2020년 스페인의 도시폐기물량은 1,901×1.33=2,528.33만 톤이다. 도시폐기물량 상위 10개국의 도시폐기물량지수 자료를 보면 2023년 스페인의 도시폐기물량지수는 상위 10개국에 포함되지 않았음을 확인할 수 있다. 즉, 스페인의 도시폐기물량은 도시폐기물량지수 10위인 이탈리아의 도시폐기물량보다 적다. 2023년 한국의 도시폐기물량은 1,788만 톤이므로 이탈리아의 도시폐기물량은 1,788×1.40=2,503.2만 톤이다. 즉, 2023년 이탈리아의 도시폐기물량은 2020년 스페인의 도시폐기물량보다 적다. 따라서 2023년 스페인의 도시폐기물량은 2020년에 비해 감소했다.

오답분석

㉡ 2022년 한국의 도시폐기물량은 1,786만 톤이므로 2022년 러시아의 도시폐기물량은 1,786×3.87=6,911.82만 톤이다.
㉣ 2023년의 경우 터키의 도시폐기물량지수는 영국보다 높다. 따라서 2023년 영국의 도시폐기물량은 터키의 도시폐기물량보다 적다.

풀이 전략!

평소 변화량이나 증감률, 비중 등을 구하는 공식을 알아두고 있어야 하며, 지원하는 기업이나 산업에 관한 자료 등을 확인하여 비교하는 연습 등을 한다.

01 다음은 제습기 A ~ E의 습도별 연간소비전력량을 측정한 자료이다. 이에 대한 〈보기〉의 설명 중 옳은 것을 모두 고르면?

〈제습기 A ~ E의 습도별 연간소비전력량〉

(단위 : kWh)

습도 제습기	40%	50%	60%	70%	80%
A	550	620	680	790	840
B	560	640	740	810	890
C	580	650	730	800	880
D	600	700	810	880	950
E	660	730	800	920	970

보기

ㄱ. 습도가 70%일 때 연간소비전력량이 가장 적은 제습기는 A이다.
ㄴ. 습도별로 연간소비전력량이 많은 제습기부터 순서대로 나열하면, 습도가 60%일 때와 70%일 때의 순서는 동일하다.
ㄷ. 습도가 40%일 때 제습기 E의 연간소비전력량은 습도가 50%일 때 제습기 B의 연간소비전력량 보다 많다.
ㄹ. 제습기 각각에서 연간소비전력량은 습도가 80%일 때가 40%일 때의 1.5배 이상이다.

① ㄱ, ㄴ   ② ㄱ, ㄷ
③ ㄴ, ㄹ   ④ ㄱ, ㄷ, ㄹ
⑤ ㄴ, ㄷ, ㄹ

02 다음은 OECD 국가의 대학졸업자 취업에 대한 자료이다. A ~ L국가 중 전체 대학졸업자 대비 대학졸업자 중 취업자 비율이 OECD 평균보다 높은 국가끼리 바르게 짝지어진 것은?

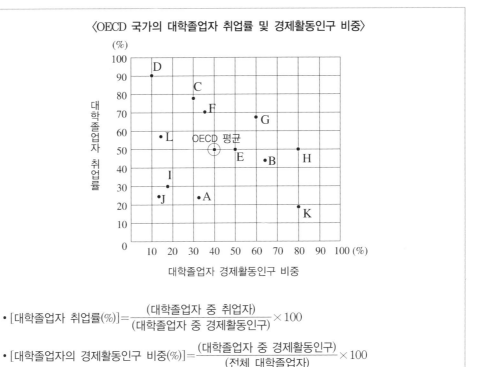

〈OECD 국가의 대학졸업자 취업률 및 경제활동인구 비중〉

- [대학졸업자 취업률(%)]=$\dfrac{\text{(대학졸업자 중 취업자)}}{\text{(대학졸업자 중 경제활동인구)}}\times100$

- [대학졸업자의 경제활동인구 비중(%)]=$\dfrac{\text{(대학졸업자 중 경제활동인구)}}{\text{(전체 대학졸업자)}}\times100$

① A, D

② B, C

③ D, H

④ G, K

⑤ H, L

03 다음은 민간 분야 사이버 침해사고 발생현황에 대한 자료이다. 이에 대한 〈보기〉의 설명 중 옳지 않은 것을 모두 고르면?

〈민간 분야 사이버 침해사고 발생현황〉

(단위 : 건)

구분	2020년	2021년	2022년	2023년
홈페이지 변조	650	900	600	390
스팸릴레이	100	90	80	40
기타 해킹	300	150	170	165
단순 침입시도	250	300	290	175
피싱 경유지	200	430	360	130
전체	1,500	1,870	1,500	900

보기

ㄱ. 단순 침입시도 분야의 침해사고는 매년 스팸릴레이 분야의 침해사고 건수의 2배 이상이다.
ㄴ. 2020년 대비 2023년 침해사고 건수가 50% 이상 감소한 분야는 2개 분야이다.
ㄷ. 2022년 홈페이지 변조 분야의 침해사고 건수가 차지하는 비중은 35% 이상이다.
ㄹ. 2021년 대비 2023년은 모든 분야의 침해사고 건수가 감소하였다.

① ㄱ, ㄴ
② ㄱ, ㄹ
③ ㄴ, ㄷ
④ ㄴ, ㄹ
⑤ ㄷ, ㄹ

04 K기업의 연구소에서는 신소재 물질을 개발하고 있다. 최근 새롭게 연구하고 있는 4가지 물질의 농도 측정을 위해 A ~ D연구기관에 검사를 의뢰하였다. 측정결과가 다음과 같을 때, 이를 이해한 내용으로 옳지 않은 것은?

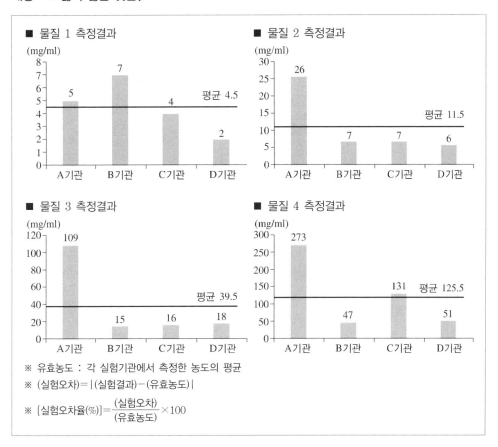

① 물질 1에 대한 B기관과 D기관의 실험오차율은 동일하다.

② 물질 3에 대한 실험오차율은 A기관이 가장 크다.

③ 물질 1에 대한 B기관의 실험오차율은 물질 2에 대한 A기관의 실험오차율보다 작다.

④ 물질 2에 대한 A기관의 실험오차율은 물질 2에 대한 나머지 기관의 실험오차율 합보다 작다.

⑤ A기관의 실험 결과를 제외하면, 4개 물질의 유효농도 값은 A기관의 결괏값을 제외하기 전보다 작아진다.

의사소통능력

합격 Cheat Key

의사소통능력은 평가하지 않는 공사·공단이 없을 만큼 필기시험에서 중요도가 높은 영역으로, 세부 유형은 문서 이해, 문서 작성, 의사 표현, 경청, 기초 외국어로 나눌 수 있다. 문서 이해·문서 작성과 같은 지문에 대한 주제 찾기, 내용 일치 문제의 출제 비중이 높으며, 문서의 특성을 파악하는 문제도 출제되고 있다.

1   문제에서 요구하는 바를 먼저 파악하라!

의사소통능력에서 가장 중요한 것은 제한된 시간 안에 빠르고 정확하게 답을 찾아내는 것이다. 의사소통능력에서는 지문이 아니라 문제가 주인공이므로 지문을 보기 전에 문제를 먼저 파악해야 하며, 문제에 따라 전략적으로 빠르게 풀어내는 연습을 해야 한다.

2   잠재되어 있는 언어 능력을 발휘하라!

세상에 글은 많고 우리가 학습할 수 있는 시간은 한정적이다. 이를 극복할 수 있는 방법은 다양한 글을 접하는 것이다. 실제 시험장에서 어떤 내용의 지문이 나올지 아무도 예측할 수 없으므로 평소에 신문, 소설, 보고서 등 여러 글을 접하는 것이 필요하다.

3   상황을 가정하라!

업무 수행에 있어 상황에 따른 언어 표현은 중요하다. 같은 말이라도 상황에 따라 다르게 해석될 수 있기 때문이다. 그런 의미에서 자신의 의견을 효과적으로 전달할 수 있는 능력을 평가하는 것이다. 업무를 수행하면서 발생할 수 있는 여러 상황을 가정하고 그에 따른 올바른 언어표현을 정리하는 것이 필요하다.

4   말하는 이의 입장에서 생각하라!

잘 듣는 것 또한 하나의 능력이다. 상대방의 이야기에 귀 기울이고 공감하는 태도는 업무를 수행하는 관계 속에서 필요한 요소이다. 그런 의미에서 다양한 상황에서 듣는 능력을 평가하는 것이다. 말하는 이가 요구하는 듣는 이의 태도를 파악하고, 이에 따른 판단을 할 수 있도록 언제나 말하는 사람의 입장이 되는 연습이 필요하다.

01 | 문서 내용 이해

| 유형분석 |

- 주어진 지문을 읽고 선택지를 고르는 전형적인 독해 문제이다.
- 지문은 주로 신문기사(보도자료 등)나 업무 보고서, 시사 등이 제시된다.
- 공사공단에 따라 자사와 관련된 내용의 기사나 법조문, 보고서 등이 출제되기도 한다.

다음 글의 내용으로 적절하지 않은 것은?

물가 상승률은 일반적으로 가격 수준의 상승 속도를 나타내며, 소비자 물가지수(CPI)와 같은 지표를 사용하여 측정된다. 높은 물가 상승률은 소비재와 서비스의 가격이 상승하고, 돈의 구매력이 감소한다. 이는 소비자들이 더 많은 돈을 지출하여 물가 상승에 따른 가격 상승을 감수해야 함을 의미한다.

물가 상승률은 경제에 다양한 영향을 미친다. 먼저 소비자들의 구매력이 저하되므로 가계소득의 실질 가치가 줄어든다. 이는 소비 지출의 감소와 경기 둔화를 초래할 수 있다. 또한 물가 상승률은 기업의 의사결정에도 영향을 준다. 예를 들어 높은 물가 상승률은 이자율의 상승과 함께 대출 조건을 악화시키므로 기업들은 생산 비용 상승과 이로 인한 이윤 감소에 직면하게 된다.

정부와 중앙은행은 물가 상승률을 통제하기 위해 다양한 금융 정책을 사용하며, 대표적으로 세금 조정, 통화량 조절, 금리 조정 등이 있다.

물가 상승률은 경제 활동에 큰 영향을 주는 중요한 요소이므로 정부, 기업, 투자자 및 개인은 이를 주의 깊게 모니터링하고 전망을 평가하는 데 활용해야 한다. 또한 소비자의 구매력과 경기 상황에 직접적·간접적인 영향을 주므로 경제 주체들은 물가 상승률의 변동에 대응하여 적절한 전략을 수립해야 한다.

① 지나친 물가 상승은 소비 심리를 위축시킨다.
② 정부와 중앙은행이 실행하는 금융 정책의 목적은 물가 안정성을 유지하는 것이다.
③ 중앙은행의 금리 조정으로 지나친 물가 상승을 진정시킬 수 있다.
④ 소비재와 서비스의 가격이 상승하므로 기업의 입장에서는 물가 상승률이 커질수록 이득이다.

정답 ④

높은 물가 상승률은 이자율의 상승과 함께 대출 조건을 악화시키므로 기업들은 생산 비용 상승과 이로 인한 이윤 감소에 직면하게 된다.

풀이 전략!

주어진 선택지에서 키워드를 체크한 후, 지문의 내용과 비교해 가면서 내용의 일치 유무를 빠르게 판단한다.

01 다음 글의 내용으로 적절하지 않은 것은?

> 헤로도토스의 앤드로파기(식인종)나 신화의 전설적 존재들인 반인반양, 켄타우루스, 미노타우로스 등은 아무래도 역사적인 구체성이 크게 결여된 편이다. 반면에 르네상스의 야만인 담론에 등장하는 야만인들은 서구의 전통 야만인관에 의해 각색되었지만, 이전과는 달리 현실적 구체성을 띠고 나타 난다. 하지만 이때도 문명의 시각이 작동하여 야만인이 저질스러운 인간으로 인식되는 것은 마찬가 지이다. 다만 이런 인식이 서구 중심의 세계체제 형성과 관련을 맺는다는 점이 이전과의 차이점이 다. 르네상스의 야만인상은 서구인의 문명건설 과업과 관련하여 만들어진 것이다. '신대륙 발견'과 더불어 '문명'과 '야만'의 접촉이 빈번해지면서 야만인은 더는 신화적·상징적·문화적 이해 대상이 아니다. 이제 그는 실제 경험의 대상으로서 서구인의 일상생활에까지 모습을 드러내는 존재이다. 특히 주목해야 할 점은 콜럼버스의 '신대륙 발견' 이후로 야만인 담론은 유럽인이 '발견'한 지역의 원주민들과 집단으로 직접 만나는 실제 체험과 관련되어 있다는 사실이다. 르네상스 이전이라고 해 서 이방의 원주민들을 만나지 않았을 리 없겠지만 그때에는 원주민에 관한 정보가 직접 경험에 의한 것이라기보다는 뜬소문에 근거하거나 아니면 순전히 상상의 산물인 경우가 많았다. 반면에 르네상 스 시대의 야만인은 그냥 원주민이 아니다. 이때의 원주민은 식인종이며 바로 이 점 때문에 문명인 의 교화를 받거나 정복과 절멸의 대상이 된다. 이는 코르테스가 정복한 아스테카 제국인 멕시코를 생각하면 쉽게 이해할 수 있다.
>
> 멕시코는 당시 거대한 제국으로서 유럽에서도 유례를 찾아보기 힘들 정도로 인구 25만의 거대한 도시를 건설한 '문명국'이었다. 하지만 멕시코 정벌에 참여한 베르날 디아즈는 나중에 이 경험을 토대로 한 회고록 『뉴 스페인 정복사』에서 멕시코 원주민들을 지독한 식인습관을 가진 것으로 매도 한다. 멕시코 원주민들이 식인종으로 규정되고 나면 그들이 아무리 스페인 정복군이 눈이 휘둥그레 질 정도로 발달된 문화를 가지고 있어도 소용이 없다. 그들은 '식인 야만인'으로 규정됨으로써 정복 의 대상이 되고 또한, 이로 말미암아 세계사의 흐름에 큰 변화가 오게 된다. 거대한 대륙의 주인이 바뀌는 것이다.

① 고대에 형성된 야만인 이미지들은 경험에 의한 것이기보다 허구의 산물이었다.
② 르네상스 이후 서구인의 야만인 담론은 전통적인 야만인관과 단절을 이루었다.
③ 르네상스 이후 야만인은 서구의 세계제패 전략의 관점에서 인식되고 평가되었다.
④ 스페인 정복군에 의한 아즈테카 문명의 정복은 서구 야만인 담론을 통해 합리화되었다.
⑤ 콜럼버스 신대륙 발견 이후 야만인은 문명에 의해 교화되거나 정복되어야 할 잔인한 존재로 매도 되었다.

02 다음 글을 이해한 내용으로 가장 적절한 것은?

온갖 사물이 뒤섞여 등장하는 사진들에서 고양이를 틀림없이 알아보는 인공지능이 있다고 해보자. 그러한 식별 능력은 고양이 개념을 이해하는 능력과 어떤 관계가 있을까? 고양이를 실수 없이 가려내는 능력이 고양이 개념을 이해하는 능력의 필요충분조건이라고 할 수 있을까?

먼저, 인공지능이든 사람이든 고양이 개념에 대해 이해하면서도 영상 속의 짐승이나 사물이 고양이인지 정확히 판단하지 못하는 경우는 있을 수 있다. 예를 들어, 누군가가 전형적인 고양이와 거리가 먼 희귀한 외양의 고양이를 보고 "좀 이상하게 생긴 족제비로군요."라고 말했다고 해보자. 이것은 틀린 판단이지만, 그렇다고 그가 고양이 개념을 이해하지 못하고 있다고 평가하는 것은 부적절한 일일 것이다.

이번에는 다른 예로 누군가가 영상자료에서 가을에 해당하는 장면들을 실수 없이 가려낸다고 해보자. 그는 가을 개념을 이해하고 있다고 보아야 할까? 그 장면들을 실수 없이 가려낸다고 해도 그가 가을이 적잖은 사람들을 왠지 쓸쓸하게 하는 계절이라든가, 농경문화의 전통에서 수확의 결실이 있는 계절이라는 것, 혹은 가을이 지구 자전축의 기울기와 유관하다는 것 등을 반드시 알고 있는 것은 아니다. 심지어 가을이 지구의 1년을 넷으로 나눈 시간 중 하나를 가리킨다는 사실을 모르고 있을 수도 있다. 만일 가을이 여름과 겨울 사이에 오는 계절이라는 사실조차 모르는 사람이 있다면, 우리는 그가 가을 개념을 이해하고 있다고 인정할 수 있을까? 그것은 불합리한 일일 것이다.

가을이든 고양이든 인공지능이 그런 개념들을 충분히 이해하는 것은 영원히 불가능하다고 단언할 이유는 없다. 하지만 우리가 여기서 확인한 점은 개념의 사례를 식별하는 능력이 개념을 이해하는 능력을 함축하는 것은 아니고, 그 역도 마찬가지라는 것이다.

① 날아가는 비둘기를 참새로 오인했다고 해서 비둘기 개념을 이해하지 못하고 있다고 평가할 수는 없다.

② 인간과 동물의 개념을 명확하게 이해하고 있다면, 동물과 인간을 실수 없이 구별해야 한다.

③ 영상자료에서 가을의 장면을 제대로 가려내지 못한 사람은 가을의 개념을 명확히 이해하지 못한 사람이다.

④ 인공지능이 자동차와 사람의 개념을 제대로 이해했다면, 영상 속의 자동차를 사람으로 착각할 리 없다.

⑤ 다양한 형태의 크고 작은 상자들 가운데 정확하게 정사각형의 상자를 찾아낸다면, 정사각형의 개념을 이해한 것이라고 볼 수 있다.

03 다음은 공공 자전거 서비스 제도 시행에 대한 토론 내용이다. 이를 이해한 내용으로 적절하지 않은 것은?

사회자 : 최근 사람들의 교통 편의를 위해 공공 자전거 서비스를 제공하는 지방자치단체가 늘고 있습니다. 공공 자전거 서비스 제도는 지방자치단체에서 사람들에게 자전거를 무상으로 빌려주어 일상생활에서 이용하게 하는 제도입니다. 이에 대해 '공공 자전거 서비스 제도를 시행해야 한다.'라는 논제로 토론을 하고자 합니다. 먼저 찬성 측 입론해 주십시오.

A사원 : 최근 회사나 학교 주변의 교통 체증이 심각한 상황입니다. 특히, 출퇴근 시간이나 등하교 시간에는 많은 자동차가 한꺼번에 쏟아져 나와 교통 혼잡이 더욱 가중되고 있습니다. 공공 자전거 서비스 제도를 도입하여 많은 사람이 자전거를 이용하게 되면 출퇴근이나 등하교 시의 교통 체증 문제를 완화할 수 있을 것입니다. 또한, 공공 자전거 서비스 제도를 시행하면 자동차의 배기가스로 인한 대기 오염을 줄일 수 있고, 경제적으로도 교통비가 절감되어 가계에 도움이 될 것입니다.

사회자 : 반대 측에서 반대 질의해 주십시오.

B사원 : 공공 자전거 서비스 제도를 시행하면 교통 체증 문제를 완화할 수 있다고 하셨는데, 그럴 경우 도로에 자전거와 자동차가 섞이게 되어 오히려 교통 혼잡 문제가 발생하지 않을까요?

C사원 : 자전거 전용 도로를 만들면 자전거와 자동차가 뒤섞여 발생하는 교통 혼잡을 막을 수 있어서 말씀하신 문제점을 해결할 수 있습니다.

사회자 : 이번에는 반대 측에서 입론해 주십시오.

D사원 : 공공 자전거 서비스 제도가 도입되면 자전거를 구입하거나 유지하는 데 드는 비용, 자전거 대여소를 설치하고 운영하는 데 드는 경비 등을 모두 지방자치단체에서 충당해야 합니다. 그런데 이 비용들은 모두 사람들의 세금으로 마련되는 것입니다. 따라서 자전거를 이용하지 않는 사람들도 공공 자전거 서비스에 필요한 비용을 지불해야 하기 때문에 형평성의 문제가 발생할 수 있습니다. 자신의 세금 사용에 대해 문제를 제기할 수 있는 사람들의 요구를 고려하여 신중한 접근이 필요하다고 봅니다.

사회자 : 그러면 이번에는 찬성 측에서 반대 질의해 주십시오.

A사원 : 공공 자전거 서비스 제도의 운용 경비를 모두 지방자치단체에서 충당해야 한다고 하셨는데, 통계 자료에 따르면 공공 자전거 서비스 제도를 시행하고 있는 지방자치단체 열 곳 중 여덟 곳이 공공 자전거 대여소를 무인으로 운영하고 있으며, 운영 경비의 70%를 정부로부터 지원받고 있다고 합니다. 이런 점에서 지방자치단체가 운영 경비를 모두 부담한다고 보기 어렵지 않나요? 그리고 공공 자전거 서비스는 사람들 모두가 이용할 수 있는 혜택이므로 세금 사용의 형평성 문제가 발생한다고 보기 어렵지 않을까요?

B사원 : 물론 그렇게 볼 수도 있습니다만, 정부의 예산도 국민의 세금에서 지출되는 것입니다. 공공 자전거 무인 대여소 설치에 들어가는 비용은 얼마나 되는지, 우리 구에 정부 예산이 얼마나 지원될 수 있는지 등을 더 자세하게 살펴봐야 합니다.

---

① 반대 측은 형평성을 근거로 공공 자전거 서비스 제도에 대해 문제를 제기하고 있다.
② 찬성 측은 공공 자전거 서비스 제도의 효과에 대해 구체적인 근거를 제시하고 있다.
③ 반대 측은 찬성 측의 주장을 일부 인정하고 있다.
④ 반대 측은 예상되는 상황을 제시해서 찬성 측의 주장에 대해 의문을 제기하고 있다.
⑤ 찬성 측과 반대 측은 공공 자전거 서비스 시행 시 발생할 수 있는 교통 체증 문제에 대립하는 논점을 가지고 있다.

02 | 주제·제목

| 유형분석 |

- 주어진 지문을 파악하여 전달하고자 하는 핵심 주제를 고르는 문제이다.
- 정보를 종합하고 중요한 내용을 구별하는 능력이 필요하다.
- 설명문부터 주장, 반박문까지 다양한 성격의 지문이 제시되므로 글의 성격별 특징을 알아두는 것이 좋다.

다음 글의 주제로 가장 적절한 것은?

멸균이란 곰팡이, 세균, 박테리아, 바이러스 등 모든 미생물을 사멸시켜 무균 상태로 만드는 것을 의미한다. 멸균 방법에는 물리적, 화학적 방법이 있으며, 멸균 대상의 특성에 따라 적절한 멸균 방법을 선택하여 실시할 수 있다. 먼저 물리적 멸균법에는 열이나 화학약품을 사용하지 않고 여과기를 이용하여 세균을 제거하는 여과법, 병원체를 불에 태워 없애는 소각법, $100℃$에서 $10 \sim 20$분간 물품을 끓이는 자비소독법, 미생물을 자외선에 직접 노출시키는 자외선 소독법, $160 \sim 170℃$의 열에서 $1 \sim 2$시간 동안 건열 멸균기를 사용하는 건열법, 포화된 고압증기 형태의 습열로 미생물을 파괴시키는 고압증기 멸균법 등이 있다. 다음으로 화학적 멸균법은 화학약품이나 가스를 사용하여 미생물을 파괴하거나 성장을 억제하는 방법으로, E.O 가스, 알코올, 염소 등 여러 가지 화학약품이 사용된다.

① 멸균의 중요성
② 뛰어난 멸균 효과
③ 다양한 멸균 방법
④ 멸균 시 발생할 수 있는 부작용
⑤ 멸균 시 사용하는 약품의 종류

정답 ③

제시문에서는 멸균에 대해 언급하며, 멸균 방법을 물리적·화학적으로 구분하여 다양한 멸균 방법에 대해 설명하고 있다. 따라서 글의 주제로는 ③이 가장 적절하다.

풀이 전략!

'결국', '즉', '그런데', '그러나', '그러므로' 등의 접속어 뒤에 주제가 드러나는 경우가 많다는 것에 주의하면서 지문을 읽는다.

01 다음 글의 제목으로 가장 적절한 것은?

맥주의 주원료는 양조용수·보리·홉 등이다. 맥주를 양조하기 위해서는 일반적으로 맥주생산량의 10 ~ 20배 정도 되는 물이 필요하며, 이것을 양조용수라고 한다. 양조용수는 맥주의 종류와 품질을 좌우하며, 무색·무취·투명해야 한다. 또한, 보리를 싹틔워 맥아로 만든 것을 사용하여 맥주를 제조하는데, 맥주용 보리로는 곡립이 고르고 녹말질이 많으며 단백질이 적은 것, 그리고 곡피(穀皮)가 얇으며 발아력이 왕성한 것이 좋다. 홉은 맥주 특유의 쌉쌀한 향과 쓴맛을 만들어 내는 주요 첨가물이며, 맥주를 맑게 하고 잡균의 번식을 막아주는 역할을 한다.

맥주의 제조공정을 살펴보면 맥아제조, 담금, 발효, 저장, 여과의 다섯 단계로 나눌 수 있다. 이 중 발효공정은 맥즙이 발효되어 술이 되는 과정을 말하는데, 효모가 발효탱크 속에서 맥즙에 있는 당분을 알코올과 탄산가스로 분해한다. 이 공정은 1주일간 이어지며, 그동안 맥즙 안에 있던 당분은 점점 줄어들고 알코올과 탄산가스가 늘어나 맥주가 되는 것이다. 이때 발효 중 맥즙의 온도 상승을 막기 위해 탱크를 냉각 코일로 감고 그 표면을 하얀 폴리우레탄으로 단열시키는데, 그 모습이 마치 남극의 이글루처럼 보이기도 한다.

맥주는 발효의 방법에 따라 하면발효 맥주와 상면발효 맥주로 구분되는데, 이는 어떤 온도에서 발효시키느냐에 달려있다. 세계 맥주 생산량의 70%를 차지하는 하면발효 맥주는 발효 중 밑으로 가라앉는 효모를 사용해 저온에서 발효시킨 맥주를 말한다. 요즘 유행하는 드래프트비어가 바로 여기에 속한다. 반면, 상면발효 맥주는 주로 영국, 미국, 캐나다, 벨기에 등에서 생산되며 발효 중 표면에 떠오르는 효모로 비교적 높은 온도에서 발효시킨 맥주를 말한다. 에일, 스타우트 등이 상면발효 맥주에 포함된다.

① 홉과 발효 방법의 종류에 따른 맥주 구분법
② 주원료에 따른 맥주의 발효 방법 분류
③ 맥주의 주원료와 발효 방법에 따른 맥주의 종류
④ 맥주의 제조공정
⑤ 맥주의 발효 과정

02 다음 글의 주제로 가장 적절한 것은?

> 최근에 사이버공동체를 중심으로 한 시민의 자발적 정치 참여 현상이 많은 관심을 끌고 있다. 이러한 현상과 관련하여 A의 연구가 새삼 주목 받고 있다. A의 연구에 따르면 공동체의 구성원이 됨으로써 얻게 되는 '사회적 자본'이 시민사회의 성숙과 민주주의 발전을 가져오는 원동력이다. A의 이론에서는 공동체에 대한 자발적 참여를 통해 사회 구성원 간의 상호 의무감과 신뢰, 구성원들이 공유하는 규칙과 관행, 사회적 유대 관계와 같은 사회적 자본이 늘어나면 사회 구성원 간의 협조적인 행위가 가능하게 된다고 보았다. 더 나아가 A는 자원봉사자와 같이 공동체 참여도가 높은 사람이 투표할 가능성이 높고 정부 정책에 대한 의견 개진도 활발해지는 등 정치 참여도가 높아진다고 주장하였다.
>
> 몇몇 학자들은 A의 이론을 적용하여 면대면 접촉에 따른 인간관계의 산물인 사회적 자본이 사이버공동체에서도 충분히 형성될 수 있다고 보았다. 그리고 사이버공동체에서 사회적 자본의 증가가 정치 참여도 활성화시킬 것으로 기대했다. 하지만 이러한 기대와는 달리 정치 참여는 활성화되지 않았다. 요즘 젊은이들을 보면 각종 사이버공동체에 자발적으로 참여하는 수준은 높지만 투표나 다른 정치 활동에는 무관심하거나 심지어 정치를 혐오하기도 한다. 이런 측면에서 A의 주장은 사이버공동체가 활성화된 오늘날에는 잘 맞지 않는다.
>
> 이러한 이유 때문에 오늘날 사이버공동체를 중심으로 한 정치 참여를 더 잘 이해하기 위해서 '정치적 자본' 개념의 도입이 필요하다. 정치적 자본은 사회적 자본의 구성 요소와는 달리 정치 정보의 습득과 이용, 정치적 토론과 대화, 정치적 효능감 등으로 구성된다. 정치적 자본은 사회적 자본과 마찬가지로 공동체 참여를 통해서 획득되지만, 정치 과정에의 관여를 촉진한다는 점에서 사회적 자본과는 구분될 필요가 있다. 사회적 자본만으로는 정치 참여를 기대하기 어렵고, 사회적 자본과 정치 참여 사이를 정치적 자본이 매개할 때 비로소 정치 참여가 활성화된다.

① 사이버공동체를 통해 축적된 사회적 자본에 정치적 자본이 더해질 때 정치 참여가 활성화된다.
② 사회적 자본은 정치적 자본을 포함하기 때문에 그 자체로 정치 참여의 활성화를 가져온다.
③ 사회적 자본이 많은 사회는 정치 참여가 활발하기 때문에 민주주의가 실현된다.
④ 사이버공동체의 특수성으로 인해 시민들의 정치 참여가 어렵게 되었다.
⑤ 사이버공동체에의 자발적 참여 증가는 정치 참여를 활성화시킨다.

03 다음 글의 제목으로 가장 적절한 것은?

제4차 산업혁명은 인공지능이 기존의 자동화 시스템과 연결되어 효율이 극대화되는 산업 환경의 변화를 의미한다.

2016년 세계경제포럼에서 언급되어, 유행처럼 번지는 용어가 되었다. 학자에 따라 바라보는 견해는 다르지만 대체로 기계학습과 인공지능의 발달이 그 수단으로 꼽힌다.

2010년대 중반부터 드러나기 시작한 제4차 산업혁명은 현재진행형이며, 그 여파는 사회 곳곳에서 드러나고 있다. 현재도 기계와 인공지능이 사람을 대체하고 있으며, 현재 일자리의 80 ~ 99%까지 대체될 것이라고 보는 견해도 있다.

만약 우리가 현재의 경제 구조를 유지한 채로 이와 같은 극단적인 노동 수요 감소를 맞게 된다면, 전후 미국의 대공황 등과는 차원이 다른 끔찍한 대공황이 발생할 것이다. 일자리가 줄어들수록 중·하위 계층은 사회에서 밀려날 수밖에 없는데, 자본주의 사회의 특성상 많은 비용을 수반하는 과학기술의 연구는 자본에 종속될 수밖에 없기 때문이다. 물론 지금도 이러한 현상이 없는 것은 아니지만, 아직까지는 단순노동이 필요하기 때문에 노동력을 제공하는 중·하위층들도 불합리한 부분들에 파업과 같은 실력 행사를 할 수 있었다. 그러나 앞으로 자동화가 더욱 진행되어 노동의 필요성이 사라진다면 그들을 배려해야 할 당위성은 법과 제도가 아닌 도덕이나 인권과 같은 윤리적인 영역에만 남게 되는 것이다.

반면에 이를 긍정적으로 생각한다면 이처럼 일자리가 없어졌을 때 극소수에 해당하는 경우를 제외한 나머지 사람들은 노동에서 완전히 해방되어, 인공지능이 제공하는 무제한적인 자원을 마음껏 향유할 수도 있을 것이다. 하지만 이러한 미래는 지금의 자본주의보다는 사회주의 경제 체제에 가깝다. 이 때문에 많은 경제학자와 미래학자들은 제4차 산업혁명 이후의 미래를 장밋빛으로 바꿔나가기 위해, 기본소득제 도입 등과 같은 고민들을 이어가고 있다.

① 제4차 산업혁명의 의의
② 제4차 산업혁명의 빛과 그늘
③ 제4차 산업혁명의 위험성
④ 제4차 산업혁명에 대한 준비
⑤ 제4차 산업혁명의 시작

03 | 문단 나열

| 유형분석 |

- 각 문단의 내용을 파악하고 논리적 순서에 맞게 배열하는 복합적인 문제이다.
- 전체적인 글의 흐름을 이해하는 것이 중요하며, 각 문장의 지시어나 접속어에 주의한다.

다음 문단을 논리적 순서대로 바르게 나열한 것은?

(가) 여기에 반해 동양에서는 보름달에 좋은 이미지를 부여한다. 예를 들어, 우리나라의 처녀귀신이나 도깨비는 달빛이 흐린 그믐 무렵에나 활동하는 것이다. 그런데 최근에는 동서양의 개념이 마구 뒤섞여 보름달을 배경으로 악마의 상징인 늑대가 우는 광경이 동양의 영화에 나오기도 한다.

(나) 동양에서 달은 '음(陰)'의 기운을, 해는 '양(陽)'의 기운을 상징한다는 통념이 자리를 잡았다. 그래서 달을 '태음', 해를 '태양'이라고 불렀다. 동양에서는 해와 달의 크기가 같은 덕에 음과 양도 동등한 자격을 갖춘다. 즉, 음과 양은 어느 하나가 좋고 다른 하나는 나쁜 것이 아니라 서로 보완하는 관계를 이루는 것이다.

(다) 옛날부터 형성된 이러한 동서양 간의 차이는 오늘날까지 영향을 끼치고 있다. 동양에서는 달이 밝으면 달맞이를 하는데, 서양에서는 달맞이를 자살 행위처럼 여기고 있다. 특히 보름달은 서양인들에게 거의 공포의 상징과 같은 존재이다. 예를 들어, 13일의 금요일에 보름달이 뜨게 되면 사람들이 외출조차 꺼린다.

(라) 하지만 서양의 경우는 다르다. 서양에서 낮은 신이, 밤은 악마가 지배한다는 통념이 자리를 잡았다. 따라서 밤의 상징인 달에 좋지 않은 이미지를 부여하게 되었다. 이는 해와 달의 명칭을 보면 알 수 있다. 라틴어로 해를 'Sol', 달을 'Luna'라고 하는데 정신병을 뜻하는 단어 'Lunacy'의 어원이 바로 'Luna'이다.

① (가) - (나) - (라) - (다)　　　　② (나) - (라) - (가) - (다)
③ (나) - (라) - (다) - (가)　　　　④ (나) - (다) - (가) - (라)
⑤ (다) - (나) - (라) - (가)

정답 ③

제시문은 동양과 서양에서 서로 다른 의미를 부여하고 있는 달에 대해 설명하고 있는 글이다. 따라서 (나) 동양에서 나타나는 해와 달의 의미 → (라) 동양과 상반되는 서양에서의 해와 달의 의미 → (다) 최근까지 지속되고 있는 달에 대한 서양의 부정적 의미 → (가) 동양에서의 변화된 달의 이미지의 순서대로 나열하는 것이 적절하다.

풀이 전략!

상대적으로 시간이 부족하다고 느낄 때는 선택지를 참고하여 문장의 순서를 생각해 본다.

※ 다음 문단을 논리적 순서대로 바르게 나열한 것을 고르시오. **[1~2]**

01

(가) 환경부 국장은 "급식인원이 하루 50만 명에 이르는 K놀이공원이 음식문화 개선에 앞장서는 것은 큰 의미가 있다."면서, "이번 협약을 계기로 대기업 중심의 범국민적인 음식문화 개선 운동이 빠르게 확산될 것으로 기대한다."고 말했다.

(나) K놀이공원은 하루 평균 15,000여 톤에 이르는 과도한 음식물쓰레기 발생으로 연간 20조 원의 경제적인 낭비가 초래되고 있는 심각성을 인지하고, 환경부와 상호협력하여 음식물쓰레기 줄이기 방안을 적극 추진하기로 했다.

(다) 이날 체결한 협약에 따라 K놀이공원에서 운영하는 전국 500여 곳의 단체급식 사업장과 외식사업장에서는 구매, 조리, 배식 등 단계별로 음식물쓰레기 줄이기 활동을 전개하고, 사업장별 특성에 맞는 감량 활동 및 다양한 홍보 캠페인 실시하며, 인센티브 제공을 통해 이용 고객들의 적극적인 참여를 유도할 계획이다.

(라) 이에 환경부 국장과 K놀이공원 사업부장은 지난 26일, 환경부, 환경연구소 및 K놀이공원 관계자 등이 참석한 가운데 음식문화 개선대책에 관한 자발적 협약을 체결하였다.

① (나) – (라) – (가) – (다)   ② (나) – (라) – (다) – (가)
③ (라) – (나) – (다) – (가)   ④ (라) – (다) – (가) – (나)
⑤ (라) – (다) – (나) – (가)

02

(가) 이 방식을 활용하면 공정의 흐름에 따라 제품이 생산되므로 자재의 운반 거리를 최소화할 수 있어 전체 공정 관리가 쉽다.

(나) 그러나 기계 고장과 같은 문제가 발생하면 전체 공정이 지연될 수 있고, 규격화된 제품 생산에 최적화된 설비 및 배치 방식을 사용하기 때문에 제품의 규격이나 디자인이 변경되면 설비 배치 방식을 재조정해야 한다는 문제가 있다.

(다) 제품을 효율적으로 생산하기 위해서는 생산 설비의 효율적인 배치가 중요하다. 설비의 효율적인 배치란 자재의 불필요한 운반을 최소화하고, 공간을 최대한 활용하면서 적은 노력으로 빠른 시간에 목적하는 제품을 생산할 수 있도록 설비를 배치하는 것이다.

(라) 그중에서도 제품별 배치(Product Layout) 방식은 생산하려는 제품의 종류는 적지만 생산량이 많은 경우에 주로 사용된다. 제품별로 완성품이 될 때까지의 공정 순서에 따라 설비를 배열해 부품 및 자재의 흐름을 단순화하는 것이 핵심이다.

① (가) – (다) – (나) – (라)   ② (다) – (가) – (라) – (나)
③ (다) – (라) – (가) – (나)   ④ (라) – (나) – (다) – (가)
⑤ (라) – (다) – (나) – (가)

04 | 내용 추론

| 유형분석 |

- 주어진 지문을 바탕으로 도출할 수 있는 내용을 찾는 문제이다.
- 선택지의 내용을 정확하게 확인하고 지문의 정보와 비교하여 추론하는 능력이 필요하다.

다음 글을 읽고 추론한 내용으로 적절하지 않은 것은?

1977년 개관한 퐁피두 센터의 정식명칭은 국립 조르주 퐁피두 예술문화 센터로, 공공정보기관(BPI), 공업창작센터(CCI), 음악·음향의 탐구와 조정연구소(IRCAM), 파리 국립 근현대 미술관(MNAM) 등이 있는 종합 문화예술 공간이다. 퐁피두라는 이름은 이 센터의 창설에 힘을 기울인 조르주 퐁피두 대통령의 이름을 딴 것이다.

1969년 당시 대통령이었던 퐁피두는 파리의 중심지에 미술관이면서 동시에 조형예술과 음악, 영화, 서적 그리고 모든 창조적 활동의 중심이 될 수 있는 문화 복합센터를 지어 프랑스 미술을 더욱 발전시키고자 했다. 요즘 미술관들은 미술관의 이러한 복합적인 기능과 역할을 인식하고 변화를 시도하는 곳이 많다. 미술관은 더 이상 전시만 보는 곳이 아니라 식사도 하고 영화도 보고 강연도 들을 수 있는 곳으로, 대중과의 거리 좁히기를 시도하고 있는 것도 그리 특별한 일은 아니다. 그러나 이미 40년 전에 21세기 미술관의 기능과 역할을 미리 내다볼 줄 아는 혜안을 가지고 설립된 퐁피두 미술관은 프랑스가 왜 문화강국이라 불리는지를 알 수 있게 해준다.

① 퐁피두 미술관의 모습은 기존 미술관의 모습과 다를 것이다.
② 퐁피두 미술관을 찾는 사람들의 목적은 다양할 것이다.
③ 퐁피두 미술관은 전통적인 예술작품들을 선호할 것이다.
④ 퐁피두 미술관은 파격적인 예술작품들을 배척하지 않을 것이다.
⑤ 퐁피두 미술관은 현대 미술관의 선구자라는 자긍심을 가지고 있을 것이다.

정답 ③

제시문에 따르면 퐁피두 미술관은 모든 창조적 활동을 위한 공간이므로, 퐁피두가 전통적인 예술작품을 선호할 것이라는 내용은 추론할 수 없다.

풀이 전략!

주어진 지문이 어떠한 내용을 다루고 있는지 파악한 후 선택지의 키워드를 확실하게 체크하고, 지문의 정보에서 도출할 수 있는 내용을 찾는다.

01 다음 중 (가)와 (나)의 예시로 적절하지 않은 것은?

> 사회적 관계에 있어서 상호주의란 '행위자 갑이 을에게 베푼 바와 같이 을도 갑에게 똑같이 행하라.' 라는 행위 준칙을 의미한다. 상호주의의 원형은 '눈에는 눈, 이에는 이'로 표현되는 탈리오의 법칙에 서 발견된다. 그것은 일견 피해자의 손실에 상응하는 가해자의 처벌을 정당화한다는 점에서 가혹하 고 엄격한 성격을 드러낸다. 만약 상대방의 밥그릇을 빼앗았다면 자신의 밥그릇도 미련 없이 내주어 야 하는 것이다. 그러나 탈리오 법칙은 온건하고도 합리적인 속성을 동시에 함축하고 있다. 왜냐하 면 누가 자신의 밥그릇을 발로 찼을 경우 보복의 대상은 밥그릇으로 제한되어야지 밥상 전체를 뒤엎 는 것으로 확대될 수 없기 때문이다. 이러한 일대일 방식의 상호주의를 (가) <u>대칭적 상호주의</u>라 부른 다. 하지만 엄밀한 의미의 대칭적 상호주의는 우리의 실제 일상생활에서 별로 흔하지 않다. 오히려 '되로 주고 말로 받거나, 말로 주고 되로 받는' 교환 관계가 더 일반적이다. 이를 대칭적 상호주의와 대비하여 (나) <u>비대칭적 상호주의</u>라 일컫는다.
> 그렇다면 교환되는 내용이 양과 질의 측면에서 정확한 대등성을 결여하고 있음에도 불구하고, 교환 에 참여하는 당사자들 사이에 비대칭적 상호주의가 성행하는 이유는 무엇인가? 그것은 셈에 밝은 이른바 '경제적 인간(Homo Economicus)'들에게 있어서 선호나 기호 및 자원이 다양하기 때문이 다. 말하자면 교환에 임하는 행위자들이 각인각색인 까닭에 비대칭적 상호주의가 현실적으로 통용 될 수밖에 없으며, 어떤 의미에서는 그것만이 그들에게 상호 이익을 보장할 수 있는 것이다.

① (가) : A국과 B국 군대는 접경지역에서 포로를 5명씩 맞교환했다.
② (가) : 오늘 우리 아이를 옆집에서 맡아주는 대신 다음에 옆집 아이를 하루 맡아주기로 했다.
③ (가) : 동생이 내 발을 밟아서 볼을 꼬집어 주었다.
④ (나) : 필기노트를 빌려준 친구에게 고맙다고 밥을 샀다.
⑤ (나) : 옆집 사람이 우리 집 대문을 막고 차를 세웠기 때문에 타이어에 펑크를 냈다.

02 다음 글을 읽고 추론한 내용으로 적절하지 않은 것은?

> 세계적으로 기후 위기의 심각성이 커지면서 '탄소 중립'은 거스를 수 없는 흐름이 되고 있다. 이에 맞춰 정부의 에너지정책도 기존 화석연료 발전 중심의 전력공급체계를 태양광과 풍력 등 재생 에너지 중심으로 빠르게 재편하는 작업이 추진되고 있다. 이러한 재생 에너지 보급 확대는 기존 전력 설비 부하의 가중으로 이어질 수밖에 없다. 재생 에너지 사용 확대에 앞서 송배전 시스템의 확충이 필수적인 이유다.
>
> K공사는 재생 에너지 발전사업자의 접속지연 문제를 해소하기 위해 기존 송배전 전력 설비의 재생 에너지 접속용량을 확대하는 특별대책을 시행하고 나섰다. K공사는 그동안 재생 에너지 발전설비 밀집 지역을 중심으로 송배전설비의 접속 가능용량이 부족할 경우 설비보강을 통해 문제를 해결해 왔다. 2016년 10월부터 1MW 이하 소규모 신재생 에너지 발전사업자가 전력계통 접속을 요청하면 K공사가 비용을 부담해 공용전력망을 보강하고 접속을 보장해 주는 방식이었다. 덕분에 신재생 에너지 발전사업자들의 참여가 늘었지만 재생 에너지 사용량이 기하급수적으로 늘면서 전력계통설비의 연계용량 부족 문제가 뒤따랐다.
>
> 이에 K공사는 산업통상자원부가 운영하는 '재생 에너지 계통접속 특별점검단'에 참여해 대책을 마련했다. 배전선로에 상시 존재하는 최소부하를 고려한 설비 운영 개념을 도입해 변전소나 배전선로의 증설 없이 재생 에너지 접속용량을 확대하는 방안이다. 재생 에너지 발전 시 선로에 상시 존재하는 최소부하 용량만큼 재생 에너지 발전량이 상쇄되고, 잔여 발전량이 전력계통으로 유입되기 때문에 상쇄된 발전량만큼 재생 에너지의 추가 접속을 가능하게 하는 방식이다. 이에 따라 K공사는 현장 실증을 통해 최소부하가 1MW를 초과하는 경우 배전선로별 재생 에너지 접속허용용량을 기존 12MW에서 13MW로 확대했다. 또 재생 에너지 장기 접속지연이 발생한 변전소에 대해서는 최소부하를 고려해 재생 에너지 접속허용용량을 200MW에서 평균 215MW로 상향했다. 이 같은 개정안이 전기위원회 심의를 통과하면서 변전소 및 배전선로의 보강 없이도 재생 에너지 317MW의 추가 접속이 가능해졌다.

① 기존의 화석 연료 중심의 에너지 발전은 탄소 배출량이 많아 환경에 악영향을 주었다.
② 태양광 에너지는 고갈 염려가 없다고 볼 수 있기 때문에 주목받는 신재생 에너지이다.
③ 재생 에너지 사업 확충에 노후된 송전 설비는 걸림돌이 된다.
④ 현재까지 재생 에너지 사업 확충에 따른 문제들을 해결하기 위해서는 설비 보강이 가장 좋은 해결법이다.
⑤ 별도로 설비를 보강하지 않아도 재생 에너지 과부하 문제를 해결할 수 있는 방안이 제시되었다.

03 다음 글에서 밑줄 친 결론을 끌어내기 위해 필요한 전제를 〈보기〉에서 모두 고르면?

이미지란 우리가 세계에 대해 시각을 통해 얻는 표상을 가리킨다. 상형문자나 그림문자를 통해서 얻은 표상도 여기에 포함된다. 이미지는 세계의 실제 모습을 아주 많이 닮았으며, 그러한 모습을 우리 뇌 속에 복제한 결과이다. 그런데 우리의 뇌는 시각적 신호를 받아들일 때 시야에 들어온 세계를 한꺼번에 하나의 전체로 받아들이게 된다. 즉, 대다수의 이미지는 한꺼번에 지각된다. 예를 들어 우리는 새의 모습을 한꺼번에 지각하지 머리, 날개, 꼬리 등을 개별적으로 지각한 후 이를 머릿속에서 조합하는 것이 아니다.

표음문자로 이루어진 글을 읽는 것은 이와는 다른 과정이다. 표음문자로 구성된 문장에 대한 이해는 그 문장의 개별적인 문법적 구성요소들로 이루어진 특정한 수평적 연속에 의존한다. 문장을 구성하는 개별 단어들, 혹은 각 단어를 구성하는 개별 문자들이 하나로 결합하여 비로소 의미 전체가 이해되는 것이다. 비록 이 과정이 너무도 신속하고 무의식적으로 이루어지기는 하지만 말이다. 알파벳을 구성하는 기호들은 개별적으로는 아무런 의미도 가지지 않으며 어떠한 이미지도 나타내지 않는다. 일련의 단어군은 한꺼번에 파악될 수도 있겠지만, 표음문자의 경우 대부분 언어는 개별 구성요소들이 하나의 전체로 결합하는 과정을 통해 이해된다.

남성적인 사고는 사고 대상 전체를 구성요소 부분으로 분해한 후 그들 각각을 개별화시키고 이를 다시 재조합하는 과정으로 진행된다. 그에 비해 여성적인 사고는 분해되지 않은 전체 이미지를 통해서 의미를 이해하는 특징을 지닌다. 그림문자로 구성된 글의 이해는 여성적인 사고 과정을, 표음문자로 구성된 글의 이해는 남성적인 사고 과정을 거친다. 여성은 대체로 여성적 사고를, 남성은 대체로 남성적 사고를 한다는 점을 고려할 때 <u>표음문자 체계의 보편화는 여성의 사회적 권력을 약화하는 결과를 낳게 된다.</u>

> **보기**
>
> ㄱ. 그림문자를 쓰는 사회에서는 남성의 사회적 권력이 여성의 그것보다 우월하였다.
> ㄴ. 표음문자 체계는 기능적으로 분화된 복잡한 의사소통을 가능하도록 하였다.
> ㄷ. 글을 읽고 이해하는 능력은 사회적 권력에 영향을 미친다.

① ㄱ   ② ㄴ
③ ㄷ   ④ ㄱ, ㄴ
⑤ ㄴ, ㄷ

05 | 경청 및 의사표현

| 유형분석 |

- 주로 특정 상황을 제시한 뒤 올바른 의사소통 방법을 묻는 형태의 문제가 출제된다.
- 경청과 관련한 이론에 대해 묻거나 대화문 중에서 올바른 경청 자세를 고르는 문제가 출제되기도 한다.

다음 중 올바른 경청방법으로 적절하지 않은 것은?

① 상대를 정면으로 마주하는 자세는 상대방이 자칫 위축되거나 부담스러워할 수 있으므로 지양한다.

② 손이나 다리를 꼬지 않는 개방적인 자세는 상대에게 마음을 열어놓고 있음을 알려주는 신호이다.

③ 우호적인 눈의 접촉(Eye – Contact)은 자신이 상대방에게 관심을 가지고 있음을 알려준다.

④ 비교적 편안한 자세는 전문가다운 자신만만함과 아울러 편안한 마음을 상대방에게 전할 수 있다.

정답 ①

상대를 정면으로 마주하는 자세는 자신이 상대방과 함께 의논할 준비가 되어있다는 것을 알리는 자세이므로 경청을 하는 데 있어 올바른 자세이다.

풀이 전략!

별다른 암기 없이도 풀 수 있는 문제가 자주 출제되지만, 문제에 주어진 상황에 대한 확실한 이해가 필요하다.

01 K물류회사에 입사한 B사원은 첫 팀 회의를 앞두고 있다. 다음 중 팀 회의에서의 원활한 의사표현을 위한 방법으로 가장 적절한 것은?

① 상대방이 말하는 동안 어떤 답을 할지 미리 생각해놔야 한다.

② 공감을 보여주는 가장 쉬운 방법은 상대방의 말을 그대로 받아서 맞장구를 치는 것이다.

③ 핵심은 중요하므로 구체적으로 길게 표현해야 한다.

④ 이견이 있거나 논쟁이 붙었을 때는 앞뒤 말의 '논리적 개연성'만 따져보아야 한다.

⑤ 상대의 인정을 얻기 위해 자신의 단점이나 실패 경험보다 장점을 부각해야 한다.

02 다음 〈보기〉는 K사원의 고민에 대한 A ~ E사원의 반응이다. 각 사원과 경청을 방해하는 요인이 잘못 연결된 것은?

> K사원 : P부장님이 새로 오시고부터 일하기가 너무 힘들어. 내가 하는 일 하나하나 지적하시고, 매일매일 체크하셔. 마치 내가 초등학생 때 담임선생님께 숙제 검사받는 것 같은 기분이야. 일을 맡기셨으면 믿고 기다려주셨으면 좋겠어.

보기

> A사원 : 매일매일 체크하신다는 건 네가 일을 못한 부분이 많아서 아닐까 생각이 들어. 너의 행동도 뒤돌아보는 것이 좋을 것 같아.
> B사원 : 내가 생각하기엔 네가 평소에도 예민한 편이라 P부장님의 행동을 너무 예민하게 받아들이는 것 같아. 부정적이게만 보지 말고 좋게 생각해 봐.
> C사원 : 너의 말을 들으니 P부장님이 너를 너무 못 믿는 것 같네. 직접 대면해서 이 문제에 대해 따져보는 게 좋을 것 같아. 계속 듣고만 있을 수는 없잖아, 안 그래?
> D사원 : 기분 풀고 우리 맛있는 거나 먹으러 가자. 회사 근처에 새로 생긴 파스타집 가봤어? 정말 맛있더라. 먹으면 기분이 풀릴 거야.
> E사원 : P부장님 왜 그러신다니. 마음 넓은 네가 참아.

① A사원 – 짐작하기   ② B사원 – 판단하기

③ C사원 – 언쟁하기   ④ D사원 – 슬쩍 넘어가기

⑤ E사원 – 비위 맞추기

CHAPTER 03

문제해결능력

합격 Cheat Key

문제해결능력은 업무를 수행하면서 여러 가지 문제 상황이 발생하였을 때, 창의적이고 논리적인 사고를 통하여 이를 올바르게 인식하고 적절히 해결하는 능력으로, 하위 능력에는 사고력과 문제처리능력이 있다.

문제해결능력은 NCS 기반 채용을 진행하는 대다수의 공사·공단에서 채택하고 있으며, 다양한 자료와 함께 출제되는 경우가 많아 어렵게 느껴질 수 있다. 특히, 난이도가 높은 문제로 자주 출제되기 때문에 다른 영역보다 더 많은 노력이 필요할 수는 있지만 그렇기에 차별화를 할 수 있는 득점 영역이므로 포기하지 말고 꾸준하게 노력해야 한다.

1 질문의 의도를 정확하게 파악하라!

문제해결능력은 문제에서 무엇을 묻고 있는지 정확하게 파악하여 먼저 풀이 방향을 설정하는 것이 가장 효율적인 방법이다. 특히, 조건이 주어지고 답을 찾는 창의적·분석적인 문제가 주로 출제되고 있기 때문에 처음에 정확한 풀이 방향이 설정되지 않는다면 문제를 제대로 풀지 못하게 되므로 첫 번째로 출제 의도 파악에 집중해야 한다.

2 중요한 정보는 반드시 표시하라!

출제 의도를 정확히 파악하기 위해서는 문제의 중요한 정보를 반드시 표시하거나 메모하여 하나의 조건, 단서도 잊고 넘어가는 일이 없도록 해야 한다. 실제 시험에서는 시간의 압박과 긴장감으로 정보를 잘못 적용하거나 잊어버리는 실수가 많이 발생하므로 사전에 충분한 연습이 필요하다.

3 반복 풀이를 통해 취약 유형을 파악하라!

문제해결능력은 특히 시간관리가 중요한 영역이다. 따라서 정해진 시간 안에 고득점을 할 수 있는 효율적인 문제 풀이 방법을 찾아야 한다. 이때, 반복적인 문제 풀이를 통해 자신이 취약한 유형을 파악하는 것이 중요하다. 정확하게 풀 수 있는 문제부터 빠르게 풀고 취약한 유형은 나중에 푸는 효율적인 문제 풀이를 통해 최대한 고득점을 맞는 것이 중요하다.

01 | 명제 추론

| 유형분석 |

- 주어진 조건을 토대로 논리적으로 추론하여 참 또는 거짓을 구분하는 문제이다.
- 자료를 제시하고 새로운 결과나 자료에 주어지지 않은 내용을 추론해 가는 형식의 문제가 출제된다.

K공사는 공휴일 세미나 진행을 위해 인근의 가게 A ~ F에서 필요한 물품을 구매하고자 한다. 다음 〈조건〉을 참고할 때, 공휴일에 영업하는 가게의 수는?

조건

- C는 공휴일에 영업하지 않는다.
- B가 공휴일에 영업하지 않으면, C와 E는 공휴일에 영업한다.
- E 또는 F가 영업하지 않는 날이면, D는 영업한다.
- B가 공휴일에 영업하면, A와 E는 공휴일에 영업하지 않는다.
- B와 F 중 한 곳만 공휴일에 영업한다.

① 2곳　　　　　　　　　　　　　　② 3곳
③ 4곳　　　　　　　　　　　　　　④ 5곳
⑤ 6곳

정답　①

주어진 조건을 순서대로 논리 기호화하면 다음과 같다.
- 첫 번째 조건 : ~C
- 두 번째 조건 : ~B → (C ∧ E)
- 세 번째 조건 : (~E ∨ ~F) → D
- 네 번째 조건 : B → (~A ∧ ~E)

첫 번째 조건이 참이므로 두 번째 조건의 대우[(~C ∨ ~E) → B]에 따라 B는 공휴일에 영업한다. 이때 네 번째 조건에 따라 A와 E는 영업하지 않고, 다섯 번째 조건에 따라 F도 영업하지 않는다. 마지막으로 세 번째 조건에 따라 D는 영업한다. 따라서 공휴일에 영업하는 가게는 B와 D 2곳이다.

풀이 전략!

조건과 관련한 기본적인 논법에 대해서는 미리 학습해 두며, 이를 바탕으로 각 문장에 있는 핵심단어 또는 문구를 기호화하여 정리한 후, 선택지와 비교하여 참 또는 거짓을 판단한다. 또한, 이를 바탕으로 문제에서 구하고자 하는 내용을 추론 및 분석한다.

01 다음 〈조건〉을 근거로 할 때, 반드시 참인 것은?

> **조건**
> • 물을 녹색으로 만드는 조류는 냄새 물질을 배출한다.
> • 독소 물질을 배출하는 조류는 냄새 물질을 배출하지 않는다.
> • 물을 황색으로 만드는 조류는 물을 녹색으로 만들지 않는다.

① 독소 물질을 배출하는 조류는 물을 녹색으로 만들지 않는다.
② 물을 녹색으로 만들지 않는 조류는 냄새 물질을 배출하지 않는다.
③ 독소 물질을 배출하지 않는 조류는 물을 녹색으로 만든다.
④ 냄새 물질을 배출하지 않는 조류는 물을 황색으로 만들지 않는다.
⑤ 냄새 물질을 배출하는 조류는 독소 물질을 배출한다.

02 K건설 개발 사업부에는 부장 1명, 과장 1명, 대리 2명, 사원 2명 총 6명이 근무하고 있다. 다음 〈조건〉에 따라 5주 동안 개발 사업부 전원이 여름휴가를 다녀오려고 한다. 휴가는 모든 직원이 1번씩 2주 동안 다녀온다고 할 때, 항상 적절하지 않은 것은?(단, 모든 휴가의 시작은 월요일, 끝은 일요일이다)

> **조건**
> • 회사에는 직원이 세 명 이상 남아 있어야 한다.
> • 같은 직급의 직원은 동시에 휴가 중일 수 없다.
> • 과장과 부장은 휴가가 겹칠 수 없다.
> • 1주 차에는 과장과 사원만 휴가를 갈 수 있다.

① 1주 차에 아무도 휴가를 가지 않는다.
② 대리는 혼자 휴가 중일 수 있다.
③ 부장은 4주 차에 휴가를 출발한다.
④ 5주 차에는 1명만 휴가 중일 수 있다.
⑤ 대리 중 한 명은 3주 차에 휴가를 출발한다.

02 | 규칙 적용

| 유형분석 |

- 주어진 상황과 규칙을 종합적으로 활용하여 풀어 가는 문제이다.
- 일정, 비용, 순서 등 다양한 내용을 다루고 있어 유형을 한 가지로 단일화하기 어렵다.

A팀과 B팀은 보안등급 상에 해당하는 문서를 나누어 보관하고 있다. 이에 따라 두 팀은 보안을 위해 아래와 같은 규칙에 따라 각 팀의 비밀번호를 지정하였다. 다음 중 A팀과 B팀에 들어갈 수 있는 암호배열은?

〈규칙〉

- 1 ~ 9까지의 숫자로 (한 자릿수)×(두 자릿수)=(세 자릿수)=(두 자릿수)×(한 자릿수) 형식의 비밀번호로 구성한다.
- 가운데에 들어갈 세 자릿수의 숫자는 156이며 숫자는 중복 사용할 수 없다. 즉, 각 팀의 비밀번호에 1, 5, 6이란 숫자가 들어가지 않는다.

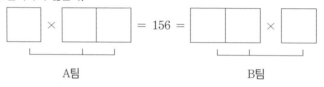

---

① 23   ② 27

③ 29   ④ 37

⑤ 39

정답 ⑤

규칙에 따라 사용할 수 있는 숫자는 1, 5, 6을 제외한 나머지 2, 3, 4, 7, 8, 9의 총 6개이다. (한 자릿수)×(두 자릿수)=156이 되는 수를 알기 위해서는 156의 소인수를 구해보면 된다. 156의 소인수는 3, 2^2, 13으로 여기서 156이 되는 수의 곱 중에 조건을 만족하는 것은 2×78과 4×39이다. 따라서 선택지 중에 A팀 또는 B팀에 들어갈 수 있는 암호배열은 39이다.

풀이 전략!

문제에 제시된 조건이나 규칙을 정확히 파악한 후, 선택지나 상황에 적용하여 문제를 풀어 나간다.

01 A씨는 영업비밀 보호를 위해 자신의 컴퓨터 속 각 문서의 암호를 규칙에 따라 만들었다. 파일 이름이 다음과 같을 때, 이 파일의 암호는 무엇인가?

〈규칙〉

1. 비밀번호 중 첫 번째 자리에는 파일 이름의 첫 문자가 한글일 경우 @, 영어일 경우 #, 숫자일 경우 *로 특수문자를 입력한다.
   → 고슴Dochi=@, haRAMY801=#, 1app루=*
2. 두 번째 자리에는 파일 이름의 총 자리 개수를 입력한다.
   → 고슴Dochi=@7, haRAMY801=#9, 1app루=*5
3. 세 번째 자리부터는 파일 이름 내에 숫자를 순서대로 입력한다. 숫자가 없을 경우 0을 두 번 입력한다.
   → 고슴Dochi=@700, haRAMY801=#9801, 1app루=*51
4. 그 다음 자리에는 파일 이름 중 한글이 있을 경우 초성만 순서대로 입력한다. 없다면 입력하지 않는다.
   → 고슴Dochi=@700ㄱㅅ, haRAMY801=#9801, 1app루=*51ㄹ
5. 그 다음 자리에는 파일 이름 중 영어가 있다면 뒤에 덧붙여 순서대로 입력하되, a, e, i, o, u만 'a=1, e=2, i=3, o=4, u=5'로 변형하여 입력한다(대문자·소문자 구분 없이 모두 소문자로 입력한다).
   → 고슴Dochi=@700ㄱㅅd4ch3, haRAMY801=#9801h1r1my, 1app루=*51ㄹ1pp

---

2022매운전골Cset3인기준recipe8

① @23202238ㅁㅇㅈㄱㅇㄱㅈcs2trecipe
② @23202238ㅁㅇㅈㄱㅇㄱㅈcs2tr2c3p2
③ *23202238ㅁㅇㅈㄱㅇㄱㅈcs2trecipe
④ *23202238ㅁㅇㅈㄱㅇㄱㅈcs2tr2c3p2
⑤ *23202238ㅁㅇㅈㄱㅇㄱㅈcsetrecipe

02 다음은 A∼C회사의 부서 간 정보교환을 나타낸 자료이다. 〈조건〉을 토대로 작성한 각 회사의 부서 간 정보교환 형태가 〈보기〉와 같을 때, (가) ∼ (다)에 해당하는 회사를 바르게 연결한 것은?

〈A회사의 부서 간 정보교환〉

부서	a	b	c	d	e	f	g
a		1	1	1	1	1	1
b	1		0	0	0	0	0
c	1	0		0	0	0	0
d	1	0	0		0	0	0
e	1	0	0	0		0	0
f	1	0	0	0	0		0
g	1	0	0	0	0	0	

〈B회사의 부서 간 정보교환〉

부서	a	b	c	d	e	f	g
a		1	1	0	0	0	0
b	1		0	1	1	0	0
c	1	0		0	0	1	1
d	0	1	0		0	0	0
e	0	1	0	0		0	0
f	0	0	1	0	0		0
g	0	0	1	0	0	0	

〈C회사의 부서 간 정보교환〉

부서	a	b	c	d	e	f	g
a		1	0	0	0	0	1
b	1		1	0	0	0	0
c	0	1		1	0	0	0
d	0	0	1		1	0	0
e	0	0	0	1		1	0
f	0	0	0	0	1		1
g	1	0	0	0	0	1	

※ A∼C회사는 각각 a∼g의 7개 부서만으로 이루어지며, 부서 간 정보교환이 있으면 1, 없으면 0으로 표시함

조건

• 점(·)은 부서를 의미한다.
• 두 부서 간 정보교환이 있으면 두 점을 선(─)으로 직접 연결한다.
• 두 부서 간 정보교환이 없으면 두 점을 선(─)으로 직접 연결하지 않는다.

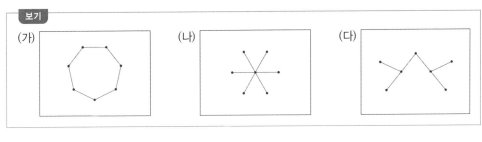

	(가)	(나)	(다)
①	A	B	C
②	A	C	B
③	B	A	C
④	B	C	A
⑤	C	A	B

03 다음 자료를 참고할 때, 〈보기〉의 주민등록번호 빈칸에 해당하는 숫자로 옳은 것은?

우리나라에서 국민에게 발급하는 주민등록번호는 각각의 번호가 고유한 번호로, 13자리 숫자로 구성된다. 13자리 숫자는 생년, 월, 일, 성별, 출생신고지역, 접수번호, 검증번호로 구분된다.

여기서 13번째 숫자인 검증번호는 주민등록번호의 정확성 여부를 검사하는 번호로, 앞의 12자리 숫자를 이용해서 구해지는데 계산법은 다음과 같다.
- 1단계 : 주민등록번호의 앞 12자리 숫자에 가중치 2, 3, 4, 5, 6, 7, 8, 9, 2, 3, 4, 5를 곱한다.
- 2단계 : 가중치를 곱한 값의 합을 계산한다.
- 3단계 : 가중치의 합을 11로 나눈 나머지를 구한다.
- 4단계 : 11에서 나머지를 뺀 수를 10으로 나눈 나머지가 검증번호가 된다.

보기

240202-803701( )

① 4
② 5
③ 6
④ 7
⑤ 8

03 | 자료 해석

| 유형분석 |

- 주어진 자료를 해석하고 활용하여 풀어가는 문제이다.
- 꼼꼼하고 분석적인 접근이 필요한 다양한 자료들이 출제된다.

다음 중 정수장 수질검사 현황에 대해 바르게 설명한 사람은?

〈정수장 수질검사 현황〉

급수 지역	항목						검사결과	
	일반세균 100 이하 (CFU/mL)	대장균 불검출 (수/100mL)	NH3-N 0.5 이하 (mg/L)	잔류염소 4.0 이하 (mg/L)	구리 1 이하 (mg/L)	망간 0.05 이하 (mg/L)	적합	기준 초과
함평읍	0	불검출	불검출	0.14	0.045	불검출	적합	없음
이삼읍	0	불검출	불검출	0.27	불검출	불검출	적합	없음
학교면	0	불검출	불검출	0.13	0.028	불검출	적합	없음
엄다면	0	불검출	불검출	0.16	0.011	불검출	적합	없음
나산면	0	불검출	불검출	0.12	불검출	불검출	적합	없음

① A사원 : 함평읍의 잔류염소는 가장 낮은 수치를 보였고, 기준치에 적합하네.
② B사원 : 모든 급수지역에서 일반세균이 나오지 않았어.
③ C사원 : 기준치를 초과한 곳은 없지만 적합하지 않은 지역은 있어.
④ D사원 : 대장균과 구리가 검출되면 부적합 판정을 받는구나.
⑤ E사원 : 구리가 검출되지 않은 지역은 세 곳이야.

정답 ②

오답분석
① 잔류염소에서 가장 낮은 수치를 보인 지역은 나산면(0.12)이고, 함평읍(0.14)은 세 번째로 낮다.
③ 기준치를 초과한 곳도 없고, 모두 적합 판정을 받았다.
④ 함평읍과 학교면, 엄다면은 구리가 검출되었지만 적합 판정을 받았다.
⑤ 구리가 검출되지 않은 지역은 이삼읍과 나산면으로 두 곳이다.

풀이 전략!

문제 해결을 위해 필요한 정보가 무엇인지 먼저 파악한 후, 제시된 자료를 분석적으로 읽고 해석한다.

01 갑은 효율적인 월급 관리를 위해 펀드에 가입하고자 한다. A ~ D펀드 중에 하나를 골라 가입하려고 하는데, 안정적이고 우수한 펀드에 가입하기 위해 〈조건〉에 따라 비교하여 다음과 같은 결과를 얻었다. 이를 토대로 〈보기〉에서 옳은 것을 모두 고르면?

> **조건**
> • 둘을 비교하여 우열을 가릴 수 있으면 우수한 쪽에는 5점, 아닌 쪽에는 2점을 부여한다.
> • 둘을 비교하여 어느 한 쪽이 우수하다고 말할 수 없는 경우에는 둘 다 0점을 부여한다.
> • 각 펀드는 다른 펀드 중 두 개를 골라 총 4번의 비교를 했다.
> • 총합의 점수로는 우열을 가릴 수 없으며 각 펀드와의 비교를 통해서만 우열을 가릴 수 있다.

〈결과〉

A펀드	B펀드	C펀드	D펀드
7점	7점	4점	10점

> **보기**
> ㄱ. D펀드는 C펀드보다 우수하다.
> ㄴ. B펀드가 D펀드보다 우수하다고 말할 수 없다.
> ㄷ. A펀드와 B펀드의 우열을 가릴 수 있으면 A ~ D까지의 우열순위를 매길 수 있다.

① ㄱ   ② ㄱ, ㄴ
③ ㄱ, ㄷ   ④ ㄴ, ㄷ
⑤ ㄱ, ㄴ, ㄷ

PART 1

02 다음은 K공사의 불법하도급 신고 보상 기준에 대한 자료이다. S사원은 이를 토대로 불법하도급 신고 보상액의 사례를 제시하고자 한다. S사원이 계산한 불법하도급 공사 계약금액에 대한 보상 지급금액이 바르게 연결된 것은?

〈불법하도급 신고 보상 기준〉

• 송·변전공사 이외 모든 공사(배전공사, 통신공사 등)

불법하도급 공사 계약금액	보상 지급금액 기준
5천만 원 이하	5%
5천만 원 초과 3억 원 이하	250만 원+5천만 원 초과금액의 3%
3억 원 초과 10억 원 이하	1,000만 원+3억 원 초과금액의 0.5%
10억 원 초과 20억 원 이하	1,350만 원+10억 원 초과금액의 0.4%
20억 원 초과	1,750만 원+20억 원 초과금액의 0.2%

• 송·변전공사(관련 토건공사 포함)

불법하도급 공사 계약금액	보상 지급금액 기준
5천만 원 이하	5%
5천만 원 초과 3억 원 이하	250만 원+5천만 원 초과금액의 3%(한도 1,000만 원)
3억 원 초과 10억 원 이하	1,000만 원+3억 원 초과금액의 0.5%(한도 1,350만 원)
10억 원 초과 100억 원 이하	1,350만 원+10억 원 초과금액의 0.4%(한도 1,750만 원)

	불법하도급 공사 계약금액	보상 지급금액
①	배전공사 6천만 원	280만 원
②	송전공사 12억 원	1,750만 원
③	변전공사 5억 원	1,250만 원
④	통신공사 23억 원	2,220만 원
⑤	송전공사 64억 원	3,510만 원

03 K씨는 로봇청소기를 합리적으로 구매하기 위해 모델별로 성능을 비교·분석하였다. K씨의 〈조건〉을 토대로 K씨가 선택할 로봇청소기 모델은?

〈로봇청소기 모델별 성능 분석표〉

모델	청소 성능		주행 성능			소음 방지	자동 복귀	안전성	내구성	경제성
	바닥	카펫	자율주행 성능	문턱 넘김	추락 방지					
A	★★★	★	★★	★★	★★	★★★	★★★	★★★	★★★	★★
B	★★	★★★	★★★	★★★	★	★★★	★★	★★★	★★★	★★
C	★★★	★★★	★★★	★	★★★	★★★	★★★	★★★	★★★	★
D	★★	★★	★★★	★★	★	★★	★★	★★★	★★	★★
E	★★★	★★★	★★	★★★	★★	★★★	★★	★★★	★★★	★★★

※ ★★★ : 적합, ★★ : 보통, ★ : 미흡

> **조건**
>
> K씨 : 로봇청소기는 내구성과 안전성이 1순위이고 집에 카펫은 없으니 바닥에 대한 청소 성능이 2순위야. 글을 쓰는 아내를 위해서 소음도 중요하겠지. 문턱이나 추락할 만한 공간은 없으니 자율주행성능만 좋은 것으로 살펴보면 되겠네. 나머지 기준은 크게 신경 안 써도 될 것 같아.

① A모델
② B모델
③ C모델
④ D모델
⑤ E모델

CHAPTER 04

정보능력

합격 Cheat Key

정보능력은 업무를 수행함에 있어 기본적인 컴퓨터를 활용하여 필요한 정보를 수집, 분석, 활용하는 능력을 의미한다. 또한 업무와 관련된 정보를 수집하고, 이를 분석하여 의미 있는 정보를 얻는 능력이다. 국가직무능력표준에 따르면 정보능력의 세부 유형은 컴퓨터 활용·정보 처리로 나눌수 있다.

1 평소에 컴퓨터 활용 스킬을 틈틈이 익혀라!

윈도우(OS)에서 어떠한 설정을 할 수 있는지, 응용프로그램(엑셀 등)에서 어떠한 기능을 활용할 수 있는지를 평소에 직접 사용해 본다면 문제를 보다 수월하게 해결할 수 있다. 여건이 된다면 컴퓨터 활용 능력에 관련된 자격증 공부를 하는 것도 이론과 실무를 익히는 데 도움이 될 것이다.

2 문제의 규칙을 찾는 연습을 하라!

일반적으로 코드체계나 시스템 논리체계를 제공하고 이를 분석하여 문제를 해결하는 유형이 출제된다. 이러한 문제는 문제해결능력과 같은 맥락으로 규칙을 파악하여 접근하는 방식으로 연습이 필요하다.

3 현재 보고 있는 그 문제에 집중하라!

정보능력의 모든 것을 공부하려고 한다면 양이 너무나 방대하다. 그렇기 때문에 수험서에서 본인이 현재 보고 있는 문제들을 집중적으로 공부하고 기억하려고 해야 한다. 그러나 엑셀의 함수 수식, 연산자 등 암기를 필요로 하는 부분들은 필수적으로 암기를 해서 출제가 되었을 때 오답률을 낮출 수 있도록 한다.

4 사진·그림을 기억하라!

컴퓨터 활용 능력을 파악하는 영역이다 보니 컴퓨터 속 옵션, 기능, 설정 등의 사진·그림이 문제에 같이 나오는 경우들이 있다. 그런 부분들은 직접 컴퓨터를 통해서 하나하나 확인을 하면서 공부한다면 더 기억에 잘 남게 된다. 조금 귀찮더라도 한 번씩 클릭하면서 확인을 해보도록 한다.

01 | 정보 이해

| 유형분석 |

- 정보능력 전반에 대한 이해를 확인하는 문제이다.
- 정보능력 이론이나 새로운 정보 기술에 대한 문제가 자주 출제된다.

다음 중 정보의 가공 및 활용에 대한 설명으로 옳지 않은 것은?

① 정보는 원형태 그대로 혹은 가공하여 활용할 수 있다.

② 수집된 정보를 가공하여 다른 형태로 재표현하는 방법도 가능하다.

③ 정적정보의 경우, 이용한 이후에도 장래활용을 위해 정리하여 보존한다.

④ 비디오테이프에 저장된 영상정보는 동적정보에 해당한다.

⑤ 동적정보는 입수하여 처리 후에는 해당 정보를 즉시 폐기해도 된다.

정답 ④

저장매체에 저장된 자료는 시간이 지나도 언제든지 동일한 형태로 재생이 가능하므로 정적정보에 해당한다.

오답분석

① 정보는 원래 형태 그대로 활용하거나, 분석, 정리 등 가공하여 활용할 수 있다.

② 정보를 가공하는 것뿐 아니라 일정한 형태로 재표현하는 것도 가능하다.

③ 시의성이 사라지면 정보의 가치가 떨어지는 동적정보와 달리 정적정보의 경우, 이용 후에도 장래에 활용을 하기 위해 정리하여 보존하는 것이 좋다.

⑤ 동적정보의 특징은 입수 후 처리한 경우에는 폐기하여도 된다는 것이다. 오히려 시간의 경과에 따라 시의성이 점점 떨어지는 동적정보를 축적하는 것은 비효율적이다.

풀이 전략!

자주 출제되는 정보능력 이론을 확인하고, 확실하게 암기해야 한다. 더불어 새로운 정보 기술이나 컴퓨터 전반에 대해 관심을 가지는 것이 좋다.

01 다음은 데이터베이스에 대한 설명이다. 데이터베이스의 특징으로 적절하지 않은 것은?

> 데이터베이스란 대량의 자료를 관리하고 내용을 구조화하여 검색이나 자료 관리 작업을 효과적으로
> 실행하는 프로그램으로, 삽입, 삭제, 수정, 갱신 등을 통하여 항상 최신의 데이터를 유동적으로 유
> 지할 수 있으며, 이와 같은 다량의 데이터는 사용자의 질의에 대한 신속한 응답 처리를 가능하게
> 한다. 또한 이러한 데이터를 여러 명의 사용자가 동시에 공유할 수 있고, 각 데이터를 참조할 때는
> 사용자가 요구하는 내용에 따라 참조가 가능함은 물론 응용프로그램과 데이터베이스를 독립시킴으
> 로써 데이터를 변경시키더라도 응용프로그램은 변경되지 않는다.

① 실시간 접근성   ② 계속적인 진화
③ 동시 공유   ④ 내용에 의한 참조
⑤ 데이터 논리적 의존성

02 다음은 기획안을 제출하기 위한 정보수집 전에 어떠한 정보를 어떻게 수집할지에 대한 '정보의
전략적 기획'의 사례이다. S사원이 필요한 정보로 적절하지 않은 것은?

> K전자의 S사원은 상사로부터 세탁기 신상품에 대한 기획안을 제출하라는 업무를 받았다. 먼저 S사
> 원은 기획안을 작성하기 위해 자신에게 어떠한 정보가 필요한지를 생각해 보았다. 개발하려는 세탁
> 기 신상품의 컨셉은 중년층을 대상으로 한 실용적이고 경제적이며 조작하기 쉬운 것을 대표적인 특
> 징으로 삼고 있다.

① 기존에 세탁기를 구매한 고객들의 데이터베이스로부터 정보가 필요할 수도 있다.
② 현재 세탁기를 사용하면서 불편한 점은 무엇인지에 대한 정보가 필요하다.
③ 데이터베이스로부터 성별로 세탁기 선호 디자인에 대한 정보가 필요하다.
④ 고객들의 세탁기에 대한 부담 가능한 금액은 얼마인지에 대한 정보도 필요할 것이다.
⑤ 데이터베이스를 통해 중년층이 선호하는 디자인이나 색은 무엇인지에 대한 정보도 있으면 좋을
　 것이다.

02 | 엑셀 함수

| 유형분석 |

- 컴퓨터 활용과 관련된 상황에서 문제를 해결하기 위한 행동이 무엇인지 묻는 문제이다.
- 주로 업무수행 중에 많이 활용되는 대표적인 엑셀 함수(COUNTIF, ROUND, MAX, SUM, COUNT, AVERAGE …)가 출제된다.
- 종종 엑셀시트를 제시하여 각 셀에 들어갈 함수식이 무엇인지 고르는 문제가 출제되기도 한다.

다음 시트에서 판매수량과 추가판매의 합계를 구하기 위해서 [B6] 셀에 들어갈 수식으로 옳은 것은?

	A	B	C
1	일자	판매수량	추가판매
2	06월19일	30	8
3	06월20일	48	
4	06월21일	44	
5	06월22일	42	12
6	합계	184	

① =SUM(B2,C2,C5)

② =LEN(B2:B5, 3)

③ =COUNTIF(B2:B5,">=12")

④ =SUM(B2:B5)

⑤ =SUM(B2:B5,C2,C5)

정답 ⑤

「=SUM(합계를 구할 처음 셀:합계를 구할 마지막 셀)」으로 표시해야 한다. 판매수량과 추가판매를 더하는 것은 비연속적인 셀을 더하는 것이므로 연속하는 영역을 입력하고 ',' 로 구분해 준 다음 영역을 다시 지정해야 한다. 따라서 [B6] 셀에 작성해야 할 수식으로는 「=SUM(B2:B5,C2,C5)」이 옳다.

풀이 전략!

제시된 상황에서 사용할 엑셀 함수가 무엇인지 파악한 후, 선택지에서 적절한 함수식을 골라 식을 만들어야 한다. 평소 대표적으로 문제에 자주 출제되는 몇몇 엑셀 함수를 익혀두면 풀이시간을 단축할 수 있다.

01 다음은 K주식회사의 공장별 1월 생산량 현황을 정리한 자료이다. 각 셀에 들어간 함수의 결괏값으로 옳지 않은 것은?

	A	B	C	D	E	F
1			〈K주식회사 공장 1월 생산량 현황〉			
2	구분	생산량	단가	금액	순위	
3					생산량 기준	금액 기준
4	안양공장	123,000	10	1,230,000		
5	청주공장	90,000	15	1,350,000		
6	제주공장	50,000	15	750,000		
7	강원공장	110,000	11	1,210,000		
8	진주공장	99,000	12	1,188,000		
9	합계	472,000		5,728,000		

① F4 ： =RANK(D4,D4:D8,1) → 4
② E4 ： =RANK(B4,B4:B8,0) → 1
③ E6 ： =RANK(B6,B4:B8,0) → 5
④ F8 ： =RANK(D8,D4:D8,0) → 2
⑤ E8 ： =RANK(B8,B4:B8,0) → 3

02 다음 중 함수식에 대한 결괏값으로 옳지 않은 것은?

	함수식	결괏값
①	=TRIM("1/4분기 수익")	1/4분기 수익
②	=SEARCH("세","세금 명세서",3)	5
③	=PROPER("republic of korea")	REPUBLIC OF KOREA
④	=LOWER("Republic of Korea")	republic of korea
⑤	=MOD(18,−4)	−2

03 다음은 사내 동호회 활동 현황에 대해 정리한 자료이다. 사원번호 중에서 오른쪽 숫자 네 자리만 추출하려고 할 때, [F13] 셀에 입력해야 할 함수식으로 옳은 것은?

	A	B	C	D	E	F
1	사내 동호회 활동 현황					
2	사원번호	사원명	부서	구내번호	직위	
3	AC1234	고상현	영업부	1457	부장	
4	AS4251	정지훈	기획부	2356	사원	
5	DE2341	김수호	홍보부	9546	사원	
6	TE2316	박보영	기획부	2358	대리	
7	PP0293	김지원	홍보부	9823	사원	
8	BE0192	이성경	총무부	3545	과장	
9	GS1423	이민아	영업부	1458	대리	
10	HS9201	장준하	총무부	3645	부장	
11						
12						사원번호
13						1234
14						4251
15						2341
16						2316
17						0293
18						0192
19						1423
20						9201

① =LEFT(A3,3)

② =RIGHT(A3,4)

③ =LEFT(A3,3,4)

④ =MID(A3,1,2)

⑤ =CHOOSE(2,A3,A4,A5,A6)

04 다음 시트에서 [E10] 셀에 수식 「=INDEX(E2:E9,MATCH(0,D2:D9,0))」를 입력했을 때, [E10] 셀에 표시되는 결괏값으로 옳은 것은?

	A	B	C	D	E
1	부서	직위	사원명	근무연수	근무월수
2	재무팀	사원	이수연	2	11
3	교육사업팀	과장	조민정	3	5
4	신사업팀	사원	최지혁	1	3
5	교육컨텐츠팀	사원	김다연	0	2
6	교육사업팀	부장	민경희	8	10
7	기구설계팀	대리	김형준	2	1
8	교육사업팀	부장	문윤식	7	3
9	재무팀	대리	한영혜	3	0
10					

① 0

② 1

③ 2

④ 3

⑤ 4

03 | 프로그램 언어(코딩)

| 유형분석 |

- 프로그램의 실행 결과를 코딩을 통해 파악하여 이를 풀이하는 문제이다.
- 대체로 문제에서 규칙을 제공하고 있으며, 해당 규칙을 적용하여 새로운 코드번호를 만들거나 혹은 만들어진 코드번호를 해석하는 등의 문제가 출제된다.

다음 C 프로그램의 실행 결과에서 p의 값으로 옳은 것은?

```
#include <stdio.h>
int main()
{
    int x, y, p;
    x = 3;
    y = x++;
    printf("x = %d y = %d\n", x, y);
    x = 10;
    y = ++x;
    printf("x = %d y = %d\n", x, y);
    y++;
    p=x+y;
    printf("x = %d y = %d\n", x, y);
    printf("p = %d\n", p);
    return 0;
}
```

① p=22

② p=23

③ p=24

④ p=25

정답 ②

x값을 1 증가하여 x에 저장하고, 변경된 x값을 y값에 저장한 후 y값을 1 증가하여 y값에 저장한다. 이후 x값과 y값을 더하여 p에 저장한다. 따라서 x=10+1=11, y=x+1=12 → p=x+y=23이다.

풀이 전략!

문제에서 실행 프로그램 내용이 주어지면 핵심 키워드를 확인한다. 코딩 프로그램을 통해 요구되는 내용을 알아맞혀 정답 유무를 판단한다.

※ 다음 프로그램의 실행 결과로 옳은 것을 고르시오. [1~2]

01

```
#include <stdio.h>
void main() {
    int arr[10] = {1, 2, 3, 4, 5};
    int num = 10;
    int i;

    for (i = 0; i < 10; i++) {
      num += arr[i];
    }
    printf("%d\n", num);
}
```

① 10　　　　　　　　　　② 20

③ 25　　　　　　　　　　④ 30

⑤ 55

02

```
#include <stdio.h>
void main( ) {
  char arr[ ] = "hello world";
  printf("%d\n",strlen(arr));
}
```

① 11　　　　　　　　　　② 12

③ 13　　　　　　　　　　④ 14

⑤ 15

CHAPTER 05

직업윤리

합격 Cheat Key

직업윤리는 업무를 수행함에 있어 원만한 직업생활을 위해 필요한 태도, 매너, 올바른 직업관이다. 직업윤리는 필기시험뿐만 아니라 서류를 제출하면서 자기소개서를 작성할 때와 면접을 시행할 때도 포함되는 항목으로 들어가지 않는 공사·공단이 없을 정도로 필수 능력으로 꼽힌다.

직업윤리의 세부 능력은 근로 윤리·공동체 윤리로 나눌 수 있다. 구체적인 문제 상황을 제시하여 해결하기 위해 어떤 대안을 선택해야 할지에 관한 문제들이 출제된다.

1 오답을 통해 대비하라!

이론을 따로 정리하는 것보다는 문제에서 본인이 생각하는 모범답안을 선택하고 틀렸을 경우 그 이유를 정리하는 방식으로 학습하는 것이 효율적이다. 암기하기보다는 이해에 중점을 두고 자신의 상식으로 문제를 푸는 것이 아니라 해당 문제가 어느 영역 어떤 하위 능력의 문제인지 파악하는 훈련을 한다면 답이 보일 것이다.

2 직업윤리와 일반윤리를 구분하라!

일반윤리와 구분되는 직업윤리의 특징을 이해해야 한다. 통념상 비윤리적이라고 일컬어지는 행동도 특정한 직업에서는 허용되는 경우가 있다. 그러므로 문제에서 주어진 상황을 판단할 때는 우선 직업의 특성을 고려해야 한다.

3 직업윤리의 하위능력을 파악해 두어라!

직업윤리의 경우 직장생활 경험이 없는 수험생들은 조직에서 일어날 수 있는 구체적인 직업윤리와 관련된 내용에 흥미가 없고 이를 이해하는 데 어려움이 있을 수 있다. 그러나 문제에서는 구체적인 상황·사례를 제시하는 문제가 나오기 때문에 직장에서의 예절을 정리하고 문제 상황에서 적절한 대처를 선택하는 연습을 하는 것이 중요하다.

4 면접에서도 유리하다!

많은 공사·공단에서 면접 시 직업윤리에 관련된 질문을 하는 경우가 많다. 직업윤리 이론 학습을 미리 해 두면 본인의 가치관을 세우는 데 도움이 되고 이는 곧 기업의 인재상과도 연결되기 때문에 미리 준비해 두면 필기시험에서 합격하고 면접을 준비할 때도 수월할 것이다.

01 | 윤리 · 근면

| 유형분석 |

- 주어진 제시문 속의 비윤리적인 상황에 대하여 원인이나 대처법을 고르는 문제가 출제된다.
- 근면한 자세의 사례를 고르는 문제 또한 종종 출제된다.
- 직장생활 내에서 필요한 윤리적이고 근면한 태도에 대한 문제가 자주 출제된다.

다음 중 직업에서 근면의식의 표출로 적절하지 않은 것은?

① 직업의 현장에서는 능동적인 자세로 임해야 한다.

② 강요에 의한 근면은 노동 행위에 즐거움을 주지 못한다.

③ 즐거운 마음으로 시간을 보내면 궁극적으로 우리의 건강이 증진된다.

④ 노동 현장에서 보수나 진급이 보장되지 않으면 일을 적게 하는 것이 중요하다.

⑤ 일에 지장이 없도록 항상 건강관리에 유의하며, 주어진 시간 내에는 최선을 다한다.

정답 ④

노동 현장에서는 보수나 진급이 보장되지 않더라도 적극적인 노동 자세가 필요하다.

풀이 전략!

근로윤리는 우리 사회가 요구하는 도덕상에 기초하고 있다는 점을 유념하고, 다양한 사례를 익혀 문제에 적응한다.

01 다음 중 근면에 대한 설명으로 옳지 않은 것은?

① 자아실현을 위해 자발적으로 능동적인 근무태도를 보이는 것은 근면에 해당된다.

② 직업에는 귀천이 없다는 점은 근면한 태도를 유지해야 하는 근거로 볼 수 있다.

③ 근면은 게으르지 않고 부지런한 것을 의미한다.

④ 근면은 직업인으로서 마땅히 지녀야 할 태도이다.

⑤ 생계를 위해 어쩔 수 없이 기계적인 노동을 하며 부지런함을 유지하는 것은 근면에 해당되지 않는다.

02 다음 〈보기〉 중 윤리적 가치에 대한 설명으로 옳지 않은 것을 모두 고르면?

> **보기**
>
> ㄱ. 윤리적 규범을 지키는 것은 어떻게 살 것인가에 관한 가치관의 문제와도 관련이 있다.
> ㄴ. 모두가 자신의 이익만을 위하여 행동한다면 사회질서는 유지될 수 있지만, 최선의 결과를 얻기는 어렵다.
> ㄷ. 개인의 행복뿐만 아니라 모든 사람의 행복을 보장하기 위하여 윤리적 가치가 필요하다.
> ㄹ. 윤리적 행동의 당위성은 윤리적 행동을 통해 얻을 수 있는 경제적 이득에 근거한다.

① ㄱ, ㄴ   ② ㄱ, ㄷ
③ ㄴ, ㄷ   ④ ㄴ, ㄹ
⑤ ㄷ, ㄹ

02 | 봉사와 책임 의식

| 유형분석 |

- 개인이 가져야 하는 책임 의식과 기업의 사회적 책임으로 양분되는 문제이다.
- 봉사의 의미를 묻는 문제가 종종 출제된다.

다음 중 직업윤리의 덕목에 대한 설명으로 옳지 않은 것은?

① 소명 의식 : 자신이 맡은 일은 하늘에 의해 맡겨진 일이라고 생각하는 태도이다.

② 책임 의식 : 직업에 대한 사회적 역할과 책무를 충실히 수행하고 책임을 다하는 태도이다.

③ 천직 의식 : 자신의 일이 자신의 능력과 적성에 꼭 맞는다 여기고 그 일에 열성을 가지고 성실히 임하는 태도이다.

④ 직분 의식 : 자신이 하고 있는 일이 사회나 기업을 위해 중요한 역할을 하고 있다고 믿고 자신의 활동을 수행하는 태도이다.

⑤ 봉사 의식 : 자신의 일이 누구나 할 수 있는 것이 아니라 해당 분야의 지식과 교육을 밑바탕으로 성실히 수행해야만 가능한 것이라 믿고 수행하는 태도이다.

정답 ⑤

봉사 의식은 직업 활동을 통해 다른 사람과 공동체에 대하여 봉사하는 정신을 갖추고 실천하는 태도를 의미한다.

풀이 전략!

직업인으로서 요구되는 봉사 정신과 책임 의식에 관해 숙지하도록 한다.

01 다음 글을 읽고 이해한 내용으로 적절하지 않은 것은?

> 중소기업 영업부에서 수주업무를 담당하는 S과장은 거래처 한 곳에서 큰 프로젝트를 수주할 좋은 기회를 얻게 되었고, 이를 위하여 기술부와 영업부 직원 모두가 며칠 동안 밤을 세우며 입찰 서류를 준비했다. 드디어 입찰하는 날이 되었고, S과장은 뿌듯한 기분으로 운전을 하며 입찰장소로 향하고 있었다. 그런데 S과장은 앞에서 달리고 있던 승용차 한 대가 사람을 친 후 달아나는 것을 목격했다. S과장은 출혈도 심하고 의식이 없는 환자를 차에 태우고 인근 병원으로 정신없이 운전하였고, 결국 상당한 시간이 지체되었다. 그 후 S과장은 황급히 입찰장소로 향했으나 교통체증이 너무 심했고, 현장에 도착하니 입찰은 이미 다 끝나 버린 상태였다.

① 회사의 입장에서 S과장은 좋은 일을 했다고 볼 수 있다.
② S과장의 행동은 직업인으로서 책임과 본분을 망각한 행위이다.
③ S과장은 환자를 태우고 가면서 회사에 상황을 보고했어야 한다.
④ 회사 업무 중에는 공적인 입장에서 판단해야 함을 알 수 있다.
⑤ 사회적 입장에서 S과장은 생명의 은인으로 찬사받을 수 있다.

02 다음 〈보기〉에서 서비스(Service)의 7가지 의미에 해당하는 것은 모두 몇 개인가?

> **보기**
> ㄱ. 고객에게 효과적인 도움을 제공할 수 있어야 한다.
> ㄴ. 고객에게 예의를 갖추고 서비스를 제공하여야 한다.
> ㄷ. 고객에게 좋은 이미지를 심어주어야 한다.
> ㄹ. 고객에게 정서적 감동을 제공할 수 있어야 한다.
> ㅁ. 고객에게 탁월한 수준으로 지원이 제공되어야 한다.

① 1개 　　　　　　　　② 2개
③ 3개 　　　　　　　　④ 4개
⑤ 5개

CHAPTER 06

기술능력

합격 Cheat Key

기술능력은 업무를 수행함에 있어 도구, 장치 등을 포함하여 필요한 기술에 어떠한 것들이 있는지 이해하고, 실제 업무를 수행함에 있어 적절한 기술을 선택하여 적용하는 능력이다.

세부 유형은 기술 이해·기술 선택·기술 적용으로 나눌 수 있다. 제품설명서나 상황별 매뉴얼을 제시하는 문제 또는 명령어를 제시하고 규칙을 대입할 수 있는지 묻는 문제가 출제되기 때문에 이런 유형들을 공략할 수 있는 전략을 세워야 한다.

1 긴 지문이 출제될 때는 보기의 내용을 미리 보라!

기술능력에서 자주 출제되는 제품설명서나 상황별 매뉴얼을 제시하는 문제에서는 기술을 이해하고, 상황에 알맞은 원인 및 해결방안을 고르는 문제가 출제된다. 실제 시험장에서 문제를 풀 때는 시간적 여유가 없기 때문에 보기를 먼저 읽고, 그 다음 긴 지문을 보면서 동시에 보기와 일치하는 내용이 나오면 확인해 가면서 푸는 것이 좋다.

2 모듈형에도 대비하라!

모듈형 문제의 비중이 늘어나는 추세이므로 공기업을 준비하는 취업준비생이라면 모듈형 문제에 대비해야 한다. 기술능력의 모듈형 이론 부분을 학습하고 모듈형 문제를 풀어보고 여러 번 읽으며 이론을 확실히 익혀두면 실제 시험장에서 이론을 묻는 문제가 나왔을 때 단번에 답을 고를 수 있다.

3 | 전공 이론도 익혀 두어라!

지원하는 직렬의 전공 이론이 기술능력으로 출제되는 경우가 많기 때문에 전공 이론을 익혀두는 것이 좋다. 깊이 있는 지식을 묻는 문제가 아니더라도 출제되는 문제의 소재가 전공과 관련된 내용일 가능성이 크기 때문에 최소한 지원하는 직렬의 전공 용어는 확실히 익혀 두어야 한다.

4 | 쉽게 포기하지 말라!

직업기초능력에서 주요 영역이 아니면 소홀한 경우가 많다. 시험장에서 기술능력을 읽어 보지도 않고 포기하는 경우가 많은데 차근차근 읽어보면 지문만 잘 읽어도 풀 수 있는 문제들이 출제되는 경우가 있다. 이론을 모르더라도 풀 수 있는 문제인지 파악해보자.

01 | 기술 이해

| 유형분석 |

- 업무수행에 필요한 기술의 개념 및 원리, 관련 용어에 대한 문제가 자주 출제된다.
- 기술 시스템의 개념과 발전 단계에 대한 문제가 출제되므로 각 단계의 순서와 그에 따른 특징을 숙지하여야 하며, 단계별로 요구되는 핵심 역할이 다름에 유의한다.

다음 중 기술선택에 대한 설명으로 옳지 않은 것을 〈보기〉에서 모두 고르면?

보기

ㄱ. 상향식 기술선택은 기술경영진과 기술기획자들의 분석을 통해 기업이 필요한 기술 및 기술수준을 결정하는 방식이다.
ㄴ. 하향식 기술선택은 전적으로 기술자들의 흥미 위주로 기술을 선택하여 고객의 요구사항과는 거리가 먼 제품이 개발될 수 있다.
ㄷ. 수요자 및 경쟁자의 변화와 기술 변화 등을 분석해야 한다.
ㄹ. 기술능력과 생산능력, 재무능력 등의 내부 역량을 고려하여 기술을 선택한다.
ㅁ. 기술선택 시 최신 기술로 진부화될 가능성이 적은 기술을 최우선순위로 결정한다.

① ㄱ, ㄴ, ㄹ
② ㄱ, ㄴ, ㅁ
③ ㄴ, ㄷ, ㄹ
④ ㄴ, ㄹ, ㅁ
⑤ ㄷ, ㄹ, ㅁ

정답 ②

ㄱ. 하향식 기술선택에 대한 설명이다.
ㄴ. 상향식 기술선택에 대한 설명이다.
ㅁ. 기술선택을 위한 우선순위는 다음과 같다.
 ① 제품의 성능이나 원가에 미치는 영향력이 큰 가술
 ② 기술을 활용한 제품의 매출과 이익 창출 잠재력이 큰 기술
 ③ 쉽게 구할 수 없는 기술
 ④ 기업 간 모방이 어려운 기술
 ⑤ 기업이 생산하는 제품 및 서비스에 보다 광범위하게 활용할 수 있는 기술
 ⑥ 최신 기술로 진부화될 가능성이 적은 기술

풀이 전략!

문제에 제시된 내용만으로는 풀이가 어려울 수 있으므로, 사전에 관련 기술 이론을 숙지하고 있어야 한다. 자주 출제되는 개념을 확실하게 암기하여 빠르게 문제를 풀 수 있도록 하는 것이 좋다.

01　다음 글을 읽고 기술경영자의 역할로 옳지 않은 것은?

> 기술경영자에게는 리더십, 기술적인 능력, 행정능력 외에도 다양한 도전을 해결하기 위한 여러 능력들이 요구된다. 기술개발이 결과 지향적으로 수행되도록 유도하는 능력, 기술개발 과제의 세부 사항까지도 파악할 수 있는 능력, 기술개발 과제의 전 과정을 전체적으로 조망할 수 있는 능력이 그것이다. 또한, 기술개발은 기계적인 관리보다는 조직 및 인간 행동상의 요인들이 더 중요하게 작용되는 사람 중심의 진행이기 때문에 이 밖에도 기술의 성격 및 이와 관련된 동향·사업 환경 등을 이해할 수 있는 능력과 기술적인 전문성을 갖춰 팀원들의 대화를 효과적으로 이끌어낼 수 있는 능력 등 다양한 능력을 필요로 하고 있다. 이와는 달리 중간급 매니저라 할 수 있는 기술관리자에게는 기술경영자와는 조금 다른 능력이 필요한데, 이는 기술적 능력에 대한 것과 계획서 작성, 인력 관리, 예산 관리, 일정 관리 등 행정능력에 대한 것이다.

① 시스템적인 관점에서 인식하는 능력
② 기술을 효과적으로 평가할 수 있는 능력
③ 조직 내의 기술 이용을 수행할 수 있는 능력
④ 새로운 제품개발 시간을 단축할 수 있는 능력
⑤ 기술을 기업의 전반적인 전략 목표에 통합시키는 능력

02　다음 글을 읽고 추론할 수 있는 기술혁신의 특성으로 옳은 것은?

> 인간의 개별적인 지능과 창의성, 상호학습을 통해 발생하는 새로운 지식과 경험은 빠른 속도로 축적되고 학습되지만, 이러한 지식은 문서화되기 어렵기 때문에 다른 사람들에게 쉽게 전파될 수 없다. 따라서 연구개발에 참가한 연구원과 엔지니어들이 그 기업을 떠나는 경우 기술과 지식의 손실이 크게 발생하여 기술개발을 지속할 수 없는 경우가 종종 발생한다.

① 기술혁신은 조직의 경계를 넘나든다.
② 기술혁신은 지식 집약적인 활동이다.
③ 기술혁신은 장기간의 시간을 필요로 한다.
④ 기술혁신은 그 과정 자체가 매우 불확실하다.
⑤ 기술혁신 과정의 불확실성과 모호함은 기업 내에서 많은 갈등을 유발할 수 있다.

02 | 기술 적용

| 유형분석 |

- 주어진 자료를 해석하고 기술을 적용하여 풀어가는 문제이다.
- 자료 등을 읽고 제시된 문제 상황에 적절한 해결 방법을 찾는 문제가 자주 출제된다.
- 지문의 길이가 길고 복잡하므로, 문제에서 요구하는 정보를 놓치지 않도록 주의해야 한다.

K사는 생산팀 직원들을 위해 작업장에 의류 건조기를 설치했다. 이에 비품 담당자인 B사원은 다음 제품 설명서를 토대로 '건조기 사용 전 필독 유의사항'을 작성하려고 한다. 이때 유의사항에 들어갈 내용으로 적절하지 않은 것은?

[사용 전 알아두어야 할 사항]
1. 물통 또는 제품 내부에 절대 의류 외에 다른 물건을 넣지 마십시오.
2. 제품을 작동시키기 전 문이 제대로 닫혔는지 확인하십시오.
3. 필터는 제품 사용 전후로 반드시 청소해 주십시오.
4. 제품의 성능유지를 위해서 물통을 자주 비워 주십시오.
5. 겨울철이거나 건조기가 설치된 곳의 기온이 낮을 경우 건조시간이 길어질 수 있습니다.
6. 과도한 건조물을 넣고 기계를 작동시키면 완벽하게 건조되지 않거나 의류에 구김이 생길 수 있습니다. 최대용량 5kg 이내로 의류를 넣어 주십시오.
7. 가죽, 슬립, 전기담요, 마이크로 화이바 소재 의류, 이불, 동·식물성 충전재 사용 제품은 사용을 피해 주십시오.

[동결 시 조치방법]
1. 온도가 낮아지게 되면 물통이나 호스가 얼 수 있습니다.
2. 동결 시 작동 화면에 'ER' 표시가 나타납니다. 이 경우 일시정지 버튼을 눌러 작동을 멈춰 주세요.
3. 물통이 얼었다면, 물통을 꺼내 따뜻한 물에 20분 이상 담가 주세요.
4. 호스가 얼었다면, 호스 안의 이물질을 모두 꺼내고, 호스를 따뜻한 물 또는 따뜻한 수건으로 20분 이상 녹여 주세요.

① 사용 전후로 필터는 꼭 청소해 주세요.
② 건조기에 넣은 의류는 5kg 이내로 해 주세요.
③ 사용이 불가한 의류 제품 목록을 꼭 확인해 주세요.
④ 화면에 ER 표시가 떴을 때는 전원을 끄고 작동을 멈춰 주세요.
⑤ 호스가 얼었다면, 호스를 따뜻한 물 또는 따뜻한 수건으로 20분 이상 녹여 주세요.

정답 ④

제시문의 동결 시 조치방법에서는 화면에 'ER' 표시가 나타나면 전원 버튼이 아닌 일시정지 버튼을 눌러 작동을 멈추라고 설명하고 있다.

오답분석

① 필터는 제품 사용 전후로 반드시 청소해 주라고 설명하고 있다.

② 과도한 건조물을 넣고 기계를 작동시키면 완벽하게 건조되지 않거나 의류에 구김이 생길 수 있으니 최대용량 5kg 이내로 의류를 넣어 주라고 설명하고 있다.

③ 건조기 사용이 불가한 제품 목록이 설명되어 있다.

⑤ 호스가 얼었다면, 호스 안의 이물질을 모두 꺼내고, 호스를 따뜻한 물 또는 따뜻한 수건으로 20분 이상 녹여 주라고 설명하고 있다.

풀이 전략!

문제에 제시된 자료 중 필요한 정보를 빠르게 파악하는 것이 중요하다. 질문을 먼저 읽고 문제 상황을 파악한 뒤 제시된 선택지를 하나씩 소거하며 문제를 푸는 것이 좋다.

※ 다음은 어떤 제품의 사용 시 주의사항과 문제발생 시 확인사항이다. 이어지는 질문에 답하시오. **[1~2]**

〈사용 시 주의사항〉

- 운전 중에 실내기나 실외기의 흡입구를 열지 마십시오.
- 침수가 되었을 때에는 반드시 서비스 센터에 의뢰하십시오.
- 청소 시에는 전원 플러그를 뽑아 주십시오.
- 세척 시 부식을 발생시키는 세척제를 사용하지 마십시오. 특히 내부 세척은 전문가의 도움을 받으십시오.
- 필터는 반드시 끼워서 사용하고 2주에 1회가량 필터를 청소해 주십시오.
- 운전 중에 가스레인지 등 연소기구 이용 시 수시로 환기를 시키십시오.
- 어린이가 제품 위로 올라가지 않도록 해 주십시오.

〈문제발생 시 확인사항〉

발생 문제	확인사항	조치
제품이 작동하지 않습니다.	전원 플러그가 뽑혀 있지 않습니까?	전원플러그를 꽂아 주십시오.
	전압이 너무 낮지 않습니까?	공급 전력이 정격 전압 220V인지 K공사에 문의하십시오.
	리모컨에 이상이 없습니까?	건전지를 교환하거나 (+), (−)극에 맞게 다시 투입하십시오.
찬바람이 지속적으로 나오지 않습니다.	전원을 끈 후 곧바로 운전시키지 않았습니까?	실외기의 압축기 보호장치 작동으로 약 3분 후 다시 정상작동됩니다.
	희망온도가 실내온도보다 높게 설정되어 있지 않습니까?	희망온도를 실내온도보다 낮게 설정하십시오.
	제습모드나 절전모드는 아닙니까?	운전모드를 냉방으로 변경하십시오.
배출구에 이슬이 맺힙니다.	실내 습도가 너무 높지 않습니까?	공기 중의 습기가 이슬로 맺히는 자연스러운 현상으로, 증상이 심한 경우 마른 수건으로 닦아주십시오.
예약운전이 되지 않습니다.	예약시각이 올바르게 설정되었습니까?	설명서를 참고하여 올바른 방법으로 예약해 주십시오.
	현재시각이 올바르게 설정되어 있습니까?	현재시각을 다시 설정해 주십시오.
실내가 원하는 만큼 시원해지지 않습니다.	제품의 냉방 가능 면적이 실내 면적보다 작지 않습니까?	냉방 가능 면적이 실내 면적과 일치하는 성능의 제품을 사용하십시오.
	실내기와 실외기의 거리가 멀지 않습니까?	실내기와 실외기 사이가 5m 이상이 되면 냉방능력이 다소 떨어질 수 있습니다.
	실내에 인원이 너무 많지 않습니까?	실내에 인원이 많으면 냉방효과가 다소 떨어질 수 있습니다.
	햇빛이 실내로 직접 들어오지 않습니까?	커튼, 블라인드 등으로 햇빛을 막아 주십시오.
	문이나 창문이 열려있지 않습니까?	찬 공기가 실외로 빠져나가지 않도록 문을 닫아 주십시오.
	실내기·실외기 흡입구나 배출구가 막혀있지 않습니까?	실내기·실외기 흡입구나 배출구의 장애물을 제거해 주십시오.
	필터에 먼지 등 이물질이 끼지 않았습니까?	필터를 깨끗이 청소해 주십시오.

	건전지의 수명이 다 되지 않았습니까?	새 건전지로 교체하십시오.
리모컨이 작동하지 않습니다.	주변에 너무 강한 빛이 있지 않습니까?	네온사인이나 삼파장 형광등 등 강한 빛이 발생하는 주변에서는 간혹 리모컨이 작동하지 않을 수 있으므로 실내기 수신부 앞에서 에어컨을 작동시키십시오.
	리모컨의 수신부가 가려져 있지 않습니까?	가리고 있는 물건을 치우십시오.
냄새가 나고 눈이 따갑습니다.	냄새를 유발하는 다른 요인(조리, 새집의 인테리어 및 가구, 약품 등)이 있지 않습니까?	환풍기를 작동하거나 환기를 해 주십시오.
	곰팡이 냄새가 나지 않습니까?	제품에서 응축수가 생겨 잘 빠지지 않을 경우 냄새가 날 수 있습니다. 배수호스를 점검해 주세요.
제품이 저절로 꺼집니다.	꺼짐 예약 또는 취침예약이 되어있지 않습니까?	꺼짐 예약이나 취침예약을 취소하십시오.
실내기에서 안개 같은 것이 발생합니다.	습도가 높은 장소에서 사용하고 있지 않습니까?	습도가 높으면 습기가 많은 바람이 나오면서 안개 같은 것이 배출될 수 있습니다.
	기름을 많이 사용하는 장소에서 사용하고 있지 않습니까?	음식점 등 기름을 많이 사용하는 장소에서 사용할 경우 기기 내부를 정기적으로 청소해 주십시오.

01 다음은 어떤 제품에 대한 사용설명서인가?

① 가스레인지 ② 냉장고
③ TV ④ 에어컨
⑤ 공기청정기

02 다음 중 제품에서 곰팡이 냄새가 날 때는 어떻게 해야 하는가?

① 환기를 해야 한다.
② 제품 내부를 청소해야 한다.
③ 직사광선이 심한지 확인한다.
④ 배수호스를 점검해야 한다.
⑤ 고장이므로 A/S를 맡겨야 한다.

※ K유치원에서는 유아 교육자료 제작을 위해 코팅기를 구입하였다. 다음 설명서를 참고하여 이어지는 질문에 답하시오. [3~5]

■ 사용방법
1) 앞면에 있는 스위치를 'ON'으로 돌리면 파란불이 들어오며 예열을 시작합니다.
2) 3~5분 정도의 예열이 끝나면 예열표시등이 빨간불로 바뀌고 코팅을 할 수 있습니다.
3) 코팅할 서류를 코팅지에 넣어 주시고, 봉합된 변까지 밀어 넣습니다.
   – 각 변에 최소 3~5mm 여유 공간을 남겨 주십시오.
   – 두께가 160micron 이상이거나 100micron 이하인 코팅지를 사용하지 마십시오.
4) 서류를 넣은 코팅지는 봉합된 부분부터 평행으로 코팅 투입구에 넣어 주십시오.
5) 코팅지는 코팅기를 통과하며 기기 뒷면 코팅 배출구에서 나옵니다.
   – 임의로 코팅지를 잡아당기면 안 됩니다.
6) 코팅지가 전부 나온 후 기기에서 분리해 주십시오.
7) 사용 완료 후 스위치를 'OFF'로 돌려 주십시오.
   – 사용 후 1~2시간 정도 열을 식혀 주십시오.

■ 코팅지 걸림 발생 시
1) 코팅지가 기기에 걸렸을 경우 앞면의 스위치를 'OFF'로 돌린 다음 기기 전원을 차단시킵니다.
2) 기기 뒷면에 있는 'REMOVE' 스위치를 화살표 방향으로 밀면서 코팅 서류를 조심스럽게 당겨 뽑아 주십시오.

■ 주의사항
– 기기가 작동 중일 때 표면이 매우 뜨거우므로 손으로 만지지 마십시오.
– 기기를 사용한 후, 기계 플러그를 뽑고 열이 충분히 식은 후에 이동 및 보관을 합니다.
– 기기 위에 무겁거나 날카로운 물건을 두지 마십시오.
– 기기의 내부에 물을 떨어뜨리지 마십시오.
– 기기에 다른 물질을 넣지 마십시오.
– 전문가의 도움 없이 절대 분해하거나 재조립 또는 수리하지 마십시오.
– 기기를 장시간 사용하지 않을 경우 전원 코드를 뽑아 주십시오.
– 사용 중 기기가 과열되거나 이상한 냄새가 나거나 종이 걸림이 있을 경우 신속히 전원을 끕니다.

■ 문제해결

고장	원인	해결
코팅 중에 코팅물이 나오지 않을 때	• 필름을 잘라서 사용했을 경우 • 두께를 초과하는 용지로 코팅했을 경우 • 과도하게 용지를 투입했을 경우 • 코팅지가 롤러에 말린 경우	• 전원을 끄고 'REMOVE' 스위치를 화살표 방향으로 밀면서 말린 필름을 제거합니다.
필름을 투입했지만, 필름이 들어가지 않고 멈춰있을 때	• 투입 불량으로 접착액이 다량으로 붙어 있는 경우	• 전원을 끄고 냉각시킨 다음 다시 시도해 봅니다.
전원 지시등이 켜지지 않을 때	• 기기 전원 스위치가 접속되어 있지 않은 경우	• 전원코드 및 기기 스위치가 'ON'으로 되어 있는지 확인합니다.

03 A교사는 연구수업에 쓰일 교육자료 제작을 위해 코팅기를 사용하였다. 다음 중 A교사의 행동으로 가장 적절한 것은?

① 코팅기 앞면의 스위치를 'ON'으로 놓자마자 코팅지를 투입하였다.
② 코팅지를 평행으로 놓고, 봉합된 부분의 반대 방향부터 투입구에 넣었다.
③ 120micron 코팅지에 코팅할 서류를 넣었다.
④ 코팅기를 통과하면서 나오는 코팅지를 뒷면에서 잡아당겼다.
⑤ 사용 완료 후 기기 전원을 끄고 바로 보관함 상자에 넣었다.

04 B원장은 기기 관리를 위해 교사들에게 코팅기 사용 시 주의사항에 대해 안내하고자 한다. 다음 중 코팅기 사용 시 주의해야 할 사항으로 적절하지 않은 것은?

① 기기 사용 중에는 표면이 많이 뜨거우므로 아이들의 손이 닿지 않도록 주의하세요.
② 기기 위에 무거운 물건이나 날카로운 물건을 올리지 마세요.
③ 사용 후에는 스위치를 'OFF'로 돌려놓고, 퇴근 시에는 전원코드를 뽑아 주세요.
④ 사용 중 이상한 냄새가 날 경우 신속히 전원을 끄도록 합니다.
⑤ 사용 중 기기에 코팅지가 걸릴 경우 기기 앞면에서 코팅 서류를 조심스럽게 꺼냅니다.

05 C교사가 코팅기를 사용하는데 코팅물이 나오지 않았다. 다음 중 문제의 원인으로 적절하지 않은 것은?

① 코팅 필름을 잘라서 코팅기에 넣었다.
② 두꺼운 코팅 필름을 사용해 코팅기에 넣었다.
③ 코팅물이 빠져나오지 않은 상태에서 새로운 코팅물을 넣었다.
④ 코팅지가 롤러 사이에 말려 있었다.
⑤ 접착액이 코팅지 주변으로 붙어 있었다.

자원관리능력

합격 Cheat Key

자원관리능력은 현재 NCS 기반 채용을 진행하는 많은 공사·공단에서 핵심영역으로 자리 잡아, 일부를 제외한 대부분의 시험에서 출제되고 있다.

세부 유형은 비용 계산, 해외파견 지원금 계산, 주문 제작 단가 계산, 일정 조율, 일정 선정, 행사 대여 장소 선정, 최단거리 구하기, 시차 계산, 소요시간 구하기, 해외파견 근무 기준에 부합하는 또는 부합하지 않는 직원 고르기 등으로 나눌 수 있다.

1 시차를 먼저 계산하라!

시간 자원 관리의 대표유형 중 시차를 계산하여 일정에 맞는 항공권을 구입하거나 회의시간을 구하는 문제에서는 각각의 나라 시간을 한국 시간으로 전부 바꾸어 계산하는 것이 편리하다. 조건에 맞는 나라들의 시간을 전부 한국 시간으로 바꾸고 한국 시간과의 시차만 더하거나 빼면 시간을 단축하여 풀 수 있다.

2 선택지를 잘 활용하라!

계산을 해서 값을 요구하는 문제 유형에서는 선택지를 먼저 본 후 자리 수가 몇 단위로 끝나는지 확인해야 한다. 예를 들어 412,300원, 426,700원, 434,100원인 선택지가 있다고 할 때, 제시된 조건에서 100원 단위로 나올 수 있는 항목을 찾아 그 항목만 계산하는 방법이 있다. 또한, 일일이 계산하는 문제가 많다. 예를 들어 640,000원, 720,000원, 810,000원 등의 수를 이용해 푸는 문제가 있다고 할 때, 만 원 단위를 절사하고 계산하여 64, 72, 81처럼 요약하는 방법이 있다.

3 최적의 값을 구하는 문제인지 파악하라!

물적 자원 관리의 대표유형에서는 제한된 자원 내에서 최대의 만족 또는 이익을 얻을 수 있는 방법을 강구하는 문제가 출제된다. 이때, 구하고자 하는 값을 x, y로 정하고 연립방정식을 이용해 x, y 값을 구한다. 최소 비용으로 목표생산량을 달성하기 위한 업무 및 인력 할당, 정해진 시간 내에 최대 이윤을 낼 수 있는 업체 선정, 정해진 인력으로 효율적 업무 배치 등을 구하는 문제에서 사용되는 방법이다.

4 각 평가항목을 비교하라!

인적 자원 관리의 대표유형에서는 각 평가항목을 비교하여 기준에 적합한 인물을 고르거나, 저렴한 업체를 선정하거나, 총점이 높은 업체를 선정하는 문제가 출제된다. 이런 유형은 평가항목에서 가격이나 점수 차이에 영향을 많이 미치는 항목을 찾아 1 ~ 2개의 선택지를 삭제하고, 남은 3 ~ 4개의 선택지만 계산하여 시간을 단축할 수 있다.

01 | 시간 계획

| 유형분석 |

- 시간 자원과 관련된 다양한 정보를 활용하여 풀어 가는 유형이다.
- 대체로 교통편 정보나 국가별 시차 정보가 제공되며, 이를 근거로 '현지 도착시간 또는 약속된 시간 내에 도착하기 위한 방안'을 고르는 문제가 출제된다.

해외영업부 A대리는 B부장과 함께 샌프란시스코에 출장을 가게 되었다. 샌프란시스코의 시각은 한국보다 16시간 느리고, 비행시간은 10시간 25분일 때 샌프란시스코 현지 시각으로 11월 17일 오전 10시 35분에 도착하는 비행기를 타려면 한국 시각으로 몇 시까지 인천공항에 도착해야 하는가?

구분	날짜	출발 시각	비행 시간	날짜	도착 시각
인천 → 샌프란시스코	11월 17일		10시간 25분	11월 17일	10:35
샌프란시스코 → 인천	11월 21일	17:30	12시간 55분	11월 22일	22:25

※ 단, 비행기 출발 한 시간 전에 공항에 도착해 티켓팅을 해야 한다.

① 12:10
② 13:10
③ 14:10
④ 15:10
⑤ 16:10

정답 ④

인천에서 샌프란시스코까지 비행 시간은 10시간 25분이므로, 샌프란시스코 도착 시각에서 거슬러 올라가면 샌프란시스코 시각으로 00시 10분에 출발한 것이 된다. 이때 한국은 샌프란시스코보다 16시간 빠르기 때문에 한국 시각으로는 16시 10분에 출발한 것이다. 하지만 비행기 티켓팅을 위해 출발 한 시간 전에 인천공항에 도착해야 하므로 15시 10분까지 공항에 가야 한다.

풀이 전략!

문제에서 묻는 것을 정확히 파악한다. 특히 제한사항에 대해서는 빠짐없이 확인해 두어야 한다. 이후 제시된 정보(시차 등)에서 필요한 것을 선별하여 문제를 풀어 간다.

01 다음 대화 내용을 읽고 A팀장과 B사원이 함께 시장조사를 하러 갈 수 있는 가장 적절한 시간은 언제인가?(단, 근무시간은 09:00 ~ 18:00, 점심시간은 12:00 ~ 13:00이다)

> A팀장 : B씨, 저번에 우리가 함께 진행했던 제품이 오늘 출시된다고 하네요. 시장에서 어떤 반응이 있는지 조사하러 가야 할 것 같아요.
>
> B사원 : 네, 팀장님. 그런데 오늘 갈 수 있을지 의문입니다. 우선 오후 4시에 사내 정기 강연이 예정되어 있고 초청강사가 와서 시간관리 강의를 한다고 합니다. 아마 두 시간 정도 걸릴 것 같은데, 저는 강연준비로 30분 정도 일찍 가야 할 것 같습니다. 그리고 부서장님께서 요청하셨던 기획안도 오늘 퇴근 전까지 제출해야 하는데, 팀장님 검토시간까지 고려하면 두 시간 정도 소요될 것 같습니다.
>
> A팀장 : 오늘도 역시 할 일이 참 많네요. 지금이 11시니까 열심히 업무를 하면 한 시간 정도는 시장에 다녀올 수 있겠네요. 먼저 기획안부터 마무리 짓도록 합시다.
>
> B사원 : 네, 알겠습니다. 팀장님, 오늘 점심은 된장찌개 괜찮으시죠? 바쁘니까 예약해 두겠습니다.

① 11:00 ~ 12:00   ② 13:00 ~ 14:00
③ 14:00 ~ 15:00   ④ 15:00 ~ 16:00
⑤ 16:00 ~ 17:00

02 프랑스 해외지부에 있는 K부장은 국내 본사로 인사발령을 받아서 2일 9시 30분에 파리에서 인천으로 가는 비행기를 예약했다. 파리에서 인천까지 비행시간은 총 13시간이 걸리며, 한국은 프랑스보다 7시간이 더 빠르다. K부장이 인천에 도착했을 때 현지 시각은 몇 시인가?

① 3일 2시 30분   ② 3일 3시 30분
③ 3일 4시 30분   ④ 3일 5시 30분
⑤ 3일 6시 30분

03 다음은 K공사의 4월 일정이다. K공사 사원들은 본사에서 주관하는 윤리교육 8시간을 이번 달 안에 모두 이수해야 한다. 이 윤리교육은 일주일에 2회씩 같은 요일 오전에 1시간 동안 진행되고, 각 지사의 일정에 맞춰 요일을 지정할 수 있다. K공사 사원들은 어떤 요일에 윤리교육을 수강해야 하는가?

〈4월 일정표〉

월	화	수	목	금	토	일
	1	2	3	4	5	6
7	8	9	10	11	12	13
14 최과장 연차	15	16	17	18	19	20
21	22	23	24	25 오후 김대리 반차	26	27
28	29 오전 성대리 외근	30				

〈K공사 행사일정〉

• 4월 3일 오전 : 본사 회장 방문
• 4월 7 ~ 8일 오전 : 1박 2일 전사 워크숍
• 4월 30일 오전 : 임원진 간담회 개최

① 월, 수
② 화, 목
③ 수, 목
④ 수, 금
⑤ 목, 금

04 독일인 A씨는 베를린에서 한국을 경유하여 일본으로 가는 비행기표를 구매하였다. A씨의 일정이 다음과 같을 때, A씨가 인천공항에 도착하는 한국시각과 A씨가 참여할 수 있는 환승투어를 바르게 짝지은 것은?(단, 제시된 조건 외에 고려하지 않는다)

한국행 출발시각 (독일시각 기준)	비행시간	인천공항 도착시각	일본행 출발시각 (한국시각 기준)
11월 2일 19:30	12시간 20분		11월 3일 19:30

※ 독일은 한국보다 8시간 느리다.
※ 비행 출발 1시간 전에는 공항에 도착해야 한다.

〈환승투어 코스 안내〉

구분	코스	소요 시간
엔터테인먼트	• 인천공항 → 파라다이스시티 아트테인먼트 → 인천공항	2시간
인천시티	• 인천공항 → 송도한옥마을 → 센트럴파크 → 인천공항 • 인천공항 → 송도한옥마을 → 트리플 스트리트 → 인천공항	2시간
산업	• 인천공항 → 광명동굴 → 인천공항	4시간
전통	• 인천공항 → 경복궁 → 인사동 → 인천공항	5시간
해안관광	• 인천공항 → 을왕리해변 또는 마시안해변 → 인천공항	1시간

	도착시각	환승투어
①	11월 2일 23:50	산업
②	11월 2일 15:50	엔터테인먼트
③	11월 3일 23:50	전통
④	11월 3일 15:50	인천시티
⑤	11월 3일 14:50	해안관광

02 | 비용 계산

| 유형분석 |

- 예산 자원과 관련된 다양한 정보를 활용하여 문제를 풀어간다.
- 대체로 한정된 예산 내에서 수행할 수 있는 업무 및 예산 가격을 묻는 문제가 출제된다.

연봉 실수령액을 구하는 식이 〈보기〉와 같을 때, 연봉이 3,480만 원인 A씨의 연간 실수령액은?(단, 원 단위는 절사한다)

보기

- (연봉 실수령액)=(월 실수령액)×12
- (월 실수령액)=(월 급여)−[(국민연금)+(건강보험료)+(고용보험료)+(장기요양보험료)+(소득세)+(지방세)]
- (국민연금)=(월 급여)×4.5%
- (건강보험료)=(월 급여)×3.12%
- (고용보험료)=(월 급여)×0.65%
- (장기요양보험료)=(건강보험료)×7.38%
- (소득세)=68,000원
- (지방세)=(소득세)×10%

① 30,944,400원   ② 31,078,000원
③ 31,203,200원   ④ 32,150,800원
⑤ 32,497,600원

정답 ①

A씨의 월 급여는 3,480만÷12=290만 원이다.
국민연금, 건강보험료, 고용보험료를 제외한 금액을 계산하면
290만−[290만×(0.045+0.0312+0.0065)]
→ 290만−(290만×0.0827)
→ 290만−239,830=2,660,170원
- 장기요양보험료 : (290만×0.0312)×0.0738≒6,670원(∵ 원 단위 이하 절사)
- 지방세 : 68,000×0.1=6,800원
따라서 A씨의 월 실수령액은 2,660,170−(6,670+68,000+6,800)=2,578,700원이고,
연 실수령액은 2,578,700×12=30,944,400원이다.

풀이 전략!

제한사항인 예산을 고려하여 문제에서 묻는 것을 정확히 파악한 후, 제시된 정보에서 필요한 것을 선별하여 문제를 풀어 간다.

PART 1

01 자동차 회사에 근무하고 있는 P씨는 중국 공장에 점검차 방문하기 위해 교통편을 알아보고 있다. 내일 새벽 비행기를 타기 위한 여러 가지 방법 중 가장 적은 비용으로 공항에 도착하는 방법은?

〈숙박요금〉

구분	공항 근처 모텔	공항 픽업 호텔	회사 근처 모텔
요금	80,000원	100,000원	40,000원

〈대중교통 요금 및 소요 시간〉

구분	버스	택시
회사 → 공항 근처 모텔	20,000원 / 3시간	40,000원 / 1시간 30분
회사 → 공항 픽업 호텔	10,000원 / 1시간	20,000원 / 30분
회사 → 회사 근처 모텔	근거리이므로 무료	
공항 픽업 호텔 → 공항	무료 픽업 서비스	
공항 근처 모텔 → 공항		
회사 근처 모텔 → 공항	20,000원 / 3시간	40,000원 / 1시간 30분

※ 소요 시간도 금액으로 계산한다(30분당 5,000원).

① 공항 근처 모텔로 버스 타고 이동 후 숙박

② 공항 픽업 호텔로 버스 타고 이동 후 숙박

③ 공항 픽업 호텔로 택시 타고 이동 후 숙박

④ 회사 근처 모텔에서 숙박 후 버스 타고 공항 이동

⑤ 회사 근처 모텔에서 숙박 후 택시 타고 공항 이동

02 다음은 개발부에서 근무하는 K사원의 4월 근태기록이다. 규정을 참고했을 때 K사원이 받는 시간외근무수당은 얼마인가?(단, 정규근로시간은 09:00 ~ 18:00이다)

〈시간외근무규정〉

- 시간외근무(조기출근 포함)는 1일 4시간, 월 57시간을 초과할 수 없다.
- 시간외근무수당은 1일 1시간 이상 시간외근무를 한 경우에 발생하며, 1시간을 공제한 후 매분 단위까지 합산하여 계산한다(단, 월 단위 계산 시 1시간 미만은 절사함).
- 시간외근무수당 지급단가 : 사원(7,000원), 대리(8,000원), 과장(10,000원)

〈K사원의 4월 근태기록(출근시간 / 퇴근시간)〉

- 4월 1일부터 4월 15일까지의 시간외근무시간은 12시간 50분(1일 1시간 공제 적용)이다.

18일(월)	19일(화)	20일(수)	21일(목)	22일(금)
09:00 / 19:10	09:00 / 18:00	08:00 / 18:20	08:30 / 19:10	09:00 / 18:00
25일(월)	26일(화)	27일(수)	28일(목)	29일(금)
08:00 / 19:30	08:30 / 20:40	08:30 / 19:40	09:00 / 18:00	09:00 / 18:00

※ 주말 특근은 고려하지 않음

① 112,000원 ② 119,000원
③ 126,000원 ④ 133,000원
⑤ 140,000원

03 우유도매업자인 A씨는 소매업체에 납품하기 위해 가로 3m×세로 2m×높이 2m인 냉동 창고에 우유를 가득 채우려고 한다. 다음 〈조건〉을 참고할 때, 냉동 창고를 가득 채우기 위해 드는 비용은 얼마인가?(단, 백만 원 단위로 계산한다)

조건
- 우유의 1개당 단가는 700원이다.
- 우유 한 궤짝에는 우유가 총 40개가 들어간다.
- 우유 한 궤짝의 크기는 가로 40cm×세로 40cm×높이 50cm이다.
- 냉동 창고에 우유를 낱개로 채울 수 없다.
- 냉동 창고에 우유 궤짝을 옆으로 세우거나 기울일 수 없다.

① 약 300만 원 ② 약 400만 원
③ 약 500만 원 ④ 약 600만 원
⑤ 약 700만 원

04 K컨벤션에서 회의실 예약업무를 담당하고 있는 A사원은 2주 전 B기업으로부터 오전 10시 ~ 낮 12시에 35명, 오후 1시 ~ 4시에 10명이 이용할 수 있는 회의실 예약문의를 받았다. A사원은 회의실 예약 설명서를 B기업으로 보냈고 B기업은 이를 바탕으로 회의실을 선택하여 결제했다. 하지만 이용일 4일 전 B기업이 오후 회의실 사용을 취소하였다. 이때, 〈조건〉을 참고하여 B기업이 환불받게 될 금액은 얼마인가?(단, 회의에서는 노트북과 빔프로젝터를 이용하며, 부대장비 대여료도 환불규칙에 포함된다)

〈회의실 사용료(VAT 포함)〉

회의실	수용 인원(명)	면적(m^2)	기본임대료(원)		추가임대료(원)	
			기본시간	임대료	추가시간	임대료
대회의실	90	184		240,000		120,000
별실	36	149		400,000		200,000
세미나 1	21	43	2시간	136,000	시간당	68,000
세미나 2						
세미나 3	10	19		74,000		37,000
세미나 4	16	36		110,000		55,000
세미나 5	8	15		62,000		31,000

〈부대장비 대여료(VAT 포함)〉

장비명	사용료(원)				
	1시간	2시간	3시간	4시간	5시간
노트북	10,000	10,000	20,000	20,000	30,000
빔프로젝터	30,000	30,000	50,000	50,000	70,000

조건

• 기본임대 시간은 2시간이며, 1시간 단위로 연장할 수 있습니다.

• 예약 시 최소 인원은 수용 인원의 $\frac{1}{2}$ 이상이어야 합니다.

• 예약 가능한 회의실 중 비용이 저렴한 쪽을 선택해야 합니다.

〈환불규칙〉

• 결제완료 후 계약을 취소하시는 경우 다음과 같이 취소수수료가 발생합니다.
  − 이용일 기준 7일 이전 : 취소수수료 없음
  − 이용일 기준 6 ~ 3일 이전 : 취소수수료 10%
  − 이용일 기준 2 ~ 1일 이전 : 취소수수료 50%
  − 이용일 당일 : 환불 불가
• 회의실에는 음식물을 반입하실 수 없습니다.
• 이용일 7일 전까지(7일 이내 예약 시에는 금일 중) 결제해야 합니다.
• 결제 변경은 해당 회의실 이용시간 전까지 가능합니다.

① 162,900원

② 183,600원

③ 211,500원

④ 246,600원

⑤ 387,000원

03 | 품목 확정

| 유형분석 |

- 물적 자원과 관련된 다양한 정보를 활용하여 풀어 가는 문제이다.
- 주로 공정도・제품・시설 등에 대한 가격・특징・시간 정보가 제시되며, 이를 종합적으로 고려하는 문제가 출제된다.

K공사에 근무하는 김대리는 사내시험에서 2점짜리 문제를 8개, 3점짜리 문제를 10개, 5점짜리 문제를 6개를 맞혀 총 76점을 맞았다. 다음을 통해 최대리가 맞힌 문제의 총개수는 몇 개인가?

〈사내시험 규정〉

문제 수 : 43문제
만점 : 141점
- 2점짜리 문제 수는 3점짜리 문제 수보다 12문제 적다.
- 5점짜리 문제 수는 3점짜리 문제 수의 절반이다.

- 최대리가 맞힌 2점짜리 문제의 개수는 김대리와 동일하다.
- 최대리의 점수는 총 38점이다.

① 14개   ② 15개
③ 16개   ④ 17개
⑤ 18개

정답 ①

최대리는 2점짜리 문제를 김대리가 맞힌 개수만큼 맞혔으므로 8개, 즉 16점을 획득했다. 최대리가 맞힌 3점짜리와 5점짜리 문제를 합하면 38-16=22점이 나와야 한다. 3점과 5점의 합으로 22가 나오기 위해서는 3점짜리는 4문제, 5점짜리는 2문제를 맞혀야 한다.
따라서 최대리가 맞힌 문제의 총개수는 8개(2점짜리)+4개(3점짜리)+2개(5점짜리)=14개이다.

풀이 전략!

문제에서 묻고자 하는 바를 정확히 파악하는 것이 중요하다. 문제에서 제시한 물적 자원의 정보를 문제의 의도에 맞게 선별하면서 풀어 간다.

01 신입사원 J씨는 A ~ E 총 5개의 과제 중 어떤 과제를 먼저 수행해야 할지를 결정하기 위해 평가표를 작성하였다. 다음 자료를 근거로 할 때 가장 먼저 수행할 과제는?(단, 평가 항목 점수를 합산하여 최종 점수가 가장 높은 과제부터 수행한다)

〈과제별 평가표〉

(단위 : 점)

구분	A	B	C	D	E
중요도	84	82	95	90	94
긴급도	92	90	85	83	92
적용도	96	90	91	95	83

※ 과제당 다음과 같은 가중치를 별도로 부여하여 계산한다.
　　[(중요도)×0.3]+[(긴급도)×0.2]+[(적용도)×0.1]
※ 항목별로 최하위 점수에 해당하는 과제는 선정하지 않는다.

① A　　　　　　　　　　　　　　② B
③ C　　　　　　　　　　　　　　④ D
⑤ E

02 K공사 인재개발원에 근무하고 있는 A대리는 〈조건〉에 따라 신입사원 교육을 위한 스크린을 구매하려고 한다. 다음 중 가장 적절한 제품은 무엇인가?

> **조건**
> • 조명도는 5,000lx 이상이어야 한다.
> • 예산은 150만 원이다.
> • 제품에 이상이 생겼을 때 A/S가 신속해야 한다.
> • 위 조건을 모두 충족할 시, 가격이 저렴한 제품을 가장 우선으로 선정한다.
> ※ lux(럭스) : 조명이 밝은 정도를 말하는 조명도에 대한 실용단위로, 기호는 lx이다.

	제품	가격(만 원)	조명도(lx)	특이사항
①	A	180	8,000	2년 무상 A/S 가능
②	B	120	6,000	해외직구(해외 A/S)
③	C	100	3,500	미사용 전시 제품
④	D	150	5,000	미사용 전시 제품
⑤	E	130	7,000	2년 무상 A/S 가능

04 | 인원 선발

| 유형분석 |

- 인적 자원과 관련된 다양한 정보를 활용하여 풀어 가는 문제이다.
- 주로 근무명단, 휴무일, 업무할당 등의 주제로 다양한 정보를 활용하여 종합적으로 풀어 가는 문제가 출제된다.

어느 버스회사에서 (가)시에서 (나)시를 연결하는 버스 노선을 개통하기 위해 새로운 버스를 구매하려고 한다. 다음 〈조건〉과 같이 노선을 운행하려고 할 때, 최소 몇 대의 버스를 구매해야 하며 이때 필요한 운전사는 최소 몇 명인가?

조건

1) 새 노선의 왕복 시간 평균은 2시간이다(승하차 시간을 포함).
2) 배차시간은 15분 간격이다.
3) 운전사의 휴식시간은 매 왕복 후 30분씩이다.
4) 첫차는 05시 정각에, 막차는 23시에 (가)시를 출발한다.
5) 모든 차는 (가)시에 도착하자마자 (나)시로 곧바로 출발하는 것을 원칙으로 한다.
   즉, (가)시에 도착하는 시간이 바로 (나)시로 출발하는 시간이다.
6) 모든 차는 (가)시에서 출발해서 (가)시로 복귀한다.

	버스	운전사
①	6대	8명
②	8대	10명
③	10대	12명
④	12대	14명
⑤	14대	16명

정답 ②

왕복 시간이 2시간, 배차 간격이 15분이라면 첫차가 재투입되는 데 필요한 앞차의 수는 첫차를 포함해서 8대이다(∵ 15분×8대＝2시간이므로 8대 버스가 운행된 이후 9번째에 첫차 재투입 가능).
운전사는 왕복 후 30분의 휴식을 취해야 하므로 첫차를 운전했던 운전사는 2시간 30분 뒤에 운전을 시작할 수 있다. 따라서 8대의 버스로 운행하더라도 운전자는 150분 동안 운행되는 버스 150÷15＝10대를 운전하기 위해서는 10명의 운전사가 필요하다.

풀이 전략!

문제에서 신입사원 채용이나 인력배치 등의 주제가 출제될 경우에는 주어진 규정 혹은 규칙을 꼼꼼히 확인하여야 한다. 이를 근거로 각 선택지가 어긋나지 않는지 검토하며 문제를 풀어 간다.

01 K공사에서 승진 대상자 후보 중 2명을 승진시키려고 한다. 승진의 조건은 동료평가에서 '하'를 받지 않고 합산점수가 높은 순이다. 합산점수는 100점 만점의 점수로 환산한 승진시험 성적, 영어 성적, 성과 평가의 수치를 합산하여 계산한다. 승진시험의 만점은 100점, 영어 성적의 만점은 500점, 성과 평가의 만점은 200점이라고 할 때, 승진 대상자 2명은?

〈K공사 승진 대상자 후보 평가 현황〉

구분	승진시험 성적	영어 성적	동료 평가	성과 평가
A	80	400	중	120
B	80	350	상	150
C	65	500	상	120
D	70	400	중	100
E	95	450	하	185
F	75	400	중	160
G	80	350	중	190
H	70	300	상	180
I	100	400	하	160
J	75	400	상	140
K	90	250	중	180

① A, C
② B, K
③ E, I
④ F, G
⑤ H, D

02 K공사 인사부의 P사원은 직원들의 근무평정 업무를 수행하고 있다. 다음 가점평정 기준표를 참고할 때, P사원이 Q과장에게 부여해야 할 가점은?

〈가점평정 기준표〉

구분		내용	가점	인정 범위	비고
근무경력		본부 근무 1개월(본부, 연구원, 인재개발원 또는 정부부처 파견근무기간 포함)	0.03점 (최대 1.8점)	1.8점	동일 근무기간 중 다른 근무경력 가점과 원거리, 장거리 및 특수지
		지역본부 근무 1개월(지역본부 파견근무기간 포함)	0.015점 (최대 0.9점)	1.8점	가점이 중복될 경우, 원거리, 장거리 및 특수지 근무 가점은 1/2만 인정
		원거리 근무 1개월	0.035점 (최대 0.84점)		
		장거리 근무 1개월	0.025점 (최대 0.6점)		
		특수지 근무 1개월	0.02점 (최대 0.48점)		
내부평가		내부평가결과 최상위 10%	월 0.012점	0.5점	현 직위에 누적됨 (승진 후 소멸)
		내부평가결과 차상위 10%	월 0.01점		
제안	제안상 결정 시	금상	0.25점	0.5점	수상 당시 직위에 한정함
		은상	0.15점		
		동상	0.1점		
	시행결과 평가	탁월	0.25점	0.5점	제안상 수상 당시 직위에 한정함
		우수	0.15점		

〈Q과장 가점평정 사항〉

- 입사 후 36개월 동안 본부에서 연구원으로 근무
- 지역본부에서 24개월 동안 근무
  - 지역본부에서 24개월 동안 근무 중 특수지에서 12개월 동안 파견근무
- 본부로 복귀 후 현재까지 총 23개월 근무
- 팀장(직위 : 과장)으로 승진 후 현재까지 업무 수행 중
  - 내부평가결과 최상위 10% 총 12회
  - 내부평가결과 차상위 10% 총 6회
  - 금상 2회, 은상 1회, 동상 1회 수상
  - 시행결과평가 탁월 2회, 우수 1회

① 3.284점
② 3.454점
③ 3.604점
④ 3.854점
⑤ 3.974점

03 K사는 사원들에게 사택을 제공하고 있다. 사택 신청자 A ~ E 중 현재 2명만이 사택을 제공받을 수 있으며, 추첨은 조건별 점수에 따라 이뤄진다고 할 때, 〈보기〉에 따라 사택을 제공받을 수 있는 사람은?

〈사택 제공 조건별 점수〉

근속연수	점수	직위	점수	가족부양 수	점수	직종	점수
1년 이상	1점	차장	5점	5명 이상	10점	연구직	10점
2년 이상	2점	과장	4점	4명	8점	기술직	10점
3년 이상	3점	대리	3점	3명	6점	영업직	5점
4년 이상	4점	주임	2점	2명	4점	서비스직	5점
5년 이상	5점	사원	1점	1명	2점	사무직	3점

※ 근속연수는 휴직기간을 제외하고 1년마다 1점씩 적용하여 최대 5점까지 받을 수 있다. 단, 해고 또는 퇴직 후 일정기간을 경과하여 재고용된 경우에는 이전에 고용되었던 기간(개월)을 통산하여 근속연수에 포함한다. 근속연수 산정은 2024. 01. 01을 기준으로 한다.
※ 가족부양 수의 경우 배우자는 제외된다.
※ 무주택자의 경우 10점의 가산점을 받는다.
※ 동점일 경우 가족부양 수가 많은 사람이 우선순위로 선발된다.

보기

구분	직위	직종	입사일	가족 구성	주택 유무	비고
A	대리	영업직	2020. 08. 20	남편	무주택자	−
B	사원	기술직	2022. 09. 17	아내, 아들 1명, 딸 1명	무주택자	−
C	과장	연구직	2019. 02. 13	어머니, 남편, 딸 1명	유주택자	• 2020. 12. 17 퇴사 • 2021. 05. 15 재입사
D	주임	사무직	2022. 03. 03	아내, 아들 1명, 딸 2명	무주택자	−
E	차장	영업직	2017. 05. 06	아버지, 어머니, 아내, 아들 1명	유주택자	• 2019. 05. 03 퇴사 • 2020. 06. 08 재입사

① A대리, C과장
② A대리, E차장
③ B사원, C과장
④ B사원, D주임
⑤ D주임, E차장

자기개발능력

합격 Cheat Key

자기개발능력은 직업인으로서 자신의 능력, 적성, 특성 등의 객관적 이해를 기초로 자기 발전 목표를 스스로 수립하고 자기관리를 통하여 성취해 나가는 능력을 의미한다. 또한 직장 생활을 포함한 일상에서 스스로를 관리하고 개발하는 능력을 말한다. 국가직무능력표준에 따르면 세부 유형은 자아 인식·자기 관리·경력 개발로 나눌 수 있다.

1   개념을 정립하라!

자기개발능력의 문제들은 대부분 어렵거나 특별한 지식을 요구하지는 않는다. 그렇기 때문에 따로 시간을 할애해 학습하지 않아도 득점이 가능하다. 다만, 매슬로의 욕구 단계, 조하리의 창 등의 개념이나 키워드들은 정리해서 미리 알아 둘 필요가 있다.

2   개념과 상황에 대비하라!

자신에 대한 이해를 바탕으로 스스로를 관리하고 나아가 개발하는 것에 대한 문제가 대부분인데, 상식으로 풀 수 있는 내용뿐만 아니라 지식을 알아 두지 않으면 틀릴 수밖에 없는 내용도 많다. 그렇기 때문에 자주 출제되는 개념들은 분명히 정리해야 하고, 출제되는 유형이 지식 자체를 묻기보다는 대화나 예시와 함께 제시되기 때문에 상황과 함께 연결해서 정리해 두어야 한다.

3 업무 사례와 연관 지어라!

자기개발의 정의와 구성 요인을 파악하는 기본적인 이론도 중요하지만, 실제 업무 사례와 연관 짓거나 상황에 적용하는 등의 문제를 통해 자기개발 전략에 대해 이해할 필요가 있다. 스스로 자기개발 계획을 수립하여 실제 업무 수행 시 반영할 수 있어야 한다.

4 출제 이유를 생각하라!

이 영역은 굳이 공부를 하지 않아도 되는 영역이라고 생각하는 사람들이 많다. 그럼에도 공사·공단에서 자기개발능력을 시험으로 출제하는 근본적인 이유를 생각해 볼 필요가 있다. 대부분의 수험생들이 자기개발능력에 공부시간을 전혀 할애하지 않고 시험을 보러 간다. 그렇기 때문에 본인이 찍는 정답이 곧 본인의 가치관을 반영하는 것이라고 할 수 있다. 자기개발은 본인 스스로를 위해서 이루어지고, 직장생활에서의 자기개발은 업무의 성과를 향상시키기 위해 이루어진다. 출제자들은 그것을 파악하려고 하는 것이다. 이는 기본적인 개념을 암기해야 할 이유이다.

01 | 자기 관리

| 유형분석 |

• 자기개발과 관련된 개념 문제가 자주 출제된다.
• 다양한 상황에 이론을 대입하여 푸는 문제가 출제된다.

다음 사례에서 B사원이 자기개발에 어려움을 겪고 있는 이유로 가장 적절한 것은?

B사원은 국내 제조업체에서 근무하고 있지만 업무에 흥미를 느끼지 못하고 있다. 그래서 외국계 IT회사로 이직하기 위해 계획을 세우고 관련 자격증을 따기 위해서 인터넷 강의도 등록하였다. 그러나 강의를 들어보니 그동안 해왔던 업무와 전혀 다른 새로운 분야인데다가, 현재 근무 중인 회사를 벗어나 자신이 새로운 곳에 잘 적응할 수 있을지 두려움이 생겼다.

① 자기실현에 대한 욕구보다 다른 욕구가 더 강했기 때문에
② 자신을 객관적으로 파악하지 못했기 때문에
③ 자기개발 방법을 정확히 알지 못했기 때문에
④ 현재 익숙한 일과 환경을 지속하려는 습성 때문에
⑤ 시간에 비해 과도한 계획을 세웠기 때문에

정답 ④

B사원은 새로운 분야의 업무와 새로운 직장에 대한 두려움 때문에 자기개발에 어려움을 겪고 있다. 즉, 현재 익숙한 일과 환경을 지속하려는 습성으로 인해 자기개발의 한계에 직면한 것이다.

풀이 전략!

주로 상황과 함께 문제가 출제되기 때문에 제시된 상황을 정확하게 이해하는 것이 중요하다. 또한 자주 출제되는 개념을 반복 학습하여 빠르게 문제를 풀어야 한다.

01 다음 중 자기개발의 특징에 대한 설명으로 옳지 않은 것은?

〈자기개발의 특징〉

- 자기개발에서 개발의 주체는 타인이 아니라 자신이다.
- 자기개발은 평생에 걸쳐서 이루어지는 과정이다.
- 자기개발은 일과 관련하여 이루어지는 활동이다.
- 자기개발은 생활 가운데 이루어져야 한다.
- 자기개발은 모든 사람이 해야 하는 것이다.
- 자기개발은 개별적인 과정으로서 자기개발을 통해 지향하는 바와 선호하는 방법 등은 사람마다 다르다.

① 자기개발은 보다 보람되고 나은 삶을 영위하고자 노력하는 사람이라면 누구나 해야 하는 것이다.
② 개인은 대부분 일과 관련하여 인간관계를 맺으며 자신의 능력을 발휘하기 때문에 자기개발은 일과 관련하여 이루어져야 한다.
③ 개인은 자신의 이해를 바탕으로 자신에게 앞으로 닥칠 환경 변화를 예측하고, 자신에게 적합한 목표를 설정함으로써, 자신에게 알맞은 자기개발 전략이나 방법을 선정하여야 한다.
④ 자기개발의 객체는 자신이므로 스스로 자신의 능력, 적성, 특성 등을 이해하고, 목표 성취를 위해 자신을 관리하며 개발하여야 한다.
⑤ 자기개발은 교육기관에서 이루어지는 교육이며, 특정한 사건과 요구가 있을 경우 이루어지는 과정이다.

02 다음 중 자기개발 요소에 대한 설명으로 옳지 않은 것을 〈보기〉에서 모두 고르면?

보기

ㄱ. 자기개발은 크게 자아인식, 자기관리, 자원확충, 경력개발로 이루어진다.
ㄴ. 자신의 특성에 대한 정확한 인식이 있어야 적절한 자기개발이 가능하다.
ㄷ. 경력개발은 자신의 일정을 수립하고 조정하여 자기관리를 수행하고, 이를 반성하여 피드백하는 과정으로 이루어진다.
ㄹ. 자기관리란 일생에 걸쳐서 지속적으로 이루어지는 일과 관련된 경험에 대하여 목표와 전략을 수립하고 실행하며 피드백하는 과정이다.

① ㄱ
② ㄴ
③ ㄱ, ㄴ
④ ㄴ, ㄹ
⑤ ㄱ, ㄷ, ㄹ

02 | 경력 관리

| 유형분석 |

- 경력개발의 단계에 대한 문제가 자주 출제된다.
- 직장 내 상황에 경력개발의 단계를 대입하여 푸는 문제가 출제된다.

다음 사례의 L씨가 경력개발 계획을 수립하고 실행하는 과정에서 나타나지 않은 단계는?

> 자산관리회사에서 근무 중인 L씨는 투자 전문가가 되고자 한다. L씨는 주변의 투자 전문가를 보면서 그들이 높은 보수를 받고 있으며, 직업에 대한 만족도도 높다는 것을 알았다. 또한 얼마 전 실시했던 적성 검사 결과를 보니, 투자 전문가의 업무가 자신의 적성과 적합한 것 같았다. L씨는 투자 전문가가 되기 위해 본격적으로 알아본 결과 많은 경영학 지식과 관련 자격증이 필요하다는 것을 알게 되었다. 이를 위해 퇴근 후 저녁시간을 활용하여 공부를 해야겠다고 다짐하면서 투자 전문가 관련 자격증을 3년 내에 취득하는 것을 목표로 설정하였다.

① 직무정보 탐색   ② 자기 탐색
③ 경력목표 설정   ④ 경력개발 전략수립
⑤ 환경 탐색

[정답] ④

경력개발 전략수립 단계는 경력목표를 수립한 이후 이를 달성하기 위한 구체적인 활동계획을 수립하는 것이다. L씨는 현재 경력목표만 설정한 상태이므로 그 이후 단계인 경력개발 전략수립 단계는 사례에서 찾아볼 수 없다.

[오답분석]
① 직무정보 탐색 : 투자 전문가의 보수, 종사자의 직무만족도 등을 파악하였다.
② 자기 탐색 : 적성검사를 통해 자신의 적성을 파악하였다.
③ 경력목표 설정 : 3년 내에 투자 전문가 관련 자격증을 취득하는 것을 목표로 설정하였다.
⑤ 환경 탐색 : 자신이 경력개발을 위해 활용할 수 있는 시간을 파악하였다.

풀이 전략!

경력개발의 단계에 대한 암기를 확실하게 해야 하고, 문제에 제시된 상황을 꼼꼼하게 읽고 이론을 대입해야 한다.

01 경력단계는 직업 선택, 조직 입사, 경력 초기, 경력 중기, 경력 말기로 구분된다. 다음 글에 나타난 경력단계에 대한 설명으로 가장 적절한 것은?

> 차장으로 재직 중인 45세 S씨의 입사동기 대부분이 부장으로 승진하였거나 퇴사한 상태이다. S씨 는 조금 있으면 후배 차장들이 승진할 차례이고, 점차 빠르게 변화해 가는 조직에서 적응하기도 힘 들다는 걸 느끼고 있다. 퇴근 후에는 마음 놓고 속을 털어놓을 동료나 후배가 없어 혼자 포장마차에 서 술을 마시는 경우가 많다. 매일 반복되는 생활 속에서 새로운 변화를 꿈꾸며 서점에서 도움이 될 만한 자격증 서적을 찾아서 구입하기도 한다.

① 그동안 성취한 것을 재평가하고 생산성을 그대로 유지하는 단계이다.
② 자신에게 적합한 직업이 무엇인지를 탐색하고 이를 선택한 후, 여기에 필요한 능력을 키우는 과정 이다.
③ 자신이 선택한 경력 분야에서 원하는 조직의 일자리를 얻으며 직무를 선택하는 과정이다.
④ 자신이 맡은 업무 내용을 파악하고, 새로 들어간 조직의 규칙이나 규범, 분위기를 알아가는 단계 이다.
⑤ 조직의 생산적인 기여자로 남고 자신의 가치를 지속적으로 유지하기 위하여 노력하며, 동시에 퇴직을 고려하게 되는 단계이다.

02 다음 〈보기〉는 인사팀 직원들이 경력개발을 하는 이유에 대해 나눈 대화 내용이다. 같은 이유를 이야기하고 있는 사람을 모두 고르면?

> **보기**
> Q사원 : 경력개발은 좋은 인간관계를 위해 꼭 필요한 것 같아요.
> R대리 : 현대사회는 빠르게 변화하고 있어. 지식정보사회에 적응하려면 경력을 개발해야 해.
> S과장 : 요즘 사회에는 평생직장이라는 개념이 사라졌잖아. 우리 나이 때에도 이직하는 사람들이 늘어났을 정도니까…. 이러한 이직을 준비하기 위해서라도 경력개발은 쉬지 않고 이뤄져 야 해.
> T사원 : 전 자기 만족을 위해서 경력개발을 해야 한다고 생각해요. 한자리에 서 있지 않고 끊임없 이 앞으로 나아간다는 기쁨이 있잖아요.

① R대리, S과장
② Q사원, S과장
③ R대리, T사원
④ Q사원, T사원
⑤ S과장, T사원

CHAPTER 09

조직이해능력

합격 Cheat Key

조직이해능력은 업무를 원활하게 수행하기 위해 조직의 체제와 경영을 이해하고 국제적인 추세를 이해하는 능력이다. 현재 많은 공사·공단에서 출제 비중을 높이고 있는 영역이기 때문에 미리 대비하는 것이 중요하다. 실제 업무 능력에서 조직이해능력을 요구하기 때문에 중요도는 점점 높아 질 것이다.

세부 유형은 조직 체제 이해, 경영 이해, 업무 이해, 국제 감각으로 나눌 수 있다. 조직도를 제시하는 문제가 출제되거나 조직의 체계를 파악해 경영의 방향성을 예측하고, 업무의 우선순위를 파악하는 문제가 출제된다.

1 문제 속에 정답이 있다!

경력이 없는 경우 조직에 대한 이해가 낮을 수밖에 없다. 그러나 문제 자체가 실무적인 내용을 담고 있어도 문제 안에는 해결의 단서가 주어진다. 부담을 갖지 않고 접근하는 것이 중요하다.

2 경영·경제학원론 정도의 수준은 갖추도록 하라!

지원한 직군마다 차이는 있을 수 있으나, 경영·경제이론을 접목시킨 문제가 꾸준히 출제 되고 있다. 따라서 기본적인 경영·경제이론은 익혀 둘 필요가 있다.

3 지원하는 공사·공단의 조직도를 파악하라!

출제되는 문제는 각 공사·공단의 세부내용일 경우가 많기 때문에 지원하는 공사·공단의 조직도를 파악해 두어야 한다. 조직이 운영되는 방법과 전략을 이해하고, 조직을 구성하는 체제를 파악하고 간다면 조직이해능력에서 조직도가 나올 때 단기간에 문제를 풀수 있을 것이다.

4 실제 업무에서도 요구되므로 이론을 익혀라!

각 공사·공단의 직무 특성상 일부 영역에 중요도가 가중되는 경우가 있어서 많은 취업준비생들이 일부 영역에만 집중하지만, 실제 업무 능력에서 직업기초능력 10개 영역이 골고루 요구되는 경우가 많고, 현재는 필기시험에서도 조직이해능력을 출제하는 기관의비중이 늘어나고 있기 때문에 미리 이론을 익혀 둔다면 모듈형 문제에서 고득점을 노릴수 있다.

01 | 경영전략

| 유형분석 |

- 경영전략에서 대표적으로 출제되는 문제는 마이클 포터(Michael Porter)의 본원적 경쟁전략이다.
- 경쟁전략의 기본적인 이해와 구조를 물어보는 문제가 자주 출제되므로 전략별 특징 및 개념에 대한 이론 학습이 요구된다.

다음 중 마이클 포터(Michael E. Porter)의 본원적 경쟁전략에 대한 설명으로 가장 적절한 것은?

① 해당 사업에서 경쟁우위를 확보하기 위한 전략이다.

② 집중화 전략에서는 대량생산을 통해 단위 원가를 낮추거나 새로운 생산기술을 개발할 필요가 있다고 본다.

③ 원가우위 전략에서는 연구개발이나 광고를 통하여 기술, 품질, 서비스 등을 개선할 필요가 있다고 본다.

④ 차별화 전략은 특정 산업을 대상으로 한다.

정답 ①

마이클 포터(Michael E. Porter)의 본원적 경쟁전략

- 원가우위 전략 : 원가절감을 통해 해당 산업에서 우위를 점하는 전략으로, 이를 위해서는 대량생산을 통해 단위 원가를 낮추거나 새로운 생산기술을 개발할 필요가 있다. 1970년대 우리나라의 섬유업체나 신발업체, 가발업체 등이 미국시장에 진출할 때 취한 전략이 여기에 해당한다.
- 차별화 전략 : 조직이 생산품이나 서비스를 차별화하여 고객에게 가치가 있고 독특하게 인식되도록 하는 전략이다. 이를 위해서는 연구개발이나 광고를 통하여 기술, 품질, 서비스, 브랜드 이미지를 개선할 필요가 있다.
- 집중화 전략 : 특정 시장이나 고객에게 한정된 전략으로, 원가우위나 차별화 전략이 산업 전체를 대상으로 하는 데 비해 집중화 전략은 특정 산업을 대상으로 한다. 즉, 경쟁조직들이 소홀히 하고 있는 한정된 시장을 원가우위나 차별화 전략을 써서 집중적으로 공략하는 방법이다.

풀이 전략!

대부분의 기업들은 마이클 포터의 본원적 경쟁전략을 사용하고 있다. 각 전략에 해당하는 대표적인 기업을 연결하고, 그들의 경영전략을 상기하며 문제를 풀어보도록 한다.

01 다음은 경영전략 추진과정을 나타낸 자료이다. (A)에 대한 사례 중 그 성격이 다른 것은?

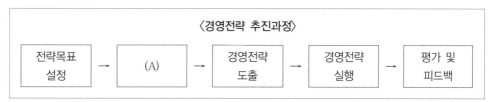

① 제품 개발을 위해 우리가 가진 예산의 현황을 파악해야 해.

② 우리 제품의 시장 개척을 위해 법적으로 문제가 없는지 확인해 봐야겠군.

③ 우리가 공급받고 있는 원재료들의 원가를 확인해 보자.

④ 신제품 출시를 위해 경쟁사들의 동향을 파악해 봐야겠어.

⑤ 이번에 발표된 정부의 정책으로 우리 제품이 어떠한 영향을 받을 수 있는지 확인해 볼 필요가 있어.

02 다음 밑줄 친 마케팅 기법에 대한 설명으로 적절한 것을 〈보기〉에서 모두 고르면?

> 기업들이 신제품을 출시하면서 한정된 수량만 제작 판매하는 한정판 제품을 잇따라 내놓고 있다. 이번 기회가 아니면 더 이상 구입할 수 없다는 메시지를 끊임없이 던지며 소비자의 호기심을 자극하는 <u>마케팅 기법</u>이다. K자동차 회사는 가죽 시트와 일부 외형을 기존 제품과 다르게 제작한 모델을 8,000대 한정 판매하였는데, 단기간에 매진을 기록하였다.

> **보기**
> ㄱ. 소비자의 충동 구매를 유발하기 쉽다.
> ㄴ. 이윤 증대를 위한 경영 혁신의 한 사례이다.
> ㄷ. 의도적으로 공급의 가격탄력성을 크게 하는 방법이다.
> ㄹ. 소장 가치가 높은 상품을 대상으로 하면 더 효과적이다.

① ㄱ, ㄴ
② ㄱ, ㄷ
③ ㄴ, ㄹ
④ ㄱ, ㄴ, ㄹ
⑤ ㄱ, ㄷ, ㄹ

02 │ 조직 구조

│ 유형분석 │

- 조직 구조 유형에 대한 특징을 물어보는 문제가 자주 출제된다.
- 기계적 조직과 유기적 조직의 차이점과 사례 등을 숙지하고 있어야 한다.
- 조직 구조 형태에 따라 기능적 조직, 사업별 조직으로 구분하여 출제되기도 한다.

다음 중 기계적 조직의 특징으로 옳은 것을 〈보기〉에서 모두 고르면?

> **보기**
>
> ㉠ 변화에 맞춰 쉽게 변할 수 있다.
> ㉡ 상하 간 의사소통이 공식적인 경로를 통해 이루어진다.
> ㉢ 대표적으로 사내 벤처팀, 프로젝트팀이 있다.
> ㉣ 구성원의 업무가 분명하게 규정되어 있다.
> ㉤ 다양한 규칙과 규제가 있다.

① ㉠, ㉡, ㉢ ② ㉠, ㉣, ㉤

③ ㉡, ㉢, ㉣ ④ ㉡, ㉣, ㉤

⑤ ㉢, ㉣, ㉤

정답 ④

오답분석
㉠·㉢ 유기적 조직에 대한 설명이다.
- 기계적 조직
  - 구성원의 업무가 분명하게 규정되어 있고, 많은 규칙과 규제가 있다.
  - 상하 간 의사소통이 공식적인 경로를 통해 이루어진다.
  - 대표적으로 군대, 정부, 공공기관 등이 있다.
- 유기적 조직
  - 업무가 고전되지 않아 업무 공유가 가능하다.
  - 규제나 통제의 정도가 낮아 변화에 맞춰 쉽게 변할 수 있다.
  - 대표적으로 권한위임을 받아 독자적으로 활동하는 사내 벤처팀, 특정한 과제 수행을 위해 조직된 프로젝트팀이 있다.

풀이 전략!

조직 구조는 유형에 따라 기계적 조직과 유기적 조직으로 나눌 수 있다. 기계적 조직과 유기적 조직은 서로 상반된 특징을 가지고 있으며, 기계적 조직이 관료제의 특징과 비슷함을 파악하고 있다면, 이와 상반된 유기적 조직의 특징도 수월하게 파악할 수 있다.

01 다음 중 ㉠, ㉡에 들어갈 조직 유형을 바르게 나열한 것은?

> 조직은 ___㉠___ 과 ___㉡___ 으로 구분할 수 있다. ___㉠___ 은 기업과 같이 이윤을 목적으로 하는 조직
> 이며, ___㉡___ 은 정부 조직을 비롯하여 공익을 추구하는 병원, 대학, 시민단체, 종교단체 등이 해당
> 한다.

	㉠	㉡
①	공식조직	비공식조직
②	비공식조직	공식조직
③	비영리조직	영리조직
④	영리조직	비영리조직
⑤	생산조직	통합조직

02 직업인은 조직의 구성원으로서 조직체제의 구성요소를 이해하는 체제이해능력이 요구된다. 조직
체제의 구성요소가 다음과 같을 때, 이에 대한 설명으로 적절하지 않은 것은?

① 조직의 규칙과 규정은 조직구성원들의 자유로운 활동범위를 보장하는 기능을 가진다.
② 조직구조에서는 의사결정권이 하부구성원들에게 많이 위임되는 유기적 조직도 볼 수 있다.
③ 조직의 목표는 조직이 달성하려는 장래의 상태로, 조직이 존재하는 정당성과 합법성을 제공한다.
④ 조직문화는 조직구성원들의 사고와 행동에 영향을 미치며, 일체감과 정체성을 부여한다.
⑤ 조직구조는 의사결정권의 집중정도, 명령계통, 최고경영자의 통제 등에 따라 달라진다.

03 | 업무 종류

| 유형분석 |

- 부서별 주요 업무에 대해 묻는 문제이다.
- 부서별 특징과 담당 업무에 대한 이해가 필요하다.

다음 상황에서 팀장의 지시를 적절히 수행하기 위하여 오대리가 거쳐야 할 부서명을 순서대로 바르게 나열한 것은?

> 오대리, 내가 내일 출장 준비 때문에 무척 바빠서 그러는데 자네가 좀 도와 줘야 할 것 같군. 우선 박비서한테 가서 오후 사장님 회의 자료를 좀 가져다 주게나. 오는 길에 지난주 기자단 간담회 자료 정리가 되었는지 확인해 보고 완료됐으면 한 부 챙겨 오고. 다음 주에 승진자 발표가 있을 것 같은데 우리 팀 승진 대상자 서류가 잘 전달되었는지 그것도 확인 좀 해 줘야겠어. 참, 오후에 바이어가 내방하기로 되어 있는데 공항 픽업 준비는 잘 해 두었지? 배차 예약 상황도 다시 한 번 점검해 봐야 할 거야. 그럼 수고 좀 해 주게.

① 기획팀 – 홍보팀 – 총무팀 – 경영관리팀
② 비서실 – 홍보팀 – 인사팀 – 총무팀
③ 인사팀 – 법무팀 – 총무팀 – 기획팀
④ 경영관리팀 – 법무팀 – 총무팀 – 인사팀
⑤ 회계팀 – 경영관리팀 – 인사팀 – 총무팀

정답 ②

우선 박비서에게 회의 자료를 받아와야 하므로 비서실을 들러야 한다. 다음으로 기자단 간담회는 대회 홍보 및 기자단 상대 업무를 맡은 홍보팀에서 자료를 정리할 것이므로 홍보팀을 거쳐야 한다. 또한, 승진자 인사 발표 소관 업무는 인사팀이 담당한다고 볼 수 있으며, 회사의 차량 배차에 대한 업무는 총무팀과 같은 지원부서의 업무로 보는 것이 적절하다.

풀이 전략!

조직은 목적의 달성을 위해 업무를 효과적으로 분배하고 처리할 수 있는 구조를 확립해야 한다. 조직의 목적이나 규모에 따라 업무의 종류는 다양하지만, 대부분의 조직에서는 총무, 인사, 기획, 회계, 영업으로 부서를 나누어 업무를 담당하고 있다. 따라서 5가지 업무 종류에 대해서는 미리 숙지해야 한다.

01 A팀장은 급하게 해외 출장을 떠나면서 B대리에게 다음과 같은 메모를 남겼다. B대리가 가장 먼저 처리해야 할 일은 무엇인가?

> B대리, 지금 급하게 해외 출장을 가야 해서 오늘 처리해야 하는 것들 메모 남겨요. 오후 2시에 거래처와 미팅 있는 거 알고 있죠? 오전 내로 거래처에 전화해서 다음 주 중으로 다시 미팅날짜 잡아줘요. 그리고 오늘 신입사원들과 점심 식사하기로 한 거 난 참석하지 못하니까 다른 직원들이 참석해서 신입사원들 고충도 좀 들어주고 해요. 식당은 지난번 갔었던 한정식집이 좋겠네요. 점심 시간에 많이 붐비니까 오전 10시까지 예약전화하는 것도 잊지 말아요. 식비는 법인카드로 처리하도록 하고. 오후 5시에 진행할 회의 PPT는 거의 다 준비되었다고 알고 있는데 바로 나한테 메일로 보내줘요. 확인하고 피드백할게요. 아, 그 전에 내가 중요한 자료를 안 가지고 왔어요. 그것부터 메일로 보내줘요. 고마워요.

① 거래처에 미팅일자 변경 전화를 한다.
② 점심 예약전화를 한다.
③ 회의 자료를 준비한다.
④ 메일로 회의 PPT를 보낸다.
⑤ 메일로 A팀장이 요청한 자료를 보낸다.

02 현재 시각은 오전 11시이다. 오늘 중으로 마쳐야 하는 다음 네 가지의 업무가 있을 때, 업무의 우선순위를 순서대로 바르게 나열한 것은?(단, 업무시간은 오전 9시부터 오후 6시까지이며, 점심 시간은 12시부터 1시간이다)

업무 내용	처리 시간
ㄱ. 기한이 오늘까지인 비품 신청	1시간
ㄴ. 오늘 내에 보고해야 하는 보고서 초안을 작성해 달라는 부서장의 지시	2시간
ㄷ. 가능한 빨리 보내 달라는 인접 부서의 협조 요청	1시간
ㄹ. 오전 중으로 고객에게 보내기로 한 자료 작성	1시간

① ㄱ - ㄴ - ㄷ - ㄹ
② ㄴ - ㄷ - ㄹ - ㄱ
③ ㄷ - ㄴ - ㄹ - ㄱ
④ ㄹ - ㄱ - ㄷ - ㄴ
⑤ ㄹ - ㄴ - ㄷ - ㄱ

03 다음은 K사 직무전결표의 일부분이다. 이를 토대로 결재한 기안문으로 옳은 것은?

〈직무전결표〉

직무 내용	위임 시 전결권자			대표이사
	부서장	상무이사	부사장	
주식관리 – 명의개서 및 제신고		○		
기업공시에 관한 사항				○
주식관리에 관한 위탁계약 체결				○
문서이관 접수	○			
인장의 보관 및 관리	○			
4대 보험 관리		○		
직원 국내출장			○	
임원 국내출장				○

① 주식의 명의개서를 위한 결재처리 – 주임 신은현 / 부장 전결 최병수 / 상무이사 후결 임철진
② 최병수 부장의 국내출장을 위한 결재처리 – 대리 서민우 / 부장 박경석 / 상무이사 대결 최석우 / 부사장 전결
③ 임원변경에 따른 기업공시를 위한 결재처리 – 부장 최병수 / 상무이사 임철진 / 부사장 대결 신은진 / 대표이사 전결 김진수
④ 신입직원의 고용보험 가입신청을 위한 결재처리 – 대리 김철민 / 부장 전결 박경석 / 상무이사 후결 최석우
⑤ 박경석 상무의 국내출장을 위한 결재처리 – 대리 서민우 / 부장 박경석 / 상무이사 대결 최석우 / 부사장 전결

04 다음 〈보기〉에서 이사원이 처리해야 할 업무를 순서대로 바르게 나열한 것은?

현재 시각은 10시 30분. 이사원은 30분 후 거래처 직원과의 미팅이 예정되어 있다. 거래처 직원에게는 회사의 제1회의실에서 미팅을 진행하기로 미리 안내하였으나, 오늘 오전 현재 제1회의실 예약이 모두 완료되어 금일 사용이 불가능하다는 연락을 받았다. 또한 이사원은 오후 2시에 김팀장과 면담 예정이었으나, 오늘까지 문서 작업을 완료해 달라는 부서장의 요청을 받았다. 이사원은 면담 시간을 미뤄보려 했지만 김팀장은 이사원과의 면담 이후 부서 회의에 참여해야 하므로 면담 시간을 미룰 수 없다고 답변했다.

보기
㉠ 거래처 직원과의 미팅
㉡ 11시에 사용 가능한 회의실 사용 예약
㉢ 거래처 직원에게 미팅 장소 변경 안내
㉣ 김팀장과의 면담
㉤ 부서장이 요청한 문서 작업 완료

① ㉠ - ㉢ - ㉡ - ㉣ - ㉤
② ㉡ - ㉠ - ㉢ - ㉤ - ㉣
③ ㉡ - ㉢ - ㉠ - ㉣ - ㉤
④ ㉢ - ㉠ - ㉡ - ㉤ - ㉣
⑤ ㉢ - ㉡ - ㉠ - ㉣ - ㉤

대인관계능력

합격 Cheat Key

대인관계능력은 직장생활에서 접촉하는 사람들과 원만한 관계를 유지하고 조직구성원들에게 도움을 줄 수 있으며 조직 내부 및 외부의 갈등을 원만히 해결하고 고객의 요구를 충족할 수 있는 능력을 의미한다. 또한, 직장생활을 포함한 일상에서 스스로를 관리하고 개발하는 능력을 말한다. 세부 유형은 팀워크, 갈등 관리, 협상, 고객 서비스로 나눌 수 있다.

1 일반적인 수준에서 판단하라!

일상생활에서의 대인관계를 생각하면서 문제에 접근하면 어렵지 않게 풀 수 있다. 그러나 수험생들 입장에서 직장 내에서의 상황, 특히 역할(직위)에 따른 대인관계를 묻는 문제는 까다롭게 느껴질 수 있고 일상과는 차이가 있을 수 있기 때문에 이런 유형에 대해서는 따로 알아둘 필요가 있다.

2 이론을 먼저 익혀라!

대인관계능력 이론을 접목한 문제가 종종 출제된다. 물론 상식 수준에서도 풀 수 있지만 정확하고 신속하게 해결하기 위해서는 이론을 정독한 후 자주 출제되는 부분들은 암기를 필수로 해야 한다. 자주 출제되는 부분은 리더십과 멤버십의 차이, 단계별 협상 과정, 고객 불만 처리 프로세스 등이 있다.

3 실제 업무에 대한 이해를 높여라!

출제되는 문제의 수는 많지 않으나, 고객과의 접점에 있는 서비스직군 시험에 출제될 가능성이 높은 영역이다. 특히 상황 제시형 문제들이 많이 출제되므로 실제 업무에 대한 이해를 높여야 한다.

4 애매한 유형의 빈출 문제, 선택지를 파악하라!

대인관계능력의 출제 문제들을 보면 이것도 맞고, 저것도 맞는 것 같은 선택지가 많다. 하지만 정답은 하나이다. 출제자들은 대인관계능력이란 공부를 통해 얻는 것이 아닌 본인의 독립적인 성품으로부터 자연스럽게 나오는 것이라고 생각한다. 수험생들이 선택하는 보기로 그 수험생들을 파악한다. 그러므로 대인관계능력은 빈출 유형의 문제와 선택지를 파악하고 가는 것이 애매한 문제들의 정답률을 높이는 데 도움이 될 것이다. 내가 맞다고 생각하는 선택지가 답이 아닐 가능성이 있기 때문이다.

01 | 팀워크

| 유형분석 |

- 팀워크에 대한 이해를 묻는 문제가 자주 출제된다.
- 직장 내 상황 중에서 구성원으로서 팀워크를 위해 어떤 행동을 해야 하는지 묻는 문제가 출제되기도 한다.

다음 사례에서 알 수 있는 효과적인 팀의 특징으로 가장 적절한 것은?

A, B, C가 운영 중인 커피전문점은 현재 매출이 꾸준히 상승하고 있다. 매출 상승의 원인을 살펴보면 우선, A, B, C는 각자 자신이 해야 할 일이 무엇인지 정확하게 알고 있다. A는 커피를 제조하고 있으며, B는 디저트를 담당하고 있다. 그리고 C는 계산 및 매장관리를 전반적으로 맡고 있다. A는 고객들이 다시 생각나게 할 수 있는 독창적인 커피 맛을 위해 커피 블렌딩을 연구하고 있으며, B는 커피와 적합하고, 고객들의 연령에 맞는 다양한 디저트를 개발 중이다. 그리고 C는 A와 B가 자신의 업무에 집중할 수 있도록 적극적으로 지원하고 있다. 이처럼 A, B, C는 서로의 업무를 이해하면서 즐겁게 일하고 있으며, 이것이 매출 상승의 원인으로 작용하고 있는 것이다.

① 창조적으로 운영된다.
② 결과에 초점을 맞춘다.
③ 개인의 강점을 활용한다.
④ 역할을 명확하게 규정한다.
⑤ 의견의 불일치를 건설적으로 해결한다.

정답 ④

A, B, C는 각자 자신이 해야 할 일이 무엇인지 정확하게 알고 있으며, 서로의 역할도 이해하는 모습을 볼 수 있다. 이처럼 효과적인 팀은 역할을 명확하게 규정한다.

풀이 전략!

제시된 상황을 자신의 입장이라고 생각해 본 후, 가장 모범적이라고 생각되는 것을 찾아야 한다. 이때, 지나치게 자신의 생각만 가지고 문제를 풀지 않도록 주의하며, 팀워크에 대한 이론과 연관 지어 답을 찾도록 해야 한다.

01   다음은 팀워크(Teamwork)와 응집력의 정의를 나타낸 글이다. 팀워크의 사례로 적절하지 않은 것은?

> 팀워크(Teamwork)란 '팀 구성원이 공동의 목적을 달성하기 위하여 상호관계성을 가지고 협력하여 업무를 수행하는 것'으로 볼 수 있다. 반면 응집력은 '사람들로 하여금 집단에 머물도록 느끼게끔 만들고, 그 집단의 멤버로서 계속 남아 있기를 원하게 만드는 힘'으로 볼 수 있다.

① 다음 주 조별 발표 준비를 위해 같은 조원인 A와 C는 각자 주제를 나누어 조사하기로 했다.
② K사의 S사원과 C사원은 내일 진행될 행사 준비를 위해 함께 야근을 할 예정이다.
③ D고등학교 학생인 A와 B는 내일 있을 시험 준비를 위해 도서관에서 공부하기로 했다.
④ 같은 배에서 활약 중인 D와 E는 곧 있을 조정경기 시합을 위해 열심히 연습하고 있다.
⑤ 연구원 G와 S는 효과적인 의약품을 개발하기 위해 함께 연구하기로 했다.

02   다음 중 팀워크 저해요인으로 적절하지 않은 것은?

① 자기중심적인 이기주의
② 질투나 시기로 인한 파벌주의
③ 그릇된 우정과 인정
④ 팀원 간에 공동의 목표의식과 강한 도전의식
⑤ 사고방식의 차이에 대한 무시

03   다음 중 팀워크에 대한 설명으로 적절하지 않은 것은?

① 팀워크가 좋은 팀의 구성원은 공동의 목적을 달성하기 위하여 서로 협력한다.
② 팀워크는 팀의 구성원으로서 계속 남아 있기를 원하게 만드는 힘을 의미한다.
③ 목적이 다른 조직은 서로 다른 유형의 팀워크를 필요로 한다.
④ 팀워크는 협력, 통제, 자율을 통해 다양한 유형으로 구분된다.
⑤ 팀워크가 좋은 팀일수록 명확한 목적을 공유한다.

02 | 리더십

| 유형분석 |

- 리더십의 개념을 비교하는 문제가 자주 출제된다.
- 리더의 역할에 대한 문제가 출제되기도 한다.

다음은 리더와 관리자의 차이점을 설명한 글이다. 리더의 행동을 이해한 내용으로 옳지 않은 것은?

> 리더와 관리자의 가장 큰 차이점은 비전이 있고 없음에 있다. 또한 관리자의 역할이 자원을 관리·분배하고, 당면한 과제를 해결하는 것이라면, 리더는 비전을 선명하게 구축하고, 그 비전이 팀원들의 협력 아래 실현되도록 환경을 만들어 주는 것이다.

① 리더는 자신다움을 소중히 하며, 자신의 브랜드 확립에 적극적으로 임한다.
② 리더는 매일 새로운 것을 익혀 변화하는 세계 속에서 의미를 찾도록 노력한다.
③ 리더는 목표의 실현에 관련된 모든 사람들을 중시하며, 약속을 지켜 신뢰를 쌓는다.
④ 리더는 변화하는 세계 속에서 현재의 현상을 유지함으로써 조직이 안정감을 갖도록 한다.

정답 ④

리더는 혁신을 신조로 가지며, 일이 잘 될 때에도 더 좋아지는 방법이 있다면 변화를 추구한다. 반면, 관리자는 현재의 현상과 지금 잘하고 있는 것을 계속 유지하려 하는 모습을 보인다.

리더와 관리자의 차이점

리더	관리자
• 새로운 상황을 창조한다.	• 상황에 수동적이다.
• 혁신지향적이다.	• 유지지향적이다.
• 내일에 초점을 둔다.	• 오늘에 초점을 둔다.
• 사람의 마음에 불을 지핀다.	• 사람을 관리한다.
• 사람을 중시한다.	• 체제나 기구를 중시한다.
• 정신적이다.	• 기계적이다.
• 계산된 리스크를 취한다.	• 리스크를 회피한다.
• '무엇을 할까?'를 생각한다.	• '어떻게 할까?'를 생각한다.

풀이 전략!

리더십의 개념을 비교하는 문제가 자주 출제되기 때문에 관련 개념을 정확하게 암기해야 하고, 조직 내에서의 리더의 역할에 대한 이해가 필요하다.

01 다음 중 거래적 리더십과 변혁적 리더십에 대한 설명으로 적절하지 않은 것은?

> 거래적 리더십은 '규칙을 따르는' 의무에 관계되어 있기 때문에 거래적 리더들은 변화를 촉진하기보다는 조직의 안정을 유지하는 것을 중시한다. 그리고 거래적 리더십에는 리더의 요구에 부하가 순응하는 결과를 가져오는 교환과정이 포함된다. 그러나 조직원들의 과업목표에 대해 열의와 몰입까지는 발생시키지 않는 것이 일반적이다.
>
> 반면, 변혁적 리더십은 리더가 조직원들에게 장기적 비전을 제시하고 그 비전을 향해 매진하도록 조직원들로 하여금 자신의 정서·가치관·행동 등을 바꾸어 목표달성을 위한 성취의지와 자신감을 고취시킨다.
>
> 즉, 거래적 리더십은 교환에 초점을 맞춰 단기적 목표를 달성하고 이에 따른 보상을 받고, 변혁적 리더십은 장기적으로 성장과 발전을 도모하며 조직원들의 소속감, 몰입감, 응집력, 직무만족 등을 발생시킨다.

① 거래적 리더십의 보상체계는 규정에 맞게 성과 달성 시 인센티브와 보상이 주어진다.

② 변혁적 리더십은 기계적 관료제에 적합하고, 거래적 리더십은 단순구조나 임시조직에 적합하다.

③ 거래적 리더십은 안전을 지향하고 폐쇄적인 성격을 가지고 있다.

④ 변혁적 리더십은 공동목표를 추구하고 리더가 교육적 역할을 담당한다.

⑤ 변혁적 리더십은 업무 등의 과제의 가치와 당위성을 주시하여 성공에 대한 기대를 제공한다.

02 다음 설명에 해당하는 리더십 유형으로 가장 적절한 것은?

> • 리더는 조직구성원들 중 한 명일 뿐이다. 그는 물론 다른 조직구성원들보다 경험이 더 풍부하겠지만 다른 구성원들보다 더 비중 있게 대우받아서는 안 된다.
> • 집단의 모든 구성원들은 의사결정 및 팀의 방향을 설정하는 데 참여한다.
> • 집단의 모든 구성원들은 집단의 행동의 성과 및 결과에 대해 책임을 공유한다.

① 독재자 유형

② 민주주의에 근접한 유형

③ 파트너십 유형

④ 변혁적 유형

⑤ 자유방임적 유형

03 | 갈등 관리

| 유형분석 |

- 갈등의 개념이나 원인, 해결방법을 묻는 문제가 자주 출제된다.
- 실제 사례에 적용할 수 있는지를 확인하는 문제가 출제되기도 한다.
- 일반적인 상식으로 해결할 수 있는 문제가 출제되기도 하지만, 자의적인 판단에 주의해야 한다.

S사에 근무하는 사원 A씨는 최근 자신의 상사인 B대리 때문에 스트레스를 받고 있다. A씨가 공들여 작성한 기획서를 제출하면 B대리가 중간에서 매번 퇴짜를 놓기 때문이다. 이와 동시에 A씨는 자신에 대한 B대리의 감정이 좋지 않은 것 같아 마음이 더 불편하다. A씨가 직장 동료인 C씨에게 이러한 어려움을 토로했을 때, 다음 중 C씨가 A씨에게 해 줄 수 있는 조언으로 적절하지 않은 것은?

① 무엇보다 관계 갈등의 원인을 찾는 것이 중요하다.
② B대리님의 입장을 충분히 고려해 볼 필요가 있다.
③ B대리님과 마음을 열고 대화해 볼 필요가 있다.
④ B대리님과 누가 옳고 그른지 확실히 논쟁해 볼 필요가 있다.
⑤ 걱정되더라도 갈등 해결을 위해 피하지 말고 맞서야 한다.

정답 ④
갈등을 성공적으로 해결하기 위해서는 누가 옳고 그른지 논쟁하는 일은 피하는 것이 좋으며, 상대방의 양 측면을 모두 이해하고 배려하는 것이 중요하다.

풀이 전략!

문제에서 물어보는 내용을 정확하게 파악한 뒤, 갈등 관련 이론과 대조해 본다. 특히 자주 출제되는 갈등 해결방법에 대한 이론을 암기해 두면 문제 푸는 속도를 줄일 수 있다.

01 다음은 갈등 해결을 위한 6단계 프로세스에 대한 자료이다. 3단계에 해당하는 대화의 예로 가장 적절한 것은?

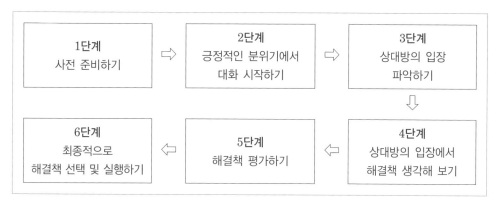

① 그럼 A씨의 생각대로 진행해 보시죠.

② 제 생각은 이런데, A씨의 생각은 어떠신지 말씀해 주시겠어요?

③ 저도 좋아요. 그것으로 결정해요.

④ 저는 모두가 만족하는 해결책을 찾고 싶어요.

⑤ A씨의 말은 아무리 들어도 이해가 안 되는데요.

02 다음은 갈등을 최소화하기 위한 방안에 대한 팀원들의 대화 내용이다. 빈칸에 들어갈 내용으로 적절하지 않은 것은?

> A팀원 : 요즘 들어 팀 분위기가 심상치 않아. 어제 팀장님은 회의 중에 한숨까지 쉬시더라고.
> B팀원 : 그러게 말야. 요즘 들어 서로 간의 갈등이 너무 많은 것 같은데, 어떻게 해야 할지 모르겠어.
> C팀원 : 갈등을 최소화하기 위해 지켜야 할 기본 원칙들을 팀 게시판에 올려서 서로 간의 갈등 원인을 생각해 보게 하는 것은 어떨까?
> A팀원 : 좋은 생각이야. 기본 원칙으로는 _____는 내용이 들어가야 해.

① 자신이 받기를 원치 않는 형태로 남에게 작업을 넘겨주지 말라

② 자신의 책임이 어디서부터 어디까지인지를 명확히 하라

③ 불일치하는 쟁점이나 사항이 있다면 다른 사람이 아닌 당사자에게 직접 말하라

④ 의견의 차이를 인정하지 말고 하나의 의견으로 통일하라

⑤ 조금이라도 의심이 들 때는 분명하게 말해 줄 것을 요구하라

04 | 고객 서비스

| 유형분석 |

- 고객 불만을 효과적으로 처리하기 위한 과정이나 방법에 대한 문제이다.
- 고객 불만 처리 프로세스에 대한 숙지가 필요하다.

다음 글에서 알 수 있는 J씨의 잘못된 고객응대 자세는 무엇인가?

직원 J씨는 규모가 큰 대형 마트에서 육류제품의 유통 업무를 담당하고 있다. 전화벨이 울리고 신속하게 인사와 함께 전화를 받았는데 전화는 채소류에 관련된 업무 문의로, 직원 J씨는 고객에게 자신은 채소류에 관련된 담당자가 아니라고 설명하고, "지금 거신 전화는 육류에 관련된 부서로 연결되어 있습니다. 채소류 관련 부서로 전화를 연결해 드릴 테니 잠시만 기다려 주십시오."라고 말하고 다른 부서로 전화를 돌렸다.

① 신속하게 전화를 받지 않았다.
② 기다려 주신 데 대한 인사를 하지 않았다.
③ 고객의 기다림에 대해 양해를 구하지 않았다.
④ 전화를 다른 부서로 돌려도 괜찮은지 묻지 않았다.
⑤ 자신의 직위를 밝히지 않았다.

정답 ④

전화를 다른 부서로 연결할 때 양해를 구하지 않았으며, 다른 부서의 사람이 전화를 받을 수 있는 상황인지를 사전에 확인하지 않았다.

풀이 전략!

제시된 상황이나 고객 유형을 정확하게 파악해야 하고, 고객 불만 처리 프로세스를 토대로 갈등을 해결해야 한다.

01 A사원은 K닷컴에서 근무하고 있다. 같은 팀 B사원이 다음 자료를 보여주면서 보완할 것이 없는지 검토해 달라고 부탁했다. 다음 중 B사원에게 해줄 수 있는 조언으로 적절하지 않은 것은?

① 고객 보고 후 피드백이 이루어지면 좋겠어요.

② 대책 수립 후 재발 방지 교육을 실시한 뒤 고객 보고가 이루어지면 좋겠어요.

③ 고객 불만 접수, 고객 보고 단계에 '사과'를 추가하면 좋겠어요.

④ 1단계에서는 고객의 불만을 경청하는 태도가 중요할 것 같아요.

⑤ 단계별로 진행 상황을 고객에게 통보해 준다면 좋겠어요.

02 다음은 서비스에 불만족한 고객을 불만 표현 유형별로 정리한 자료이다. 밑줄 친 (A) ~ (D)를 상대하는 데 있어 주의해야 할 사항으로 적절하지 않은 것은?

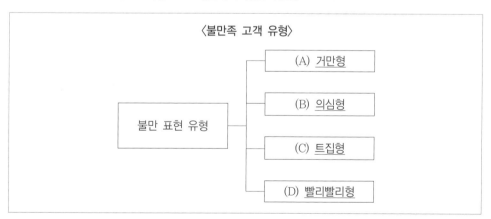

① (A)의 경우 상대방의 과시욕이 채워질 수 있도록 무조건 정중하게 대하는 것이 좋다.

② (B)의 경우 분명한 증거나 근거를 제시하여 스스로 확신을 갖도록 유도해야 한다.

③ (B)의 경우 때로는 책임자가 응대하는 것도 좋다.

④ (C)의 경우 이야기를 경청하고, 맞장구치고, 추켜 세우고, 설득해 가는 방법이 효과적이다.

⑤ (D)의 경우 애매한 화법을 사용하여 최대한 시간을 끌어야 한다.

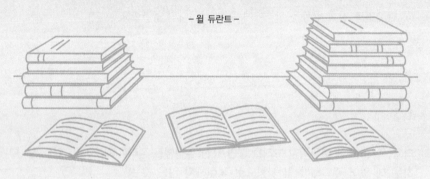

교육은 우리 자신의 무지를 점차 발견해 가는 과정이다.

- 윌 듀란트 -

PART 2

최종점검 모의고사

제1회   최종점검 모의고사

제2회   최종점검 모의고사

제3회   최종점검 모의고사

제1회
최종점검 모의고사

※ 한전KDN 최종점검 모의고사는 2023년 채용공고 및 후기를 기준으로 구성한 것으로
  실제 시험과 다를 수 있습니다.

■ 취약영역 분석

번호	O/×	영역	번호	O/×	영역	번호	O/×	영역
01		의사소통능력	21		문제해결능력	41		문제해결능력
02			22			42		
03		문제해결능력	23		기술능력	43		직업윤리
04			24			44		수리능력
05		수리능력	25			45		기술능력
06		대인관계능력	26		자기개발능력	46		조직이해능력
07			27		정보능력	47		의사소통능력
08		자기개발능력	28			48		
09		기술능력	29		자원관리능력	49		
10		자원관리능력	30		직업윤리	50		수리능력
11			31					
12		수리능력	32		수리능력			
13			33		조직이해능력			
14			34		대인관계능력			
15		직업윤리	35					
16		정보능력	36		의사소통능력			
17		조직이해능력	37		자원관리능력			
18			38		자기개발능력			
19		의사소통능력	39					
20			40		정보능력			

평가문항	50문항	평가시간	50분
시작시간	:	종료시간	:
취약영역			

01 다음 글의 내용으로 가장 적절한 것은?

> 특허출원이란 발명자가 자신의 발명을 개인 또는 변리사를 통해 특허출원 명세서에 기재한 후 특허청에 등록 여부 판단을 받기 위해 신청하는 행위의 전반을 의미한다. 특허출원은 주로 경쟁자로부터 자신의 제품이나 서비스를 지키기 위해 이루어진다. 그러나 선두업체로 기술적 우위를 표시하기 위해 또는 벤처기업 등의 인증을 받기 위해 이루어지기도 한다. 단순하게 발명의 보호를 받아 타인의 도용을 막는 것뿐만 아니라 다양한 이유로 진행되고 있는 것이다.
>
> 특허출원 시에는 특허출원서와 특허명세서를 제출해야 한다. 특허출원서는 출원인 정보, 발명자 정보 등의 서지사항을 기재하는 문서이며, 특허명세서는 발명의 구체적인 내용을 기재하는 문서이다. 특허명세서에는 발명의 명칭, 발명의 효과, 발명의 실시를 위한 구체적인 내용, 청구범위, 도면 등의 항목들을 작성하는데, 이때 권리로 보호받고자 하는 사항을 기재하는 청구범위가 명세서의 가장 핵심적인 부분이 된다. 청구범위를 별도로 구분하는 이유는 특허등록 후 권리 범위가 어디까지인지 명확히 구분하기 위한 것이다. 청구범위가 존재하지 않는다면 상세한 설명으로 권리 범위를 판단해야 하는데, 권리 범위가 다양하게 해석된다면 분쟁의 원인이 될 수 있다.
>
> 특허를 출원할 때 많은 부분을 보호받고 싶은 마음에 청구범위를 넓게 설정하는 경우가 있다. 그러나 이는 다른 선행기술들과 저촉되는 일이 발생하게 되므로 특허가 거절될 가능성이 매우 높아진다. 그렇다고 특허등록 가능성을 높이기 위해 청구범위를 너무 좁게 설정해서도 안 된다. 청구범위가 좁을 경우 특허등록 가능성은 높아지지만, 보호 범위가 좁아져 제3자가 특허 범위를 회피할 가능성이 높아지게 된다. 따라서 기존에 존재하는 선행기술에 저촉되지 않는 범위 내에서 청구범위를 설정하는 것이 중요하다.

① 자신의 발명을 특허청에 등록하기 위해서는 반드시 본인이 특허출원 명세서를 기재해야 한다.

② 청구범위가 넓을 경우 제3자가 특허 범위를 회피할 가능성이 높아지게 된다.

③ 특허출원서는 발명의 명칭, 발명의 효과, 청구범위 등의 항목을 모두 작성하여야 한다.

④ 청구범위가 넓으면 특허 등록의 가능성이 줄어들고, 좁으면 특허등록 가능성이 커진다.

⑤ 기업체의 특허출원은 타사로부터의 기술 도용을 방지하기 위한 것일 뿐 이를 통해 기술적 우위를 나타낼 순 없다.

02 다음 문단을 논리적 순서대로 바르게 나열한 것은?

> (가) 개념사를 역사학의 한 분과로 발전시킨 독일의 역사학자 코젤렉은 '개념은 실재의 지표이자 요소'라고 하였다. 이 말은 실타래처럼 얽혀 있는 개념과 정치·사회적 실재, 개념과 역사적 실재의 관계를 정리하기 위한 중요한 지침으로 작용한다. 그에 의하면 개념은 정치적 사건이나 사회적 변화 등의 실재를 반영하는 거울인 동시에 정치·사회적 사건과 변화의 실제적 요소이다.
>
> (나) 개념은 정치적 사건과 사회적 변화 등에 직접 관련되어 있거나 그것을 기록, 해석하는 다양한 주체들에 의해 사용된다. 이러한 주체들, 즉 '역사 행위자'들이 사용하는 개념은 여러 의미가 포개어진 층을 이룬다. 개념사에서는 사회·역사적 현실과 관련하여 이러한 층들을 파헤치면서 개념이 어떻게 사용되어 왔는가, 이 과정에서 그 의미가 어떻게 변화했는가, 어떤 함의들이 거기에 투영되었는가, 그 개념이 어떠한 방식으로 작동했는가 등에 대해 탐구한다.
>
> (다) 이상에서 보듯이 개념사에서는 개념과 실재를 대조하고 과거와 현재의 개념을 대조함으로써, 그 개념이 대응하는 실재를 정확히 드러내고 있는가, 아니면 실재의 이해를 방해하고 더 나아가 왜곡하는가를 탐구한다. 이를 통해 코젤렉은 과거에 대한 '단 하나의 올바른 묘사'를 주장하는 근대 역사학의 방법을 비판하고, 과거의 역사 행위자가 구성한 역사적 실재와 현재 역사가가 만든 역사적 실재를 의미있게 소통시키고자 했다.
>
> (라) 사람들이 '자유', '민주', '평화' 등과 같은 개념들을 사용할 때, 그 개념이 항상 서로 같은 의미를 갖는 것은 아니다. '자유'의 경우, '구속받지 않는 상태'를 강조하는 개념으로 쓰이는가 하면, '자발성'이나 '적극적인 참여'를 강조하는 개념으로 쓰이기도 한다. 이러한 정의와 해석의 차이로 인해 개념에 대한 논란과 논쟁은 늘 있어 왔다. 바로 이러한 현상에 주목하여 출현한 것이 코젤렉의 '개념사'이다.
>
> (마) 또한, 개념사에서는 '무엇을 이야기 하는가.'보다는 '어떤 개념을 사용하면서 그것을 이야기하는가.'에 관심을 갖는다. 개념사에서는 과거의 역사 행위자가 자신이 경험한 '현재'를 서술할 때 사용한 개념과 오늘날의 입장에서 '과거'의 역사 서술을 이해하기 위해 사용한 개념의 차이를 밝힌다. 그리고 과거의 역사를 현재의 역사로 번역하면서 양자가 어떻게 수렴될 수 있는가를 밝히는 절차를 밟는다.

① (라) – (가) – (나) – (마) – (다)
② (라) – (나) – (가) – (다) – (마)
③ (라) – (나) – (다) – (가) – (마)
④ (가) – (라) – (나) – (다) – (마)
⑤ (나) – (라) – (다) – (마) – (가)

※ 다음은 자동차에 번호판을 부여하는 규칙이다. 이를 참고하여 이어지는 질문에 답하시오. **[3~4]**

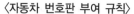

〈자동차 번호판 부여 규칙〉

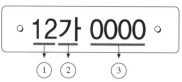

① ② ③

각 숫자는 다음의 사항을 나타낸다.
① 자동차의 종류
② 자동차의 용도
③ 자동차의 등록번호

▶ 자동차의 종류

구분	숫자 기호
승용차	01 ~ 69
승합차	70 ~ 79
화물차	80 ~ 97
특수차	98 ~ 99

▶ 자동차의 용도

구분		문자 기호
비사업용		가, 나, 다, 라, 마, 거, 너, 더, 러, 머, 서, 어, 저, 고, 노, 도, 로, 모, 보, 소, 오, 조, 구, 누, 두, 루, 무, 부, 수, 우, 주
사업용	택시	아, 바, 사, 자
	택배	배
	렌터카	하, 허, 호

▶ 자동차의 등록번호
차량의 고유번호로 임의로 부여

03 A씨는 이사를 하면서 회사와 거리가 멀어져 출퇴근을 위해 새 승용차를 구입하였다. 다음 중 A씨가 부여받을 수 있는 자동차 번호판으로 옳지 않은 것은?

① 23겨 4839
② 67거 3277
③ 42서 9961
④ 31주 5443
⑤ 12모 4839

04 다음 중 나머지와 성격이 다른 자동차 번호판은?

① 80가 8425
② 84배 7895
③ 92보 1188
④ 81오 9845
⑤ 97주 4763

05 다음은 청소년의 가공식품 섭취와 가공식품 첨가물 사용 현황 및 1일 섭취 허용량에 대한 자료이다. 평균 체중을 가진 청소년의 1일 평균 섭취량이 1일 섭취 허용량을 초과하는 첨가물끼리 바르게 짝지은 것은?(단, 청소년의 평균 체중은 50kg이다.)

〈평균 체중 청소년의 가공식품 섭취 현황〉

(단위 : g)

가공식품	1일 평균 섭취량
음료	60
사탕	3
스낵과자	40
햄버거	50

〈가공식품 첨가물 사용 현황 및 1일 섭취 허용량〉

첨가물	사용 가공식품	가공식품 1g당 사용량(mg/g)	체중 1kg당 1일 섭취 허용량(mg/kg)
바닐린	사탕	100	10
푸마르산	사탕	5	4
	햄버거	40	
글리세린	음료	10	30
	스낵과자	20	
식용색소 적색3호	사탕	4	0.1
	스낵과자	0.2	
식용색소 황색4호	음료	5	10
	스낵과자	4	

① 바닐린, 글리세린
② 바닐린, 식용색소 적색3호
③ 글리세린, 식용색소 황색4호
④ 푸마르산, 식용색소 황색4호
⑤ 푸마르산, 식용색소 적색3호

06 다음은 협상전략에 대한 대화이다. B～E사원의 전략에 대한 설명으로 적절하지 않은 것은?

> A팀장 : 협상은 업무 중 언제든지 필요할 수 있는 의사결정과정으로 볼 수 있습니다. 만약 여러분이 옷가게 매장 직원이라고 생각해 봅시다. 한 손님이 환불이 불가능한 옷을 가져와서 다짜고짜 환불 처리를 해 달라고 할 경우 여러분들은 어떻게 대처하겠습니까?
>
> B사원 : 저는 고객에게 사과드린 후, 고객에게 연락처를 받아 잠시 갈등상황을 피해야 한다고 생각합니다. 작전상 잠시 후퇴하는 것으로 볼 수 있겠죠.
>
> C사원 : 저는 충분히 고객에게 이 옷이 환불이 불가능한 이유를 설명드린 후, 서로가 모두 만족할 만한 방법을 찾아볼 것 같아요.
>
> D사원 : 계속 이렇게 환불 처리를 요구할 경우 경찰을 부를 수도 있음을 명시하고, 절대 환불해 주어서는 안된다고 생각합니다.
>
> E사원 : 우선 고객의 기분이 풀릴 수 있도록 환불 처리를 신속히 해 드리는 것이 현명한 방법 아닐까요?

① B사원의 협상전략은 자신이 얻게 되는 결과나 인간관계 모두에 관심이 없는 경우에 유리한 협상전략으로 볼 수 있다.

② C사원의 협상전략은 자신에게 돌아올 결과와 상대방에게 돌아갈 결과를 모두 중요하게 여겨 서로가 협력해야 한다.

③ C사원의 협상전략은 협상 당사자 간에 신뢰가 쌓여 있는 경우 유리한 협상전략으로 볼 수 있다.

④ D사원의 협상전략은 일방적인 의사소통으로 일방적인 양보를 받아내는 것을 말한다.

⑤ E사원의 협상전략은 상대방에 비해 자신의 힘이 강한 경우 유리한 협상전략으로 볼 수 있다.

07 다음을 읽고 K팀장에게 조언할 수 있는 내용으로 적절하지 않은 것은?

> K팀장은 팀으로 하여금 기존의 틀에 박힌 업무 방식에서 벗어나게 하고, 변화를 통해 효과적인 업무 방식을 도입하고자 한다. 하지만 변화에 대한 팀원들의 걱정이 염려스럽다. 변화가 일어나면 모든 팀원들이 눈치를 채기 마련이며, 이들이 변화에 대한 소문이 돌거나 변화 내용에 대한 설명을 하기도 전에 그것을 알아차림으로써 불확실하고 의심스러운 분위기가 조성될 수 있기 때문이다. 이로 인해 직원들은 두려움과 스트레스에 시달리며, 사기는 땅으로 떨어질 수 있다.

① 주관적인 자세를 유지한다.

② 개방적인 분위기를 조성한다.

③ 변화의 긍정적인 면을 강조한다.

④ 직원들의 감정을 세심하게 살핀다.

⑤ 변화에 적응할 시간을 준다.

08 다음 글을 읽고 자기개발이 필요한 이유로 옳지 않은 것은?

> 자기개발이 필요한 이유를 살펴보면 다음과 같다. 먼저 우리는 자기개발을 통해 동일한 업무의 목표에 대하여 더 높은 성과를 가져올 수 있다. 만약 본인이 컴퓨터 활용능력을 향상시켰다면, 이를 통해 업무의 질과 속도가 향상될 수 있는 것이다. 또한, 우리를 둘러싸고 있는 환경은 끊임없이 변화하고 있으며, 그 변화의 속도가 점점 빨라지고 있음을 볼 때, 우리는 가지고 있는 지식이나 기술이 과거의 것이 되지 않도록 지속적인 자기개발을 할 필요가 있다. 다음으로 자기개발을 통해 자신의 내면을 관리하고, 시간을 관리하며, 생산성을 높이게 되면 원만한 인간관계의 형성과 유지의 기반이 될 수 있다. 자신의 업무를 훌륭히 해내는 직원을 싫어할 사람은 없기 때문이다. 나아가 자기개발을 통해 자신감을 얻게 되고, 삶의 질이 향상되어 보다 보람된 삶을 살 수 있다. 자기개발을 위해서는 자신의 비전을 발견하고, 장단기 목표를 설정하는 일이 선행되어야 한다. 이로 인해 자신의 비전을 위한 자기개발의 필요성을 인식하고, 자기개발의 방향과 방법을 설정할 수 있는 것이다.

① 변화하는 환경에 적응하기 위해서 필요하다.
② 주변 사람들과 긍정적인 인간관계를 형성하기 위해서 필요하다.
③ 자신의 직위와 직급을 향상시키기 위해서 필요하다.
④ 자신이 달성하고자 하는 목표를 성취하기 위해서 필요하다.
⑤ 개인적으로 보람된 삶을 살기 위해서 필요하다.

09 다음은 제품 매뉴얼과 업무 매뉴얼에 대한 설명이다. 이를 이해한 내용으로 옳지 않은 것은?

> 제품 매뉴얼이란 사용자를 위해 제품의 특징이나 기능 설명, 사용방법과 고장 조치방법, 유지 보수 및 A/S, 폐기까지 제품에 관련된 모든 서비스에 대해 소비자가 알아야 할 모든 정보를 제공하는 것을 말한다.
> 다음으로 업무 매뉴얼이란 어떤 일의 진행 방식, 지켜야 할 규칙, 관리상의 절차 등을 일관성 있게 여러 사람이 보고 따라할 수 있도록 표준화하여 설명하는 지침서이다.

① 제품 매뉴얼은 제품의 설계상 결함이나 위험 요소를 대변해야 한다.
② '재난대비 국민행동 매뉴얼'은 업무 매뉴얼의 사례로 볼 수 있다.
③ 제품 매뉴얼은 혹시 모를 사용자의 오작동까지 고려하여 만들어져야 한다.
④ 제품 매뉴얼과 업무 매뉴얼 모두 필요한 정보를 빨리 찾을 수 있도록 구성되어야 한다.
⑤ 제품 매뉴얼은 제품의 의도된 안전한 사용과 사용 중 해야 할 일 또는 하지 말아야 할 일까지 정의해야 한다.

※ 다음 T주임의 해외여행 이동수단에 대한 자료를 읽고 이어지는 질문에 답하시오. [10~11]

- T주임은 해외여행을 가고자 한다. 현지 유류비 및 렌트카 차량별 정보와 관광지 간 거리는 다음과 같다.
- 현지 유류비

연료	가솔린	디젤	LPG
리터당 가격	1.4달러	1.2달러	2.2달러

- 차량별 연비 및 연료

차량	K	H	P
연비	14km/L	10km/L	15km/L
연료	디젤	가솔린	LPG

※ 연료는 최소 1리터 단위로 주유가 가능하다.

- 관광지 간 거리

구분	A광장	B계곡	C성당
A광장		25km	12km
B계곡	25km		18km
C성당	12km	18km	

10 T주임이 H차량을 렌트하여 A광장에서 출발하여 C성당으로 이동한 후, B계곡으로 이동하고자 한다. T주임이 유류비를 최소화하려고 할 때, A광장에서부터 B계곡으로 이동할 때 소요되는 유류비는?(단, 처음 자동차를 렌트했을 때 차에 연료는 없다)

① 4.2달러　　　　　　　　　　　② 4.5달러
③ 5.2달러　　　　　　　　　　　④ 5.6달러
⑤ 8.4달러

11 T주임이 다음 〈조건〉에 따라 여행을 가려고 할 때, T주임이 여행 일정을 완료하기까지 소요되는 총 이동시간은?

> **조건**
> - T주임은 P차량을 렌트하였다.
> - T주임은 C성당에서 출발하여 B계곡으로 이동한 후, A광장을 거쳐 C성당으로 다시 돌아오는 여행 일정을 수립하였다.
> - T주임은 C성당에서 A광장까지는 시속 60km로 이동하고, A광장에서 C성당으로 이동할 때에는 시속 40km로 이동하고자 한다.

① 48분　　　　　　　　　　　　② 52분
③ 58분　　　　　　　　　　　　④ 1시간 1분
⑤ 1시간 8분

※ 다음은 외국인 직접투자의 투자건수 비율과 투자금액 비율을 투자규모별로 나타낸 자료이다. 이어지는 질문에 답하시오. [12~13]

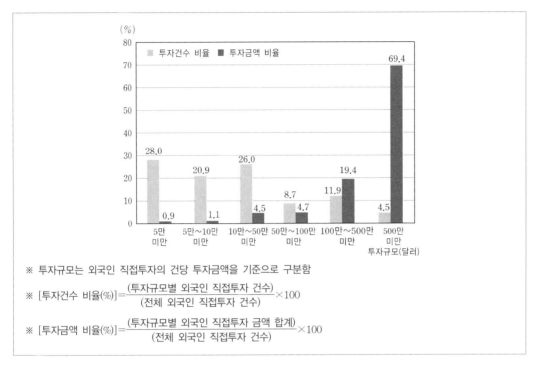

※ 투자규모는 외국인 직접투자의 건당 투자금액을 기준으로 구분함

※ [투자건수 비율(%)]$=\dfrac{(\text{투자규모별 외국인 직접투자 건수})}{(\text{전체 외국인 직접투자 건수})}\times 100$

※ [투자금액 비율(%)]$=\dfrac{(\text{투자규모별 외국인 직접투자 금액 합계})}{(\text{전체 외국인 직접투자 건수})}\times 100$

12 다음 중 투자규모가 50만 달러 미만인 투자건수 비율은?

① 55.3% ② 62.8%

③ 68.6% ④ 74.9%

⑤ 83.6.3%

13 다음 중 100만 달러 이상의 투자건수 비율은?

① 16.4% ② 19.6%

③ 23.5% ④ 26.1%

⑤ 30.7%

14 미주는 백화점에 가기 위해 시속 8km의 속력으로 집에서 출발했다. 미주가 집에서 출발한 지 12분 후에 지갑을 두고 간 것을 발견한 동생이 시속 20km의 속력으로 미주를 만나기 위해 출발했다. 미주와 동생은 몇 분 후에 만나게 되는가?(단, 미주와 동생은 쉬지 않고 일정한 속력으로 움직인다)

① 11분   ② 14분
③ 17분   ④ 20분
⑤ 23분

15 다음 중 적절하지 않은 직업관을 가지고 있는 사람은?

① 항공사에서 근무하고 있는 A는 자신의 직업에 대해 긍지와 자부심을 갖고 있다.

② IT 회사에서 개발 업무를 담당하는 B는 업계 최고 전문가가 되기 위해 항상 노력한다.

③ 극장에서 근무 중인 C는 언제나 다른 사람에게 봉사한다는 마음을 가지고 즐겁게 일한다.

④ 화장품 회사에 입사한 신입사원 D는 입사 동기들보다 빠르게 승진하는 것을 목표로 삼았다.

⑤ 회계팀에서 일하는 E는 회사의 규정을 준수하며, 공정하고 투명하게 업무를 처리하려고 노력한다.

16 다음 그림처럼 셀 값을 입력하기 위해서 [A1] 셀에 숫자 1을 입력하고, [A1] 셀에서 마우스로 채우기 핸들을 아래로 드래그하려고 한다. 이때 숫자가 증가하여 입력되도록 하기 위해 함께 눌러야 하는 키로 옳은 것은?

	A
1	1
2	2
3	3
4	4
5	5
6	6
7	7

① 〈Alt〉   ② 〈Ctrl〉
③ 〈Shift〉   ④ 〈Tab〉
⑤ 〈Insert〉

17 다음 〈보기〉는 K편집팀의 새로운 도서분야 시장진입을 위한 신간회의 내용이다. 의사결정방법 중 하나인 브레인스토밍을 활용할 때, 이에 적합하지 않은 태도를 보이는 사람을 모두 고르면?

> **보기**
>
> A사원 : 신문 기사를 보니 세분화된 취향을 만족시키는 잡지들이 주목받고 있다고 하던데, 저희 팀에서도 소수의 취향을 주제로 한 잡지를 만들어 보는 건 어떨까요?
> B대리 : 그건 수익성은 생각하지 않은 발언인 것 같네요.
> C과장 : 아이디어는 많으면 많을수록 좋죠, 더 이야기해 봐요.
> D주임 : 요새 직장생활에 관한 이야기를 주제로 독자의 공감을 이끌어 내는 도서들이 많이 출간되고 있습니다. '연봉'과 관련한 실용서를 만들어 보는 건 어떨까요? 신선하고 공감을 자아내는 글귀와 제목, 유쾌한 일러스트를 표지에 실어서 눈에 띄게 만들어 보는 것도 좋을 것 같습니다.
> E차장 : 위 두 아이디어 모두 신선하네요. '잡지'의 형식으로 가면서 직장인과 관련된 키워드를 매달 주제로 해 발간해 보면 어떨까요? 창간호 키워드는 '연봉'이 좋겠군요.

① A사원
② B대리
③ B대리, C과장
④ B대리, E차장
⑤ A사원, D주임, E차장

18 다음 사례를 읽고 K전자가 TV 시장에서 경쟁력을 잃게 된 주요 원인으로 가장 적절한 것은?

> 평판 TV 시장에서 PDP TV가 주력이 되리라 판단한 K전자는 2007년에 세계 최대 규모의 PDP 생산설비를 건설하기 위해 3조 원 수준의 막대한 투자를 결정하였다. 당시 L전자와 S전자는 LCD와 PDP 사업을 동시에 수행하면서도 성장성이 높은 LCD TV로 전략을 수정하는 상황이었지만 K전자는 익숙한 PDP 사업에 더욱 몰입한 것이다. 하지만 주요 기업들의 투자가 LCD에 집중되면서, 새로운 PDP 공장이 본격 가동될 시점에 PDP의 경쟁력은 이미 LCD에 뒤처지게 됐다.
> 결국, 활용가치가 현저하게 떨어진 PDP 생산설비는 조기에 상각함을 고민할 정도의 골칫거리로 전락했다. K전자는 2011년에만 11조 원의 적자를 기록했으며, 2012년에도 10조 원 수준의 적자가 발생되었다. 연이은 적자는 K전자의 신용등급을 투기 등급으로 급락시켰고, K전자의 CEO는 '디지털 가전에서 패배자가 되었음'을 인정하며 고개를 숙였다. TV를 포함한 가전제품 사업에서 K전자가 경쟁력을 회복하기 어려워졌음은 말할 것도 없다.

① 사업 환경의 변화 속도가 너무나 빨라졌고, 변화의 속성도 예측이 어려워져 따라가지 못하였다.
② 차별성을 지닌 새로운 제품을 기획하고 개발하는 것에 대한 성공 가능성이 낮아져 주저했다.
③ 기존 사업영역에 대한 강한 애착으로 신사업이나 신제품에 대해 낮은 몰입도를 보였다.
④ 실패가 두려워 새로운 도전보다 안정적이며 실패 확률이 낮은 제품을 위주로 미래를 준비하였다.
⑤ 외부 환경이 어려워짐에 따라 잠재적 실패를 감내할 수 있는 자금을 확보하지 못하였다.

마스크를 낀 사람들이 더는 낯설지 않다. "알프스나 남극 공기를 포장해 파는 시대가 오는 게 아니냐."는
농담을 가볍게 웃어넘기기 힘든 상황이 됐다. 황사·미세먼지·초미세먼지·오존·자외선 등 한 번 외출할
때마다 꼼꼼히 챙겨야 할 것들이 한둘이 아니다. 중국과 인접한 우리나라의 환경오염 피해는 더욱 심각한
상황이다. 지난 4월 3일 서울의 공기품질은 최악을 기록한 인도 델리에 이어 2위라는 불명예를 차지했다.
또렷한 환경오염은 급격한 기후변화의 촉매제가 되고 있다. 지난 1912년 이후 지구의 연평균 온도는 꾸준히
상승해 평균 0.75℃가 올랐다. 우리나라는 세계적으로 유래를 찾아보기 어려울 만큼 연평균 온도가 100여
년간 1.8℃나 상승했으며, 이는 지구 평균치의 2배를 웃도는 수치이다. 기온 상승은 다양한 부작용을 낳고
있다. 1991년부터 2010년까지 20여 년간 폭염일수는 8.2일에서 10.5일로 늘어났고, 열대야지수는 5.4일
에서 12.5일로 증가했다. 1920년대에 비해 1990년대 겨울은 한 달이 짧아졌다. 이러한 이상 기온은 우리
농어촌에 악영향을 끼칠 수밖에 없다.

기후변화와 더불어, 세계 인구의 폭발적 증가는 식량난 사태로 이어지고 있다. 일부 저개발 국가에서는 굶주
림이 일반화되고 있다. 올해를 기준으로 전 세계 인구수는 81억 1,800만 명을 넘어섰다. 인류 역사상 가장
많은 인류가 지구에 살고 있는 셈이다. 이 추세대로라면 오는 2050년에는 97억 2,500만 명을 넘어설 것으
로 전망된다. 한정된 식량 자원과 급증하는 지구촌 인구수의 결과는 불을 보듯 뻔하다. 곧 글로벌 식량위기
가 가시화될 전망이다.

우리나라는 식량의 75% 이상을 해외에서 조달하고 있다. 이는 국제 식량가격의 급등이 식량안보의 위협으
로 이어질 수도 있음을 뜻한다. 미 국방성은 '수백만 명이 사망하는 전쟁이나 자연재해보다 기후변화가 가까
운 미래에 더 심각한 재앙을 초래할 수 있다.'는 내용의 보고서를 발표하였다.

이뿐만 아니라 식량이 부족한 상황에서 식량의 질적 문제도 해결해야 할 과제이다. 삶의 질을 중시하면서
친환경적인 안전 먹거리에 대한 관심과 수요는 증가하고 있지만, 급변하는 기후변화와 부족한 식량 자원은
식량의 저질화로 이어질 가능성을 높이고 있다. 일손 부족 등으로 인해 친환경 먹거리 생산의 대량화 역시
쉽지 않은 상황이다.

19 다음 중 윗글의 주제로 가장 적절한 것은?

① 지구온난화에 의한 기후변화의 징조

② 환경오염에 따른 기후변화가 우리 삶에 미치는 영향

③ 기후변화에 대처하는 자세

④ 환경오염을 예방하는 방법

⑤ 환경오염과 인구증가의 원인

20 다음 중 윗글을 이해한 내용으로 가장 적절한 것은?

① 기후변화는 환경오염의 촉매제가 되어 우리 농어촌에 악영향을 끼치고 있다.

② 알프스나 남극에서 공기를 포장해 파는 시대가 도래하였다.

③ 세계인구의 폭발적인 증가는 저개발 국가의 책임이 크다.

④ 우리나라의 식량자급률의 특성상 기후변화가 계속된다면 식량난이 심각해질 것이다.

⑤ 친환경적인 안전 먹거리는 급변하는 기후 속 식량난을 해결하는 방법의 하나이다.

21 A대리는 K도시의 해안지역에 설치할 발전기를 검토 중이다. 설치 환경 및 요건에 대한 정보가 다음과 같을 때, 후보 발전기 중 설치될 발전기로 옳은 것은?

〈발전기 설치 환경 및 요건 정보〉

• 발전기는 동일한 종류를 2기 설치한다.
• 발전기를 설치할 대지는 1,500m²이다.
• 에너지 발전단가가 1,000kWh당 97,500원을 초과하지 않도록 한다.
• 후보 발전기 중 탄소배출량이 가장 많은 발전기는 제외한다.
• 운송수단 및 운송비를 고려하여, 개당 중량은 3톤을 초과하지 않도록 한다.

〈후보 발전기 정보〉

발전기 종류	발전방식	발전단가	탄소배출량	필요면적	중량
A	수력	92원/kWh	45g/kWh	690m²	3,600kg
B	화력	75원/kWh	91g/kWh	580m²	1,250kg
C	화력	105원/kWh	88g/kWh	450m²	1,600kg
D	풍력	95원/kWh	14g/kWh	800m²	2,800kg
E	풍력	80원/kWh	22g/kWh	720m²	2,140kg

① A

② B

③ C

④ D

⑤ E

22 K회사는 창립 10주년을 맞이하여 전 직원 단합대회를 준비하고 있다. 이를 위해 사장인 B씨는 여행상품 중 한 가지를 선정하려 하는데, 직원 투표 결과를 통해 결정하려고 한다. 직원 투표 결과와 여행지별 1인당 경비는 다음과 같고, 부서별 고려사항을 참고하여 선택하려고 할 때, 〈보기〉 중 옳은 것을 모두 고르면?

〈직원 투표 결과〉

상품내용		투표 결과(표)					
여행상품	1인당 비용(원)	총무팀	영업팀	개발팀	홍보팀	공장1	공장2
A	500,000	2	1	2	0	15	6
B	750,000	1	2	1	1	20	5
C	600,000	3	1	0	1	10	4
D	1,000,000	3	4	2	1	30	10
E	850,000	1	2	0	2	5	5

〈여행상품별 혜택 정리〉

상품	날짜	장소	식사제공	차량지원	편의시설	체험시설
A	5/10 ~ 5/11	해변	○	○	×	×
B	5/10 ~ 5/11	해변	○	○	○	×
C	6/7 ~ 6/8	호수	○	○	○	×
D	6/15 ~ 6/17	도심	○	×	○	○
E	7/10 ~ 7/13	해변	○	○	○	×

〈부서별 고려사항〉

- 총무팀 : 행사 시 차량 지원이 가능함
- 영업팀 : 6월 초순에 해외 바이어와 가격 협상 회의 일정이 있음
- 공장1 : 3일 연속 공장 비가동 시 제품의 품질 저하가 예상됨
- 공장2 : 7월 중순 공장 이전 계획이 있음

> **보기**
> ㉠ 필요한 여행상품 비용은 총 1억 500만 원이 필요하다.
> ㉡ 투표 결과, 가장 인기가 좋은 여행상품은 B이다.
> ㉢ 공장1의 A, B 투표 결과가 바뀐다면 여행상품 선택은 변경된다.

① ㉠

② ㉠, ㉡

③ ㉠, ㉢

④ ㉡, ㉢

④ ㉠, ㉡, ㉢

23 투자정보팀에서는 문제기업을 미리 알아볼 수 있는 이상 징후로 다음과 같은 다섯 개의 조건을 바탕으로 투자 여부를 판단하며, 투자 여부 판단 대상기업은 A∼E이다. 〈조건〉을 참고할 때, 투자 부적격 기업은?

〈투자 여부 판단 조건〉

㉮ 기업문화의 종교화
㉯ 정책에 대한 지나친 의존
㉰ 인수 합병 의존도의 증가
㉱ 견제 기능의 부재
㉲ CEO의 법정 출입

이 5개의 징후는 다음과 같은 관계가 성립한다.

〈이상 징후별 인과 및 상관관계〉
ⅰ) '기업문화의 종교화'(㉮)와 '인수 합병 의존도의 증가'(㉰)는 동시에 나타난다.
ⅱ) '견제 기능의 부재'(㉱)가 나타나면 '정책에 대한 지나친 의존'(㉯)이 나타난다.
ⅲ) 'CEO의 법정 출입'(㉲)이 나타나면 '정책에 대한 지나친 의존'(㉯)과 '인수 합병의존도의 증가'(㉰)가 나타난다.

투자정보팀은 ㉮∼㉲ 중 4개 이상의 이상 징후가 발견될 경우 투자를 하지 않기로 한다.

조건
- ㉮는 A, B, C기업에서만 나타났다.
- ㉯는 D기업에서 나타났고, C와 E기업에서는 나타나지 않았다.
- ㉱는 B기업에서 나타났고, A기업에서는 나타나지 않았다.
- ㉲는 A기업에서 나타나지 않았다.
- 각각의 이상 징후 ㉮∼㉲ 중 모든 기업에서 동시에 나타나는 이상 징후는 없었다.

① A ② B
③ B, C ④ D, E
⑤ C, D, E

24 B사원은 최근 K회사의 빔프로젝터를 구입하였으며, 빔프로젝터 고장 신고 전 확인사항을 확인하였다. 다음 중 빔프로젝터의 증상과 그에 따른 확인 및 조치사항으로 옳은 것은?

〈빔프로젝터 고장 신고 전 확인사항〉

분류	증상	확인 및 조치사항
설치 및 연결	전원이 들어오지 않음	• 제품 배터리의 충전 상태를 확인하세요. • 만약 그래도 제품이 전혀 동작하지 않는다면 제품 옆면의 'Reset' 버튼을 1초간 누르시기 바랍니다.
	전원이 자동으로 꺼짐	• 본 제품은 약 20시간 지속 사용 시 제품의 시스템 보호를 위해 전원이 자동 차단될 수 있습니다.
	외부기기가 선택되지 않음	• 외부기기 연결선이 신호 단자에 맞게 연결되었는지 확인하고, 연결 상태를 점검해 주시기 바랍니다.
메뉴 및 리모컨	리모컨이 동작하지 않음	• 리모컨의 건전지 상태 및 건전지가 권장 사이즈에 부합하는지 확인해 주세요. • 리모컨 각도와 거리가(10m 이하) 적당한지, 제품과 리모컨 사이에 장애물이 없는지 확인해 주세요.
	메뉴가 선택되지 않음	• 메뉴의 글자가 회색으로 나와 있지 않은지 확인해 주세요. 회색의 글자 메뉴는 선택되지 않습니다.
화면 및 소리	영상이 희미함	• 리모컨 메뉴창의 초점 조절 기능을 이용하여 초점을 조절해 주세요. • 투사거리가 초점에서 너무 가깝거나 멀리 떨어져 있지 않은지 확인해 주세요(권장거리 1 ~ 3m).
	제품에서 이상한 소리가 남	• 이상한 소리가 계속해서 발생할 경우 사용을 중지하고 서비스 센터로 문의해 주시기 바랍니다.
	화면이 안 나옴	• 제품 배터리의 충전 상태를 확인해 주세요. • 본체의 발열이 심할 경우 화면이 나오지 않을 수 있습니다.
	화면에 줄, 잔상, 경계선 등이 나타남	• 일정 시간 정지된 영상을 지속적으로 표시하면 부분적으로 잔상이 발생합니다. • 영상의 상·하·좌·우의 경계선이 고정되어 있거나 빛의 투과량이 서로 상이한 영상을 장시간 시청 시 경계선에 자국이 발생할 수 있습니다.

① 영상이 너무 희미해 초점과 투사거리를 확인하여 조절하였다.

② 메뉴가 선택되지 않아 외부기기와 연결선이 제대로 연결되었는지 확인하였다.

③ 일주일째 이상한 소리가 나 제품 배터리가 충분히 충전된 상태인지 살펴보았다.

④ 언젠가부터 화면에 잔상이 나타나 제품과 리모콘 배터리의 충전 상태를 확인하였다.

⑤ 영화를 보는 중에 갑자기 전원이 꺼진 것은 본체의 발열이 심해서 그런 것이므로 약 20시간 동안 사용을 중지하였다.

25 다음 글에 제시된 벤치마킹의 종류에 대한 설명으로 가장 적절한 것은?

네스프레소는 가정용 커피머신 시장의 선두주자이다. 이러한 성장 배경에는 기존의 산업 카테고리를 벗어나 랑콤, 이브로쉐 등 고급 화장품 업계의 채널 전략을 벤치마킹했다. 고급 화장품 업체들은 독립 매장에서 고객들에게 화장품을 직접 체험할 수 있는 기회를 제공하고, 이를 적극적으로 수요와 연계하고 있었다. 네스프레소는 이를 통해 신규 수요를 창출하기 위해서는 커피머신의 기능을 강조하는 것이 아니라, 즉석에서 추출한 커피의 신선한 맛을 고객에게 체험하게 하는 것이 중요하다는 인사이트를 도출했다. 이후 전 세계 유명 백화점에 오프라인 단독 매장들을 개설해 고객에게 커피를 시음할 수 있는 기회를 제공했다. 이를 통해 네스프레소의 수요는 급속도로 늘어나 매출 부문에서 30 ~ 40%의 고속성장을 거두게 됐고 전 세계로 확장되며 여전히 높은 성장세를 이어가고 있다.

① 자료수집이 쉬우며 효과가 크지만 편중된 내부시각에 대한 우려가 있다는 단점이 있다.
② 비용 또는 시간적 측면에서 상대적으로 많이 절감할 수 있다는 장점이 있다.
③ 문화 및 제도적인 차이에 대한 검토가 부족하면 잘못된 결과가 나올 수 있다.
④ 경영성과와 관련된 정보 입수가 가능하나 윤리적인 문제가 발생할 소지가 있다.
⑤ 새로운 아이디어가 나올 가능성이 높지만 가공하지 않고 사용한다면 실패할 수 있다.

26 다음 사례에서 L사원이 가장 먼저 해야 할 일로 옳은 것은?

현재 직장에 근무한 지 3년 차인 L사원은 그동안 단순 반복되는 업무를 맡아왔다. 얼마 전 새로 입사한 신입사원을 보면서 자신이 신입사원으로 들어왔을 때를 떠올렸다. 그때는 나름 힘찬 포부와 커다란 목표를 가지고 있었는데, 지금은 업무에 시달리다 보니 아무런 목표 의식 없이 주어진 일을 끝내기에만 바빴다. 신입사원보다 자신의 능력이 부족하다는 것을 느끼게 되었고, 마침내 자신의 전문성을 신장시켜야겠다고 결심했다.

① 반성 및 피드백을 한다.
② 일정을 수립한다.
③ 수행해야 할 과제를 발견한다.
④ 비전과 목표를 수립한다.
⑤ 자신의 흥미 · 적성 등을 파악한다.

27 다음 C 프로그램의 실행 결과로 옳은 것은?

```
#include ⟨stdio.h⟩
int main( )
{
    int sum = 0;
    int x;
    for(x = 1;x < = 100;x++)
        sum+=x;
    printf("1 + 2 + … +100 = %d\n", sum);
        return 0;
}
```

① 5010   ② 5020
③ 5040   ④ 5050
⑤ 6000

28 다음 사례에서 요리연구가 A가 사용한 방법으로 가장 적절한 것은?

요리연구가 A씨는 수많은 요리를 개발하면서 해당 요리의 조리방법을 기록해 왔다. 몇 년에 걸쳐 진행한 결과 A씨가 연구해 온 요리가 수백 개에 달했고, 이로 인해 A씨가 해당 요리에 관한 내용을 찾으려 할 때, 상당한 시간이 걸렸다. A씨는 고민 끝에 요리방법을 적은 문서를 분류하기로 하였고 이를 책으로 출판하였다. 책은 각 요리에서 주재료로 사용된 재료를 기준으로 요리방법이 분류되었으며, 해당 재료에 대한 내용이 서술되어 있는 페이지도 같이 기술하였다.

① 목록   ② 목차
③ 분류   ④ 초록
⑤ 색인

29 K은행 A지점은 M구의 신규 입주아파트 분양업자와 협약체결을 통하여 분양 중도금 관련 집단대출을 전담하게 되었다. A지점에 근무하는 귀하는 한 입주예정자로부터 평일에는 개인사정으로 인해 영업시간 내에 방문하지 못한다는 문의를 받아 근처 다른 지점에 방문하여 대출신청을 진행할 수 있도록 안내하였다. 다음 〈조건〉을 토대로 입주예정자의 대출신청을 완료하는 데까지 걸리는 최소 시간은 얼마인가?[단, 각 지점 간 숫자는 두 영업점 간의 거리(km)를 의미한다]

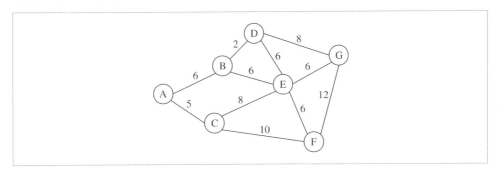

조건
- 입주예정자는 G지점 근처에서 거주하고 있어서 영업시간 내에 언제든지 방문 가능하다.
- 대출과 관련한 서류는 A지점에서 G지점까지 행낭을 통해 전달한다.
- 은행 영업점 간 행낭 배송은 시속 60km로 운행하며, 요청에 따라 배송지 순서는 변경(생략)할 수 있다(단, 연결된 구간으로만 운행 가능).
- 대출신청서 등 대출 관련 서류는 입주예정자 본인 또는 대리인(대리인증명서 필요)이 작성하여야 한다(작성하는 시간은 총 30분이 소요됨).
- 대출신청 완료는 A지점에 입주예정자가 작성한 신청 서류가 도착했을 때를 기준으로 한다.

① 46분
② 49분
③ 57분
④ 1시간 2분
⑤ 1시간 5분

30 다음 대화를 듣고 C대리가 A사원에게 해 줄 조언으로 적절하지 않은 것은?

(전화를 당겨 받는다)

A사원 : 네.

B팀장 : 안녕하세요. D팀장님 자리에 안 계신가요?

A사원 : 네.

B팀장 : 그럼 메모 좀 남겨주실 수 있으세요?

A사원 : 네(10초간 펜과 노트를 찾는다), 말씀하세요.

B팀장 : 월요일에 보낸 업무협조요청 관련해서 자료 회신을 부탁 드린다고 전해 주세요.

A사원 : 메모 전달해 드리겠습니다.

B팀장 : 네, 수고하세요.

---

① 소속을 먼저 밝히고 전화를 당겨 받은 이유를 설명했어야지.

② 너무 사무적으로 받았어. 이웃 주민에게 하듯이 친근하게 받았어야지.

③ 전화를 끊기 전에 메모 내용을 다시 한 번 확인했어야지.

④ 펜과 메모는 항상 준비해 놔야 해. 시간이 지체되면 상대방이 불쾌감을 느낄 수 있어.

⑤ 전화를 건 사람이 어느 소속이고, 누구인지를 확인했어야지.

31 다음 〈보기〉 중 직장 내 인사 예절에 대한 설명으로 적절한 것을 모두 고르면?

보기

ㄱ. 사람에 따라 인사법을 다르게 한다.

ㄴ. 악수를 할 때는 신뢰감을 주기 위해 꽉 잡는다.

ㄷ. 윗사람에게 먼저 목례를 한 후 악수를 한다.

ㄹ. 상대보다 먼저 인사한다.

---

① ㄱ, ㄴ
② ㄴ, ㄷ
③ ㄷ, ㄹ
④ ㄱ, ㄴ, ㄹ
⑤ ㄴ, ㄷ, ㄹ

32 농도가 15%인 소금물 800g에서 소금물을 조금 퍼내고, 150g의 물을 다시 부었다. 이때 소금물의 농도가 12%라면, 처음에 퍼낸 소금물의 양은 얼마인가?

① 100g
② 150g
③ 200g
④ 250g
⑤ 300g

33 다음은 K사 영업부에서 근무하는 S사원의 일일업무일지이다. 업무일지에 적힌 내용 중 영업부의 주요 업무로 적절하지 않은 것은 모두 몇 가지인가?

〈S사원의 일일업무일지〉			
부서명	영업부	작성일자	2024년 3월 20일
작성자	S		
금일 업무 내용		명일 업무 내용	
• 시장 조사 계획 수립		• 신규 거래처 견적 작성 및 제출	
• 시장 조사 진행(출장)		• 전사 소모품 관리	
• 신규 거래처 개척		• 발주서 작성 및 발주	
• 판매 방침 및 계획 회의		• 사원 급여 정산	
• 전사 공채 진행		• 매입마감	

① 2가지
② 3가지
③ 4가지
④ 5가지
⑤ 6가지

※ 다음 글을 읽고 이어지는 질문에 답하시오. [34~35]

귀하는 새로 추진하고 있는 중요한 프로젝트의 팀장을 맡았다. 그런데 어느 날부턴가 점점 사무실 분위기가 심상치 않다. 귀하는 프로젝트의 원활한 진행을 위해 동료 간 화합이 무엇보다 중요하다고 생각하기 때문에 팀원들의 업무 행태를 관심 있게 지켜보기 시작했다. 그 결과, A사원이 사적인 약속 등을 핑계로 업무를 미루거나 주변의 눈치를 살피며 불성실한 자세로 근무하는 모습을 발견하였다. 또한, 발생한 문제에 대해 변명만 늘어놓는 태도로 일관해 프로젝트를 함께 진행하는 동료 직원들의 불만은 점점 쌓여만 가고 있다.

34 '썩은 사과의 법칙'에 의하면, 팀 리더는 팀워크를 무너뜨리는 썩은 사과가 있을 때는 먼저 문제 상황에 대해 대화를 나누어 스스로 변화할 기회를 주어야 한다. 하지만 그 후로도 변화하지 않는다면 결단력을 가지고 썩은 사과를 내보내야 한다. 다음 중 귀하가 팀장으로서 취해야 할 행동을 썩은 사과의 법칙의 관점에서 설명한 내용으로 적절하지 않은 것은?

① A사원의 업무 행태가 끝내 변화하지 않을 경우 A사원을 팀에서 내보내야 한다.

② 팀장으로서 먼저 A사원과 문제 상황에 대하여 대화를 나눠야 한다.

③ 직원의 문제에 대해 명확한 지적보다는 간접적으로 인지하게 하여 스스로 변화할 기회를 준다.

④ A사원은 조직의 비전이나 방향은 생각하지 않고 자기중심적으로 행동하며 조직에 방해가 되는 사람이다.

⑤ 성실하지 못한 A사원의 행동으로 인해 업무에 상당한 지장이 발생하고 있다고 할지라도 A사원에게 변화할 기회를 주어야 한다.

35 멤버십의 유형은 마인드를 나타내는 독립적 사고 축과 행동을 나타내는 적극적 실천 축으로 나누어진다. 이에 따라 멤버십 유형은 수동형·실무형·소외형·순응형·주도형으로 구분된다. 다음 중 직장 동료와 팀장의 시각으로 볼 때, A사원의 업무 행태가 속하는 멤버십 유형으로 가장 적절한 것은?

① 소외형   ② 순응형
③ 실무형   ④ 수동형
⑤ 주도형

36 다음 글의 논지를 강화하기 위한 내용으로 적절하지 않은 것은?

뉴턴은 이렇게 말했다. "플라톤은 내 친구이다. 아리스토텔레스는 내 친구이다. 하지만 진리야말로 누구보다 소중한 내 친구이다." 케임브리지에서 뉴턴에게 새로운 전환점을 준 사람이 있다. 수학자이며 당대 최고의 교수였던 아이작 배로우(Isaac Barrow)였다. 배로우는 뉴턴에게 수학과 기하학을 가르치고 그의 탁월함을 발견하여 후원자가 됐다. 이처럼 뉴턴은 타고난 천재가 아니라, 자신의 피나는 노력과 위대한 스승들의 도움을 통해 후천적으로 키워진 것이다.

뉴턴이 시대를 관통하는 천재로 여겨진 것은 "사과는 왜 땅에 수직으로 떨어질까?"라는 질문에서 시작했다. 이 질문을 던진 지 20여 년이 지나고 마침내 모든 물체가 땅으로 떨어지는 것은 지구 중력에 의한 만유인력이라는 개념을 발견한 것이 계기가 되었다. 사과가 떨어지는 것을 관찰하여 온갖 질문을 던지고, 새로운 가설을 만든 후에 그것을 증명하기 위해 오랜 시간 연구하고 실험을 한 결과가 위대한 발견으로 이어진 것이다. 위대한 발명이나 발견은 어느 한 순간 섬광처럼 오는 것이 아니다. 시작 단계의 작은 아이디어가 질문과 논쟁을 통해 점차 다른 아이디어들과 충돌하고 합쳐지면서 숙성의 시간을 갖고, 그런 후에야 세상에 유익한 발명이나 발견이 나오는 것이다.

이전부터 천재가 선천적인 것인지, 후천적인 것인지에 관한 논란은 계속되어 왔다. 과거에는 천재가 신적인 영감을 받아 선천적으로 탄생한다는 주장이 힘을 얻었다. 플라톤의 저서 『이온』에도 음유 시인이 기술이나 지식이 아닌 신적인 힘과 영감을 받는 존재임이 언급된다. 그러나 아리스토텔레스의 『시학』은 『이온』과 조금 다른 관점을 취하고 있다. 기본적으로 시가 모방미학이라는 입장은 같지만, 아리스토텔레스는 이것이 신적인 힘을 모방한 것이 아닌 인간의 모방이라고 믿었다.

최근 연구에 의하면 천재라 불리는 모든 사람들이 선천적으로 타고난 것이 아니고 후천적인 학습을 통해 수준을 점차 더 높은 단계로 발전시켰다고 한다. 선천적 재능과 후천적 학습을 모두 거친 절충적 천재가 각광받는 것이다. 이것이 우리에게 주는 시사점은 비록 지금은 창의적이지 않더라도 꾸준히 포기하지 말고 창의성을 개발하고 실현하는 방법을 배워서 실천한다면 모두가 창의적인 사람이 될 수 있다는 교훈이다. 타고난 천재가 아니고 훈련과 노력으로 새롭게 태어나는 창재(창의적인 인재)로 거듭나야 한다.

① 칸트는 천재가 선천적인 것이라고 하였다.
② 세계적인 발레리나 강수진은 고된 연습으로 발이 기형적으로 변해버렸다.
③ 1만 시간의 법칙은 한 분야에서 전문가가 되기 위해서는 최소 1만 시간의 훈련이 필요하다는 것이다.
④ 뉴턴뿐만 아니라 아인슈타인 역시 끊임없는 연구와 노력을 통해 천재로 인정받았다.
⑤ 신적인 것보다 연습이 영감을 가져다주는 경우가 있다.

37 산업통상자원부에서 다음과 같은 전력수급계획을 발표하였다. 〈조건〉을 고려할 때, 산업통상자원부가 채택하기에 적절하지 않은 정책 대안은?

〈전력수급계획〉

올해의 전력수급현황은 다음과 같다.
• 총공급전력량 : 8,600만kW
• 최대전력수요 : 7,300만kW

이에 따라 산업통상자원부는 내년도 전력수급기본계획을 마련하고, 정책목표를 다음과 같이 설정하였다.
• 정책목표 : 내년도 전력예비율을 30% 이상으로 유지한다.

※ [전력예비율(%)] $= \dfrac{(\text{총공급전력량})-(\text{최대전력수요})}{(\text{최대전력수요})} \times 100$ (단, 전력예비율의 계산값은 소수점 셋째 자리에서 반올림한다)

조건

• 발전소를 하나 더 건설하면 총공급전력량이 150만kW만큼 증가한다.
• 전기요금을 $a\%$ 인상하면 최대전력수요는 $a\%$ 감소한다.

※ 발전소는 즉시 건설·운영되는 것으로 가정하고, 이외의 다른 변수는 고려하지 않는다.

---

① 발전소를 1개 더 건설하고, 전기요금을 10% 인상한다.
② 발전소를 3개 더 건설하고, 전기요금을 3% 인상한다.
③ 발전소를 6개 더 건설하고, 전기요금을 1% 인상한다.
④ 발전소를 8개 더 건설하고, 전기요금을 동결한다.
⑤ 발전소를 더는 건설하지 않고, 전기요금을 12% 인상한다.

38 다음 중 자기개발의 특징에 대한 설명으로 옳은 것은?

① 자기개발은 일이나 생활과 너무 밀접하게 연관 짓지 않도록 해야 한다. 자신이 궁극적으로 원하는 삶의 모습을 설계하기 위해서이다.
② 자기개발의 주체는 자기 자신이 아니라 타인이다. 타인의 객관적인 관점에서 자신을 분석하고 성장시켜야 하기 때문이다.
③ 자기개발은 모든 사람에게 요구되는 것은 아니다. 때로는 잘못된 자기개발과 인생설계로 인해 더욱 부정적인 모습이 될 수 있다.
④ 자기개발은 개별적인 과정으로, 사람마다 자신에게 적합한 목표를 설정하고 자기개발의 전략이나 방법을 다르게 선정해야 한다.
⑤ 자기개발은 학교단계나 어떤 특정한 사건이나 요구가 있을 때 일시적으로 이루어지는 과정으로, 단기간에 효과적으로 실행해야 한다.

39 다음 사례에서 K씨가 자신의 목표를 달성하지 못한 이유로 가장 적절한 것은?

> 극장에서 미소지기로 근무하는 K씨는 친절 사원으로 선발된 다른 직원들을 보면서 자신도 이달의 친절왕이 되겠다는 목표를 설정하고, 여러 정보들을 수집하여 구체적인 계획을 세웠다. 그러나 K씨의 무뚝뚝한 표정과 말투로 인해 친절왕은커녕 고객들의 불평과 불만만 쌓여갔다. 사실 K씨는 오래 전부터 사람을 대하는 서비스업이 자신에게 적합하지 않다는 생각을 하고 있었다.

① 자신감이 부족하여 자기개발과 관련된 결정을 제대로 하지 못하였다.
② 회사 내의 경력기회 및 직무 가능성 등에 대해 충분히 알아보지 않았다.
③ 다른 직업이나 회사 밖의 기회에 대해 충분히 알아보지 않았다.
④ 자신의 흥미·적성 등을 제대로 파악하지 못하였다.
⑤ 둘러싼 주변상황의 제약으로 인해 어려움을 겪었다.

40 다음 시트와 같이 월~금요일까지는 '업무'로, 토요일과 일요일에는 '휴무'로 표시하고자 할 때 [B2] 셀에 입력해야 할 함수식으로 옳지 않은 것은?

	A	B
1	일자	휴무, 업무
2	2024-01-07	휴무
3	2024-01-08	휴무
4	2024-01-09	업무
5	2024-01-10	업무
6	2024-01-11	업무
7	2024-01-12	업무
8	2024-01-13	업무

① = IF(OR(WEEKDAY(A2, 0) = 0, WEEKDAY(A2, 0) = 6), "휴무", "업무")
② = IF(OR(WEEKDAY(A2, 1) = 1, WEEKDAY(A2, 1) = 7), "휴무", "업무")
③ = IF(OR(WEEKDAY(A2, 2) = 6, WEEKDAY(A2, 2) = 7), "휴무", "업무")
④ = IF(WEEKDAY(A2, 2) > = 6, "휴무", "업무")
⑤ = IF(WEEKDAY(A2, 3) > = 5, "휴무", "업무")

※ K공사 직원들은 초청행사 안내 현수막을 설치하려고 한다. 다음 자료를 참고하여 이어지는 질문에 답하시오. **[41~42]**

- 현수막 설치 후보 장소 : 주민센터, 공사 본부, 우체국, 주유소, 마트
- 현수막 설치일자 : 3월 29 ~ 31일

구분	주민센터	공사 본부	우체국	주유소	마트
설치가능 일자	3월 31일	3월 29일	3월 30일	3월 31일	4월 2일
게시기간	3월 31일 ~ 4월 15일	3월 29일 ~ 4월 18일	3월 30일 ~ 4월 8일	3월 31일 ~ 4월 8일	4월 2 ~ 25일
하루 평균 유동인구	230명	300명	260명	270명	310명
설치비용	200만 원	300만 원	250만 원	200만 원	300만 원
게시비용	10만 원/일	8만 원/일	12만 원/일	12만 원/일	7만 원/일

※ 현수막은 유동인구가 가장 많은 2곳에 설치 예정
※ 하루 평균 유동인구가 차순위 장소와 20명 이상 차이나지 않는 경우, 게시기간이 긴 장소에 설치
※ 설치비용은 한 번만 지불

41 다음 중 안내 현수막을 설치할 장소를 모두 고르면?(단, 설치장소 선정에 설치 및 게시 비용은 고려하지 않는다)

① 주민센터, 공사 본부　　　　　② 공사 본부, 우체국
③ 우체국, 주유소　　　　　　　　④ 주유소, 마트
⑤ 주민센터, 마트

42 상부 지시로 다른 조건은 모두 배제하고 설치 및 게시비용만 고려하여 총비용이 가장 저렴한 곳에 현수막을 설치하기로 하였다. 다음 중 현수막을 설치할 장소는?(단, 현수막은 장소마다 제시되어 있는 게시기간 모두 사용한다)

① 주민센터　　　　　　　　　　② 공사 본부
③ 우체국　　　　　　　　　　　④ 주유소
⑤ 마트

43 다음 중 성예절을 지키기 위한 자세로서 적절하지 않은 것은?

① 성희롱 문제는 개인적인 일이기 때문에 당사자들끼리 해결해야 한다.

② 직장 내에서 여성이 남성과 동등한 지위를 보장받기 위해서 그만한 책임과 역할을 다해야 하며, 조직은 그에 상응하는 여건을 조성해야 한다.

③ 우리 사회에는 뿌리 깊은 남성 위주의 가부장적 문화와 성역할에 대한 과거의 잘못된 인식이 아직도 남아 있기 때문에 남녀 공존의 직장문화를 정착하는 데 남다른 노력을 기울여야 한다.

④ 실정법을 준수하여 회사의 명예와 본인의 품위를 지켜야 하며, 사회적 또는 윤리적으로 비난받을 행위를 하지 않아야 한다.

⑤ 여성의 직업참가율이 비약적으로 높아졌기 때문에 남성이 대등한 동반자 관계로 동등한 역할과 능력 발휘를 한다는 인식을 가질 필요가 있다.

44 다음은 신재생에너지 산업에 대한 자료이다. 이에 대한 설명으로 옳은 것은?

〈신재생에너지원별 산업 현황〉

구분	기업체 수 (개)	고용인원 (명)	매출액 (억 원)	내수 (억 원)	수출액 (억 원)	해외공장 매출 (억 원)	투자액 (억 원)
태양광	127	8,698	75,637	22,975	33,892	18,770	5,324
태양열	21	228	290	290	0	0	1
풍력	37	2,369	14,571	5,123	5,639	3,809	583
연료전지	15	802	2,837	2,143	693	0	47
지열	26	541	1,430	1,430	0	0	251
수열	3	47	29	29	0	0	0
수력	4	83	129	116	13	0	0
바이오	128	1,511	12,390	11,884	506	0	221
폐기물	132	1,899	5,763	5,763	0	0	1,539
합계	493	16,178	113,076	49,753	40,743	22,579	7,966

① 태양광에너지 분야의 기업체 수가 가장 많다.

② 태양광에너지 분야에 고용된 인원은 전체 고용인원의 절반 이상을 차지한다.

③ 전체 매출액 중 풍력에너지 분야의 매출액이 차지하는 비율은 15% 이상이다.

④ 바이오에너지 분야의 수출액은 전체 수출액의 1% 미만이다.

⑤ 전체 매출액 대비 전체 투자액의 비율은 7.5% 이상이다.

45 다음은 LPG 차량의 동절기 관리 요령에 대한 자료이다. 이를 이해한 내용으로 적절하지 않은 것은?

〈LPG 차량의 동절기 관리 요령〉

LPG 차량은 가솔린이나 경유에 비해 비등점이 낮은 특징을 갖고 있기 때문에 대기온도가 낮은 겨울철에 시동성이 용이하지 못한 결점이 있습니다. 동절기 시동성 향상을 위해 다음 사항을 준수하시기 바랍니다.

▶ **LPG 충전**
- 동절기에 상시 운행지역을 벗어나 추운 지방으로 이동할 경우에는 도착지 LPG 충전소에서 연료를 완전 충전하시면 다음 날 시동이 보다 용이합니다. 이는 지역별로 상이한 외기온도에 따라 시동성 향상을 위해 LPG 내에 포함된 프로판 비율이 다르기 때문이며, 추운 지역의 LPG는 따뜻한 지역보다 프로판 비율이 높습니다(동절기에는 반드시 프로판 비율이 15 ~ 35%를 유지하도록 관련 법규에 명문화되어 있습니다).

▶ **주차 시 요령**
- 가급적 건물 내 또는 주차장에 주차하는 것이 좋으나, 부득이 옥외에 주차할 경우에는 엔진 위치가 건물 벽 쪽을 향하도록 주차하거나, 차량 앞쪽을 해가 뜨는 방향으로 주차함으로써 태양열의 도움을 받을 수 있도록 하는 것이 좋습니다.

▶ **시동 요령**
- 엔진 시동 전에 반드시 안전벨트를 착용하여 주십시오.
- 주차 브레이크 레버를 당겨 주십시오.
- 모든 전기장치는 OFF하여 주십시오.
- 점화스위치를 'ON' 위치로 하여 주십시오.
- 저온(혹한기) 조건에서는 계기판에 PTC 작동 지시등이 점등됩니다.
  - PTC 작동 지시등의 점등은 차량 시동성 향상을 위한 것으로 부품의 성능에는 영향이 없습니다.
  - 주행 후 단시간 시동 시에는 점등되지 않을 수 있습니다.
- PTC 작동 지시등이 소등되었는지 확인한 후, 엔진 시동을 걸어 주십시오.

▶ **시동 시 주의 사항**
- 시동이 잘 안 걸리면 엔진 시동을 1회에 10초 이내로만 실시하십시오. 계속해서 엔진 시동을 걸면 배터리가 방전될 수 있습니다.

▶ **시동 직후 주의 사항**
- 저온 시 엔진 시동 후 계기판에 가속방지 지시등이 점등됩니다.
- 가속방지 지시등의 점등은 주행성 향상을 위한 것으로 부품의 성능에는 영향이 없습니다.
- 가속방지 지시등 점등 시 고속 주행을 삼가십시오.
- 가속방지 지시등 점등 시 급가속, 고속주행은 연비 및 엔진 꺼짐 등의 문제가 발생할 수 있습니다.
- 가급적 가속방지 지시등 소등 후에 주행하여 주시길 바랍니다.

① 옥외에 주차할 경우 차량 앞쪽을 해가 뜨는 방향에 주차하는 것이 좋다.

② 추운 지역의 LPG는 따뜻한 지역보다 프로판 비율이 낮다.

③ 동절기에 LPG 충전소에서 연료를 완전 충전하면 다음 날 시동이 용이하다.

④ 가속방지 지시등 점등 시 고속 주행을 삼가도록 한다.

⑤ 가속방지 지시등 점등 시 급가속은 엔진 꺼짐 등의 문제가 발생할 수 있다.

46 다음 〈보기〉에서 경영의 4요소로 적절한 것을 모두 고르면?

> **보기**
>
> ㄱ. 조직의 목적을 달성하기 위해 경영자가 수립하는 것으로, 더욱 구체적인 방법과 과정이 담겨 있다.
> ㄴ. 조직에서 일하는 구성원으로, 경영은 이들의 직무수행에 기초하여 이루어지기 때문에 이것의 배치 및 활용이 중요하다.
> ㄷ. 생산자가 상품 또는 서비스를 소비자에게 유통하는 데 관련된 모든 체계적 경영 활동이다.
> ㄹ. 특정 경제적 실체에 관하여 이해관계를 이루는 사람들에게 합리적으로 경제적 의사결정을 하는 데 유용한 재무적 정보를 제공하기 위한 일련의 과정 또는 체계이다.
> ㅁ. 경영하는 데 사용할 수 있는 돈으로, 이것이 충분히 확보되는 정도에 따라 경영의 방향과 범위가 정해지게 된다.
> ㅂ. 조직이 변화하는 환경에 적응하기 위하여 경영활동을 체계화하는 것으로, 목표달성을 위한 수단이다.

① ㄱ, ㄴ, ㄷ, ㄹ   ② ㄱ, ㄴ, ㄷ, ㅁ

③ ㄱ, ㄴ, ㅁ, ㅂ   ④ ㄴ, ㄷ, ㅁ, ㅂ

⑤ ㄷ, ㄹ, ㅁ, ㅂ

※ 다음 글을 읽고 이어지는 질문에 답하시오. [47~49]

피보나치 수열은 운명적으로 가장 아름답다는 황금비를 만들어 낸다. 황금비는 피라미드, 파르테논 신전이나 다빈치, 미켈란젤로의 작품에서 시작해 오늘날에는 신용카드와 담뱃갑, 종이의 가로와 세로의 비율까지 광범위하게 쓰인다. 이러한 황금비는 태풍과 은하수의 형태, 초식동물의 뿔, 바다의 파도에도 있다. 배꼽을 기준으로 한 사람의 상체와 하체, 목을 기준으로 한 머리와 상체의 비율도 황금비이다. 이런 사례를 찾다 보면 우주가 피보나치 수열의 장난으로 만들어졌는지도 모른다는 생각까지 든다.

피보나치 수열은 12세기 말 이탈리아 천재 수학자 레오나르도 피보나치가 제안했다. 한 쌍의 토끼가 계속 새끼를 낳을 경우 몇 마리로 불어나는가를 숫자로 나타낸 것이 이 수열이다. 이 수열은 앞서 나오는 두 개의 숫자의 합이다. 1, 1, 1+1=2, 1+2=3, 2+3=5, 3+5=8, 5+8=13, 8+13=21, 13+21=34, 21+34=55, 34+55=89, … 이처럼 계속 수열을 만들어 가는 것이다.

우리 주변의 꽃잎을 세어 보면 거의 모든 꽃잎이 3장, 5장, 8장, 13장, … 으로 되어 있다. 백합과 붓꽃은 꽃잎이 3장, 채송화·패랭이·동백·야생장미는 5장, 모란·코스모스는 8장, 금불초와 금잔화는 13장이다. 과꽃과 치커리는 21장, 질경이와 데이지는 34장, 쑥부쟁이는 종류에 따라 55장과 89장이다. 신기하게도 모두 피보나치 숫자인 것이다.

피보나치 수열은 해바라기나 데이지 꽃 머리의 씨앗 배치에도 존재한다. 해바라기 씨앗이 촘촘히 박혀 있는 꽃 머리를 유심히 보면 최소의 공간에 최대의 씨앗을 배치하기 위한 '최적의 수학적 해법'으로 꽃이 피보나치 수열을 선택한다는 것을 알 수 있다. 씨앗은 꽃 머리에서 왼쪽과 오른쪽 두 개의 방향으로 엇갈리게 나선 모양으로 자리 잡는다. 데이지 꽃 머리에는 서로 다른 34개와 55개의 나선이 있고, 해바라기 꽃 머리에는 55개와 89개의 나선이 있다.

피보나치 수열은 식물의 잎차례에도 잘 나타나 있다. 잎차례는 줄기에서 잎이 나와 배열하는 방식으로, t/n로 표시한다. t번 회전하는 동안 잎이 n개 나오는 비율이 참나무·벚꽃·사과는 $\frac{2}{5}$이고, 포플러·장미·배·버드나무는 $\frac{3}{8}$, 갯버들과 아몬드는 $\frac{5}{13}$이다. 모두 피보나치 숫자로, 전체 식물의 90%가 피보나치 수열의 잎차례를 따르고 있다. 이처럼 잎차례가 피보나치 수열을 따르는 것은 잎이 바로 위의 잎에 가리지 않고, 햇빛을 최대한 받을 수 있는 최적의 수학적 해법이기 때문이다.

예전에는 식물의 DNA가 피보나치 수열을 만들어 낸다고 생각했다. 그러나 요즘에는 식물이 새로 자라면서 환경에 적응해 최적의 성장 방법을 찾아가는 과정에서 자연스럽게 피보나치 수열이 형성된다고 생각하는 학자들이 많아졌다. 최근 들어 생물뿐만 아니라 전하를 입힌 기름방울을 순서대로 떨어뜨려도 해바라기 씨앗처럼 퍼진다는 사실이 ㉠ <u>밝혀졌다</u>. 이처럼 피보나치 수열과 이 수열이 만들어 내는 황금비는 생물은 물론 자연과 우주 어디에나 숨어 있다.

47 다음 중 윗글의 내용으로 적절하지 않은 것은?

① 꽃잎과 식물의 잎에서 피보나치 수열을 찾을 수 있으며, 이 수열은 피라미드, 신용카드 등에 나타나는 황금비를 만들어 낸다.

② 해바라기 꽃 머리를 보면 최소의 공간에 최대의 씨앗이 배치될 수 있도록 피보나치 수열을 선택했음을 알 수 있다.

③ 식물의 잎차례에도 피보나치 수열이 잘 나타나며, 모든 식물의 잎차례는 이 수열을 따르고 있다.

④ 식물의 잎차례는 햇빛을 최대한 받을 수 있도록 피보나치 수열을 따르고 있다.

⑤ 학자들은 식물이 환경에 적응하기 위해 최적의 성장 방법을 찾아가는 과정에서 피보나치 수열이 형성된다고 생각한다.

48 다음 중 윗글의 제목으로 가장 적절한 것은?

① 일상 생활 속에서 광범위하게 사용되는 황금비

② 피보나치 수열의 정의와 형성 원리

③ 피보나치 수열에 대한 학자들의 기존 입장과 새롭게 밝혀진 원리

④ 식물에서 찾아볼 수 있는 피보나치 수열

⑤ 잎차례가 피보나치 수열을 따르는 이유

49 다음 중 밑줄 친 부분이 ㉠과 다른 의미로 사용된 것은?

① 그동안 숨겨왔던 진실이 <u>밝혀졌다</u>.

② 철수는 돈과 지위를 <u>밝히기</u>로 유명하다.

③ 나의 결백함이 <u>밝혀질</u> 것으로 믿는다.

④ 오랜 연구의 결과로 옛 문헌의 가치가 <u>밝혀졌다</u>.

⑤ 경찰이 사고의 원인을 <u>밝히고</u> 있다.

50 다음은 종이책 및 전자책 성인 독서율에 대한 자료이다. 빈칸 (가)에 들어갈 수치로 적절한 것은? (단, 각 항목의 2023년 수치는 2022년 수치 대비 일정한 규칙으로 변화한다)

〈종이책 및 전자책 성인 독서율〉

(단위 : %)

항목	연도	2022년			2023년		
		사례수(건)	1권 이상	읽지 않음	사례수(건)	1권 이상	읽지 않음
전체	소계	5,000	60	40	6,000	72	48
성별	남자	2,000	60	40	3,000	90	60
	여자	3,000	65	35	3,000	65	35
연령별	20대	1,000	87	13	1,000	87	13
	30대	1,000	80.5	19.5	1,100	88.6	21.5
	40대	1,000	75	25	1,200	90	30
	50대	1,000	60	40	1,200	(가)	
	60대 이상	1,000	37	63	1,400	51.8	88.2

① 44

② 52

③ 72

④ 77

⑤ 82

행운이란 100%의 노력 뒤에 남는 것이다.

- 랭스턴 콜먼 -

제2회
최종점검 모의고사

※ 한전KDN 최종점검 모의고사는 2023년 채용공고 및 후기를 기준으로 구성한 것으로
　　실제 시험과 다를 수 있습니다.

■ 취약영역 분석

번호	O/×	영역	번호	O/×	영역	번호	O/×	영역
01		의사소통능력	21		기술능력	41		문제해결능력
02			22		문제해결능력	42		자원관리능력
03		자기개발능력	23			43		정보능력
04			24		정보능력	44		조직이해능력
05		수리능력	25			45		
06			26		조직이해능력	46		자원관리능력
07		자원관리능력	27		대인관계능력	47		직업윤리
08		기술능력	28		기술능력	48		
09		문제해결능력	29			49		대인관계능력
10			30		자기개발능력	50		
11		정보능력	31					
12		조직이해능력	32		의사소통능력			
13		대인관계능력	33					
14		직업윤리	34					
15		의사소통능력	35		직업윤리			
16			36		수리능력			
17			37					
18		수리능력	38					
19			39		자원관리능력			
20		자원관리능력	40		문제해결능력			

평가문항	50문항	평가시간	50분
시작시간	:	종료시간	:
취약영역			

01 다음 글의 핵심 내용으로 가장 적절한 것은?

> BMO 금속 및 광업 관련 리서치 보고서에 따르면 최근 가격 강세를 지속해 온 알루미늄, 구리, 니켈 등 산업금속들의 4분기 중 공급부족 심화와 가격 상승세가 전망된다. 산업금속이란 산업에 필수적으로 사용되는 금속들을 말하는데, 앞서 제시한 알루미늄, 구리, 니켈뿐만 아니라 비교적 단단한 금속에 속하는 은이나 금 등도 모두 산업에 많이 사용될 수 있는 금속이므로 산업금속의 카테고리에 속한다고 할 수 있다. 이러한 산업금속은 물품을 생산하는 기계의 부품으로서 필요하기도 하고, 전자제품 등의 소재로 쓰이기도 하기 때문에 특정 분야의 산업이 활성화되면 특정 금속의 가격이 뛰거나 심각한 공급난을 겪기도 한다.
>
> 지난 4일 금융투자업계에 따르면 최근 전 세계적인 경제 회복 조짐과 함께 탈 탄소 트렌드, 즉 '그린 열풍'에 따른 수요 증가로 산업금속 가격이 초강세이다. 런던금속거래소에서 발표한 자료에 따르면 올해 들어 지난달까지 알루미늄은 20.7%, 구리는 47.8%, 니켈은 15.9% 가격이 상승했다. 이를 통해 알 수 있듯이 구리 수요를 필두로 알루미늄, 니켈 등 전반적인 산업금속 섹터의 수요량이 증가하였다. 이는 전기자동차 산업의 확충과 관련이 있다. 전기자동차의 핵심적인 부품인 배터리를 만드는데 구리와 니켈이 사용되기 때문이다. 이때, 배터리 소재 중 니켈의 비중을 높이면 배터리의 용량을 키울 수 있으나 배터리의 안정성이 저하된다. 기존의 전기자동차 배터리는 니켈의 사용량이 높았기 때문에 더욱 안정성 문제가 제기되어 왔다. 그래서 연구 끝에 적정량의 구리를 배합하는 것이 배터리 성능과 안정성을 모두 향상시키기 위해서 중요하다는 것을 밝혀내었다. 구리가 전기자동차 산업의 핵심 금속인 셈이다.
>
> 이처럼 전기자동차와 배터리 등 친환경 산업에 필수적인 금속들의 수요는 증가하는 반면, 세계 각국의 환경 규제 강화로 인해 금속의 생산은 오히려 감소하고 있기 때문에 산업금속에 대한 공급난과 가격 인상이 우려되고 있다.

① 전기자동차의 배터리 성능을 향상하는 기술
② 세계적인 '그린 열풍' 현상 발생의 원인
③ 필수적인 산업금속 공급난으로 인한 문제
④ 전기자동차 산업 확충에 따른 산업금속 수요의 증가
⑤ 탈 탄소 산업의 대표 주자인 전기자동차 산업

02 다음 글의 내용으로 가장 적절한 것은?

'춤을 춘다. 아니, 차라리 곡예를 부린다는 표현이 더 어울린다. 정상적인 사람이 저렇게 움직일 수는 없다. 하지만 그 절박한 상황에서도 그는 온갖 문제들을 한꺼번에 해결한다. 왜소하고 어정쩡하고 어딘가 덜 떨어진 인물임에도 그는 언제나 최후의 승자가 된다.'

이는 할리우드 '슬랩스틱 코미디'의 전형적인 전개 방식이다. 여기서 그는 찰리 채플린일 수도 있고, 버스터 키튼일 수도 있다. 겉으로 보기에 그들은 볼품없는 남자지만 숨겨진 능력의 소유자이며, 무엇보다 선하고 정의롭다. 평범한, 동시에 위대한 영웅이 탄생하는 것이다. 할리우드의 영광은 바로 그들과 함께 시작되었다. 물론 요즘 할리우드 영화는 예전과 같이 천편일률(千篇一律)적이라고 할 수 없다. 하지만 그 뿌리에는 슬랩스틱 코미디가 있고 지금의 할리우드 영화는 그에 대한 일종의 확대 재생산이라 할 수 있다.

이와 같이 출발한 할리우드 영화는 1920년대를 넘어서면서 오늘날과 같은 모델이 형성되었다. 할리우드는 영화를 생산함에 있어 포드자동차의 분업과 체계화된 노동 방식을 차용했다. 새로운 이야기를 만들기보다는 이야기를 표준화하여 그때그때 상황에 맞추어 솜씨 좋게 조합하는 방식을 취하는 것이다. 그 결과로서 서부극, 공포물, 드라마, 멜로물, 형사물 등의 장르 영화가 탄생한 것이다. 이로써 할리우드는 영화를 생산하는 '공장'이 되었고, 상업적으로 성공을 거두었다.

영화의 예술성과 관련하여 두 가지 시각이 있다. 할리우드 영화는 짜임새 있는 이야기 구조, 하나의 극점을 향해 순차적으로 나아가는 사건 진행, 분명한 결말, 영웅적인 등장인물 등을 제시하며 나름대로 상당한 내적 완성도를 얻고 있다. 그러나 영화의 가치는 엉성한 줄거리와 구성 방식에서도 발견할 수 있다. 『누벨바그』를 비롯한 유럽의 실험적 영화들이 이에 속한다. 문제가 있다면 많은 관객들이 이런 영화를 즐길 만큼 영화의 예술성에 큰 가치를 두지 않는다는 사실이다.

바로 그 증거가 1950년대까지 계속된 할리우드 영화의 승승장구로 이어졌다. 대중은 영화의 첫 용도를 '재담꾼'으로 설정했던 것이다. 그러나 동시에 할리우드 영화는 고착된 관습과 매너리즘에 빠졌다. 그때 할리우드에 새로운 출구를 제시한 것이 장 뤽 고다르 등이 주축이 되었던 프랑스의 『누벨바그』였다. 할리우드는 '외부의 것'을 들여와 발전의 자양분으로 삼았던 것이다.

엄밀히 말해 오늘날 대부분의 영화는 국적과 상관없이 사실상 모두 할리우드 영화의 강력한 영향 하에 있다. 할리우드가 만들어 놓은 생산의 법칙, 분배의 법칙, 재생산의 법칙을 충실히 따라가고 있다. 단순한 '발명품'이었던 영화가 이렇듯 일상 깊숙이 침투하여 삶의 일부가 되도록 한 것은 분명 할리우드의 공적이라 할 수 있다.

※ 슬랩스틱 코미디 : 무성영화 시대에 인기를 끈 코미디의 한 형태이다.
※ 누벨바그 : '새로운 물결'이라는 뜻으로, 전(前) 세대 영화와 단절을 외치며 새로운 스타일의 화면을 만들었던 영화 운동이다.

① 초기 영화의 영향에서 탈피하여 예술성을 얻으려는 노력이 필요하다.
② 영화의 가치는 얼마만큼 대중들에게 영향력을 미치는가에 달려 있다.
③ 상업적 성공에 안주하지 말고 새로움을 위한 끊임없는 시도가 필요하다.
④ 오락적 성격만을 강조하는 것은 영화 예술에 대한 편견을 가져올 수 있으므로 지양해야 한다.
⑤ 대중적 인기를 지속해서 얻으려면 과학기술을 적절하게 이용할 필요가 있다.

03 다음 글을 읽고 A에게 필요한 능력으로 가장 적절한 것은?

> 신입사원인 A는 최근 고민이 생겼다. 익숙하지 않은 업무조건으로 인해 충분히 해낼 수 있을 것으로 예상한 업무를 제시간에 완료하지 못했고, 이를 B과장으로부터 문책을 당했기 때문이다. 이 사건 이후 A사원은 크게 위축되어 자신의 능력에 회의감을 가지게 되었고, 주어진 업무를 완수할 수 없을 것 같다는 불안감에 더욱 업무효율이 떨어지게 되었다.

① 자기관리   ② 자아존중감
③ 경력개발   ④ 강인성
⑤ 낙관주의

04 다음은 자아인식, 자기관리, 경력개발의 의미를 설명한 자료이다. 이를 읽고 자기관리에 해당하는 질문을 〈보기〉에서 모두 고르면?

자아인식	직업생활과 관련하여 자신의 가치, 신념, 흥미, 적성, 성격 등을 통해 자신이 누구인지 아는 것이다.
자기관리	자신의 목표성취를 위해 자신의 행동 및 업무수행을 관리하고 조정하는 것이다.
경력개발	개인의 일과 관련된 경험에서 목표와 전략을 수립하고, 실행하며, 피드백하는 과정이다.

> **보기**
>
> (가) 자기관리 계획은 어떻게 수립하는 것일까?
> (나) 나의 업무수행에 있어 장단점은 무엇인가?
> (다) 나는 언제쯤 승진하고, 퇴직을 하게 될까?
> (라) 나의 직업흥미는 무엇인가?
> (마) 나의 업무에서 생산성을 높이기 위해서는 어떻게 해야 할까?
> (바) 경력개발과 관련된 최근 이슈는 어떤 것이 있을까?
> (사) 내가 설계하는 나의 경력은 무엇인가?
> (아) 다른 사람과의 대인관계를 향상시키기 위한 방법은?
> (자) 나의 적성은 무엇인가?

① (가), (마), (아)   ② (나), (라), (바)
③ (다), (마), (사)   ④ (라), (사), (자)
⑤ (마), (바), (아)

05 다음은 한국·중국·일본의 평판 TV 시장점유율 추이를 나타낸 자료이다. 이에 대한 설명으로 옳지 않은 것은?

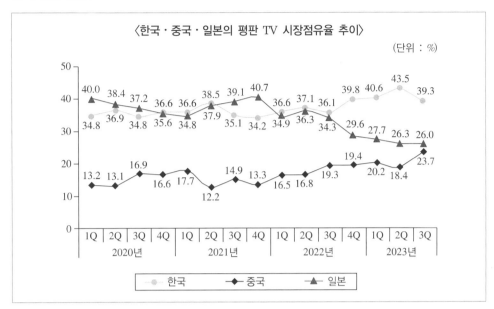

① 15분기 동안 한국이 10번, 일본이 5번 시장점유율 1위를 차지했다.
② 2022년 4분기의 한국과 일본, 일본과 중국의 점유율 차이는 같다.
③ 한국과 중국의 점유율 차이는 매 분기 15%p 이상이다.
④ 2020년 2분기에 중국과 일본의 점유율 차이는 2023년 3분기의 10배 이상이다.
⑤ 중국과 일본의 점유율 차이는 2022년부터 계속 줄어들고 있다.

06 A자동차와 B자동차가 트랙을 따라 각각 다른 속도로 돌고 있다. A자동차는 $\frac{x}{2}$ m/s의 속도로 트랙을 돌고, B자동차는 A자동차보다 $\frac{x}{6}$ m/s 더 빠른 속도로 돌고 있다. 같은 위치에서 A자동차가 a초 먼저 출발했다면 몇 초 후에 B자동차에게 따라잡히겠는가?

① $\frac{5}{2}a$초

② $3a$초

③ $\frac{7}{2}a$초

④ $4a$초

⑤ $\frac{9}{2}a$초

07 A과장은 월요일에 사천연수원에서 진행될 세미나에 참석해야 한다. 세미나는 월요일 낮 12시부터 시작이며, 수요일 오후 6시까지 진행된다. 갈 때는 세미나에 늦지 않게만 도착하면 되지만, 올 때는 목요일 회의 준비를 위해 최대한 일찍 서울로 올라와야 한다. 가능한 한 적은 비용으로 세미나에 참석해야 할 때, 교통비는 얼마가 들겠는가?(단, 기차역과 공항에서 연수원까지는 택시를 이용하며, 반대의 경우도 동일하다)

<KTX>

구분	월요일		수요일		가격
서울 – 사천	08:00 ~ 11:00	09:00 ~ 12:00	08:00 ~ 11:00	09:00 ~ 12:00	65,200원
사천 – 서울	16:00 ~ 19:00	20:00 ~ 23:00	16:00 ~ 19:00	20:00 ~ 23:00	66,200원 (10% 할인 가능)

※ 사천역에서 사천연수원까지 택시비는 22,200원이며, 30분이 소요됨(사천연수원에서 사천역까지의 비용과 시간도 동일하다)

<비행기>

구분	월요일		수요일		가격
서울 – 사천	08:00 ~ 09:00	09:00 ~ 10:00	08:00 ~ 09:00	09:00 ~ 10:00	105,200원
사천 – 서울	19:00 ~ 20:00	20:00 ~ 21:00	19:00 ~ 20:00	20:00 ~ 21:00	93,200원 (10% 할인 가능)

※ 사천공항에서 사천연수원까지 택시비는 21,500원이며, 30분이 소요됨(사천연수원에서 사천공항까지의 비용과 시간도 동일하다)

① 168,280원
② 178,580원
③ 192,780원
④ 215,380원
⑤ 232,080원

08 다음은 산업재해를 예방하기 위해 제시되고 있는 하인리히의 법칙이다. 이를 참고할 때, 산업재해의 예방을 위해 조치를 취해야 하는 단계는 무엇인가?

> 1931년 미국의 한 보험회사에서 근무하던 하인리히는 회사에서 접한 수많은 사고를 분석하여 하나의 통계적 법칙을 발견하였다. '1 : 29 : 300 법칙'이라고도 부르는 이 법칙은 큰 사고로 인해 산업재해가 발생하면 이 사고가 발생하기 이전에 같은 원인으로 발생한 작은 사고 29번, 잠재적 사고 징후가 300번이 있었다는 것을 나타낸다.
> 하인리히는 이처럼 심각한 산업재해의 발생 전에 여러 단계의 사건이 도미노처럼 발생하기 때문에 앞 단계에서 적절히 대처한다면 산업재해를 예방할 수 있다고 주장했다.

① 사회 환경적 문제가 발생한 단계
② 개인 능력의 부족이 보이는 단계
③ 기술적 결함이 나타난 단계
④ 불안전한 행동 및 상태가 나타난 단계
⑤ 작업 관리상 문제가 나타난 단계

09 문제해결을 위해 개인에게 요구되는 기본 요소를 다섯 가지로 나누어 볼 때, 다음 중 A씨에게 부족한 기본 요소는?

> 스마트폰 앱을 개발하는 A씨는 관련 지식을 바탕으로 다양한 앱을 개발하기 위해 노력하고 있지만, 큰 성공을 거두지는 못하고 있다. A씨는 처음에 사용자 맞춤형 정보를 제공하는 앱을 개발하여 사용자들의 관심을 끌었으나, 사람들의 관심은 오래가지 못했다. 결국 A씨가 개발한 앱은 광고성 정보만 제공하는 플랫폼으로 전락하고 말았다. 광고비로 많은 수익을 얻은 경쟁사의 앱을 따라잡기 위해 처음 개발할 때의 목적과 비전을 쉽게 포기해 버렸기 때문이다. A씨가 최초의 비전을 끝까지 추구하지 못하고 중간에 경로를 변경해 실패한 사례는 이외에도 많았다. A씨는 자신이 유연하고 변화에 개방된 자세를 견지하고 있다고 생각했지만, 사실은 자신의 아이디어에 대한 확신과 계속해서 추진할 수 있는 자세가 부족한 것이었다.

① 체계적인 교육훈련
② 문제해결 방법에 대한 지식
③ 문제 관련 지식에 대한 가용성
④ 문제해결자의 도전 의식과 끈기
⑤ 문제에 대한 체계적인 접근

10   다음 〈조건〉을 바탕으로 할 때, 을의 나이가 될 수 있는 것은?

조건

- 갑과 을은 부부이다. a는 갑의 동생, b, c는 아들과 딸이다.
- 갑은 을과 동갑이거나 나이가 많다.
- a, b, c 나이의 곱은 2,450이다.
- a, b, c 나이의 합은 46이다.
- a는 19 ~ 34세이다.
- 갑과 을의 나이의 합은 아들과 딸의 나이의 합의 4배이다.

① 46세   ② 45세

③ 44세   ④ 43세

⑤ 42세

11   K공사는 출근 시스템 단말기에 직원들이 카드로 출근 체크를 하면 엑셀 워크시트에 실제 출근시간 (B4:B10) 데이터가 자동으로 전송되어 입력된다. 총무부에서 근무하는 Z대리가 데이터에 따라 직원들의 근태상황을 체크하려고 할 때, [C8] 셀에 입력할 함수식은?(단, 9시까지는 출근으로 인정 한다)

〈출근시간 워크시트〉

	A	B	C	D
1			날짜	2024. 03. 11
2		〈직원별 출근 현황〉		
3	이름	체크시간	근태상황	비고
4	이청용	7:55		
5	이하이	8:15		
6	구자철	8:38		
7	박지민	8:59		
8	손흥민	9:00		
9	박지성	9:01		
10	홍정호	9:07		

① =IF(B8>=TIME(9,1,0), "지각", "출근")

② =IF(B8>=TIME(9,1,0), "출근", "지각")

③ =IF(HOUR(B8)>=9, "지각", "출근")

④ =IF(HOUR(B8)>=9, "출근", "지각")

⑤ =IF(B8>=TIME(9,0,0), "지각", "출근")

12 K공사에 근무 중인 B차장은 새로운 사업을 실행하기에 앞서 설문조사를 하려고 한다. 델파이 기법을 이용하려고 할 때, 설문조사 순서를 바르게 나열한 것은?

> 델파이 기법은 전문가들의 의견을 종합하기 위해 고안된 기법으로, 불확실한 상황을 예측하고자 할 경우 사용하는 인문사회과학 분석기법 중 하나이다. 설문지로만 이루어지기 때문에 전문가들의 익명성이 보장되고, 반복적인 설문을 통해 얻은 반응을 수집 · 요약해 특정한 주제에 대한 전문가 집단의 합의를 도출하는 방식으로 진행된다.

① 설문지 제작 – 발송 – 회수 – 검토 후 결론 도출 – 결론 통보
② 설문지 제작 – 1차 대면 토론 – 중간 분석 – 2차 대면 토론 – 합의 도출
③ 설문지 제작 – 발송 – 회수 – 중간 분석 – 대면 토론 – 합의 도출
④ 설문지 제작 – 발송 – 새 설문지 제작 – 발송 – 회수 – 합의 도출
⑤ 설문지 제작 – 발송 – 회수 – 중간 분석 – 재발송 – 회수 – 합의 도출

13 다음은 터크만(Tuckman)의 팀 발달 모형에 대한 설명이다. 각 단계에 가장 어울리는 리더십 유형을 바르게 나열한 것은?

> • 형성(Forming) : 팀이 처음 구성되는 단계
> • 스토밍(Storming) : 팀의 내부적인 갈등이 높은 단계
> • 표준화(Norming) : 규칙이나 방법이 만들어지고, 팀원들이 서로에게 행동을 맞추는 단계
> • 수행(Performing) : 큰 갈등 없이 운영되는 단계
> • 해산(Adjourning) : 프로젝트 완료 후 해산하는 단계

	형성	스토밍	표준화	수행
①	코치형	지시형	지원형	위임형
②	지시형	지원형	코치형	위임형
③	위임형	코치형	지원형	지시형
④	지시형	코치형	지원형	위임형
⑤	지시형	코치형	위임형	지원형

14 근면에는 외부로부터 강요당한 근면과 스스로 자진해서 하는 근면 두 가지가 있다. 다음 〈보기〉 중 스스로 자진해서 하는 근면을 모두 고르면?

> **보기**
> ㉠ 생계를 유지하기 위해 기계적으로 작업장에서 하는 일
> ㉡ 승진을 위해 외국어를 열심히 공부하는 일
> ㉢ 상사의 명령에 의해 하는 야근
> ㉣ 영업사원이 실적향상을 위해 노력하는 일

① ㉠, ㉡   ② ㉠, ㉢
③ ㉡, ㉢   ④ ㉡, ㉣
⑤ ㉢, ㉣

15 다음은 대화 과정에서 지켜야 할 협력의 원리에 대한 설명이다. 이를 참고할 때, 〈보기〉의 사례에 대한 설명으로 가장 적절한 것은?

> 협력의 원리란 대화 참여자가 대화의 목적에 최대한 기여할 수 있도록 서로 협력해야 한다는 것으로, 듣는 사람이 요구하지 않은 정보를 불필요하게 많이 제공하거나 대화의 목적이나 주제에 맞지 않는 내용을 말하는 것은 바람직하지 않다. 협력의 원리를 지키기 위해서는 다음과 같은 사항을 고려해야 한다.
> • 양의 격률 : 필요한 만큼만 정보를 제공해야 한다.
> • 질의 격률 : 타당한 근거를 들어 진실한 정보를 제공해야 한다.
> • 관련성의 격률 : 대화의 목적이나 주제와 관련된 것을 말해야 한다.
> • 태도의 격률 : 모호하거나 중의적인 표현을 피하고, 간결하고 조리 있게 말해야 한다.

> **보기**
> A사원 : 오늘 점심은 어디로 갈까요?
> B대리 : 아무거나 먹읍시다. 오전에 간식을 먹었더니 배가 별로 고프진 않은데, 아무 데나 괜찮습니다.

① B대리는 불필요한 정보를 제공하고 있으므로 양의 격률을 지키지 않았다.
② B대리는 거짓된 정보를 제공하고 있으므로 질의 격률을 지키지 않았다.
③ B대리는 질문에 적합하지 않은 대답을 하고 있으므로 관련성의 격률을 지키지 않았다.
④ B대리는 대답을 명료하게 하지 않고 있으므로 태도의 격률을 지키지 않았다.
⑤ A대리와 B대리는 서로 협력하여 의미 전달을 하고 있으므로 협력의 원리를 따르고 있다.

16 다음 글의 제목으로 가장 적절한 것은?

사회보장제도는 사회구성원에게 생활의 위험이 발생했을 때 사회적으로 보호하는 대응체계를 가리키는 포괄적 용어로, 크게 사회보험, 공공부조, 사회서비스가 있다. 예를 들면 실직자들이 구직활동을 포기하고 다시 노숙자가 되지 않도록 지원하는 것 등이 있다.

사회보험은 보험의 기전을 이용하여 일반주민들을 질병, 상해, 폐질, 실업, 분만 등으로 인한 생활의 위협으로부터 보호하기 위하여 국가가 법에 의하여 보험가입을 의무화하는 제도로, 개인적 필요에 따라 가입하는 민간보험과 차이가 있다.

공공부조는 극빈자, 불구자, 실업자 또는 저소득계층과 같이 스스로 생계를 영위할 수 없는 계층의 생활을 그들이 자립할 수 있을 때까지 국가가 재정기금으로 보호하여 주는 일종의 구빈제도이다.

사회서비스는 복지사회를 건설할 목적으로 법률이 정하는 바에 의하여 특정인에게 사회보장 급여를 국가 재정부담으로 실시하는 제도로, 군경, 전상자, 배우자 사후, 고아, 지적 장애아 등과 같은 특별한 사유가 있는 자나 노령자 등이 해당된다.

① 사회보험제도와 민간보험제도의 차이
② 사회보장제도의 의의
③ 우리나라의 사회보장제도
④ 사회보장제도의 대상자
⑤ 사회보장제도와 소득보장의 차이점

17 다음 문단을 논리적 순서대로 바르게 나열한 것은?

(가) K공사가 개발하고 있는 차세대 CO_2 분리막 기술은 기존의 이산화탄소 포집 기술과 비교하여 이산화탄소 포집비용 및 부지면적을 최대 절반 이하로 줄일 수 있는 혁신적인 기술로 평가된다.

(나) 또한, 구조가 간단하고 규모를 쉽게 키울 수 있고, 화학·유해물질 사용이 없어 친환경적이라는 큰 장점을 갖고 있으며, 가스정제 등 타 분야까지 사업화 추진이 가능한 차세대 기술로 기대되고 있다.

(다) 이번에 구축된 분리막 생산 공장은 K공사가 국내 중소기업인 아스트로마사가 보유한 분리막 원천기술과 연계하여 국내 최초로 기후변화 대응을 위한 저비용·고효율의 막분리 상용기술을 개발하는 것이다.

(라) 신기후체제 출범에 따라 2030년 국가 온실가스 배출량을 예상치 대비 37% 감축하려는 목표를 위해 전력회사들은 이에 대응하기 위한 기술개발에 한창이며, K공사는 아스트로마사와 '차세대 CO_2 분리막 상용화 개발' 협약을 체결하고 총 180억 원의 예산을 투입하여 공동으로 개발하였다.

① (가) – (다) – (라) – (나)
② (가) – (라) – (다) – (나)
③ (라) – (나) – (가) – (다)
④ (라) – (다) – (가) – (나)
⑤ (라) – (다) – (나) – (가)

※ 다음은 K사에서 제품별 밀 소비량을 조사한 자료이다. 이를 참고하여 이어지는 질문에 답하시오.
　　[18~19]

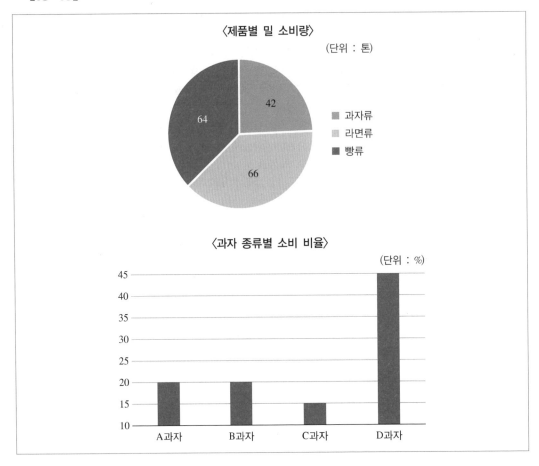

〈제품별 밀 소비량〉

(단위 : 톤)

42

64

66

■ 과자류
■ 라면류
■ 빵류

〈과자 종류별 소비 비율〉

(단위 : %)

18　K사가 과자류에 밀 사용량을 늘리기로 결정하였다. 라면류와 빵류에 소비되는 밀 소비량의 각각 10%씩을 과자류에 사용한다면, 과자류에 사용하는 밀의 총량은?

① 45톤　　　　　　　　　　　② 50톤
③ 55톤　　　　　　　　　　　④ 60톤
⑤ 65톤

19　A ~ D과자 중 밀을 가장 많이 소비하는 과자와 가장 적게 소비하는 과자의 소비량 차이는 몇 톤인가?(단, 제품별 밀 소비량 그래프의 과자류 밀 소비량 기준이다)

① 10.2톤　　　　　　　　　　② 11.5톤
③ 12.6톤　　　　　　　　　　④ 13톤
⑤ 14.4톤

20 K사에 근무하는 L주임은 입사할 신입사원에게 지급할 볼펜과 스케줄러를 구매하기 위해 A ~ C 세 도매업체의 판매정보를 다음과 같이 정리하였다. 입사 예정인 신입사원은 총 600명이고, 신입사원 1명당 볼펜과 스케줄러를 각각 1개씩 증정한다고 할 때, 가장 저렴하게 구매할 수 있는 업체와 구매가격을 바르게 나열한 것은?

〈세 업체의 상품가격표〉

구분	품목	수량(1SET당)	가격(1SET당)
A도매업체	볼펜	150개	13만 원
	스케줄러	100권	25만 원
B도매업체	볼펜	200개	17만 원
	스케줄러	600권	135만 원
C도매업체	볼펜	100개	8만 원
	스케줄러	300권	65만 원

〈세 업체의 특가상품 정보〉

구분	볼펜의 특가상품 구성	특가상품 구매 조건
A도매업체	300개 25.5만 원 or 350개 29만 원	스케줄러 150만 원 이상 구입
B도매업체	600개 48만 원 or 650개 50만 원	스케줄러 100만 원 이상 구입
C도매업체	300개 23.5만 원 or 350개 27만 원	스케줄러 120만 원 이상 구입

※ 특가상품 구매 조건을 만족했을 때 볼펜을 특가로 구매할 수 있다.
※ 각 물품은 묶음 단위로 판매가 가능하며, 개당 판매는 불가능하다.
※ 업체별 특가상품은 둘 중 한 가지만 선택해 1회 구입 가능하다.

	도매업체	구매가격
①	A업체	183만 원
②	B업체	177.5만 원
③	B업체	183만 원
④	C업체	177.5만 원
⑤	C업체	183만 원

21 다음 글을 읽고 이해한 내용으로 적절하지 않은 것은?

> 기술선택이란 기업이 어떤 기술에 대하여 외부로부터 도입하거나 또는 그 기술을 자체 개발하여 활용할 것인가를 결정하는 것이다. 기술을 선택하는 데에 대한 의사결정은 크게 다음과 같이 두 가지 방법으로 볼 수 있다.
> 먼저 상향식 기술선택(Bottom Up Approach)은 기업 전체 차원에서 필요한 기술에 대한 체계적인 분석이나 검토 없이 연구자나 엔지니어들이 자율적으로 기술을 선택하도록 하는 것이다.
> 다음으로 하향식 기술선택(Top – Down Approach)은 기술경영진과 기술기획담당자들에 의한 체계적인 분석을 통해 기업이 획득해야 하는 대상기술과 목표기술수준을 결정하는 것이다.

① 상향식 기술선택은 기술자들의 창의적인 아이디어를 얻기 어려운 단점을 볼 수 있다.

② 하향식 기술선택은 먼저 기업이 직면하고 있는 외부환경과 보유 자원에 대한 분석을 통해 중장기적인 사업목표를 설정하는 것이다.

③ 상향식 기술선택은 시장의 고객들이 요구하는 제품이나 서비스를 개발하는 데 부적합한 기술이 선택될 수 있다.

④ 하향식 기술선택은 사업전략의 성공적인 수행을 위해 필요한 기술들을 열거하고, 각각의 기술에 대한 획득의 우선순위를 결정하는 것이다.

⑤ 상향식 기술선택은 경쟁기업과의 경쟁에서 승리할 수 없는 기술이 선택될 수 있다.

22 다음 〈보기〉에서 창의적 사고에 대해 잘못 설명한 사람을 모두 고르면?

> **보기**
>
> A : 창의적 사고는 아무것도 없는 무에서 유를 만들어 내는 것이다.
> B : 창의적 사고는 끊임없이 참신한 아이디어를 산출하는 힘이다.
> C : 우리는 매일매일 끊임없이 창의적 사고를 계속하고 있다.
> D : 필요한 물건을 싸게 사기 위해서 하는 많은 생각들은 창의적 사고에 해당하지 않는다.
> E : 창의적 사고를 대단하게 여기는 사람들의 편견과 달리 창의적 사고는 누구에게나 존재한다.

① A, C

② A, D

③ C, D

④ C, E

⑤ D, E

23 P대리는 스마트폰 제조회사 서비스센터에서 고객 문의 응대 및 A/S 서비스 요금을 정산하는 업무를 맡고 있다. 다음 중 빈칸에 들어갈 답변으로 가장 적절한 것은?

■ A/S 관련 규정
- 제품 구입 후 1년 이내에 정상적인 사용상태에서 발생한 성능 및 기능상의 고장인 경우 무상수리 제공
- 보증기간이 경과되거나 고객의 부주의로 인한 하자는 유상수리로 함
- A/S 서비스 요금은 부품비, 수리비의 합계로 구성되며, 각 요금의 결정은 다음과 같이 합니다.
  - 부품비 : 수리 시 부품교체를 할 경우 소요되는 부품가격으로, 부가세 10%가 부가됩니다.
  - 수리비 : 유상수리 시 부품비를 제외한 기술료를 말하며, 수리 시 소요 시간, 난이도 등을 고려하여 산정한 수리비 기준표를 따릅니다.

■ A/S 진행 시 절차 안내
서비스센터 방문 → 접수(5분) → 수리기사 배정(3분) → 대기(5 ~ 30분) → 제품 진단(5분) → 제품 수리(부품별 상이) → 제품 인도(5분)

〈시간대별 평균 대기시간〉

시간	09:00 ~ 11:00	11:00 ~ 13:00	13:00 ~ 15:00	15:00 ~ 17:00	17:00 ~ 19:00
평균 대기시간	5분	20분	30분	15분	30분

■ A/S 진행 시 수리 공임

구분		부품교체비용 (VAT 제외)	소요 시간	수리비
전면	터치패드	50,000원	5분	
	액정	150,000원	5분	
	전방 카메라	20,000원	10분	
내부	내장메모리(#)	130,000원	20분	• 기본 5,000원
	쿼드코어 칩(#)	150,000원	20분	• (#)부품 수리 시 개당
	블루투스 / 와이파이(#)	10,000원	20분	1,000원 추가 청구
	모뎀 칩(#)	5,000원	20분	
	배터리	20,000원	5분	
후면	후방 카메라	30,000원	10분	

[문의 접수시간 : 14시 40분]

고객 : 안녕하세요? 제가 집에 돌아가는 길에 어떤 사람과 부딪혔는데, 그때 스마트폰이 떨어져서 액정이 깨졌습니다. 업무상 스마트폰이 없으면 곤란해서 급히 수리를 받고 싶은데, 시간이 얼마나 걸릴까요? 지금 출발하면 30분 뒤에 서비스센터에 도착할 수 있을 것 같습니다.

P대리 : 네, 고객님. 모든 A/S 절차를 고려하면 _____ 정도 걸릴 것으로 예상됩니다.

① 28분
② 33분
③ 38분
④ 43분
⑤ 53분

24 다음 워크시트와 같이 평점이 3.0 미만인 행 전체에 셀 배경색을 지정하고자 한다. 이를 위해 조건부 서식 설정에서 사용할 수식으로 옳은 것은?

	A	B	C	D
1	학번	학년	이름	평점
2	20959446	2	강혜민	3.38
3	21159458	1	김경식	2.60
4	21059466	2	김병찬	3.67
5	21159514	1	장현정	1.29
6	20959476	2	박동현	3.50
7	21159467	1	이승현	3.75
8	20859447	4	이병훈	2.93
9	20859461	3	강수빈	3.84

① $=\$D2<3$

② $=\$D\&2<3$

⑤ $=D2>3$

③ $=D2<3$

④ $=D\$2<3$

25 다음 중 K대학교의 문제해결을 위한 대안으로 가장 적절한 것은?

K대학교는 현재 학생 관리 프로그램, 교수 관리 프로그램, 성적 관리 프로그램의 3개의 응용 프로그램을 갖추고 있다. 학생 관리 프로그램은 학생 정보를 저장하고 있는 파일을 이용하고, 교수 관리 프로그램은 교수 정보 파일, 성적 관리 프로그램은 성적 정보 파일을 이용한다. 즉, 각각의 응용 프로그램들은 개별적인 파일을 이용한다.
이런 경우, 파일에는 많은 정보가 중복 저장되어 있다. 그렇기 때문에 중복된 정보가 수정되면 관련된 모든 파일을 수정해야 하는 불편함이 있다. 예를 들어, 한 학생이 자퇴하게 되면 학생 정보 파일뿐만 아니라 교수 정보 파일, 성적 정보 파일도 수정해야 하는 것이다.

① 데이터베이스 구축

② 유비쿼터스 구축

③ RFID 구축

④ NFC 구축

⑤ 와이파이 구축

26 다음 조직도를 바르게 이해한 사람을 〈보기〉에서 모두 고르면?

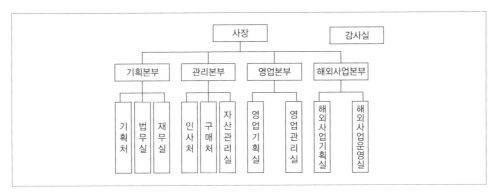

> **보기**
>
> A : 조직도를 보면 4개 본부, 3개의 처, 8개의 실로 구성돼 있어.
> B : 사장 직속으로 4개의 본부가 있고, 그중 한 본부에서는 인사를 전담하고 있네.
> C : 감사실은 사장 직속이지만 별도로 분리되어 있구나.
> D : 해외사업기획실과 해외사업운영실은 둘 다 해외사업과 관련이 있으니까 해외사업본부에 소속
>   되어 있는 것이 맞아.

① A, B   ② A, C
③ A, D   ④ B, C
⑤ B, D

27 다음 글에서 설명하고 있는 리더십으로 가장 적절한 것은?

> 로버트 그린리프(Robert K. Greenleaf)는 조직은 조직을 위해 존재하는 사람들을 위해 존재하는
> 것이란 생각을 하였고, '동방으로의 여행'이란 책에 등장하는 레오라는 인물을 통해 새로운 리더십
> 모델을 제시하였다. 레오는 순례단에서 허드렛일을 도맡아 하던 하인 같은 인물로, 갑자기 레오가
> 사라지자 순례단은 혼란 속에서 여행을 중단하게 된다. 이후 하인 같던 레오가 그 순례단의 훌륭한
> 리더였음을 깨닫게 되는 부분에서 이 리더십 개념을 고안하였다.

① 지시적 리더십   ② 파트너십 리더십
③ 슈퍼 리더십   ④ 변혁적 리더십
⑤ 서번트 리더십

※ PC방에서 아르바이트를 하는 P군은 모니터에 이상이 있다는 손님의 문의에 대응할 수 있도록 모니터 설명서를 찾아보았다. 다음 설명서를 보고 이어지는 질문에 답하시오. [28~29]

〈고장신고 전 확인사항〉

고장내용	확인사항
화면이 나오지 않아요.	• 모니터 전원 코드가 전원과 바르게 연결되어 있는지 확인해 주세요. • 전원 버튼이 꺼져 있는지 확인해 주세요. • [입력] 설정이 바르게 되어 있는지 확인해 주세요. • PC와 모니터가 바르게 연결되어 있는지 확인해 주세요. • 모니터가 절전모드로 전환되어 있는지 확인해 주세요.
"UNKNOWN DEVICE" 문구가 뜹니다.	• 자사 홈페이지의 모니터 드라이브를 설치해 주세요. (http://www.*******.**.**)
화면이 흐려요.	• 권장 해상도로 설정되어 있는지 확인해 주세요. • 그래픽카드 성능에 따라 권장 해상도 지원이 불가능할 수 있으니 그래픽카드 제조사에 문의해 주세요.
화면에 잔상이 남아 있어요.	• 모니터를 꺼도 잔상이 남으면 고장신고로 접수해 주세요. (고정된 특정 화면을 장기간 사용하면 모니터에 손상을 줄 수 있습니다) • 몇 개의 빨간색, 파란색, 초록색, 흰색, 검은색 점이 보이는 것은 정상이므로 안심하고 사용하셔도 됩니다.
소리가 나오지 않아요.	• 모니터가 스피커 단자와 바르게 연결되어 있는지 확인해 주세요. • 볼륨 설정이 낮거나 음소거 모드로 되어 있는지 확인해 주세요.
모니터 기능이 잠겨 있어요.	• [메뉴] – [잠금 해제]를 통해 잠금을 해제해 주세요.

28 다음 중 화면이 나오지 않는다는 손님의 문의를 받았을 때의 대응 방안으로 적절하지 않은 것은?

① 모니터 전원이 켜져 있는지 확인한다.
② 모니터 드라이브를 설치한다.
③ 모니터와 PC가 바르게 연결되어 있는지 확인한다.
④ 모니터가 전원에 연결되어 있는지 확인한다.
⑤ 모니터 입력 설정이 바르게 설정되어 있는지 확인한다.

29 다음 중 고장신고를 접수해야 하는 상황은?

① 특정 소프트웨어에서 소리가 나오지 않는다.
② 화면에 몇 개의 반점이 보인다.
③ 화면이 흐리게 보인다.
④ 모니터 일부 기능을 사용할 수 없다.
⑤ 모니터를 꺼도 잔상이 남아 있다.

30 다음 사례를 읽고 개발계획 수립이 어려운 이유로 가장 적절한 것은?

> 김대리는 결혼 2년 차로 주말부부이다. 현재 아이는 없지만, 시부모님이 편찮으셔서 서울로 매주 두 차례씩 병원을 가야 하는데, 남편이 지방에서 근무 중이라 여건이 되지 않아 남편을 대신하여 병원에 모셔다드리고 있다. 그러다 최근에는 건강이 더 안 좋아지셔서 결국 모시고 살게 되었다. 김대리는 회사에서도 일이 많은 편이라 야근이 잦았는데, 다행히 회사의 배려로 야근 없이 집에서 일을 할 수 있게 되었다. 하지만 오히려 집에 오면 시부모님의 식사를 챙겨드리고 시부모님 몫의 집안일도 해야 했기 때문에, 매일 새벽에 잠들기 일쑤였다. 이로 인해 그 동안의 해외 근무를 지원하기 위해 준비해왔던 자격증과 어학 공부는 뒷전이 되었다.

① 자기정보의 부족
② 내부 작업정보의 부족
③ 외부 작업정보의 부족
④ 의사결정 시 자신감의 부족
⑤ 일상생활의 요구사항

31 다음 사례를 읽고 K사원에게 해줄 수 있는 조언으로 가장 적절한 것은?

> 보험회사에 다니는 K사원은 이번 달 초에 원대한 목표를 수립하였다. 자신의 모든 역량을 총동원하여 이번 분기 보험 판매왕이 되기로 결심한 것이다.
> 그런데 한 달이 다 되어 가도록 성과가 없어서 자기 자신에 대한 실망감이 이만저만이 아니다. 보험을 판매하려고 해도 주변에 아는 사람도 별로 없고, 다른 사람 앞에서 보험 얘기를 한다는 게 너무 수줍기도 했던 것이다. K사원은 자신이 보험 상품을 잘 알고 있다는 자신감으로부터 출발하였지만 날마다 허탕만 치고, 아침부터 밤까지 발품만 팔고 있다.
> 사실 K사원은 판매라는 직업이 자신에게 맞지 않는다는 생각을 오래전부터 해왔지만, 이미 자신이 정한 직업이기 때문에 이제 와서 되돌릴 수도 없었고, 이로 인해 많은 고민에 빠지게 되었다.

① 자신의 장기적인 경력을 위해서라도 성실하게 업무에 임할 필요가 있어.
② 보험 상품 판매를 위해 자신에게 어떤 능력이 필요한지 구체적으로 알아볼 필요가 있어.
③ 무엇보다 고객에게 신뢰받을 수 있는 책임감을 가지기 위해 노력할 필요가 있어.
④ 자신이 어떤 분야에 흥미가 있고, 어떤 능력의 소유자인지 아는 것이 중요해.
⑤ 자신이 현재 수행하고 있는 업무에 있어 장단점은 무엇인지 파악해야 해.

한전KDN은 '차세대 전력판매 정보시스템' 개발이 성공적으로 마무리됨에 따라 본격적으로 운영될 것이라고 밝혔다. 본 사업은 약 446억 원 규모로, 한전에서 지난 2014년 11월 발주하여 27개월에 걸쳐 추진된 대규모 구축 사업이다. 한전KDN은 중소기업과 컨소시엄을 구성하여 지난 1월에 구축을 완료하고, 운영에 앞서 시범 운영 테스트를 지난 2월에 마무리한 바 있다.

차세대 전력판매 정보시스템은 스마트그리드 환경에서 사용자 중심의 서비스와 최신 IT기술을 접목한 전력 서비스로 전면 개편된 시스템이다. 메인프레임에서 오픈환경으로 시스템을 변환하여 업무별·본부별로 분리된 시스템을 하나로 통합하고, 체계적으로 표준화된 업무프로세스 수립과 사용자들을 위한 서비스 통합, 지리정보시스템(GIS)을 고도화하여 구축한 사업이다.

특히, 국민들의 사용 편익을 제고하기 위해 고객 중심 시스템 체계로 전환하여 전자서류기반 민원 응대와 모바일서비스를 확대하였으며, 개인정보보호 강화와 사용자 화면(UI)을 대폭 개선하였다.

또한, BRMS(Business Rule Management System)를 도입하여 다양한 요금제와 요금제도 변화에 신속한 대처가 가능하도록 실시간 요금제 기반을 구축하였으며, 한전KDN의 전력설비관리 솔루션인 K-GIS(웹GIS)를 기반으로 전력수요 예측, 고장예지, 실시간 정전관리 체계를 구축하여 업그레이드된 전력서비스를 제공함으로써 체계적인 설비관리와 고객관리를 획기적으로 강화하도록 하였다. _____ 전력산업에 특화된 프레임워크를 구축·적용함으로써 시스템의 유연성과 확장성을 극대화하여 전력IT사업에 적용범위가 전반적으로 확산될 것으로 기대된다.

현재 차세대 전력판매 정보시스템은 실제 업무 적용을 위하여 전국 한전 사업소에 확대 사업을 추진 중이며, 사용자 불편 최소화와 시스템 조기 안정화를 위한 체계를 수립하여 사용자 교육과 모의훈련 및 전국 사업소 데이터전환 등을 거쳐 시스템을 오픈할 예정이다.

한전KDN 관계자는 차세대 전력판매 정보시스템이 본격적으로 운영되면 전력판매 분야에서 요금업무혁신과 지능화된 배전업무 수행으로 고객만족도 제고와 업무 효율성이 크게 증대될 것으로 기대하고 있으며, 전력사업 경쟁력 강화와 국민들의 새로운 가치 창출에 크게 이바지할 것으로 전망된다고 밝혔다.

32 다음 중 윗글의 제목으로 가장 적절한 것은?

① 한전KDN, '차세대 전력판매 정보시스템' 개발 착수
② 한전KDN, '차세대 전력판매 정보시스템' 설명회 개최
③ 한전KDN, 국민의 편의 증대를 위한 최신 IT기술 전수
④ 한전KDN, '차세대 전력판매 정보시스템' 도입으로 국민들의 만족도 상승
⑤ 한전KDN, 최신 IT기술로 '차세대 전력판매 정보시스템' 구축 완료

PART 2

33 다음 중 차세대 전력판매 정보시스템에 대한 설명으로 적절하지 않은 것은?

① 실제 업무에 적용을 위해 전국 한전 사업소에서 시범 운영하고 있다.
② 스마트그리드 환경에서 사용자 중심의 서비스와 최신 IT기술을 접목한 전력서비스이다.
③ 차세대 전력판매 정보시스템을 이용하여 체계적인 설비관리와 고객관리를 강화할 수 있다.
④ 아직 본격적으로 운영되고 있는 것은 아니다.
⑤ 국민들의 사용 편익을 위해 전자서류기반 민원 응대와 모바일서비스를 확대하였다.

34 다음 중 빈칸에 들어갈 접속어로 가장 적절한 것은?

① 때문에
② 그리고
③ 그런데도
④ 그러나
⑤ 한편

35 다음 중 밑줄 친 '이것'의 사례로 적절하지 않은 것은?

> '이것'은 복지 사회를 이루기 위하여 기업이 이윤 추구에만 집착하지 않고 사회의 일원으로서 사회적 책임을 자각하고 실천하여야 할 의무로, 기업의 수익 추구와 밀접한 관련을 맺고 있다고 보는 견해도 있다.
> 윌리엄 워서(William Werther)와 데이비드 챈들러(David Chandler)는 '이것'을 기업이 제품이나 서비스를 소비자들에게 전달하는 과정인 동시에 사회에서 기업 활동의 정당성을 유지하기 위한 방안이라고 주장하였다.

① A기업은 새로운 IT 계열의 중소벤처기업을 창업한 20대 청년에게 투자하기로 결정하였다.
② B기업은 전염병이 발생하자 의료 물품을 대량으로 구입하여 지역 병원에 기부하였다.
③ C기업은 협력업체 공장에서 폐수를 불법으로 버린 것을 알고 협업과 투자를 종료하였다.
④ D기업은 자사의 제품에서 결함이 발견되자 이에 대한 사과문을 발표하였다.
⑤ E기업은 자사의 직원 복지를 위해 거액의 펀드를 만들었다.

36 다음은 K공사의 모집단위별 지원자 수 및 합격자 수를 나타낸 자료이다. 이에 대한 설명으로 옳지 않은 것은?

〈모집단위별 지원자 수 및 합격자 수〉

(단위 : 명)

모집단위	남성		여성		합계	
	합격자 수	지원자 수	합격자 수	지원자 수	모집정원	지원자 수
A집단	512	825	89	108	601	933
B집단	353	560	17	25	370	585
C집단	138	417	131	375	269	792
합계	1,003	1,802	237	508	1,240	2,310

※ [경쟁률(%)] = $\dfrac{(지원자\ 수)}{(모집정원)} \times 100$

※ 경쟁률은 소수점 첫째 자리에서 반올림한다.

① 세 개의 모집단위 중 총 지원자 수가 가장 많은 집단은 A집단이다.
② 세 개의 모집단위 중 합격자 수가 가장 적은 집단은 C집단이다.
③ K공사의 남성 합격자 수는 여성 합격자 수의 5배 이상이다.
④ B집단의 경쟁률은 158%이다.
⑤ C집단에서는 남성의 경쟁률이 여성의 경쟁률보다 높다.

37 남자 2명, 여자 3명 중 2명의 대표를 선출할 때, 대표가 모두 여자로 선출될 확률은?

① $\dfrac{7}{10}$　　　　　　　　② $\dfrac{3}{5}$

③ $\dfrac{1}{2}$　　　　　　　　④ $\dfrac{3}{10}$

⑤ $\dfrac{1}{5}$

38 K사에 근무 중인 S사원은 업무 계약 건으로 출장을 가야 한다. 시속 75km로 이동하던 중 점심시간이 되어 전체 거리의 40% 지점에 위치한 휴게소에서 30분 동안 점심을 먹었다. 시계를 확인하니 약속된 시간에 늦을 것 같아 시속 25km를 더 올려 이동하였더니, 회사에서 출장지까지 총 3시간 20분이 걸려 도착하였다. K사에서 출장지까지의 거리는?

① 100km　　　　　　　② 150km

③ 200km　　　　　　　④ 250km

⑤ 300km

39 다음은 K공사 직원들의 이번 주 추가근무 계획표이다. 하루에 3명 이상 추가근무를 할 수 없고, 직원들은 각자 일주일에 6시간을 초과하여 추가근무를 할 수 없다. 다음 중 추가근무 일정을 수정해야 하는 사람은 누구인가?

〈일주일 추가근무 일정〉			
성명	추가근무 일정	성명	추가근무 일정
유진실	금요일 3시간	민윤기	월요일 2시간
김은선	월요일 6시간	김남준	화요일 3시간, 일요일 4시간
이영희	토요일 4시간	전정국	토요일 6시간
최유화	목요일 1시간	정호석	화요일 4시간, 금요일 1시간
김석진	화요일 5시간	김태형	수요일 6시간
박지민	수요일 3시간, 일요일 2시간	박시혁	목요일 1시간

① 김은선　　　　　　　② 김석진

③ 박지민　　　　　　　④ 김남준

⑤ 정호석

40 다음 중 생산 합리화 원칙 (가) ~ (다)가 적용된 사례를 〈보기〉에서 골라 바르게 연결한 것은?

〈생산 합리화 원칙〉

(가) 공정과 제품의 특성에 따라 작업을 분업화한다.
(나) 불필요한 요소를 제거하여 작업 절차를 간소화한다.
(다) 제품의 크기, 형태에 대한 기준을 설정하여 규격화한다.

보기

ㄱ. 휴대전화와 충전 장치의 연결 방식을 같은 형식으로 만들었다.
ㄴ. 음료수의 생산 과정을 일곱 단계에서 다섯 단계의 과정으로 줄여 작업하였다.
ㄷ. 한 사람이 하던 자동차 바퀴의 나사 조립과 전기 장치 조립을 각각 두 사람이 하도록 하였다.

	(가)	(나)	(다)
①	ㄱ	ㄴ	ㄷ
②	ㄴ	ㄱ	ㄷ
③	ㄴ	ㄷ	ㄱ
④	ㄷ	ㄴ	ㄱ
⑤	ㄷ	ㄱ	ㄴ

41 김과장은 건강상의 이유로 간헐적 단식을 시작하였다. 김과장이 선택한 간헐적 단식 방법은 월요일부터 일요일까지 일주일 중에 2일을 선택하여 아침 혹은 저녁 한 끼 식사만 하는 것이다. 다음 〈조건〉에 따라 단식을 했을 때, 김과장이 단식을 시작한 첫 주 월요일부터 일요일까지 한 끼만 먹은 요일과 식사한 시점을 바르게 나열한 것은?

조건

• 단식을 하는 날 전후로 각각 최소 2일간은 세 끼 식사를 한다.
• 단식을 하는 날 이외에는 항상 세 끼 식사를 한다.
• 2주 차 월요일에는 단식을 했다.
• 1주 차에 먹은 아침식사 횟수와 저녁식사 횟수가 같다.
• 1주 차 월요일, 수요일, 금요일은 조찬회의에 참석하여 아침식사를 했다.
• 1주 차 목요일은 업무약속이 있어서 점심식사를 했다.

① 월요일(아침), 목요일(저녁)
② 화요일(아침), 금요일(아침)
③ 화요일(저녁), 금요일(아침)
④ 화요일(저녁), 토요일(아침)
⑤ 수요일(저녁), 금요일(아침)

42 다음 중 ㉠에 들어갈 용어로 가장 적절한 것은?

> 과제를 수행하는 데 필요한 활동을 효과적으로 구명하기 위해서는 ___㉠___ 를 활용할 수 있다. ___㉠___ 는 과제 및 활동의 계획을 수립하는 데 있어 가장 기본적인 수단으로 활용되는 그래프로, 필요한 모든 일을 중요한 범주에 따라 체계화하여 구분해 놓은 것을 말한다.
>
> 구체성에 따라 2단계, 3단계, 4단계 등으로 구분할 수 있는 ___㉠___ 를 활용함으로써 과제에 필요한 활동이나 과업을 파악할 수 있고, 이를 비용과 매치시켜 놓음으로써 어떤 항목에 얼마만큼의 비용이 소요되는지를 정확하게 파악할 수 있다. 또한, 과제 수행에 필요한 예산 항목을 빠뜨리지 않고 확인할 수 있으며, 이러한 항목을 통해 전체 예산을 정확하게 분배할 수 있다는 장점이 있다. 하지만 이러한 과정을 거치더라도 과제를 수행하다 보면 예상 외의 비용이 발생할 수 있다.

① 예정공정표
② 자원배치도
③ 과업세부도
④ 집행관리도
⑤ 과업지시서

43 다음 워크시트에서 성별이 '남'인 직원들의 근속연수 합계를 구하는 수식으로 옳지 않은 것은?

	A	B	C	D	E	F
1	사원번호	이름	생년월일	성별	직위	근속연수
2	E5478	이재홍	1980-02-03	남	부장	8
3	A4625	박언영	1985-04-09	여	대리	4
4	B1235	황준하	1986-08-20	남	대리	3
5	F7894	박혜선	1983-12-13	여	과장	6
6	B4578	이애리	1990-05-06	여	사원	1
7	E4562	김성민	1986-03-08	남	대리	4
8	A1269	정태호	1991-06-12	남	사원	2
9	C4567	김선정	1990-11-12	여	사원	1

① =SUMIFS(F2:F9,D2:D9,남)

② =DSUM(A1:F9,6,D1:D2)

③ =DSUM(A1:F9,F1,D1:D2)

④ =SUMIF(D2:D9,D2,F2:F9)

⑤ =SUMIFS(F2:F9,D2:D9,D2)

44 다음은 집단(조직)에 대한 자료이다. 이에 대한 설명으로 적절하지 않은 것은?

구분	공식집단	비공식집단
① 개념	공식적인 목표를 추구하기 위해 조직에서 만든 집단	구성원들의 요구에 따라 자발적으로 형성된 집단
② 집단 간 경쟁의 원인	자원의 유한성, 목표 간의 충돌	
③ 집단 간 경쟁의 장점	각 집단 내부의 응집성 강화, 활동 조직화 강화	
④ 집단 간 경쟁의 단점	자원 낭비, 비능률	
⑤ 예	상설 위원회, 업무 수행을 위한 팀, 동아리	친목회, 스터디 모임, 임시 위원회

45 다음 글을 읽고 C사원이 해야 할 업무를 순서대로 바르게 나열한 것은?

> 상사 : 벌써 2시 50분이네. 3시에 팀장회의가 있어서 지금 업무지시를 할게요. 업무보고는 내일
> 9시 30분에 받을게요. 업무보고 전 아침에 회의실과 마이크 체크를 한 내용을 업무보고에
> 반영해 주세요. 내일 있을 3시 팀장회의도 차질 없이 준비해야 합니다. 아, 그리고 오늘 P사
> 원이 아파서 조퇴했으니 P사원 업무도 부탁할게요. 간단한 겁니다. 사업 브로슈어에 사장님
> 의 개회사를 추가하는 건데, 브로슈어 인쇄는 2시간밖에 걸리지 않지만 인쇄소가 오전 10시
> 부터 6시까지 하니 비서실에 방문해 파일을 미리 받아 늦지 않게 인쇄소에 넘겨 주세요. 비
> 서실은 본관 15층에 있으니 가는 데 15분 정도 걸릴 거예요. 브로슈어는 다음날 오전 10시
> 까지 준비되어야 하는 거 알죠? 팀장회의에 사용할 케이터링 서비스는 매번 시키는 D업체
> 로 예약해 주세요. 24시간 전에는 예약해야 하니 서둘러 주세요.

보기

(가) 비서실 방문
(나) 회의실, 마이크 체크
(다) 케이터링 서비스 예약
(라) 인쇄소 방문
(마) 업무보고

① (가) – (다) – (라) – (나) – (마)
② (나) – (가) – (라) – (마) – (다)
③ (다) – (가) – (라) – (나) – (마)
④ (다) – (나) – (가) – (라) – (마)
⑤ (다) – (나) – (라) – (가) – (마)

46 해외지사에서 근무 중인 직원들 중 업무성과가 우수한 직원을 선발하여 국내로 초청하고자 한다. 다음 자료를 토대로 할 때, 각국 직원들을 국내에 도착하는 순서대로 바르게 나열한 것은?

〈해외지사별 직원들의 비행 스케줄〉

출발지	출발지 기준 이륙시각	비행시간 (출발지 → 대한민국)
독일(뮌헨)	2023년 10월 25일(수) 오후 04:20	11시간 30분
인도(뉴델리)	2023년 10월 25일(수) 오후 10:10	8시간 30분
미국(뉴욕)	2023년 10월 25일(수) 오전 07:40	14시간

〈동일 시점에서의 국가별 현지시각〉

국가(도시)	현지시각
대한민국(서울)	2023년 10월 25일(수) 오전 06:20
독일(뮌헨)	2023년 10월 24일(화) 오후 11:20
인도(뉴델리)	2023년 10월 25일(수) 오전 03:50
미국(뉴욕)	2023년 10월 24일(화) 오후 05:20

① 인도 – 독일 – 미국
② 인도 – 미국 – 독일
③ 미국 – 독일 – 인도
④ 미국 – 인도 – 독일
⑤ 독일 – 미국 – 인도

47 다음 〈보기〉의 사례와 비윤리적 행위의 유형이 바르게 연결된 것은?

> **보기**
> ⊙ 제약회사에서 근무하는 A사원은 자신의 매출실적을 올리기 위하여 계속해서 병원에 금품을 제공하고 있다.
> ⓒ B건설회사는 완공일자를 맞추기에 급급하여 안전수칙을 제대로 지키지 않았고, 결국 커다란 인명사고가 발생하였다.
> ⓒ C가구업체는 제품 설계 시 안전상의 고려를 충분히 하지 않아, 제품을 구매한 소비자들에게 안전사고를 유발시켰다.
> ⓔ IT회사의 D팀장은 관련 업계의 회사 간 가격담합이 이루어지고 있음을 발견하였으나, 별다른 조치를 취하지 않았다.

	도덕적 타성	도덕적 태만
①	⊙, ⓒ	ⓒ, ⓔ
②	⊙, ⓒ	ⓒ, ⓔ
③	⊙, ⓔ	ⓒ, ⓒ
④	ⓒ, ⓒ	⊙, ⓔ
⑤	ⓒ, ⓔ	⊙, ⓒ

48 다음 중 직장에서의 정직한 생활로 적절하지 않은 것은?

① 사적인 용건에는 회사 전화를 사용하지 않는다.

② 부정에 타협하지 않고, 눈감아 주지 않는다.

③ 나의 입장과 처지를 보호하기 위한 거짓말도 하지 않는다.

④ 사회생활에 있어 남들도 다 하는 관행은 따라야 한다.

⑤ 비록 실수를 하였더라도, 정직하게 밝히고, 그에 대한 대가를 치른다.

49 K통신회사에서 상담원으로 근무하는 L사원은 다음과 같은 문의 전화를 받게 되었다. 이때 L사원이 고객을 응대하는 방법으로 적절하지 않은 것은?

> L사원 : 안녕하세요. K통신입니다. 무엇을 도와드릴까요?
> 고객 : 인터넷이 갑자기 안 돼서 너무 답답해요. 좀 빨리 해결해 주세요. 지금 당장요!
> L사원 : 네, 고객님 최대한 빠르게 처리해 드리겠습니다.
> 고객 : 확실해요? 언제 해결 가능하죠? 빨리 좀 부탁합니다.

① 현재 업무 절차에 대해 설명해 주면서 시원스럽게 업무 처리하는 모습을 보여준다.
② 고객이 문제해결에 대해 의심하지 않도록 확신감을 가지고 말한다.
③ "글쎄요.", "아마"와 같은 표현으로 고객이 흥분을 가라앉힐 때까지 시간을 번다.
④ 정중한 어조를 통해 고객의 흥분을 가라앉히도록 노력한다.
⑤ 고객의 이야기를 경청하고, 공감해 주면서 업무 진행을 위한 고객의 협조를 유도한다.

50 김사원의 업무 스타일에 따라 멤버십 유형을 판단할 때, 다음 〈보기〉 중 김사원에 대한 동료들의 시각으로 적절한 것을 모두 고르면?

> 김사원은 과업이 부여되면 즐거운 마음으로 수행하며, 부서원과 협업하는 것을 어려워하지 않는다. 팀플레이에 익숙하며, 그만큼 조직구성원들을 신뢰한다. 리더에 대해서도 높은 신뢰도를 보이며, 조직에 헌신한다.

보기
ㄱ. 참신한 아이디어가 없는 편이다.
ㄴ. 인기가 없거나 촉망받지 않는 일은 수행하지 않는다.
ㄷ. 조직을 위해 자신 혹은 가족의 요구를 희생할 줄 안다.
ㄹ. 업무 수행에는 반드시 감독이 필요하다.

① ㄱ, ㄷ
② ㄴ, ㄷ
③ ㄴ, ㄹ
④ ㄱ, ㄴ, ㄷ
⑤ ㄴ, ㄷ, ㄹ

제3회
최종점검 모의고사

※ 한전KDN 최종점검 모의고사는 2023년 채용공고 및 후기를 기준으로 구성한 것으로 실제 시험과 다를 수 있습니다.

■ 취약영역 분석

번호	O/×	영역	번호	O/×	영역	번호	O/×	영역
01		자원관리능력	21		의사소통능력	41		자기개발능력
02		수리능력	22		의사소통능력	42		의사소통능력
03		수리능력	23		수리능력	43		문제해결능력
04		의사소통능력	24		수리능력	44		문제해결능력
05		의사소통능력	25		자원관리능력	45		문제해결능력
06		자기개발능력	26		자기개발능력	46		대인관계능력
07		자기개발능력	27		문제해결능력	47		대인관계능력
08		문제해결능력	28		문제해결능력	48		정보능력
09		문제해결능력	29		정보능력	49		정보능력
10		기술능력	30		조직이해능력	50		직업윤리
11		대인관계능력	31		조직이해능력			
12		대인관계능력	32		직업윤리			
13		자기개발능력	33		의사소통능력			
14		정보능력	34		기술능력			
15		조직이해능력	35		기술능력			
16		조직이해능력	36		의사소통능력			
17		직업윤리	37		자원관리능력			
18		직업윤리	38		자원관리능력			
19		기술능력	39		수리능력			
20		의사소통능력	40		수리능력			

평가문항	50문항	평가시간	50분
시작시간	:	종료시간	:
취약영역			

최종점검 모의고사

🕐 응시시간 : 50분　📋 문항 수 : 50문항

정답 및 해설 p.065

01 갑과 을은 0점, 4점, 9점 구간이 구분된 과녁을 놓고 양궁 게임을 하고 있다. 둘은 각각 20발의 화살을 쏘아 0점을 맞힌 개수만 점수표에 기록하였다. 〈조건〉에 근거하여 점수를 추론할 때, 갑과 을의 최종 점수로 가능한 것은?

〈점수표〉

(단위 : 발)

구분	갑	을
0점	6	8
4점		
9점		

조건

• 최종 점수는 화살이 맞힌 점수의 합으로 한다.
• 둘이 쏜 화살 중 과녁 밖으로 날아간 것은 하나도 없다.
• 갑과 을이 4점을 맞힌 화살의 개수는 동일하다.

　　　갑　　　　을
① 51점　　62점
② 74점　　62점
③ 74점　　68점
④ 86점　　68점
⑤ 88점　　68점

02 K기업에서 직원들에게 자기계발 교육비용을 일부 지원하기로 하였다. A ~ E직원이 다음 자료와 같이 교육프로그램을 신청하였을 때, K기업에서 직원들에게 지원하는 총 교육비는?

〈자기계발 수강료 및 지원 금액〉

구분	영어회화	컴퓨터 활용	세무회계
수강료	7만 원	5만 원	6만 원
지원 금액 비율	50%	40%	80%

〈신청한 교육프로그램〉

구분	영어회화	컴퓨터 활용	세무회계
A직원	○		○
B직원	○	○	○
C직원		○	○
D직원	○		
E직원		○	

① 307,000원
② 308,000원
③ 309,000원
④ 310,000원
⑤ 330,000원

03 10년 후 아버지의 나이는 형의 나이와 동생의 나이 합의 2배가 된다. 형과 동생의 나이 차이가 4살이고 현재 아버지의 나이를 a세라고 할 때, 동생의 나이는?

① $\dfrac{a-20}{4}$ 세

② $\dfrac{a-36}{4}$ 세

③ $\dfrac{a-38}{4}$ 세

④ $\dfrac{a-40}{4}$ 세

⑤ $\dfrac{a-42}{4}$ 세

※ 다음은 K공사 홈페이지에 게재된 에너지 절약방법이다. 이를 읽고 이어지는 질문에 답하시오. [4~5]

〈에너지 절약방법〉

1. **온도조절기의 합리적 사용**
   온도조절기는 일반적으로 방 입구·전등 스위치 부근에 있으며, 더울 때나 외출할 때 낮은 온도로 각각 조절하면 열사용량을 줄일 수 있습니다.

2. **적절한 난방온수분배기의 활용**
   온도조절기는 잠긴 상태에서도 미세한 열 공급이 이루어지므로 사용하지 않는 방의 밸브를 잠그는 것이 좋습니다.

3. **알맞은 실내 온도를 유지**
   실내 적정온도는 여름철은 26 ~ 28℃, 겨울철은 18 ~ 20℃입니다. 실내·외 온도 차이가 5℃ 이상이면 건강에 나쁜 영향을 끼치게 됩니다.

4. **필요 시 외벽의 단열 및 창문 틈새 보강**
   외벽의 단열상태 및 창문 틈새 등을 확인·보강하여 난방열이 새어 나가지 않게 합니다.

5. **전기 절약**
   ① 우리 가정에서 사용하는 전체 전력의 20%는 전등을 켜는 데 사용되고 있습니다. 조금 더 신경 써서 아낀다면 1년 동안 약 864억 원의 외화를 절약할 수 있습니다.

   > ■ 생활의 지혜
   > • 백열등을 형광등으로 교체하면 약 70%의 전력을 절약할 수 있습니다.
   > • 한 달에 한 번씩 전구(전등) 주위를 깨끗하게 닦아 줍니다. 닦지 않은 것은 최대 40%까지 밝기가 떨어집니다.
   > • 불필요한 TV 시청 시간을 줄이고, TV를 보지 않을 때는 플러그를 꼭 빼놓습니다.

   ② 난방온수분배기를 적절히 활용합니다.
   ③ 여름철 에어컨 사용을 자제합니다.

   > ■ 생활의 지혜
   > • 선풍기는 강, 중, 약 조절에 따라 10W의 전력 소모차이가 있으므로, 전력소비가 적은 약한 바람으로 사용합니다.
   > • 에어컨 한 대는 선풍기 30대의 전력을 소모하므로, 에어컨 사용 시 실내 온도를 26 ~ 28℃ 로 유지합니다.

6. **물 절약**
   수돗물값의 20%는 에너지값입니다. 그만큼 수돗물에는 에너지가 많이 들어가 있습니다.

   > ■ 생활의 지혜
   > • 샤워를 할 때 물살을 너무 세게 하지 않습니다.
   > • 양치질을 할 때, 손을 씻을 때 모두 물을 받아서 사용합니다.
   > • 화장실의 변기 물탱크에 벽돌을 넣으면 그만큼 물이 절약됩니다.

7. 석유 · 가스 절약

우리가 사용하는 가스 대부분도 외국에서 수입해 오는 에너지입니다. 요리할 때 가스불꽃을 알맞게 조절한다면 1년에 1,905억 원의 에너지 비용을 절감할 수 있습니다.

■ 생활의 지혜
- 밑바닥이 넓은 조리 기구를 사용하면 열의 흡수가 잘 되어 연료가 절약됩니다.
- 압력밥솥을 이용하면 조리시간이 단축되어 연료가 절약됩니다.
- 온 가족이 모여서 함께 식사하면 연료를 절약할 수 있습니다.
- 가스레인지 불꽃을 2단으로 쓰면 3단에 비해 38%의 가스가 절약됩니다.

04 다음 중 〈보기〉에서 적절한 에너지 절약방법을 실천하는 사람을 모두 고르면?

> 보기
>
> A : 여름에 사무실 온도를 무조건 시원하게 했는데, 올여름에는 실외 온도랑 크게 차이가 나지 않도록 해야겠어.
> B : TV를 보지 않을 때는 플러그를 빼놓지 않아도 TV에 전원이 들어와 있지 않기 때문에 에너지 소모에는 크게 영향을 끼치지 않을 거야.
> C : 이번 달에는 대청소를 할 때 안방과 거실의 전등을 모두 닦아서 에너지 절약을 실천해야겠어.
> D : 선풍기는 바람 세기별로 전력 소모의 차이가 없으니까 에어컨 대신 선풍기를 '강'으로 틀어 놓아야겠어.

① A, B   ② A, C
③ B, C   ④ B, D
⑤ C, D

05 A팀장은 에너지 절약방법 자료를 주면서 '8월 22일 에너지의 날을 맞이하여 자료에서 필요한 내용을 간추린 후, 다양한 효과를 활용한 리플릿을 작성하라.'는 지시를 했다. 팀장의 지시사항을 바탕으로 문서를 작성하고자 할 때, 다음 중 적절하지 않은 것은?

① '에너지 절약방법' 중 계절별로 실천할 수 있는 절약방법을 정리한다.
② 리플릿의 전체 주제는 '생활 속 에너지 절약방법'으로 정한다.
③ '에너지 절약방법'을 실천했을 때 절약할 수 있는 에너지의 양을 수치화하여 일목요연하게 표로 정리한다.
④ 전기 절약, 물 절약, 석유 · 가스 절약의 사례를 사진 및 그림과 같은 다양한 자료를 활용해 작성한다.
⑤ '에너지 고갈의 위험성'과 '생활 속 에너지 절약방법'을 연결하여 강조한다.

※ 다음 글을 읽고 이어지는 질문에 답하시오. [6~7]

> 의류회사에서 디자이너로 일하고 있는 직장인 A씨는 평소 관심이 많았던 메이크업에 대해 꾸준히 공부하고 기술을 익혀 얼마 전부터 패션 유튜버로 활동하고 있다. 주중에는 회사에서 본연의 업무에 충실하고 주 52시간 근무제가 자리를 잡으면서 저녁 여가시간과 주말을 이용해 메이크업과 코디네이션에 대한 콘텐츠를 만들어 유튜버로 이름을 알리고 있다. 사람들이 평소 관심이 많은 분야라서 그런지 구독자 수는 생각보다 빨리 늘어나기 시작했다.
> 몇 개월 준비기간을 걸쳐 일주일에 한 번씩 콘텐츠를 꾸준히 올린 결과 활동 6개월째부터는 많지는 않지만 광고수입도 일부 얻을 수 있었다. A씨는 유튜버로 활동하면서 추가 수입과 자신의 흥미를 충족시킬 수 있어 좋다는 생각이 들었다. 또 시간이 많이 흐르고 조직생활이 끝나면 창업을 하거나 독립을 하게 되어도 자신에게 도움이 될 것이라는 생각도 하게 되었다.

06 다음 중 윗글에 제시된 경력개발과 가장 관련이 있는 이슈는 무엇인가?

① 청년실업
② 창업경력
③ 평생학습사회
④ 투잡(Two Jobs)
⑤ 일과 생활의 균형

07 다음 중 A씨가 하고 있는 경력개발과 관련된 사회 환경의 변화로 적절하지 않은 것은?

① 꾸준한 경력 개발에 대한 중요성이 커지고 있고, 경력 개발의 방법이 다양해지고 있다.
② 지속적인 경기불황에 따라 2개 혹은 그 이상의 직업을 가지는 사람들이 늘어나고 있다.
③ 주 5일제와 주 52시간 근무제가 시행되면서 직장인들 사이에 확대되는 추세를 보이고 있다.
④ 경제적인 이유와 자아실현, 실직 대비 등이 주요 목적으로 나타난다.
⑤ 지식과 정보의 폭발적인 증가로 새로운 기술개발에 따라 직업에서 요구되는 능력도 변화하고 있다.

08 다음 글과 상황을 근거로 판단할 때, 〈보기〉 중 적절한 것을 모두 고르면?

A국 사람들은 아래와 같이 한 손으로 1부터 10까지의 숫자를 표현한다.

숫자	1	2	3	4	5
펼친 손가락 개수	1개	2개	3개	4개	5개
펼친 손가락 모양					

숫자	6	7	8	9	10
펼친 손가락 개수	2개	3개	2개	1개	2개
펼친 손가락 모양					

〈상황〉

A국에 출장을 간 갑은 A국의 언어를 하지 못하여 물건을 살 때 상인의 손가락을 보고 물건의 가격을 추측한다. A국 사람의 숫자 표현법을 제대로 이해하지 못한 갑은 상인이 금액을 표현하기 위해 펼친 손가락 1개당 1원씩 돈을 지불하려고 한다(단, 갑은 하나의 물건을 구매하며 물건의 가격은 최소 1원부터 최대 10원까지라고 가정한다).

보기

ㄱ. 물건의 가격과 갑이 지불하려는 금액이 일치했다면, 물건의 가격은 5원 이하이다.
ㄴ. 상인이 손가락 3개를 펼쳤다면, 물건의 가격은 최대 7원이다.
ㄷ. 물건의 가격과 갑이 지불하려는 금액이 8원만큼 차이가 난다면, 물건의 가격은 9원이거나 10원이다.
ㄹ. 갑이 물건의 가격을 초과하는 금액을 지불하려는 경우가 발생할 수 있다.

① ㄱ, ㄴ
② ㄷ, ㄹ
③ ㄱ, ㄴ, ㄷ
④ ㄱ, ㄷ, ㄹ
⑤ ㄱ, ㄴ, ㄷ, ㄹ

09 다음에서 설명하는 문제에 해당하는 사례로 적절하지 않은 것은?

> 아직 일어나지 않은, 즉 눈에 보이지 않는 문제로, 잠재문제, 예측문제, 발견문제로 나눌 수 있다. 잠재문제는 문제를 인식하지 못하다가 결국은 문제가 확대되어 해결이 어려운 문제를 의미한다. 예측문제는 지금 현재는 문제가 없으나 앞으로 일어날 수 있는 문제가 생길 것을 알 수 있는 문제를 의미하며, 발견문제는 앞으로 개선 또는 향상시킬 수 있는 문제를 말한다.

① 어제 구입한 알람시계가 고장 났다.

② 바이러스가 전 세계적으로 확산됨에 따라 제품의 원가가 향상될 것으로 보인다.

③ 자사 제품의 생산성을 향상시킬 수 있는 프로그램이 개발되었다.

④ 자사 내부 점검 중 작년에 판매된 제품에서 문제가 발생할 수 있다는 것을 발견하였다.

⑤ 이번 달에는 물건의 품질을 10% 향상시킴으로써 매출의 5% 증대를 계획해야 한다.

10 다음 중 산업재해에 대한 원인으로 옳지 않은 것은?

> 전선 제조 사업장에서 고장난 변압기 교체를 위해 K전력 작업자가 변전실에서 작업을 준비하던 중 특고압 배전반 내 충전부 COS 1차 홀더에 접촉 감전되어 치료 도중 사망하였다. 증언에 따르면 변전실 TR-5 패널의 내부는 협소하고, 피재해자의 키에 비하여 경첩의 높이가 높아 문턱 위에 서서 불안전한 작업자세로 작업을 실시하였다고 한다. 또한 피재해자는 전기 관련 자격이 없었으며, 복장은 일반 안전화, 면장갑, 패딩점퍼를 착용한 상태였다.

① 불안전한 행동　　　　　　　② 불안전한 상태

③ 작업 관리상 원인　　　　　　④ 기술적 원인

⑤ 작업 준비 불충분

11 다음은 K사 임원들이 직원들의 업무 태도를 평가하며 나눈 대화 내용이다. 이를 참고할 때, 멤버십 유형 중 실무형에 해당하는 직원은?

> A임원 : 홍보팀 '갑'은 원래 그렇게 부정적인가요? 팀원의 기획안에 대해 계속 반대만 하고, 고집이 세 보입니다.
>
> B임원 : 네, 자신이 회사에서 인정을 받지 못한다고 생각하는 것 같습니다. 그와 반대로 지원팀 '을'은 지시받은 업무에 대해 별말 없이 진행을 합니다. 성과가 나오는 일을 하려고 하는 경향이 보이기도 합니다.
>
> C임원 : '을'은 회사의 판단을 믿고 일을 열심히 합니다만, 의견을 말하는 것을 거의 보지 못한 것 같습니다. 총무팀 '병'은 자신에게 도움이 된다 싶으면 의견도 말하고, 일에 대해 어느 정도 열의를 보이고 있습니다. 불만이 있어 보일 때도 있지만, 딱히 표출하지는 않는 것 같고요.
>
> D임원 : '병'이 규정을 어기는 것을 아직 본적이 없는 것 같기는 하네요. 같은 팀 '정'은 일일이 지시도 해야 하고, 그다지 눈에 보이는 성과도 없어요. 저는 영업팀 '무'가 참 적극적이고 성과도 좋다고 보고 있습니다.
>
> A임원 : 저도 '무'는 회사에 주인의식도 있는 것 같고, 회사의 목적 달성을 위해 참 열심히 일한다고 생각합니다. 자기 의견을 말할 때도 건설적인 비판을 해서 흥미 있었어요.

① 갑
② 을
③ 병
④ 정
⑤ 무

12 다음 사례를 읽고 C팀장에게서 볼 수 있는 갈등 관리법으로 가장 적절한 것은?

> A팀원 : 팀장님, 죄송합니다. 팀원들의 의견을 종합해서 오늘 오전 중으로 보고 드리려고 했지만, B팀원의 의견을 늦게 받아서 보고가 늦었습니다.
>
> C팀장 : B팀원에게 의견을 늦게 받은 이유가 무엇입니까?
>
> A팀원 : B팀원이 업무로 바빠 보였고, 이로 인해 저의 요청을 계속해서 무시하는 것 같아서 B팀원에게 의견을 요청하기가 꺼려졌던 것 같습니다.
>
> B팀원 : 저는 A팀원이 제 의견이 중요하지 않다고 생각한다고 보았고, 저를 무시한다고 생각했는데 서로 간의 오해가 있었던 것 같습니다.
>
> C팀장 : 자자, 말 그대로 서로 간의 오해가 있었던 것 같군요. 우선 A씨의 경우 B씨가 바빠 보이고 자신을 무시한다고 생각했다는 이유로, B씨에게 의견을 요청하지 않은 점은 적절하지 않았다고 보여집니다. B씨가 바빠 보이더라도 B씨의 의견이 꼭 필요하다는 이유를 B씨에게 상세하게 설명하여 모두의 의견을 종합하는 것이 중요합니다. B씨 역시 아무리 업무가 바쁘더라도 A씨가 요청하면 경청하는 자세를 갖고 팀의 업무에 참석하는 모습을 보여야 합니다. 혹시 부재중이거나 구두로 설명하기 힘든 경우에는 메신저를 통해서 서로 소통하는 모습을 보였으면 합니다.

① Win – Win 관리법　　　　　② 간접 관리법
③ KISS 관리법　　　　　　　　④ 출구 관리법
⑤ 경쟁 관리법

13 다음 대화의 밑줄 친 ㉠과 관련된 욕구로 가장 적절한 것은?

> A사원 : 사내 게시판에 공지된 교육프로그램 참여 신청에 관한 안내문은 보셨나요?
>
> B대리 : 봤지. 안 그래도 신청해야 하나 고민 중이야.
>
> A사원 : 대리님이 꼭 따고 싶다고 하셨던 자격증 강의잖아요.
>
> B대리 : ㉠아니, 나는 아침잠이 많아서…. 너무 이른 시간이라 참여할 수 있을지 걱정이야.
>
> A사원 : 그런 이유로 고민할 시간도 없어요. 선착순 마감되기 전에 얼른 신청하세요!

① 안전의 욕구　　　　　　　　② 사회적 욕구
③ 생리적 욕구　　　　　　　　④ 존경의 욕구
⑤ 자기실현의 욕구

14 다음 [A2:B8] 영역을 선택한 후 오른쪽 그림과 같이 중복된 항목을 제거하였다. 유지되는 행의 개수는?

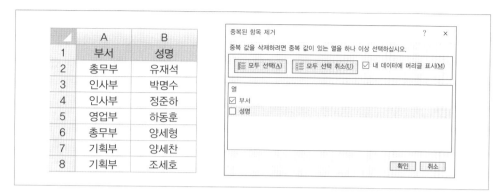

① 1개   ② 2개

③ 3개   ④ 4개

⑤ 5개

15 다음 대화를 참고할 때, 조직 목표의 기능과 특징으로 적절하지 않은 것은?

> 이대리 : 박부장님께서 우리 회사의 목표가 무엇인지 생각해 본 적 있냐고 하셨을 때 당황했어. 평소에 딱히 생각하고 지내지 않았던 것 같아.
>
> 김대리 : 응, 그러기 쉽지. 개인에게 목표가 있어야 그것을 위해서 무언가를 하는 것처럼 당연히 조직에도 목표가 있어야 하는데 조직에 속해 있으면 당연히 알아두어야 한다고 생각해.

① 조직이 존재하는 정당성을 제공한다.

② 의사 결정을 할 때뿐만 아니라 하고 나서의 기준으로도 작용한다.

③ 공식적 목표와 실제 목표는 다를 수 있다.

④ 동시에 여러 목표를 추구하는 것보다 하나씩 순차적으로 처리해야 한다.

⑤ 목표 간에는 위계 관계와 상호 관계가 공존한다.

16 다음 중 조직구조에 대한 설명으로 적절하지 않은 것은?

① 기능별 조직은 환경이 안정적일 때 조직관리의 효율성이 높다.

② 기능별 조직은 기능별 규모의 경제를 얻을 수 있다.

③ 제품 조직은 사업부 내 기능 간 조정이 용이하다.

④ 제품 조직은 시장 특성에 적절히 대응하므로 소비자의 만족을 증대시킬 수 있다.

⑤ 매트릭스 조직은 다품종을 생산하는 대규모 조직에서 효율적이다.

17 F사원은 요즘 고민이 많다. 선배 G대리가 자꾸만 자신에게 개인적인 일을 시키기 때문이다. 어제는 G대리 자녀의 학교 준비물을 사느라 자신의 업무를 끝마치지 못해 야근을 해야 했다. F사원이 G대리의 부탁을 거절하려고 할 때, 다음 중 거절 방법으로 적절하지 않은 것은?

① 문제의 본질을 파악한 후 거절한다.

② 분명한 이유를 들어 거절한다.

③ 부탁에 대한 대안을 제시하며 거절한다.

④ 바로 거절하기 미안하니 오랜 시간 후에 거절의 의사를 전달한다.

⑤ 상대방이 긍정의 대답을 기대하기 전에 거절의 의사를 전달한다.

18 귀하가 Z과장이 지시한 업무를 처리하는 중 A대리가 다른 업무를 맡기면서 급한 일이니 빨리 처리해 달라고 요청했다. 이때 귀하가 해야 할 행동으로 가장 적절한 것은?

① Z과장이 먼저 업무를 시켰으므로 먼저 처리한다.

② 동료에게 Z과장의 업무를 부탁하고, 나는 A대리의 업무를 처리한다.

③ 모두 나에게 주어진 일이니 야근을 해서 모두 처리한다.

④ Z과장과 A대리에게 양해를 구하고 우선순위를 정해 처리한다.

⑤ A대리의 일부터 먼저 처리한다.

19 다음은 기술 시스템의 발전 단계를 나타낸 자료이다. 빈칸에 들어갈 단계로 가장 적절한 것은?

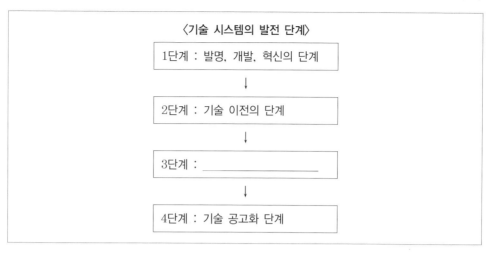

① 기술 협조의 단계
③ 기술 평가의 단계
⑤ 기술 투자의 단계

② 기술 경영의 단계
④ 기술 경쟁의 단계

20 다음 글의 작성 방법을 분석한 내용으로 가장 적절한 것은?

교육센터는 7가지 코스로 구성된다. 먼저, 기초훈련코스에서는 자동차 특성의 이해를 통해 안전운전의 기본능력을 향상시킨다. 자유훈련코스는 운전자의 운전자세 및 공간지각능력에 따른 안전위험요소를 교육한다. 위험회피코스에서는 돌발 상황 발생 시 위험회피 능력을 향상시키며, 직선제동코스에서는 다양한 도로환경에 적응하여 긴급 상황 시 효과적으로 제동할 수 있도록 교육한다. 빗길제동코스에서는 빗길 주행 시 위험요인을 체득하여 안전운전 능력을 향상시키고, 곡선주행코스에서는 미끄러운 곡선주행에서 안전운전을 할 수 있도록 가르친다. 마지막으로 일반·고속주행코스에서는 속도에 따라 발생할 수 있는 다양한 위험요인에 대한 대처 능력을 향상시켜 방어운전 요령을 습득하도록 돕는다. 이 외에도 친환경 운전 방법 '에코드라이브'에 대해 교육하는 에코 드라이빙존, 안전한 교차로 통행방법을 가르치는 '딜레마존'이 있다. 안전운전의 기본은 사업용 운전자의 올바른 습관이다. 교통안전 체험교육센터에서 교육만 받더라도 교통사고 발생확률이 크게 낮아진다.

① 여러 가지를 비교하면서 그 우월성을 논하고 있다.
② 각 구조에 따른 특성을 대조하고 있다.
③ 상반된 결과를 통해 결론을 도출하고 있다.
④ 각 구성에 따른 특징과 그에 따른 기대효과를 설명하고 있다.
⑤ 의견의 타당성을 검증하기 위해 수치를 제시하고 있다.

(가) 인류가 바람을 에너지원으로 사용한 지 1만 년이 넘었고, 풍차는 수천 년 전부터 사용되었다. 풍력발전이 시작된 지도 100년이 넘었지만, 그동안 전력 생산비용이 저렴하고 사용하기 편리한 화력발전에 밀려 빛을 보지 못하다가 최근 온실가스 배출 등의 환경오염 문제를 해결하는 대안인 신재생에너지로 주목받고 있다.

(나) 풍력발전은 바람의 운동에너지를 회전에너지로 변환하고, 발전기를 통해 전기에너지를 얻는 기술로, 공학자들은 계속적으로 높은 효율의 전기를 생산하기 위해 풍력발전시스템을 발전시켜 나가고 있다. 풍력발전시스템의 하나인 요우 시스템(Yaw System)은 바람에 따라 풍력발전기의 방향을 바꿔 회전날개가 항상 바람의 정면으로 향하게 하는 것이다. 또 다른 피치 시스템(Pitch System)은 비행기의 날개와 같이 바람에 따라 회전날개의 각도를 변화시킨다. 이 외에도 회전력을 잃지 않기 위해 직접 발전기에 연결하는 방식 등 다양한 방법을 활용한다. 또한 무게를 줄이면 높은 곳에 풍력발전기를 매달 수 있어 더욱 효율적인 발전이 가능해진다.

(다) 풍력발전기를 설치하는 위치도 중요하다. 풍력발전기의 출력은 풍속의 세제곱과 프로펠러 회전면적의 제곱에 비례한다. 풍속이 빠를수록, 프로펠러의 면적이 클수록 출력이 높아지는 것이다. 지상에서는 바람이 빠르지 않고, 바람도 일정하게 불지 않아 풍력발전의 출력을 높이는 데 한계가 있다. 따라서 풍력발전기는 최대 풍속이 아닌 최빈 풍속에 맞춰 설계된다. 이러한 한계를 극복하기 위해 고고도 (High Altitude)의 하늘에 풍력발전기를 설치하려는 노력이 계속되고 있다.

(라) 그렇다면 어떻게 고고도풍(High Altitude Wind)을 이용할까? 방법은 비행선, 연 등에 발전기를 달아 하늘에 띄우는 것이다. 캐나다의 한 회사는 헬륨 가스 비행선에 발전기를 달아 공중에 떠 있는 발전기를 판매하고 있다. 이 발전기는 비행선에 있는 발전기가 바람에 의해 풍선이 회전하도록 만들어져 있으며, 회전하는 풍선이 발전기와 연결되어 있어 전기를 생산할 수 있다. 또 다른 회사는 이보다 작은 비행선 수십 대를 연결하여 바다 위에 띄우는 방식을 고안하고 있다. 서로 연결된 수십 대의 작은 비행선 앞에 풍차가 붙어 있어 발전할 수 있도록 되어 있다.

(마) 고고도풍을 이용한 풍력발전은 결국 대류권 상층부에 부는 초속 30m의 편서풍인 제트기류를 이용하게 될 것이다. 연구에 따르면 최대 초속 100m를 넘는 제트기류를 단 1%만 이용해도 미국에서 사용하는 전기에너지를 모두 충당할 수 있다고 한다. 우리나라 상공도 이 제트기류가 지나가기 때문에 이를 활용할 수 있다면 막대한 전기를 얻을 수 있을 것으로 전망된다.

21 다음 중 (가) 문단을 통해 추론할 수 있는 내용으로 적절하지 않은 것은?

① 풍력에너지는 인류에서 가장 오래된 에너지원이다.

② 화력발전은 풍력발전보다 전력 생산비용이 낮다.

③ 신재생에너지가 대두되면서 풍력발전이 새롭게 주목받고 있다.

④ 화력발전은 온실가스 배출 등 환경오염 문제를 일으킨다.

⑤ 신재생에너지는 환경오염 등의 문제를 줄일 수 있다.

22 다음 중 (가) ~ (마) 문단에 대한 주제로 적절하지 않은 것은?

① (가) : 환경오염 문제의 새로운 대안인 풍력발전
② (나) : 바람 에너지를 이용한 다양한 풍력발전시스템
③ (다) : 풍력발전기 설치 위치의 중요성
④ (라) : 고고도풍을 이용하는 기술의 한계
⑤ (마) : 제트기류를 활용한 풍력발전의 가능성

23 철수와 만수는 각각 A, B지역으로 출장을 갔다. 각자 출장 업무가 끝난 후 C지역에서 만나기로 했을 때, 〈조건〉을 토대로 민수의 속력을 구하면?

> **조건**
> • A지역과 B지역의 거리는 500km이다.
> • C지역은 A지역과 B지역 사이에 있으며, A지역과는 200km 떨어져 있다.
> • 철수는 80km/h의 속력으로 갔다.
> • 만수는 철수보다 2시간 30분 늦게 도착했다.

① 50km/h
② 60km/h
③ 70km/h
④ 80km/h
⑤ 90km/h

24 K씨는 생일을 맞아 주말에 가족과 외식을 하려고 한다. 레스토랑별 통신사 할인 혜택과 예상금액이 다음과 같을 때, K씨의 가족이 가장 저렴하게 식사할 수 있는 방법과 가격이 바르게 짝지어진 것은?(단, 십 원 단위 미만은 절사한다)

〈통신사별 멤버십 혜택〉

구분	A통신사	B통신사	C통신사
A레스토랑	10만 원 이상 결제 시 5,000원 할인	15% 할인	1,000원당 100원 할인
B레스토랑	재방문 시 8,000원 상당의 음료쿠폰 제공 (당일 사용 불가)	20% 할인	10만 원 이상 결제 시 10만 원 초과금의 30% 할인
C레스토랑	1,000원당 150원 할인	5만 원 이상 결제 시 5만 원 초과금의 10% 할인	30% 할인

〈레스토랑별 예상금액〉

구분	A레스토랑	B레스토랑	C레스토랑
예상금액(원)	143,300	165,000	174,500

	레스토랑	통신사	가격
①	A레스토랑	A통신사	120,380원
②	A레스토랑	B통신사	121,800원
③	B레스토랑	C통신사	132,000원
④	C레스토랑	C통신사	122,150원
⑤	C레스토랑	B통신사	132,050원

25 다음은 K회사의 성과급 지급 기준에 대한 자료이다. 甲대리가 받은 성과평가 등급이 아래와 같다면, K회사 성과급 지급 기준에 따라 甲대리가 받게 될 성과급은 얼마인가?

〈甲대리 성과평가 등급〉

실적	난이도평가	중요도평가	신속성
A등급	B등급	D등급	B등급

〈K회사 성과급 지급 기준〉

■ 개인 성과평가 점수

실적	난이도평가	중요도평가	신속성	총점
30	20	30	20	100

■ 성과평가 항목에 대한 등급별 가중치

구분	실적	난이도평가	중요도평가	신속성	총점
A등급(매우 우수)	1	1	1	1	1
B등급(우수)	0.8	0.8	0.8	0.8	0.8
C등급(보통)	0.6	0.6	0.6	0.6	0.6
D등급(미흡)	0.4	0.4	0.4	0.4	0.4

■ 성과평가 결과에 따른 성과급 지급액

구분	성과급 지급액
85점 이상	120만 원
75점 이상 85점 미만	100만 원
65점 이상 75점 미만	80만 원
55점 이상 65점 미만	60만 원
55점 미만	40만 원

① 40만 원
② 60만 원
③ 80만 원
④ 100만 원
⑤ 120만 원

26 김부장은 영업부서의 리더로서 팀원들의 자기개발이 필요함을 느끼고 있다. 따라서 면담을 통해 현재 어떻게 자기개발을 하고 있는지 알아보았다. 다음 중 잘못된 자기개발 방법을 사용하는 사람은?

① A사원은 자신이 목표하는 것을 달성하기 위해 회사동료들과의 사적인 인간관계를 멀리하고 혼자만의 공부시간을 갖고 있다.

② B사원은 자신의 영업노하우를 향상시키기 위해 도움이 될 수 있는 강연, 특강 등을 수시로 찾아서 본다.

③ C사원은 영업부에서 주어진 자신의 업무를 수행하면서 자신의 업무에 있어서 성패 요인을 분석하기 위해 자료를 데이터화하고 있다.

④ D사원은 빠르게 변화하는 회사정책에 뒤처지지 않기 위하여 수시로 회사와 관련된 자료를 수집하고 정보를 확보하여 업무에 활용하고 있다.

⑤ E사원은 회사에서 업무 성과가 뛰어난 상사를 역할 모델로 설정하여 상사의 업무 처리 방식 등을 관찰하고 있다.

27 K전자 마케팅팀에는 A부장, B·C과장, D·E대리, F·G신입사원 총 7명이 근무하고 있다. 마케팅팀 부장은 신입사원 입사 기념으로 팀원들을 데리고 영화관에 갔다. 영화를 보기 위해 〈조건〉에 따라 자리에 앉는다고 할 때, 항상 옳은 것은?

> **조건**
> • 7명은 7자리가 붙어 있는 곳에 앉는다.
> • 양 끝자리 옆에는 비상구가 있다.
> • D대리와 F신입사원은 나란히 앉는다.
> • A부장과 B과장 사이에는 한 명이 앉아 있다.
> • G신입사원은 왼쪽에 사람이 있는 것을 싫어한다.
> • C과장과 G신입사원 사이에는 한 명이 앉아 있다.
> • G신입사원은 비상구와 붙어 있는 자리를 좋아한다.

① E대리는 D대리와 F신입사원 사이에 앉는다.

② G신입사원과 가장 멀리 떨어진 자리에 앉는 사람은 D대리이다.

③ C과장 옆에는 A부장과 B과장이 앉는다.

④ D대리는 비상구와 붙어 있는 자리에 앉는다.

⑤ 가운데 자리에는 항상 B과장이 앉는다.

28 다음은 성공적인 문제해결을 위해 일반적으로 거쳐야 할 단계이다. 〈보기〉의 문제해결절차를 순서대로 바르게 나열한 것은?

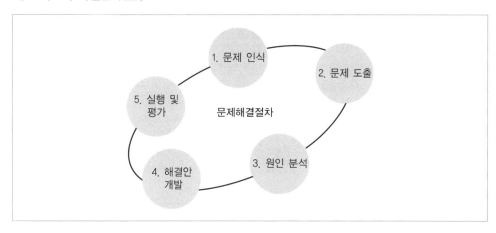

보기
㉠ 해결방안 수립하기
㉡ 목표를 명확히 하기
㉢ 핵심 문제 분석하기
㉣ 해결해야 할 것을 명확히 하기
㉤ 문제의 원인들을 제거하기

① ㉡ - ㉣ - ㉢ - ㉠ - ㉤   ② ㉡ - ㉣ - ㉢ - ㉤ - ㉠
③ ㉣ - ㉠ - ㉡ - ㉢ - ㉤   ④ ㉣ - ㉡ - ㉢ - ㉠ - ㉤
⑤ ㉣ - ㉢ - ㉠ - ㉡ - ㉤

29 다음 시트에서 [E2:E7] 영역처럼 표시하려고 할 때, [E2] 셀에 입력할 함수식으로 가장 적절한 것은?

	A	B	C	D	E
1	순번	이름	주민등록번호	생년월일	백넘버
2	1	박민석 11	831121-1092823	831121	11
3	2	최성영 20	890213-1928432	890213	20
4	3	이형범 21	911219-1223457	911219	21
5	4	임정호 26	870211-1098432	870211	26
6	5	박준영 28	850923-1212121	850923	28
7	6	김민욱 44	880429-1984323	880429	44

① =MID(B2,5,2)   ② =LEFT(B2,2)
③ =RIGHT(B2,5,2)   ④ =MID(B2,5)
⑤ =LEFT(B2,5,2)

※ 다음은 K사의 회의록이다. 이를 참고하여 이어지는 질문에 답하시오. [30~31]

<table>
<tr><td colspan="6" align="center">〈회의록〉</td></tr>
<tr><td>회의일시</td><td>2024년 3월 12일</td><td>부서</td><td>생산팀, 연구팀, 마케팅팀</td><td>작성자</td><td>이○○</td></tr>
<tr><td>참석자</td><td colspan="5">생산팀 팀장·차장, 연구팀 팀장·차장, 마케팅팀 팀장·차장</td></tr>
<tr><td>회의안건</td><td colspan="5">제품에서 악취가 난다는 고객 불만에 따른 원인 조사 및 대책방안</td></tr>
<tr><td>회의내용</td><td colspan="5">주문폭주로 인한 물량증가로 잉크가 덜 마른 포장상자를 사용해 냄새가 제품에 스며든 것으로 추측</td></tr>
<tr><td>결정사항</td><td colspan="5">[생산팀]
내부 비닐 포장, 외부 종이상자 포장이었던 기존방식에서 내부 2중 비닐 포장, 외부 종이상자 포장으로 교체
[마케팅팀]
1. 주문량이 급격히 증가했던 일주일 동안 생산된 제품 전격 회수
2. 제품을 공급한 매장에 사과문 발송 및 100% 환불·보상 공지
[연구팀]
포장 재질 및 인쇄된 잉크의 유해성분 조사</td></tr>
</table>

30 다음 중 회의록을 통해 알 수 있는 내용으로 가장 적절한 것은?

① 이 조직은 6명으로 이루어져 있다.

② 회의 참석자는 총 3명이다.

③ 연구팀에서 제품을 전격 회수해 포장 재질 및 인쇄된 잉크의 유해성분을 조사하기로 했다.

④ 주문량이 많아 잉크가 덜 마른 포장상자를 사용한 것이 문제 발생의 원인으로 추측된다.

⑤ 포장 재질 및 인쇄된 잉크 유해성분을 조사한 결과 인체에는 무해한 것으로 밝혀졌다.

31 회의록을 참고할 때, 다음 중 회의 후 바로 수행해야 할 일로 가장 적절한 것은?

① 해당 브랜드의 전 제품 회수

② 포장 재질 및 인쇄된 잉크 유해성분 조사

③ 새로 도입하는 포장방식 홍보

④ 주문량이 급격히 증가한 일주일 동안 생산된 제품 파악

⑤ 제품을 공급한 매장에 사과문 발송

32 다음 글을 읽고 직업인의 기본자세로 적절하지 않은 것을 고르면?

> 직업인은 직업에 대하여 신이 나에게 주신 거룩한 일이라고 여겨야 하며, 일을 통하여 자신의 존재를 실현하고 사회적 역할을 담당하는 것이라고 생각해야 한다. 따라서 직업에 대한 긍지와 자부심을 갖고 성실하게 임하는 마음가짐이 있어야 한다.
> 또한, 직업인으로서 일정한 직업을 통하여 다른 사람에게 도움을 주고 사회적으로 기여하는 것이므로 자신의 일을 필요로 하는 사람에게 봉사한다는 마음자세가 필요하다. 그리고 일은 반드시 다른 사람과의 긴밀한 협력이 필요하므로 직무를 수행하는 과정에서 협동정신이 요구된다. 즉, 관계된 사람과 상호신뢰하고 협력하며 원만한 관계를 유지해야 하는 것이다.
> 다음으로 직업을 통해 각자의 책임을 충실히 수행할 때 전체 직업 시스템의 원만한 가동이 가능하며, 직업인은 다른 사람에게 피해를 주지 않아야 한다. 이러한 책임을 완벽하게 수행하기 위해서는 자신이 맡은 분야에 전문적인 능력과 역량을 갖추고 지속적인 자기계발을 해 나갈 필요가 있다. 마지막으로 모든 일은 사회적 공공성을 갖는다. 따라서 직업인은 법규를 준수하고 직무상 요구되는 윤리기준을 준수해야 하며, 공정하고 투명하게 업무를 처리해야 한다.

① 봉사정신과 협동정신을 가져야 한다.
② 공평무사한 자세가 필요하다.
③ 소명의식과 천직의식을 가져야 한다.
④ 경제적인 목적을 가져야 한다.
⑤ 책임의식과 전문의식이 있어야 한다.

33 다음 문단을 논리적 순서대로 바르게 나열한 것은?

> (가) 초연결사회란 사람, 사물, 공간 등 모든 것들이 인터넷으로 서로 연결돼, 모든 것에 대한 정보가 생성 및 수집되고 공유·활용되는 것을 말한다. 즉, 모든 사물과 공간에 새로운 생명이 부여되고 이들의 소통으로 새로운 사회가 열리고 있는 것이다.
> (나) 최근 '초연결사회(Hyper Connected Society)'란 말을 주위에서 심심치 않게 들을 수 있다. 인터넷을 통해 사람 간의 연결은 물론 사람과 사물, 심지어 사물 간의 연결 등 말 그대로 '연결의 영역 초월'이 이뤄지고 있다.
> (다) 나아가 초연결사회는 단지 기존의 인터넷과 모바일 발전의 맥락이 아닌 우리가 살아가는 방식 전체, 즉 사회의 관점에서 미래사회의 새로운 패러다임으로 큰 변화를 가져올 전망이다.
> (라) 초연결사회에서는 인간 대 인간은 물론, 기기와 사물 같은 무생물 객체끼리도 네트워크를 바탕으로 상호 유기적인 소통이 가능해진다. 컴퓨터, 스마트폰으로 소통하던 과거와 달리 초연결 네트워크로 긴밀히 연결되어 오프라인과 온라인이 융합되고, 이를 통해 새로운 성장과 가치 창출의 기회가 증가할 것이다.

① (가) - (나) - (다) - (라)
② (가) - (나) - (라) - (다)
③ (나) - (가) - (다) - (라)
④ (나) - (가) - (라) - (다)
⑤ (다) - (나) - (가) - (라)

※ 다음은 K공사에서 발표한 전력수급 비상단계 발생 시 행동요령이다. 이어지는 질문에 답하시오.
[34~35]

〈전력수급 비상단계 발생 시 행동요령〉

• 가정
  1. 전기 냉난방기기의 사용을 중지합니다.
  2. 다리미, 청소기, 세탁기 등 긴급하지 않은 모든 가전기기의 사용을 중지합니다.
  3. TV, 라디오 등을 통해 신속하게 재난상황을 파악하여 대처합니다.
  4. 안전, 보안 등을 위한 최소한의 조명을 제외한 실내외 조명은 모두 소등합니다.

• 사무실
  1. 건물관리자는 중앙조절식 냉난방설비의 가동을 중지하거나 온도를 낮춥니다.
  2. 사무실 내 냉난방설비의 가동을 중지합니다.
  3. 컴퓨터, 프린터, 복사기, 냉온수기 등 긴급하지 않은 모든 사무기기 및 설비의 전원을 차단합니다.
  4. 안전, 보안 등을 위한 최소한의 조명을 제외한 실내외 조명은 모두 소등합니다.

• 공장
  1. 사무실 및 공장 내 냉난방기의 사용을 중지합니다.
  2. 컴퓨터, 복사기 등 각종 사무기기의 전원을 일시적으로 차단합니다.
  3. 꼭 필요한 경우를 제외한 사무실 조명은 모두 소등하고 공장 내부의 조명도 최소화합니다.
  4. 비상발전기의 가동을 점검하고 운전 상태를 확인합니다.

• 상가
  1. 냉난방설비의 가동을 중지합니다.
  2. 안전·보안용을 제외한 모든 실내 조명등과 간판 등을 일시 소등합니다.
  3. 식기건조기, 냉온수기 등 식재료의 부패와 관련 없는 가전제품의 가동을 중지하거나 조정합니다.
  4. 자동문, 에어커튼의 사용을 중지하고 환기팬 가동을 일시 정지합니다.

---

34 다음 중 전력수급 비상단계 발생 시 행동요령에 대한 설명으로 적절하지 않은 것은?

① 가정에 있을 경우 대중매체를 통해 재난상황에 대한 정보를 파악할 수 있다.

② 사무실에 있을 경우 즉시 사용이 필요하지 않은 복사기, 컴퓨터 등의 전원을 차단하여야 한다.

③ 가정에 있을 경우 모든 실내외 조명을 소등하여야 한다.

④ 공장에 있을 경우 비상발전기 가동을 준비해야 한다.

⑤ 전력 회복을 위해 한동안 사무실의 업무가 중단될 수 있다.

35 다음 〈보기〉 중 전력수급 비상단계 발생 시 행동요령에 따른 행동으로 적절하지 않은 것을 모두 고르면?

> **보기**
> ㉠ 집에 있던 김사원은 세탁기 사용을 중지하고 실내조명을 최소화하였다.
> ㉡ 본사 전력관리실에 있던 이주임은 사내 중앙보안시스템의 전원을 즉시 차단하였다.
> ㉢ 공장에 있던 박주임은 즉시 공장 내부 조명 밝기를 최소화하였다.
> ㉣ 상가에서 횟집을 운영하는 최사장은 모든 냉동고의 전원을 차단하였다.

① ㉠, ㉡   ② ㉠, ㉢

③ ㉡, ㉢   ④ ㉡, ㉣

⑤ ㉢, ㉣

36 '사이버 중독의 문제점과 대책'이라는 주제로 글을 쓰기 위하여 생각을 정리해 보았다. 다음 중 논지 전개상 [A]에 들어갈 내용으로 가장 적절한 것은?

논지 전개	주요 내용
무엇이 문제인가?	• 현실과 가상 세계를 구분하지 못하여 범죄나 사고가 발생한다. • 인터넷에 접속하지 못하면 불안해하고 안절부절못하는 금단 현상이 발생한다.
⇩	
문제의 원인은?	• 사이버 공간은 인간의 욕망을 자극하는 요소를 갖추고 있어 '권리욕'과 '소영웅 심리'를 부추긴다. • 사이버 공간에 지나치게 의존하는 사람들이 갈수록 늘고 있다.
⇩	
문제의 해결방안은?	[A]

① 사이버 중독에 빠진 원인을 조사하여 그 유형을 분류해 본다.

② 사이버 공간에서의 폭력적인 행위를 금지하는 관련 법규를 제정하고 홍보한다.

③ 사이버 중독의 부정적인 측면보다는 집중력 향상이라는 긍정적인 측면을 부각한다.

④ 금단 현상 해소를 위해 종교 활동을 권장하고, 심신의 안정을 위해 독서를 생활화하도록 한다.

⑤ 인터넷 사용 시간을 줄이도록 권유하고, 현실에서 충족하지 못한 욕구를 해소할 수 있는 문화 공간을 확대한다.

※ K기업에서는 송년회를 개최하려고 한다. 다음 자료를 읽고 이어지는 질문에 답하시오. [37~38]

<송년회 후보지별 평가점수>

구분	가격	거리	맛	음식 구성	평판
A호텔	★★★☆	★★☆	★★★	★★★☆	★★★
B호텔	★★	★★★☆	★★☆	★★★	★★☆
C호텔	★☆	★★	★★	★★★☆	★★★☆
D호텔	★★☆	★☆	★★☆	★★★	★★☆
E호텔	★★★	★★☆	★★★☆	★★☆	★★★☆

※ ★은 하나당 5점이며, ☆은 하나당 3점이다.

37 K기업 임직원들은 맛과 음식 구성을 기준으로 송년회 장소를 결정하기로 하였다. 다음 중 K기업이 송년회를 진행할 호텔로 옳은 것은?(단, 맛과 음식 구성의 합산 점수가 1위인 곳과 2위인 곳의 점수 차가 3점 이하일 경우 가격 점수로 결정한다)

① A호텔
② B호텔
③ C호텔
④ D호텔
⑤ E호텔

38 A~E호텔의 1인당 식대가 다음과 같고 총 식사비용이 가장 저렴한 곳을 송년회 장소로 선정하려 한다. K기업의 송년회 예산이 200만 원이라면, 다음 중 K기업이 송년회를 진행할 호텔로 옳은 것은?(단, K기업의 임직원은 총 25명이다)

<호텔별 1인당 식대>

A호텔	B호텔	C호텔	D호텔	E호텔
73,000원	82,000원	85,000원	77,000원	75,000원

※ 총 식사비용이 가장 저렴한 두 곳의 차이가 10만 원 이하일 경우, 맛 점수가 높은 곳으로 선정한다.

① A호텔
② B호텔
③ C호텔
④ D호텔
⑤ E호텔

39 다음은 2024년 A~E기업의 기본생산능력과 초과생산량 및 1~3월 생산이력에 대한 자료이다. 〈조건〉에 근거하여 기본생산능력이 가장 큰 기업과 세 번째로 큰 기업을 바르게 나열한 것은?

〈2024년 1~3월 생산이력〉

구분	1월	2월	3월
생산 참여기업	B, C	B, D	C, E
손실비	0.0	0.5	0.0
총생산량(개)	23,000	17,000	22,000

※ (해당월 총생산량)=[(해당월 '생산 참여기업의 월 생산량'의 합)×{1−(손실비)}]

조건
- 기업의 기본생산능력(개/월)은 변하지 않는다.
- A기업의 기본생산능력은 15,000개/월이고, C기업과 E기업의 기본생산능력은 동일하다.
- B·C·D기업의 경우 2024년 1~3월 동안 초과생산량이 발생하지 않았다.
- E기업의 경우 2024년 3월에 기본생산능력에 해당하는 생산량 이외에 기본생산능력의 20%에 해당하는 초과생산량이 발생하였다.
- (생산 참여기업의 월 생산량)=(기본생산능력에 해당하는 월 생산량)+(월 초과생산량)

	가장 큰 기업	세 번째로 큰 기업
①	A	B
②	A	D
③	B	D
④	D	A
⑤	D	B

40 같은 공원에서 A는 강아지와 함께 2일마다 한 번 산책을 하고, B는 혼자 3일마다 한 번 산책을 한다. A는 월요일에 산책을 했고, B는 그 다음 날에 산책했다면 처음으로 A와 B가 만나는 요일은?

① 수요일　　　　　　　② 목요일
③ 금요일　　　　　　　④ 토요일
⑤ 일요일

41 다음 중 자기개발에 대해 잘못 설명하고 있는 사람은?

① A사원 : 자기개발의 주체는 다른 사람이 아닌 바로 나 자신이야. 제일 먼저 나를 이해해야 해.

② B사원 : 너와 나의 자기개발 목표와 방법 등이 다른 것처럼 자기개발은 개별적인 과정이야.

③ C사원 : 자기개발은 일시적인 것이 아니야. 평생에 걸쳐서 이루어져야 해.

④ D사원 : 특정한 프로그램에 참가해야만 자기개발을 이룰 수 있어.

⑤ E사원 : 자기개발은 특정한 사람에게만 필요한 것이 아니야. 모든 사람이 해야 해.

42 다음 글이 참일 때 항상 거짓인 것은?

권리와 의무의 주체가 될 수 있는 자격을 권리 능력이라 한다. 사람은 태어나면서 저절로 권리 능력을 갖게 되고 생존하는 내내 보유한다. 그리하여 사람은 재산에 대한 소유권의 주체가 되며, 다른 사람에 대하여 채권을 누리기도 하고 채무를 지기도 한다. 사람들의 결합체인 단체도 일정한 요건을 갖추면 법으로써 부여되는 권리 능력인 법인격을 취득할 수 있다. 단체 중에는 사람들이 일정한 목적을 갖고 결합한 조직체로서 구성원과 구별되어 독자적 실체로서 존재하며, 운영 기구를 두어 구성원의 가입과 탈퇴에 관계없이 존속하는 단체가 있다. 이를 사단(社團)이라 하며, 사단이 갖춘 이러한 성질을 사단성이라 한다. 사단의 구성원은 사원이라 한다. 사단은 법인(法人)으로 등기되어야 법인격이 생기는데, 법인격을 가진 사단을 사단 법인이라 부른다. 반면에 사단성을 갖추고도 법인으로 등기하지 않은 사단은 '법인이 아닌 사단'이라 한다. 사람과 법인만이 권리 능력을 가지며, 사람의 권리 능력과 법인격은 엄격히 구별된다. 그리하여 사단 법인이 자기 이름으로 진 빚은 사단이 가진 재산으로 갚아야 하는 것이지 사원 개인에게까지 책임이 미치지 않는다.

회사도 사단의 성격을 갖는 법인이다. 회사의 대표적인 유형이라 할 수 있는 주식회사는 주주들로 구성되며, 주주들은 보유한 주식의 비율만큼 회사에 대한 지분을 갖는다. 그런데 2001년에 개정된 상법은 한 사람이 전액을 출자하여 일인 주주로 회사를 설립할 수 있도록 하였다. 사단성을 갖추지 못했다고 할 만한 형태의 법인을 인정한 것이다. 또 여러 주주가 있던 회사가 주식의 상속, 매매, 양도 등으로 말미암아 모든 주식이 한 사람의 소유로 되는 경우가 있다. 이런 '일인 주식회사'에서는 일인 주주가 회사의 대표 이사가 되는 사례가 많다. 이처럼 일인 주주가 회사를 대표하는 기관이 되면 경영의 주체가 개인인지 회사인지 모호해진다. 법인인 회사의 운영이 독립된 주체로서의 경영이 아니라 마치 개인 사업자의 영업처럼 보이는 것이다.

① 권리 능력을 갖고 있는 사람은 소유권을 행사할 수 있다.

② 몇 가지 요건을 갖춘 단체는 법인격을 획득할 수 있다.

③ 사단성을 갖추면 법인격은 자동으로 생기게 된다.

④ 개인은 사단의 빚을 갚아야 할 의무가 없다.

⑤ 주식을 소유한 사람이 한 명인 회사는 주주가 회사의 대표 이사가 되기도 한다.

43 다음 〈조건〉을 바탕으로 추론했을 때, 5층에 있는 부서로 가장 적절한 것은?

> **조건**
> • 기획조정실의 층수에서 경영지원실의 층수를 빼면 3이다.
> • 보험급여실은 경영지원실 바로 위층에 있다.
> • 급여관리실은 빅데이터운영실보다는 아래층에 있다.
> • 빅데이터운영실과 보험급여실 사이에는 두 층이 있다.
> • 경영지원실은 가장 아래층이다.

① 빅데이터운영실 ② 보험급여실
③ 경영지원실 ④ 기획조정실
⑤ 급여관리실

44 문제의 원인을 파악하는 과정에서 원인과 결과의 분명한 구분 여부에 따라 원인의 패턴을 구분할 수 있다. 문제 원인의 패턴을 다음과 같이 구분하였을 때, ㉠ ~ ㉢에 해당하는 내용이 바르게 연결된 것은?

> ___㉠___ 는 원인과 결과를 분명하게 구분할 수 있는 경우로, 어떤 원인이 앞에 있어 여기에서 결과가 생기는 인과관계를 의미한다. 반대로 ___㉡___ 는 원인과 결과를 구분하기 어려운 인과관계를 의미하며, ___㉢___ 는 ___㉠___ 와 ___㉡___ 유형이 서로 얽혀 있는 인과관계를 의미한다.

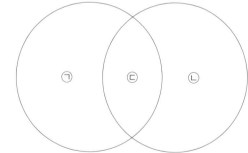

	㉠	㉡	㉢
①	단순한 인과관계	닭과 계란의 인과관계	복잡한 인과관계
②	단순한 인과관계	복잡한 인과관계	닭과 계란의 인과관계
③	단순한 인과관계	복잡한 인과관계	단순·복잡한 인과관계
④	닭과 계란의 인과관계	복잡한 인과관계	단순한 인과관계
⑤	닭과 계란의 인과관계	단순한 인과관계	복잡한 인과관계

45 K기업은 가전전시회에서 자사의 제품을 출품하기로 하였다. 자사의 제품을 보다 효과적으로 홍보하기 위하여 다음과 같이 행사장의 A∼G 중 세 곳에서 홍보판촉물을 배부하기로 하였다. 다음 중 가장 많은 사람들에게 홍보판촉물을 나눠줄 수 있는 위치는?

- 전시관은 제1전시관 → 제2전시관 → 제3전시관 → 제4전시관 순서로 배정되어 있다.
- 행사장 출입구는 한 곳이며, 다른 곳으로는 출입이 불가능하다.
- 방문객은 행사장 출입구로 들어와서 시계 반대 방향으로 돌며, 4개의 전시관 중 2개의 전시관만을 골라 관람한다.
- 방문객은 자신이 원하는 2개의 전시관을 모두 관람하면 행사장 출입구를 통해 나가기 때문에 한 바퀴를 초과해서 도는 방문객은 없다.
- 방문객은 전시관 입구로 들어가면 출구로 나오기 때문에 전시관의 입구와 출구 사이에 있는 외부 통로를 동시에 지나치지 않는다.
- 행사장에는 시간당 평균 400명이 방문하며, 각 전시관의 시간당 평균 방문객 수는 다음과 같다.

제1전시관	제2전시관	제3전시관	제4전시관
100명	250명	150명	300명

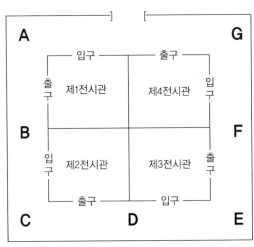

① A, B, C

② A, D, G

③ B, C, E

④ B, D, F

⑤ C, D, G

※ 귀하는 K기관의 상담사이며, 현재 불만고객 응대 프로세스에 따라 불만고객 응대를 하고 있는 중이다. 다음 글을 읽고 이어지는 질문에 답하시오. [46~47]

상담사 : 안녕하십니까. K기관 상담사 □□□입니다.
고객　 : 학자금 대출 이자 납입건으로 문의할 게 있어서요.
상담사 : 네, 고객님 어떤 내용이신지 말씀해 주시면 제가 도움을 드리도록 하겠습니다.
고객　 : 제가 K기관으로부터 대출을 받고 있는데 아무래도 대출 이자가 잘못 나간 것 같아서요. 안 그래도 바쁘고 시간도 없는데 이것 때문에 비 오는 날 우산도 없이 은행에 왔다 갔다 했네요. 도대체 일을 어떻게 처리하는 건지…
상담사 : 아 그러셨군요, 고객님. 먼저 본인 확인 부탁드립니다. 성함과 전화번호를 말씀해 주세요.
고객　 : 네, △△△이구요, 전화번호는 000-0000-0000입니다.
상담사 : 확인해 주셔서 감사합니다. _____

46 윗글에서 나타난 불만고객은 다음 중 어떤 유형의 불만고객에 해당하는가?

① 거만형　　　　　　　　　　② 의심형
③ 트집형　　　　　　　　　　④ 빨리빨리형
⑤ 우유부단형

47 다음 중 상담사의 마지막 발언 직후 빈칸에 이어질 내용으로 적절한 것을 〈보기〉에서 모두 고르면?

> **보기**
> ㉠ 어떤 해결 방안을 제시해 주는 것이 좋은지 고객에게 의견을 묻는다.
> ㉡ 고객 불만 사례를 동료에게 전달하겠다고 한다.
> ㉢ 고객이 불만을 느낀 상황에 대한 빠른 해결을 약속한다.
> ㉣ 대출내역을 검토한 후 어떤 부분에 문제가 있었는지 확인하고 답변해 준다.

① ㉠, ㉡　　　　　　　　　　② ㉠, ㉢
③ ㉡, ㉢　　　　　　　　　　④ ㉡, ㉣
⑤ ㉢, ㉣

48 다음 시트에서 [D2:D7]처럼 생년월일만 따로 구하려고 할 때 [D2] 셀에 들어갈 함수식으로 가장 적절한 것은?

▲	A	B	C	D
1	순번	이름	주민등록번호	생년월일
2	1	김현진	880821-2949324	880821
3	2	이혜지	900214-2928342	900214
4	3	김지언	880104-2124321	880104
5	4	이유미	921011-2152345	921011
6	5	박슬기	911218-2123423	911218
7	6	김혜원	920324-2143426	920324

① = RIGHT(A2,6)

② = RIGHT(A2,C2)

③ = LEFT(C2,6)

④ = LEFT(C2,2)

⑤ = MID(C2,5,2)

49 다음 중 Windows 환경에서 Excel 사용 시 '셀에 메모 삽입하기' 기능을 수행하기 위한 바로가기 키로 가장 적절한 것은?

① 〈Shift〉+〈F2〉

② 〈Shift〉+〈F3〉

③ 〈F2〉

④ 〈F7〉

⑤ 〈Ctrl〉+〈Shift〉+〈End〉

50 다음 〈보기〉의 설명 중 성실에 대한 설명으로 적절한 것을 모두 고르면?

> **보기**
>
> ㄱ. 성실이란 직업에 대해 일관하는 마음과 정성을 가리킨다.
> ㄴ. 윤리적 관점에서 볼 때, 성실한 사람이라도 기타 요소 및 환경에 따라 성공하지 못할 수도 있다.
> ㄷ. 성실에서 정성이란 '진실하여 흠이 없는 완전한 상태에 도달하고자 하는 사람이 수단을 가리지 않고 노력하는 태도'를 가리킨다.

① ㄱ

② ㄷ

③ ㄱ, ㄷ

④ ㄴ, ㄷ

⑤ ㄱ, ㄴ, ㄷ

PART **3**

합격의 공식 SD에듀 www.sdedu.co.kr

채용 가이드

CHAPTER 01	블라인드 채용 소개
CHAPTER 02	서류전형 가이드
CHAPTER 03	인성검사 소개 및 모의테스트
CHAPTER 04	면접전형 가이드
CHAPTER 05	한전KDN 면접 기출질문

01 | 블라인드 채용 소개

1. 블라인드 채용이란?

채용 과정에서 편견이 개입되어 불합리한 차별을 야기할 수 있는 출신지, 가족관계, 학력, 외모 등의 편견요인은 제외하고, 직무능력만을 평가하여 인재를 채용하는 방식입니다.

2. 블라인드 채용의 필요성

• 채용의 공정성에 대한 사회적 요구
  - 누구에게나 직무능력만으로 경쟁할 수 있는 균등한 고용기회를 제공해야 하나, 아직도 채용의 공정 성에 대한 불신이 존재
  - 채용상 차별금지에 대한 법적 요건이 권고적 성격에서 처벌을 동반한 의무적 성격으로 강화되는 추세
  - 시민의식과 지원자의 권리의식 성숙으로 차별에 대한 법적 대응 가능성 증가
• 우수인재 채용을 통한 기업의 경쟁력 강화 필요
  - 직무능력과 무관한 학벌, 외모 위주의 선발로 우수인재 선발기회 상실 및 기업경쟁력 약화
  - 채용 과정에서 차별 없이 직무능력중심으로 선발한 우수인재 확보 필요
• 공정한 채용을 통한 사회적 비용 감소 필요
  - 편견에 의한 차별적 채용은 우수인재 선발을 저해하고 외모・학벌 지상주의 등의 심화로 불필요한 사회적 비용 증가
  - 채용에서의 공정성을 높여 사회의 신뢰수준 제고

3. 블라인드 채용의 특징

편견요인을 요구하지 않는 대신 직무능력을 평가합니다.

※ 직무능력중심 채용이란?
  기업의 역량기반 채용, NCS기반 능력중심 채용과 같이 직무수행에 필요한 능력과 역량을 평가하여 선발하는 채용방식을 통칭합니다.

4. 블라인드 채용의 평가요소

직무수행에 필요한 지식, 기술, 태도 등을 과학적인 선발기법을 통해 평가합니다.

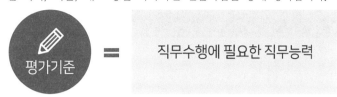

※ 과학적 선발기법이란?
직무분석을 통해 도출된 평가요소를 서류, 필기, 면접 등을 통해 체계적으로 평가하는 방법으로 입사지원서, 자기소개서, 직무수행능력평가, 구조화 면접 등이 해당됩니다.

5. 블라인드 채용 주요 도입 내용

- 입사지원서에 인적사항 요구 금지
  - 인적사항에는 출신지역, 가족관계, 결혼여부, 재산, 취미 및 특기, 종교, 생년월일(연령), 성별, 신장 및 체중, 사진, 전공, 학교명, 학점, 외국어 점수, 추천인 등이 해당
  - 채용 직무를 수행하는 데 있어 반드시 필요하다고 인정될 경우는 제외
    예 특수경비직 채용 시 : 시력, 건강한 신체 요구
       연구직 채용 시 : 논문, 학위 요구 등
- 블라인드 면접 실시
  - 면접관에게 응시자의 출신지역, 가족관계, 학교명 등 인적사항 정보 제공 금지
  - 면접관은 응시자의 인적사항에 대한 질문 금지

6. 블라인드 채용 도입의 효과성

- 구성원의 다양성과 창의성이 높아져 기업 경쟁력 강화
  - 편견을 없애고 직무능력 중심으로 선발하므로 다양한 직원 구성 가능
  - 다양한 생각과 의견을 통하여 기업의 창의성이 높아져 기업경쟁력 강화
- 직무에 적합한 인재선발을 통한 이직률 감소 및 만족도 제고
  - 사전에 지원자들에게 구체적이고 상세한 직무요건을 제시함으로써 허수 지원이 낮아지고, 직무에 적합한 지원자 모집 가능
  - 직무에 적합한 인재가 선발되어 직무이해도가 높아져 업무효율 증대 및 만족도 제고
- 채용의 공정성과 기업이미지 제고
  - 블라인드 채용은 사회적 편견을 줄인 선발 방법으로 기업에 대한 사회적 인식 제고
  - 채용과정에서 불합리한 차별을 받지 않고 실력에 의해 공정하게 평가를 받을 것이라는 믿음을 제공하고, 지원자들은 평등한 기회와 공정한 선발과정 경험

02 | 서류전형 가이드

01 채용공고문

1. 채용공고문의 변화

기존 채용공고문	변화된 채용공고문
• 취업준비생에게 불충분하고 불친절한 측면 존재 • 모집분야에 대한 명확한 직무관련 정보 및 평가기준 부재 • 해당분야에 지원하기 위한 취업준비생의 무분별한 스펙 쌓기 현상 발생	• NCS 직무분석에 기반한 채용공고를 토대로 채용전형 진행 • 지원자가 입사 후 수행하게 될 업무에 대한 자세한 정보 공지 • 직무수행내용, 직무수행 시 필요한 능력, 관련된 자격, 직업기초능력 제시 • 지원자가 해당 직무에 필요한 스펙만을 준비할 수 있도록 안내
• 모집부문 및 응시자격 • 지원서 접수 • 전형절차 • 채용조건 및 처우 • 기타사항	• 채용절차 • 채용유형별 선발분야 및 예정인원 • 전형방법 • 선발분야별 직무기술서 • 우대사항

2. 지원 유의사항 및 지원요건 확인

채용 직무에 따른 세부사항을 공고문에 명시하여 지원자에게 적격한 지원 기회를 부여함과 동시에 채용과정에서의 공정성과 신뢰성을 확보합니다.

구성	내용	확인사항
모집분야 및 규모	고용형태(인턴 계약직 등), 모집분야, 인원, 근무지역 등	채용직무가 여러 개일 경우 본인이 해당되는 직무의 채용규모 확인
응시자격	기본 자격사항, 지원조건	지원을 위한 최소자격요건을 확인하여 불필요한 지원을 예방
우대조건	법정·특별·자격증 가점	본인의 가점 여부를 검토하여 가점 획득을 위한 사항을 사실대로 기재
근무조건 및 보수	고용형태 및 고용기간, 보수, 근무지	본인이 생각하는 기대수준에 부합하는지 확인하여 불필요한 지원을 예방
시험방법	서류·필기·면접전형 등의 활용방안	전형방법 및 세부 평가기법 등을 확인하여 지원전략 준비
전형일정	접수기간, 각 전형 단계별 심사 및 합격자 발표일 등	본인의 지원 스케줄을 검토하여 차질이 없도록 준비
제출서류	입사지원서(경력·경험기술서 등), 각종 증명서 및 자격증 사본 등	지원요건 부합 여부 및 자격 증빙서류 사전에 준비
유의사항	임용취소 등의 규정	임용취소 관련 법적 또는 기관 내부 규정을 검토하여 해당여부 확인

직무기술서란 직무수행의 내용과 필요한 능력, 관련 자격, 직업기초능력 등을 상세히 기재한 것으로 입사 후 수행하게 될 업무에 대한 정보가 수록되어 있는 자료입니다.

1. 채용분야

설명

NCS 직무분류 체계에 따라 직무에 대한 「대분류 – 중분류 – 소분류 – 세분류」 체계를 확인할 수 있습니다. 채용 직무에 대한 모든 직무기술서를 첨부하게 되며 실제 수행 업무를 기준으로 세부적인 분류정보를 제공합니다.

채용분야	분류체계			
사무행정	대분류	중분류	소분류	세분류
분류코드	02. 경영 · 회계 · 사무	03. 재무 · 회계	01. 재무	01. 예산
				02. 자금
			02. 회계	01. 회계감사
				02. 세무

2. 능력단위

설명

직무분류 체계의 세분류 하위능력단위 중 실질적으로 수행할 업무의 능력만 구체적으로 파악할 수 있습니다.

능력단위	(예산)	03. 연간종합예산수립 05. 확정예산 운영	04. 추정재무제표 작성 06. 예산실적 관리
	(자금)	04. 자금운용	
	(회계감사)	02. 자금관리 05. 회계정보시스템 운용 07. 회계감사	04. 결산관리 06. 재무분석
	(세무)	02. 결산관리 07. 법인세 신고	05. 부가가치세 신고

3. 직무수행내용

설명

세분류 영역의 기본정의를 통해 직무수행내용을 확인할 수 있습니다. 입사 후 수행할 직무내용을 구체적으로 확인할 수 있으며, 이를 통해 입사서류 작성부터 면접까지 직무에 대한 명확한 이해를 바탕으로 자신의 희망직무인지 아닌지, 해당 직무가 자신이 알고 있던 직무가 맞는지 확인할 수 있습니다.

직무수행내용	(예산) 일정기간 예상되는 수익과 비용을 편성, 집행하며 통제하는 일
	(자금) 자금의 계획 수립, 조달, 운용을 하고 발생 가능한 위험 관리 및 성과평가
	(회계감사) 기업 및 조직 내 · 외부에 있는 의사결정자들이 효율적인 의사결정을 할 수 있도록 유용한 정보를 제공, 제공된 회계정보의 적정성을 파악하는 일
	(세무) 세무는 기업의 활동을 위하여 주어진 세법범위 내에서 조세부담을 최소화시키는 조세전략을 포함하고 정확한 과세소득과 과세표준 및 세액을 산출하여 과세당국에 신고 · 납부하는 일

4. 직무기술서 예시

태도	(예산) 정확성, 분석적 태도, 논리적 태도, 타 부서와의 협조적 태도, 설득력
	(자금) 분석적 사고력
	(회계 감사) 합리적 태도, 전략적 사고, 정확성, 적극적 협업 태도, 법률준수 태도, 분석적 태도, 신속성, 책임감, 정확한 판단력
	(세무) 규정 준수 의지, 수리적 정확성, 주의 깊은 태도
우대 자격증	공인회계사, 세무사, 컴퓨터활용능력, 변호사, 워드프로세서, 전산회계운용사, 사회조사분석사, 재경관리사, 회계관리 등
직업기초능력	의사소통능력, 문제해결능력, 자원관리능력, 대인관계능력, 정보능력, 조직이해능력

5. 직무기술서 내용별 확인사항

항목	확인사항
모집부문	해당 채용에서 선발하는 부문(분야)명 확인 예 사무행정, 전산, 전기
분류체계	지원하려는 분야의 세부직무군 확인
주요기능 및 역할	지원하려는 기업의 전사적인 기능과 역할, 산업군 확인
능력단위	지원분야의 직무수행에 관련되는 세부업무사항 확인
직무수행내용	지원분야의 직무군에 대한 상세사항 확인
전형방법	지원하려는 기업의 신입사원 선발전형 절차 확인
일반요건	교육사항을 제외한 지원 요건 확인(자격요건, 특수한 경우 연령)
교육요건	교육사항에 대한 지원요건 확인(대졸 / 초대졸 / 고졸 / 전공 요건)
필요지식	지원분야의 업무수행을 위해 요구되는 지식 관련 세부항목 확인
필요기술	지원분야의 업무수행을 위해 요구되는 기술 관련 세부항목 확인
직무수행태도	지원분야의 업무수행을 위해 요구되는 태도 관련 세부항목 확인
직업기초능력	지원분야 또는 지원기업의 조직원으로서 근무하기 위해 필요한 일반적인 능력사항 확인

1. 입사지원서의 변화

기존지원서
직무와 관련 없는 학점, 개인신상, 어학점수, 자격, 수상경력 등을 나열하도록 구성

VS

능력중심 채용 입사지원서
해당 직무수행에 꼭 필요한 정보들을 제시할 수 있도록 구성

직무기술서

직무수행내용

요구지식 / 기술

관련 자격증

사전직무경험

인적사항	성명, 연락처, 지원분야 등 작성 (평가 미반영)
교육사항	직무지식과 관련된 학교교육 및 직업교육 작성
자격사항	직무관련 국가공인 또는 민간자격 작성
경력 및 경험사항	조직에 소속되어 일정한 임금을 받거나(경력) 임금 없이(경험) 직무와 관련된 활동 내용 작성

2. 교육사항

- 지원분야 직무와 관련된 학교 교육이나 직업교육 혹은 기타교육 등 직무에 대한 지원자의 학습 여부를 평가하기 위한 항목입니다.
- 지원하고자 하는 직무의 학교 전공교육 이외에 직업교육, 기타교육 등을 기입할 수 있기 때문에 전공 제한 없이 직업교육과 기타교육을 이수하여 지원이 가능하도록 기회를 제공합니다.
(기타교육 : 학교 이외의 기관에서 개인이 이수한 교육과정 중 지원직무와 관련이 있다고 생각되는 교육내용)

구분	교육과정(과목)명	교육내용	과업(능력단위)

3. 자격사항

- 채용공고 및 직무기술서에 제시되어 있는 자격 현황을 토대로 지원자가 해당 직무를 수행하는 데 필요한 능력을 가지고 있는지를 평가하기 위한 항목입니다.
- 채용공고 및 직무기술서에 기재된 직무관련 필수 또는 우대자격 항목을 확인하여 본인이 보유하고 있는 자격사항을 기재합니다.

자격유형	자격증명	발급기관	취득일자	자격증번호

4. 경력 및 경험사항

- 직무와 관련된 경력이나 경험 여부를 표현하도록 하여 직무와 관련한 능력을 갖추었는지를 평가하기 위한 항목입니다.
- 해당 기업에서 직무를 수행함에 있어 필요한 사항만을 기록하게 되어 있기 때문에 직무와 무관한 스펙을 갖추지 않아도 됩니다.
- 경력 : 금전적 보수를 받고 일정기간 동안 일했던 경우
- 경험 : 금전적 보수를 받지 않고 수행한 활동

※ 기업에 따라 경력 / 경험 관련 증빙자료 요구 가능

구분	조직명	직위 / 역할	활동기간(년 / 월)	주요과업 / 활동내용

Tip

입사지원서 작성 방법

○ 경력 및 경험사항 작성
- 직무기술서에 제시된 지식, 기술, 태도와 지원자의 교육사항, 경력(경험)사항, 자격사항과 연계하여 개인의 직무역량에 대해 스스로 판단 가능

○ 인적사항 최소화
- 개인의 인적사항, 학교명, 가족관계 등을 노출하지 않도록 유의

부적절한 입사지원서 작성 사례
- 학교 이메일을 기입하여 학교명 노출
- 거주지 주소에 학교 기숙사 주소를 기입하여 학교명 노출
- 자기소개서에 부모님이 재직 중인 기업명, 직위, 직업을 기입하여 가족관계 노출
- 자기소개서에 석·박사 과정에 대한 이야기를 언급하여 학력 노출
- 동아리 활동에 대한 내용을 학교명과 더불어 언급하여 학교명 노출

1. 자기소개서의 변화

- 기존의 자기소개서는 지원자의 일대기나 관심 분야, 성격의 장·단점 등 개괄적인 사항을 묻는 질문으로 구성되어 지원자가 자신의 직무능력을 제대로 표출하지 못합니다.
- 능력중심 채용의 자기소개서는 직무기술서에 제시된 직업기초능력(또는 직무수행능력)에 대한 지원자의 과거 경험을 기술하게 함으로써 평가 타당도의 확보가 가능합니다.

1. 우리 회사와 해당 지원 직무분야에 지원한 동기에 대해 기술해 주세요.
2. 자신이 경험한 다양한 사회활동에 대해 기술해 주세요.
3. 지원 직무에 대한 전문성을 키우기 위해 받은 교육과 경험 및 경력사항에 대해 기술해 주세요.
4. 인사업무 또는 팀 과제 수행 중 발생한 갈등을 원만하게 해결해 본 경험이 있습니까? 당시 상황에 대한 설명과 갈등의 대상이 되었던 상대방을 설득한 과정 및 방법을 기술해 주세요.
5. 과거에 있었던 일 중 가장 어려웠던(힘들었었던) 상황을 고르고, 어떤 방법으로 그 상황을 해결했는지를 기술해 주세요.

PART 3

자기소개서 작성 방법
① 자기소개서 문항이 묻고 있는 평가 역량 추측하기

예시
• 팀 활동을 하면서 갈등 상황 시 상대방의 니즈나 의도를 명확히 파악하고 해결하여 목표 달성에 기여했던 경험에 대해서 작성해 주시기 바랍니다.
• 다른 사람이 생각해내지 못했던 문제점을 찾고 이를 해결한 경험에 대해 작성해 주시기 바랍니다.

② 해당 역량을 보여줄 수 있는 소재 찾기(시간×역량 매트릭스)

예시

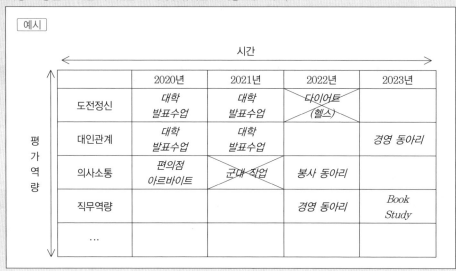

		2020년	2021년	2022년	2023년
	도전정신	대학 발표수업	대학 발표수업	~~다이어트 (헬스)~~	
평가역량	대인관계	대학 발표수업	대학 발표수업		경영 동아리
	의사소통	편의점 아르바이트	~~군대 작업~~	봉사 동아리	
	직무역량			경영 동아리	Book Study
	…				

③ 자기소개서 작성 Skill 익히기
• 두괄식으로 작성하기
• 구체적 사례를 사용하기
• '나'를 중심으로 작성하기
• 직무역량 강조하기
• 경험 사례의 차별성 강조하기

03 | 인성검사 소개 및 모의테스트

01 인성검사 유형

인성검사는 지원자의 성격특성을 객관적으로 파악하고 그것이 각 기업에서 필요로 하는 인재상과 가치에 부합하는가를 평가하기 위한 검사입니다. 인성검사는 KPDI(한국인재개발진흥원), K-SAD(한국사회적성개발원), KIRBS(한국행동과학연구소), SHR(에스에이치알) 등의 전문기관을 통해 각 기업의 특성에 맞는 검사를 선택하여 실시합니다. 대표적인 인성검사의 유형에는 크게 다음과 같은 세 가지가 있으며, 채용 대행업체에 따라 달라집니다.

1. KPDI 검사

조직적응성과 직무적합성을 알아보기 위한 검사로 인성검사, 인성역량검사, 인적성검사, 직종별 인적성검사 등의 다양한 검사 도구를 구현합니다. KPDI는 성격을 파악하고 정신건강 상태 등을 측정하고, 직무검사는 해당 직무를 수행하기 위해 기본적으로 갖추어야 할 인지적 능력을 측정합니다. 역량검사는 특정 직무 역할을 효과적으로 수행하는 데 직접적으로 관련 있는 개인의 행동, 지식, 스킬, 가치관 등을 측정합니다.

2. KAD(Korea Aptitude Development) 검사

K-SAD(한국사회적성개발원)에서 실시하는 적성검사 프로그램입니다. 개인의 성향, 지적 능력, 기호, 관심, 흥미도를 종합적으로 분석하여 적성에 맞는 업무가 무엇인가 파악하고, 직무수행에 있어서 요구되는 기초능력과 실무능력을 분석합니다.

3. SHR 직무적성검사

직무수행에 필요한 종합적인 사고 능력을 다양한 적성검사(Paper and Pencil Test)로 평가합니다. SHR의 모든 직무능력검사는 표준화 검사입니다. 표준화 검사는 표본집단의 점수를 기초로 규준이 만들어진 검사이므로 개인의 점수를 규준에 맞추어 해석·비교하는 것이 가능합니다. S(Standardized Tests), H(Hundreds of Version), R(Reliable Norm Data)을 특징으로 하며, 직군·직급별 특성과 선발 수준에 맞추어 검사를 적용할 수 있습니다.

인성검사는 특히 면접질문과 관련성이 높습니다. 면접관은 지원자의 인성검사 결과를 토대로 질문을 하기 때문입니다. 일관적이고 이상적인 답변을 하는 것이 가장 좋지만, 실제 시험은 매우 복잡하여 전문가라 해도 일정 성격을 유지하면서 답변을 하는 것이 힘듭니다. 또한, 인성검사에는 라이 스케일(Lie Scale) 설문이 전체 설문 속에 교묘하게 섞여 들어가 있으므로 겉치레적인 답을 하게 되면 회답태도의 허위성이 그대로 드러나게 됩니다. 예를 들어 '거짓말을 한 적이 한 번도 없다.'에 '예'로 답하고, '때로는 거짓말을 하기도 한다.'에 '예'라고 답하여 라이 스케일의 득점이 올라가게 되면 모든 회답의 신빙성이 사라지고 '자신을 돋보이게 하려는 사람'이라는 평가를 받을 수 있으므로 주의해야 합니다. 따라서 모의테스트를 통해 인성검사의 유형과 실제 시험 시 어떻게 문제를 풀어야 하는지 연습해 보고 체크한 부분 중 자신의 단점과 연결되는 부분은 면접에서 질문이 들어왔을 때 어떻게 대처해야 하는지 생각해 보는 것이 좋습니다.

03 유의사항

1. 기업의 인재상을 파악하라!

인성검사를 통해 개인의 성격 특성을 파악하고 그것이 기업의 인재상과 가치에 부합하는지를 평가하는 시험이기 때문에 해당 기업의 인재상을 먼저 파악하고 시험에 임하는 것이 좋습니다. 모의테스트에서 인재상에 맞는 가상의 인물을 설정하고 문제에 답해 보는 것도 많은 도움이 됩니다.

2. 일관성 있는 대답을 하라!

짧은 시간 안에 다양한 질문에 답을 해야 하는데, 그 안에는 중복되는 질문이 여러 번 나옵니다. 이때 앞서 자신이 체크했던 대답을 잘 기억해뒀다가 일관성 있는 답을 하는 것이 중요합니다.

3. 모든 문항에 대답하라!

많은 문제를 짧은 시간 안에 풀려다 보니 다 못 푸는 경우도 종종 생깁니다. 하지만 대답을 누락하거나 끝까지 다 못했을 경우 좋지 않은 결과를 가져올 수도 있으니 최대한 주어진 시간 안에 모든 문항에 답할 수 있도록 해야 합니다.

※ 모의테스트는 질문 및 답변 유형 연습을 위한 것으로 실제 시험과 다를 수 있습니다.
※ 인성검사는 정답이 따로 없는 유형의 검사이므로 결과지를 제공하지 않습니다.

번호	내용	예	아니요
001	나는 솔직한 편이다.	☐	☐
002	나는 리드하는 것을 좋아한다.	☐	☐
003	법을 어겨서 말썽이 된 적이 한 번도 없다.	☐	☐
004	거짓말을 한 번도 한 적이 없다.	☐	☐
005	나는 눈치가 빠르다.	☐	☐
006	나는 일을 주도하기보다는 뒤에서 지원하는 것을 선호한다.	☐	☐
007	앞일은 알 수 없기 때문에 계획은 필요하지 않다.	☐	☐
008	거짓말도 때로는 방편이라고 생각한다.	☐	☐
009	사람이 많은 술자리를 좋아한다.	☐	☐
010	걱정이 지나치게 많다.	☐	☐
011	일을 시작하기 전 재고하는 경향이 있다.	☐	☐
012	불의를 참지 못한다.	☐	☐
013	처음 만나는 사람과도 이야기를 잘 한다.	☐	☐
014	때로는 변화가 두렵다.	☐	☐
015	나는 모든 사람에게 친절하다.	☐	☐
016	힘든 일이 있을 때 술은 위로가 되지 않는다.	☐	☐
017	결정을 빨리 내리지 못해 손해를 본 경험이 있다.	☐	☐
018	기회를 잡을 준비가 되어 있다.	☐	☐
019	때로는 내가 정말 쓸모없는 사람이라고 느낀다.	☐	☐
020	누군가 나를 챙겨주는 것이 좋다.	☐	☐
021	자주 가슴이 답답하다.	☐	☐
022	나는 내가 자랑스럽다.	☐	☐
023	경험이 중요하다고 생각한다.	☐	☐
024	전자기기를 분해하고 다시 조립하는 것을 좋아한다.	☐	☐

025	감시받고 있다는 느낌이 든다.	☐	☐
026	난처한 상황에 놓이면 그 순간을 피하고 싶다.	☐	☐
027	세상엔 믿을 사람이 없다.	☐	☐
028	잘못을 빨리 인정하는 편이다.	☐	☐
029	지도를 보고 길을 잘 찾아간다.	☐	☐
030	귓속말을 하는 사람을 보면 날 비난하고 있는 것 같다.	☐	☐
031	막무가내라는 말을 들을 때가 있다.	☐	☐
032	장래의 일을 생각하면 불안하다.	☐	☐
033	결과보다 과정이 중요하다고 생각한다.	☐	☐
034	운동은 그다지 할 필요가 없다고 생각한다.	☐	☐
035	새로운 일을 시작할 때 좀처럼 한 발을 떼지 못한다.	☐	☐
036	기분 상하는 일이 있더라도 참는 편이다.	☐	☐
037	업무능력은 성과로 평가받아야 한다고 생각한다.	☐	☐
038	머리가 맑지 못하고 무거운 느낌이 든다.	☐	☐
039	가끔 이상한 소리가 들린다.	☐	☐
040	타인이 내게 자주 고민상담을 하는 편이다.	☐	☐

※ 모의테스트는 질문 및 답변 유형 연습을 위한 것으로 실제 시험과 다를 수 있습니다.
※ 인성검사는 정답이 따로 없는 유형의 검사이므로 결과지를 제공하지 않습니다.

※ 이 성격검사의 각 문항에는 서로 다른 행동을 나타내는 네 개의 문장이 제시되어 있습니다. 이 문장들을 비교하여, 자신의 평소 행동과 가장 가까운 문장을 'ㄱ' 열에 표기하고, 가장 먼 문장을 'ㅁ' 열에 표기하십시오.

01 나는 _____

	ㄱ	ㅁ
A. 실용적인 해결책을 찾는다.	☐	☐
B. 다른 사람을 돕는 것을 좋아한다.	☐	☐
C. 세부 사항을 잘 챙긴다.	☐	☐
D. 상대의 주장에서 허점을 잘 찾는다.	☐	☐

02 나는 _____

	ㄱ	ㅁ
A. 매사에 적극적으로 임한다.	☐	☐
B. 즉흥적인 편이다.	☐	☐
C. 관찰력이 있다.	☐	☐
D. 임기응변에 강하다.	☐	☐

03 나는 _____

	ㄱ	ㅁ
A. 무서운 영화를 잘 본다.	☐	☐
B. 조용한 곳이 좋다.	☐	☐
C. 가끔 울고 싶다.	☐	☐
D. 집중력이 좋다.	☐	☐

04 나는 _____

	ㄱ	ㅁ
A. 기계를 조립하는 것을 좋아한다.	☐	☐
B. 집단에서 리드하는 역할을 맡는다.	☐	☐
C. 호기심이 많다.	☐	☐
D. 음악을 듣는 것을 좋아한다.	☐	☐

PART 3

05 나는 _____

	ㄱ	ㅁ
A. 타인을 늘 배려한다.	☐	☐
B. 감수성이 예민하다.	☐	☐
C. 즐겨하는 운동이 있다.	☐	☐
D. 일을 시작하기 전에 계획을 세운다.	☐	☐

06 나는 _____

	ㄱ	ㅁ
A. 타인에게 설명하는 것을 좋아한다.	☐	☐
B. 여행을 좋아한다.	☐	☐
C. 정적인 것이 좋다.	☐	☐
D. 남을 돕는 것에 보람을 느낀다.	☐	☐

07 나는 _____

	ㄱ	ㅁ
A. 기계를 능숙하게 다룬다.	☐	☐
B. 밤에 잠이 잘 오지 않는다.	☐	☐
C. 한 번 간 길을 잘 기억한다.	☐	☐
D. 불의를 보면 참을 수 없다.	☐	☐

08 나는 _____

	ㄱ	ㅁ
A. 종일 말을 하지 않을 때가 있다.	☐	☐
B. 사람이 많은 곳을 좋아한다.	☐	☐
C. 술을 좋아한다.	☐	☐
D. 휴양지에서 편하게 쉬고 싶다.	☐	☐

09 　나는 _____

	ㄱ	ㅁ
A. 뉴스보다는 드라마를 좋아한다.	☐	☐
B. 길을 잘 찾는다.	☐	☐
C. 주말엔 집에서 쉬는 것이 좋다.	☐	☐
D. 아침에 일어나는 것이 힘들다.	☐	☐

10 　나는 _____

	ㄱ	ㅁ
A. 이성적이다.	☐	☐
B. 할 일을 종종 미룬다.	☐	☐
C. 어른을 대하는 게 힘들다.	☐	☐
D. 불을 보면 매혹을 느낀다.	☐	☐

11 　나는 _____

	ㄱ	ㅁ
A. 상상력이 풍부하다.	☐	☐
B. 예의 바르다는 소리를 자주 듣는다.	☐	☐
C. 사람들 앞에 서면 긴장한다.	☐	☐
D. 친구를 자주 만난다.	☐	☐

12 　나는 _____

	ㄱ	ㅁ
A. 나만의 스트레스 해소 방법이 있다.	☐	☐
B. 친구가 많다.	☐	☐
C. 책을 자주 읽는다.	☐	☐
D. 활동적이다.	☐	☐

04 | 면접전형 가이드

01 면접유형 파악

1. 면접전형의 변화

기존 면접전형에서는 일상적이고 단편적인 대화나 지원자의 첫인상 및 면접관의 주관적인 판단 등에 의해서 입사 결정 여부를 판단하는 경우가 많았습니다. 이러한 면접전형은 면접 내용의 일관성이 결여되거나 직무 관련 타당성이 부족하였고, 면접에 대한 신뢰도에 영향을 주었습니다.

기존 면접(전통적 면접)	능력중심 채용 면접(구조화 면접)

• 일상적이고 단편적인 대화
• 인상, 외모 등 외부 요소의 영향
• 주관적인 판단에 의존한 총점 부여
 	
⇩
 	
• 면접 내용의 일관성 결여
• 직무관련 타당성 부족
• 주관적인 채점으로 신뢰도 저하
	• 일관성
	  – 직무관련 역량에 초점을 둔 구체적 질문 목록
	  – 지원자별 동일 질문 적용
	• 구조화
	  – 면접 진행 및 평가 절차를 일정한 체계에 의해 구성
	• 표준화
	  – 평가 타당도 제고를 위한 평가 Matrix 구성
	  – 척도에 따라 항목별 채점, 개인 간 비교
	• 신뢰성
	  – 면접진행 매뉴얼에 따라 면접위원 교육 및 실습

(VS)

2. 능력중심 채용의 면접 유형

① 경험 면접
  • 목적 : 선발하고자 하는 직무 능력이 필요한 과거 경험을 질문합니다.
  • 평가요소 : 직업기초능력과 인성 및 태도적 요소를 평가합니다.
② 상황 면접
  • 목적 : 특정 상황을 제시하고 지원자의 행동을 관찰함으로써 실제 상황의 행동을 예상합니다.
  • 평가요소 : 직업기초능력과 인성 및 태도적 요소를 평가합니다.
③ 발표 면접
  • 목적 : 특정 주제와 관련된 지원자의 발표와 질의응답을 통해 지원자 역량을 평가합니다.
  • 평가요소 : 직무수행능력과 인지적 역량(문제해결능력)을 평가합니다.
④ 토론 면접
  • 목적 : 토의과제에 대한 의견수렴 과정에서 지원자의 역량과 상호작용능력을 평가합니다.
  • 평가요소 : 직무수행능력과 팀워크를 평가합니다.

1. 경험 면접

① 경험 면접의 특징
- 주로 직업기초능력에 관련된 지원자의 과거 경험을 심층 질문하여 검증하는 면접입니다.
- 직무능력과 관련된 과거 경험을 평가하기 위해 심층 질문을 하며, 이 질문은 지원자의 답변에 대하여 '꼬리에 꼬리를 무는 형식'으로 진행됩니다.

> - 능력요소, 정의, 심사 기준
>   - 평가하고자 하는 능력요소, 정의, 심사기준을 확인하여 면접위원이 해당 능력요소 관련 질문을 제시합니다.
> - Opening Question
>   - 능력요소에 관련된 과거 경험을 유도하기 위한 시작 질문을 합니다.
> - Follow-up Question
>   - 지원자의 경험 수준을 구체적으로 검증하기 위한 질문입니다.
>   - 경험 수준 검증을 위한 상황(Situation), 임무(Task), 역할 및 노력(Action), 결과(Result) 등으로 질문을 구분합니다.

경험 면접의 형태

[면접관 1]　[면접관 2]　[면접관 3]　　　　[면접관 1]　[면접관 2]　[면접관 3]

[지원자]　　　　　　　　[지원자 1]　[지원자 2]　[지원자 3]

〈일대다 면접〉　　　　　　　　〈다대다 면접〉

② 경험 면접의 구조

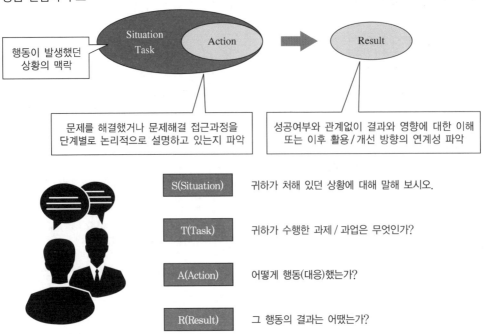

행동이 발생했던 상황의 맥락

문제를 해결했거나 문제해결 접근과정을 단계별로 논리적으로 설명하고 있는지 파악

성공여부와 관계없이 결과와 영향에 대한 이해 또는 이후 활용/개선 방향의 연계성 파악

S(Situation) — 귀하가 처해 있던 상황에 대해 말해 보시오.

T(Task) — 귀하가 수행한 과제 / 과업은 무엇인가?

A(Action) — 어떻게 행동(대응)했는가?

R(Result) — 그 행동의 결과는 어땠는가?

( )에 관한 과거 경험에 대하여 말해 보시오.

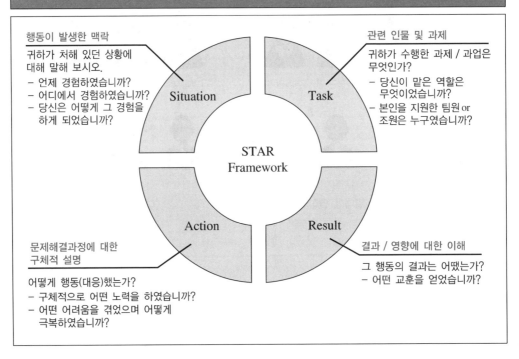

행동이 발생한 맥락
귀하가 처해 있던 상황에 대해 말해 보시오.
– 언제 경험하였습니까?
– 어디에서 경험하였습니까?
– 당신은 어떻게 그 경험을 하게 되었습니까?

관련 인물 및 과제
귀하가 수행한 과제 / 과업은 무엇인가?
– 당신이 맡은 역할은 무엇이었습니까?
– 본인을 지원한 팀원 or 조원은 누구였습니까?

STAR Framework

Situation

Task

Action

Result

문제해결과정에 대한 구체적 설명
어떻게 행동(대응)했는가?
– 구체적으로 어떤 노력을 하였습니까?
– 어떤 어려움을 겪었으며 어떻게 극복하였습니까?

결과 / 영향에 대한 이해
그 행동의 결과는 어땠는가?
– 어떤 교훈을 얻었습니까?

③ 경험 면접 질문 예시(직업윤리)

시작 질문	
1	남들이 신경 쓰지 않는 부분까지 고려하여 절차대로 업무(연구)를 수행하여 성과를 낸 경험을 구체적으로 말해 보시오.
2	조직의 원칙과 절차를 철저히 준수하며 업무(연구)를 수행한 것 중 성과를 향상시킨 경험에 대해 구체적으로 말해 보시오.
3	세부적인 절차와 규칙에 주의를 기울여 실수 없이 업무(연구)를 마무리한 경험을 구체적으로 말해 보시오.
4	조직의 규칙이나 원칙을 고려하여 성실하게 일했던 경험을 구체적으로 말해 보시오.
5	타인의 실수를 바로잡고 원칙과 절차대로 수행하여 성공적으로 업무를 마무리하였던 경험에 대해 말해 보시오.

후속 질문		
상황 (Situation)	상황	구체적으로 언제, 어디에서 경험한 일인가?
		어떤 상황이었는가?
	조직	어떤 조직에 속해 있었는가?
		그 조직의 특성은 무엇이었는가?
		몇 명으로 구성된 조직이었는가?
	기간	해당 조직에서 얼마나 일했는가?
		해당 업무는 몇 개월 동안 지속되었는가?
	조직규칙	조직의 원칙이나 규칙은 무엇이었는가?
임무 (Task)	과제	과제의 목표는 무엇이었는가?
		과제에 적용되는 조직의 원칙은 무엇이었는가?
		그 규칙을 지켜야 하는 이유는 무엇이었는가?
	역할	당신이 조직에서 맡은 역할은 무엇이었는가?
		과제에서 맡은 역할은 무엇이었는가?
	문제의식	규칙을 지키지 않을 경우 생기는 문제점 / 불편함은 무엇인가?
		해당 규칙이 왜 중요하다고 생각하였는가?
역할 및 노력 (Action)	행동	업무 과정의 어떤 장면에서 규칙을 철저히 준수하였는가?
		어떻게 규정을 적용시켜 업무를 수행하였는가?
		규정은 준수하는 데 어려움은 없었는가?
	노력	그 규칙을 지키기 위해 스스로 어떤 노력을 기울였는가?
		본인의 생각이나 태도에 어떤 변화가 있었는가?
		다른 사람들은 어떤 노력을 기울였는가?
	동료관계	동료들은 규칙을 철저히 준수하고 있었는가?
		팀원들은 해당 규칙에 대해 어떻게 반응하였는가?
		규칙에 대한 태도를 개선하기 위해 어떤 노력을 하였는가?
		팀원들의 태도는 당신에게 어떤 자극을 주었는가?
	업무추진	주어진 업무를 추진하는 데 규칙이 방해되진 않았는가?
		업무수행 과정에서 규정을 어떻게 적용하였는가?
		업무 시 규정을 준수해야 한다고 생각한 이유는 무엇인가?

결과 (Result)	평가	규칙을 어느 정도나 준수하였는가?
		그렇게 준수할 수 있었던 이유는 무엇이었는가?
		업무의 성과는 어느 정도였는가?
		성과에 만족하였는가?
		비슷한 상황이 온다면 어떻게 할 것인가?
	피드백	주변 사람들로부터 어떤 평가를 받았는가?
		그러한 평가에 만족하는가?
		다른 사람에게 본인의 행동이 영향을 주었다고 생각하는가?
	교훈	업무수행 과정에서 중요한 점은 무엇이라고 생각하는가?
		이 경험을 통해 느낀 바는 무엇인가?

2. 상황 면접

① 상황 면접의 특징

직무 관련 상황을 가정하여 제시하고 이에 대한 대응능력을 직무관련성 측면에서 평가하는 면접입니다.

- 상황 면접 과제의 구성은 크게 2가지로 구분
  - 상황 제시(Description) / 문제 제시(Question or Problem)
- 현장의 실제 업무 상황을 반영하여 과제를 제시하므로 직무분석이나 직무전문가 워크숍 등을 거쳐 현장성을 높임
- 문제는 상황에 대한 기본적인 이해능력(이론적 지식)과 함께 실질적 대응이나 변수 고려능력(실천적 능력) 등을 고르게 질문해야 함

상황 면접의 형태

[면접관 1]　[면접관 2]

[연기자 1]　[연기자 2]

[면접관 1]　[면접관 2]

[지원자]

〈시뮬레이션〉

[지원자 1]　[지원자 2]　[지원자 3]

〈문답형〉

② 상황 면접 예시

상황 제시	인천공항 여객터미널 내에는 다양한 용도의 시설(사무실, 통신실, 식당, 전산실, 창고, 면세점 등)이 설치되어 있습니다.	실제 업무 상황에 기반함
	금년에 소방배관의 누수가 잦아 메인 배관을 교체하는 공사를 추진하고 있으며, 당신은 이번 공사의 담당자입니다.	배경 정보
	주간에는 공항 운영이 이루어져 주로 야간에만 배관 교체 공사를 수행하던 중, 시공하는 기능공의 실수로 배관 연결 부위를 잘못 건드려 고압배관의 소화수가 누출되는 사고가 발생하였으며, 이로 인해 인근 시설물에 누수에 의한 피해가 발생하였습니다.	구체적인 문제 상황
문제 제시	일반적인 소방배관의 배관연결(이음)방식과 배관의 이탈(누수)이 발생하는 원인에 대해 설명해 보시오.	문제 상황 해결을 위한 기본 지식 문항
	담당자로서 본 사고를 현장에서 긴급히 처리하는 프로세스를 제시하고, 보수완료 후 사후적 조치가 필요한 부분 및 재발방지 방안에 대해 설명해 보시오.	문제 상황 해결을 위한 추가 대응 문항

3. 발표 면접

① 발표 면접의 특징

- 직무관련 주제에 대한 지원자의 생각을 정리하여 의견을 제시하고, 발표 및 질의응답을 통해 지원자의 직무능력을 평가하는 면접입니다.
- 발표 주제는 직무와 관련된 자료로 제공되며, 일정 시간 후 지원자가 보유한 지식 및 방안에 대한 발표 및 후속 질문을 통해 직무적합성을 평가합니다.

- 주요 평가요소
  - 설득적 말하기 / 발표능력 / 문제해결능력 / 직무관련 전문성
- 이미 언론을 통해 공론화된 시사 이슈보다는 해당 직무분야에 관련된 주제가 발표면접의 과제로 선정되는 경우가 최근 들어 늘어나고 있음
- 짧은 시간 동안 주어진 과제를 빠른 속도로 분석하여 발표문을 작성하고 제한된 시간 안에 면접관에게 효과적인 발표를 진행하는 것이 핵심

발표 면접의 형태

[면접관 1] [면접관 2]

[면접관 1] [면접관 2]

[지원자]

〈개별 과제 발표〉

[지원자 1] [지원자 2] [지원자 3]

〈팀 과제 발표〉

※ 면접관에게 시각적 효과를 사용하여 메시지를 전달하는 쌍방향 커뮤니케이션 방식
※ 심층면접을 보완하기 위한 방안으로 최근 많은 기업에서 적극 도입하는 추세

② 발표 면접 예시

1. 지시문

당신은 현재 A사에서 직원들의 성과평가를 담당하고 있는 팀원이다. 인사팀은 지난주부터 사내 조직문화관련 인터뷰를 하던 도중 성과평가제도에 관련된 개선 니즈가 제일 많다는 것을 알게 되었다. 이에 팀장님은 인터뷰 결과를 종합하려 성과평가제도 개선 아이디어를 A4용지에 정리하여 신속 보고할 것을 지시하셨다. 당신에게 남은 시간은 1시간이다. 자료를 준비하는 대로 당신은 팀원들이 모인 회의실에서 5분 간 발표할 것이며, 이후 질의응답을 진행할 것이다.

2. 배경자료

〈성과평가제도 개선에 대한 인터뷰〉

최근 A사는 회사 사세의 급성장으로 인해 작년보다 매출이 두 배 성장하였고, 직원 수 또한 두 배로 증가하였다. 회사의 성장은 임금, 복지에 대한 상승 등 긍정적인 영향을 주었으나 업무의 불균형 및 성과보상의 불평등 문제가 발생하였다. 또한 수시로 입사하는 신입직원과 경력직원, 퇴사하는 직원들까지 인원들의 잦은 변동으로 인해 평가해야 할 대상이 변경되어 현재의 성과평가제도로는 공정한 평가가 어려운 상황이다.

[생산부서 김상호]
우리 팀은 지난 1년 동안 생산량이 급증했기 때문에 수십 명의 신규인력이 급하게 채용되었습니다. 이 때문에 저희 팀장님은 신규 입사자들의 이름조차 기억 못할 때가 많이 있습니다. 성과평가를 제대로 하고 있는지 의문이 듭니다.

[마케팅 부서 김흥민]
개인의 성과평가의 취지는 충분히 이해합니다. 그러나 현재 평가는 실적기반이나 정성적인 평가가 많이 포함되어 있어 객관성과 공정성에는 의문이 드는 것이 사실입니다. 이러한 상황에서 평가제도를 재수립하지 않고, 인센티브에 계속 반영한다면, 평가제도에 대한 반감이 커질 것이 분명합니다.

[교육부서 홍경민]
현재 교육부서는 인사팀과 밀접하게 일하고 있습니다. 그럼에도 인사팀에서 실시하는 성과평가제도에 대한 이해가 부족한 것 같습니다.

[기획부서 김경호 차장]
저는 저의 평가자 중 하나가 연구부서의 팀장님인데, 일 년에 몇 번 같이 일하지 않는데 어떻게 저를 평가할 수 있을까요? 특히 연구팀은 저희가 예산을 배정하는데, 저에게는 좋지만….

4. 토론 면접

① 토론 면접의 특징
- 다수의 지원자가 조를 편성해 과제에 대한 토론(토의)을 통해 결론을 도출해가는 면접입니다.
- 의사소통능력, 팀워크, 종합인성 등의 평가에 용이합니다.

> - 주요 평가요소
>   - 설득적 말하기, 경청능력, 팀워크, 종합인성
> - 의견 대립이 명확한 주제 또는 채용분야의 직무 관련 주요 현안을 주제로 과제 구성
> - 제한된 시간 내 토론을 진행해야 하므로 적극적으로 자신 있게 토론에 임하고 본인의 의견을 개진할 수 있어야 함

토론 면접의 형태

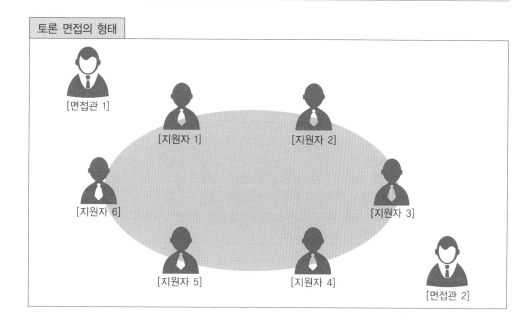

② 토론 면접 예시

고객 불만 고충처리

1. 들어가며

최근 우리 상품에 대한 고객 불만의 증가로 고객고충처리 TF가 만들어졌고 당신은 여기에 지원해 배치받았다. 당신의 업무는 불만을 가진 고객을 만나서 애로사항을 듣고 처리해 주는 일이다. 주된 업무로는 고객의 니즈를 파악해 방향성을 제시해 주고 그 해결책을 마련하는 일이다. 하지만 경우에 따라서 고객의 주관적인 의견으로 인해 제대로 된 방향으로 의사결정을 하지 못할 때가 있다. 이럴 경우 설득이나 논쟁을 해서라도 의견을 관철시키는 것이 좋을지 아니면 고객의 의견대로 진행하는 것이 좋을지 결정해야 할 때가 있다. 만약 당신이라면 이러한 상황에서 어떤 결정을 내릴 것인지 여부를 자유롭게 토론해 보시오.

2. 1분 자유 발언 시 준비사항

• 당신은 의견을 자유롭게 개진할 수 있으며 이에 따른 불이익은 없습니다.

• 토론의 방향성을 이해하고, 내용의 장점과 단점이 무엇인지 문제를 명확히 말해야 합니다.

• 합리적인 근거에 기초하여 개선방안을 명확히 제시해야 합니다.

• 제시한 방안을 실행 시 예상되는 긍정적·부정적 영향요인도 동시에 고려할 필요가 있습니다.

3. 토론 시 유의사항

• 토론 주제문과 제공해드린 메모지, 볼펜만 가지고 토론장에 입장할 수 있습니다.

• 사회자의 지정 또는 발표자가 손을 들어 발언권을 획득할 수 있으며, 사회자의 통제에 따릅니다.

• 토론회가 시작되면, 팀의 의견과 논거를 정리하여 1분간의 자유발언을 할 수 있습니다. 순서는 사회자가 지정합니다. 이후에는 자유롭게 상대방에게 질문하거나 답변을 하실 수 있습니다.

• 핸드폰, 서적 등 외부 매체는 사용하실 수 없습니다.

• 논제에 벗어나는 발언이나 지나치게 공격적인 발언을 할 경우, 위에서 제시한 유의사항을 지키지 않을 경우 불이익을 받을 수 있습니다.

---

1. 면접 Role Play 편성

- 교육생끼리 조를 편성하여 면접관과 지원자 역할을 교대로 진행합니다.
- 지원자 입장과 면접관 입장을 모두 경험해 보면서 면접에 대한 적응력을 높일 수 있습니다.

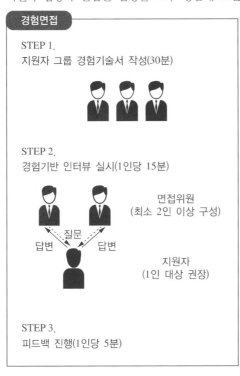

경험면접

STEP 1.
지원자 그룹 경험기술서 작성(30분)

STEP 2.
경험기반 인터뷰 실시(1인당 15분)

면접위원
(최소 2인 이상 구성)

질문
답변   답변

지원자
(1인 대상 권장)

STEP 3.
피드백 진행(1인당 5분)

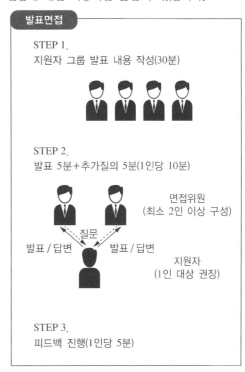

발표면접

STEP 1.
지원자 그룹 발표 내용 작성(30분)

STEP 2.
발표 5분+추가질의 5분(1인당 10분)

면접위원
(최소 2인 이상 구성)

질문
발표 / 답변   발표 / 답변

지원자
(1인 대상 권장)

STEP 3.
피드백 진행(1인당 5분)

Tip

면접 준비하기
1. 면접 유형 확인 필수
    - 기업마다 면접 유형이 상이하기 때문에 해당 기업의 면접 유형을 확인하는 것이 좋음
    - 일반적으로 실무진 면접, 임원면접 2차례에 거쳐 면접을 실시하는 기업이 많고 실무진 면접과 임원 면접에서 평가요소가 다르기 때문에 유형에 맞는 준비방법이 필요
2. 후속 질문에 대한 사전 점검
    - 블라인드 채용 면접에서는 주요 질문과 함께 후속 질문을 통해 지원자의 직무능력을 판단
       → STAR 기법을 통한 후속 질문에 미리 대비하는 것이 필요

05 | 한전KDN 면접 기출질문

한전KDN의 면접전형은 1차 면접과 2차 면접으로 진행된다. 1차 면접은 실무지식 및 역량 등을 평가하는 발표(PT)면접으로, 필기전형에서 3배수를 선발하여 진행된다. 2차 면접은 직무능력 및 조직 적합도 등을 평가하는 대면면접으로, 1차 면접에서 1.5배수를 선발하여 진행된다.

1. 발표(PT)면접 기출질문

- 최근 IT 기술 관련 도서를 읽은 적이 있다면 말해 보시오.
- 빅데이터 분석 절차에 대해 설명해 보시오.
- 스마트그리드 구축을 위해 본인이 기여할 수 있는 방안에 대해 말해 보시오.
- 발표한 주제와 관련된 경험이 있는지 말해 보시오.
- 발표한 주제를 선택한 이유를 말해 보시오.
- 발표한 주제를 다양한 부분에 적용할 수 있다고 하였는데, 그 외에 적용할 수 있는 다른 분야가 있다면 말해 보시오.
- 4차 산업 기술 중 어떤 기술이 가장 중요하다고 생각하는지 말해 보시오.
- 공고문에 적힌 한전KDN의 직무에 대해 아는 대로 설명해 보시오.
- 본인의 가치관에 대해 말해 보시오.
- EMS에 대해 아는 대로 설명해 보시오.
- 공기업에서 근무하면서 지켜야 할 3가지 윤리 덕목을 말해 보시오.
- 공기업이 집중해야 할 분야에 대해 본인의 생각을 말해 보시오.
- 보안 모델에 대해 설명해 보시오.
- 사회적 가치에 대해 아는 대로 설명해 보시오.
- 한전KDN과 AICBM의 직무를 연결 지어 설명해 보시오.
- 드론통신방식에 대해 발표해 보시오.
- 드론 활용방안에 대해 발표해 보시오.
- AI 활용방안에 대해 발표해 보시오.
- OSI 7계층모델에 대해 설명해 보시오.
- 디지털 트윈과 시뮬레이션의 차이점을 설명해 보시오.
- 한전KDN이 현재 진행하는 사업에 애로사항이 있다면 이를 어떻게 해결할 것인지 말해 보시오.
- 업무시간이 더 필요할 때 상사에게 어떻게 말할 것인가?
- 미래에 전기가 어떻게 쓰일지 예측해 보시오.
- 회사 업무를 수행할 때 원칙과 융통성 중 어떤 부분에 중점을 두겠는가?
- 진행하는 프로젝트의 리스크가 크다는 것을 알게 되었을 때 어떻게 할 것인가?
- AMI에 대해 아는 대로 설명해 보시오.
- 스마트그리드 활용방안을 제시해 보시오.
- 한전KDN인으로서 갖추어야 할 책임감과 역량은 무엇인가?

- 한전KDN은 어떤 회사라고 생각하는가? 본인이 회사에 어떠한 도움이 될 수 있다고 생각하는가?
- 최근 3개월 내에 주변 지인의 비양심적 행동을 목격한 적이 있는가? 있다면 본인이 느낀 점 또는 취한 행동을 말해 보시오.
- 퇴근시간 전 또는 금요일 저녁에 다음 주 월요일까지 끝내야 하는 업무를 부여받는다면 어떻게 대처할 것인지 말해 보시오.
- 지원하는 직렬에 관련한 업무를 수행해 본 적이 있는가? 있다면 구체적으로 말해 보시오.
- 팀 프로젝트를 경험해 본 적이 있는가?
- 향후 한전KDN이 나아가야 할 방향에 대하여 말해 보시오.
- 52시간 근무제에 대한 본인의 생각을 말해 보시오.
- 스마트그리드에 대해 아는 것이 있는가?
- 전공에 관련된 어떤 일을 배웠는가?
- 최신 IT 기술 중 5가지를 요약하여 설명해 보시오.
- 폭포수모형에 대해 아는 대로 설명해 보시오.
- 자바의 특징이 무엇인지 아는가?
- 한전KDN의 핵심가치 중 본인은 어떤 것을 가지고 있는지 말해 보시오.
- 어떤 프로그래밍 언어가 자신 있는지 말해 보시오.
- 입사 후 가장 자신 있는 한전KDN의 업무는 무엇인가?
- 지원하고 싶은 부서는 어디인가?
- 마지막으로 하고 싶은 말이 있는가?
- 4차 산업혁명과 관련하여 한전KDN 내의 사업영역, 직무에 대해 알고 있는가?
- 팀 동료와의 관계 악화 또는 불화로 인해 업무처리에 지장이 생긴다면 어떻게 할 것인가?
- 업무상 상사의 부당한 지시를 받았을 때 어떻게 처신할 것인가?
- 본인이 가장 잘할 수 있는 것과 그에 관한 경험에 대해 말해 보시오.
- 쉬는 날 무엇을 하면서 일상을 보내는가?
- 어떤 직무에 관심이 있으며, 그러한 관심을 가지게 된 계기가 무엇인가?
- 업무적 갑·을·병·정 관계에 관한 본인의 가치관은 어떠한가?
- 업무에 임할 때 가장 중요하게 생각하는 가치나 원칙이 있는가? 있다면 구체적으로 말해 보시오.
- 긴급한 업무가 발생했을 때 어떻게 보고 및 처리를 진행할 것인가?
- 입사 후 회사에 어떻게 기여할 것인가?
- 가족이나 지인이 지방근무를 반대한다면 어떻게 대처할 것인가?
- 타 지역 지사나 해외에 발령을 받게 된다면 어떻게 할 것인가?
- 공기업을 선택한 이유와 그중에서 한전KDN을 선택한 이유는 무엇인가?
- IT산업의 최신 트렌드 중에서 가장 관심을 두고 있는 영역에 대해 간략하게 설명해 보시오.
- 본인의 경험 또는 경력사항에 비추어볼 때 지원한 직무에 연관성이 부족해 보이는데, 이 직무에 지원하고 싶은 이유는 무엇인가?
- 입사 후 희망부서가 아닌 타 부서로 배치되었을 때 어떻게 할 것인가?
- 한전KDN이 추구해야 하는 가장 큰 윤리적 가치는 무엇이라 생각하는가?
- 입사 후 한전KDN 내에서의 목표는 무엇인가?
- 한전KDN의 경쟁사라고 생각하는 곳은 어디인가?
- 졸업 후 전공과 관련하여 무슨 일을 하였는가?
- 본인이 입사할 때 하나는 버리고 들어와야 한다면 무엇을 버리겠는가?
- 본인이 지원한 직무 외에 잘하는 것이 있는가?

- 자기소개서에 있는 프로젝트 경험에 대해 간략하게 설명해 줄 수 있는가?
- 한전KDN을 언제 알게 되었는가?
- 한전KDN이 왜 본인을 채용해야 하는가?
- 본사가 나주로 이전했는데 잘 적응할 수 있겠는가?
- 가장 힘들었던 경험은 무엇인가?
- 본인이 다른 지원자보다 뛰어난 점은 무엇이라고 생각하는가?
- 개발자와 관리자 중에 어떤 것이 본인에게 더 잘 맞는다고 생각하는가?
- 인상 깊게 읽었던 책을 영어로 소개해 보시오.
- 한전KDN의 주요 사업은 무엇인가?
- 전력IT연구소에서 하는 일은 무엇인가?
- 기업재무분석을 통해 향후 한전KDN이 지속적인 매출을 낼 수 있는 방안을 제시해 보시오.
- ICBM은 무엇인가?
- IoT에 관해 설명해 보시오.
- AC와 DC의 차이는 무엇인가?
- 배전계통에 대해 말해 보시오.
- 한전KDN에서 사용하는 PLC가 무엇인지 알고 있는가?
- DAS가 무엇인지 알고 있는가? 알고 있다면 자세하게 설명해 보시오.
- 우리나라 전력계통에 관해 설명해 보시오.
- 전력선통신이 무엇인가?
- 가장 자신 있는 언어가 무엇이고, 그 언어를 사용했던 프로젝트는 무엇인가?
- 한전KDN에 입사하게 된다면 어떤 일을 하고 싶은가?
- 본인의 창의성을 발휘한 경험이 있는가?
- 본인의 전공을 활용한다면 회사에서 할 수 있는 일이 무엇인가?
- 애플리케이션을 만들어 본 경험이 있는가?
- 드론과 관련한 프로젝트를 경험해 본 적이 있는가?
- 최근 IT경향에 관해 말해 보시오.
- 태양광 발전에서 중요하다고 생각하는 것은 무엇인가?
- 스키마란 무엇인가?
- DBMS란 무엇인가?
- 스마트그리드란 무엇인가?
- AMI, DAS의 차이점은 무엇인가?
- 빅데이터에 관해 설명하고, 한전KDN에서 이를 어떻게 활용할 수 있을지 설명해 보시오.
- 영어로 스마트그리드와 한전KDN을 연관 지어 설명해 보시오.
- 클래스와 라이브러리의 차이를 말해 보시오.

2. 대면면접 기출질문

- 나이 차이가 많이 나는 사람과 일해 본 경험이 있다면 말해 보시오.
- 해당 업무를 계속하기 위해 필요한 것이 있다면 무엇인지 말해 보시오.
- 평소 하고 싶었던 직무가 아닌 다른 곳에 배정을 받는다면 어떻게 할지 말해 보시오.
- 프로젝트를 하면서 힘들었던 경험이 있다면 말해 보시오.
- 살면서 가장 힘들었던 경험과 그 경험에서 얻은 것이 무엇인지 말해 보시오.
- 상사가 부조리한 일을 저지른다면 어떻게 할 것인지 말해 보시오.
- 본인만의 스트레스 해소 방법이 있다면 말해 보시오.
- 본인이 외향적인지, 내향적인지 이유를 들어 말해 보시오.
- 한전KDN에서 본인이 지원하는 직무의 업무를 담당하는 부서는 어느 곳인가?
- 한전KDN 인재상에 비춰 보았을 때 본인은 어떤 것이 부족하다고 생각하는가?
- 회사 기술(솔루션)에 대해 아는 대로 말해 보시오.
- 한전KDN의 단점을 말해 보시오.
- IT 기술 관련 서적을 읽은 적이 있는가? 있다면 어떤 내용의 책인지 설명해 보시오.
- 한전KDN에서 진행하는 사업을 아는 대로 말해 보시오.
- 본인의 업무 수행 절차를 설명해 보시오.
- 비도덕적 업무지시를 받는다면 어떻게 하겠는가?
- 어떤 스타일의 상사를 선호하는가?
- 한전KDN 사업 중 본인이 입사 후 진행하고 싶은 사업 하나를 선택하고 그 이유를 말해 보시오.
- 어쩔 수 없이 자신의 신념과 어긋난 일을 했던 경험이 있는가? 있다면 그 일을 하면서 느낀 것을 말해 보시오.
- 입사 후 본인이 생각한 것과 업무가 전혀 다른 일이라면 어떻게 하겠는가?
- 상사가 부당한 지시를 한다면 어떻게 할 것인가?
- 살면서 가장 큰 성취감을 느꼈던 경험을 말해 보시오.
- 무리한 요구를 하는 사람이 있을 때 요구를 들어줄 것인가, 들어주지 않을 것인가?
- 조직 문화에서 가장 중요한 것은 무엇인가? 이것을 4차 산업혁명에서는 어떻게 변화시킬 수 있는가?
- 본인의 트라우마를 어떻게 극복했는가?
- 지방근무에 대해 어떻게 생각하는가?
- 전혀 경험해 보지 못한 새로운 업무가 주어졌을 때 어떻게 할 것인가?
- 올해에 이룬 것 중 가장 성취가 높은 것은 무엇인가?
- 회식에 대해 어떻게 생각하는가?
- 상사와 갈등이 생겼을 때 어떻게 대처할 것인가?
- 본인의 의사소통능력에 대해 어떻게 생각하는가?
- 중요한 일과 긴급한 일 중 어떤 것을 먼저 할 것인가?
- 본인의 장단점을 말해 보시오.
- 본인의 성격을 업무와 연관 지어 말해 보시오.
- 본인이 다른 사람에게 신뢰를 구축했던 경험을 말해 보시오.
- 문제를 해결했던 경험과 그 방법을 말해 보시오.
- 가장 힘들었던 경험과 그것을 어떻게 극복했는지 말해 보시오.
- 팀 프로젝트를 했던 경험과 맡았던 역할, 결과를 말해 보시오.
- 지금 당장 떠오르는 사자성어를 1가지 말해 보시오.

- 나주에 온 소감은 어떤가?
- 본인이 남을 위해 헌신한 경험이 있는가? 그 경험에서 본인이 희생한 것이 무엇인가?
- 한국전력공사에서 인턴을 했을 때 한전KDN의 이미지는 어떠했는가?
- 한전KDN과 한국전력공사의 차이점을 말해 보시오.
- 본인의 인생 중 가장 좌절했던 순간과 그것을 극복했던 본인만의 방법을 이야기해 보시오.
- 한전KDN에서 무슨 일을 하고 싶고, 이때 필요한 역량은 무엇인가?
- 본인이 가장 자신 있는 개발 언어는 무엇인가?
- 본인이 자주 쓰는 앱은 무엇인가?
- 기억에 남는 아르바이트는 무엇인가?
- 상사가 업무를 지시했는데, 주말에도 회사에 나와서 일을 해야 한다면 어떻게 할 것인가?
- 협력업체 관리를 어떻게 할 것인가?
- 공기업의 역할은 무엇이라고 생각하는가?
- 가장 기억에 남는 프로젝트는 무엇인가?
- 노조에 대해 어떻게 생각하는가?
- 집안 행사와 당일 출장이 겹쳤을 때 어떻게 하겠는가?
- 100만 원이 생긴다면 무엇을 할 것인가?
- 4명과 여행을 갔는데 2명은 쉬운 길, 나머지 2명은 어려운 길을 제시해 갈등이 생겼을 때 어떻게 할 것인가?
- 한전 KDN에서 영업을 한다면 어떤 점이 강점이라 생각하는가?
- 한전 KDN의 비전과 본인을 연관 지어 일치하는 점에 대해 말해 보시오.
- 입사한다면 현장일도 많이 해야 하는데 가능한가?
- 본인이 면접관이라면 누구를 뽑을 것인가?

우리가 해야 할 일은 끊임없이 호기심을 갖고
새로운 생각을 시험해 보고 새로운 인상을 받는 것이다.

- 월터 페이터 -

작은 기회로부터 종종 위대한 업적이 시작된다.

– 데모스테네스 –

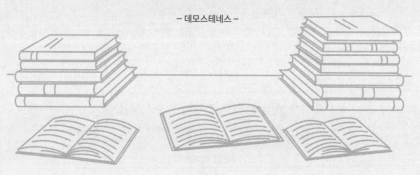

현재 나의 실력을 객관적으로 파악해 보자!

모바일 OMR
답안채점 / 성적분석 서비스

도서에 수록된 모의고사에 대한 객관적인 결과(정답률, 순위)를 종합적으로 분석하여 제공합니다.

OMR 입력

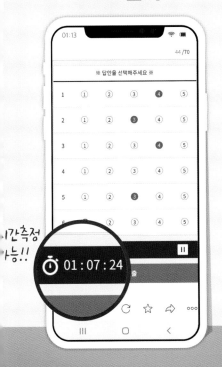

성적분석

채점결과

※OMR 답안채점 / 성적분석 서비스는 등록 후 30일간 사용 가능합니다.

도서 내 모의고사 우측 상단에 위치한 QR코드 찍기 → 로그인 하기 → '시작하기' 클릭 → '응시하기' 클릭 → 나의 답안을 모바일 OMR 카드에 입력 → '성적분석 & 채점결과' 클릭 → 현재 내 실력 확인하기

S

2025
최신판

판매량
1위
한전KDN
YES24

기출복원문제부터
대표유형 및
모의고사까지

**한 권으로
마무리!**

한전
KDN

정답 및 해설

NCS + 모의고사 6회

편저 | SDC(Sidae Data Center)

SDC
SDC는 시대에듀 데이터 센터의 약자로
약 30만 개의 NCS · 적성 문제 데이터를
바탕으로 최신 출제경향을 반영하여
문제를 출제합니다.

시대에듀

Add+

2024년 하반기 주요 공기업
NCS 기출복원문제

01	02	03	04	05	06	07	08	09	10	11	12	13	14	15	16	17	18	19	20
④	③	⑤	③	③	②	③	④	②	④	③	③	④	⑤	②	①	③	④	⑤	④
21	22	23	24	25	26	27	28	29	30	31	32	33	34	35	36	37	38	39	40
③	④	③	②	⑤	⑤	⑤	①	④	②	④	①	④	③	②	②	④	③	④	③
41	42	43	44	45	46	47	48	49	50	51	52	53	54	55					
④	⑤	②	③	③	④	③	④	②	③	④	②	④	②	①					

01
정답 ④

쉼이란 대화 도중에 잠시 침묵하는 것으로, 논리성, 감정 제고, 동질감 등을 확보할 수 있다. 쉼을 사용하는 경우는 다음과 같다.
• 이야기의 전이 시(흐름을 바꾸거나 다른 주제로 넘어갈 때)
• 양해, 동조, 반문의 경우
• 생략, 암시, 반성의 경우
• 여운을 남길 때

반면, 연단공포증은 면접이나 발표 등 청중 앞에서 이야기할 때 가슴이 두근거리고, 입술이 타고, 식은땀이 나고, 얼굴이 달아오르는 생리적인 현상으로, 쉼과는 관련이 없다. 연단공포증은 90% 이상의 사람들이 호소하는 불안이므로 극복하기 위해서는 연단공포증에 대한 걱정을 떨쳐내고 이러한 심리현상을 잘 통제하여 의사 표현하는 것을 연습해야 한다.

02
정답 ③

미국의 심리학자인 도널드 키슬러는 대인관계 의사소통 방식을 체크리스트로 평가하여 8가지 유형으로 구분하였다. 이 중 친화형은 따뜻하고 배려심이 깊으며, 타인과의 관계를 중시하는 유형이다. 또한 협동적이고 조화로운 성격으로, 자기희생적인 경향이 강하다.

키슬러의 대인관계 의사소통 유형
• 지배형 : 자신감이 있고 지도력이 있으나 논쟁적이고 독단이 강하여 대인 갈등을 겪을 수 있으므로 타인의 의견을 경청하고 수용하는 자세가 필요하다.
• 실리형 : 이해관계에 예민하고 성취 지향적으로 경쟁적인 데다 자기중심적이어서 타인의 입장을 배려하고 관심을 갖는 자세가 필요하다.
• 냉담형 : 이성적인 의지력이 강하고 타인의 감정에 무관심하며 피상적인 대인관계를 유지하므로 타인의 감정 상태에 관심을 가지고 긍정적인 감정을 표현하는 것이 필요하다.
• 고립형 : 혼자 있는 것을 선호하고 사회적 상황을 회피하며 지나치게 자신의 감정을 억제하므로 대인관계의 중요성을 인식하고 타인에 대한 비현실적인 두려움의 근원을 성찰하는 것이 필요하다.
• 복종형 : 수동적이고 의존적이며 자신감이 없으므로 적극적인 자기표현과 주장이 필요하다.
• 순박형 : 단순하고 솔직하며 자기주관이 부족하므로 자기주장을 하는 노력이 필요하다.
• 친화형 : 따뜻하고 인정이 많으며 자기희생적이나 타인의 요구를 거절하지 못하므로 타인과의 정서적인 거리를 유지하는 노력이 필요하다.
• 사교형 : 외향적이고 인정하는 욕구가 강하며, 타인에 대한 관심이 많아서 간섭하는 경향이 있고 흥분을 잘 하므로 심리적 안정과 지나친 인정욕구에 대한 성찰이 필요하다.

03

정답 ⑤

철도사고는 달리는 도중에도 발생할 수 있으므로 먼저 인터폰을 통해 승무원에게 사고를 알리고, 열차가 멈춘 후에 안내방송에 따라 비상핸들이나 비상콕크를 돌려 문을 열고 탈출해야 한다. 만일 화재가 발생했을 경우에는 승무원에게 사고를 알리고 곧바로 119에도 신고를 해야 한다.

[오답분석]
① 침착함을 잃고 패닉에 빠지게 되면, 적절한 행동요령에 따라 대피하기 어렵다. 따라서 사고현장에서 대피할 때는 승무원의 안내에 따라 질서 있게 대피해야 한다.
② 화재사고 발생 시 승객들은 여유가 있을 경우 전동차 양 끝에 비치된 소화기로 초기 진화를 시도해야 한다.
③ 역이 아닌 곳에서 열차가 멈췄을 경우 감전의 위험이 있으므로 반드시 승무원의 안내에 따라 반대편 선로의 열차 진입에 유의하며 대피 유도등을 따라 침착하게 비상구로 대피해야 한다.
④ 전동차에서 대피할 때는 부상자, 노약자, 임산부 등 탈출이 어려운 사람부터 먼저 대피할 수 있도록 배려하고 도와주어야 한다.

04

정답 ③

하향식 읽기 모형은 독자의 배경지식을 바탕으로 글의 맥락을 먼저 파악하는 읽기 전략이다. ③의 경우 제품 설명서를 통해 세부 기능과 버튼별 용도를 파악하고 기계를 작동시켰으므로 상향식 읽기를 수행한 사례이다. 제품 설명서를 하향식으로 읽는다면 제품 설명서를 읽기 전 제품을 보고 배경지식을 바탕으로 어떤 기능이 있는지 예측하고, 해당 기능을 수행하는 세부 방법을 제품 설명서를 통해 찾아봐야 한다.

[오답분석]
① 헤드라인을 먼저 읽어 배경지식을 바탕으로 전체적인 내용을 파악하고 상세 내용을 읽었으므로 하향식 읽기 모형에 해당한다.
② 회의 주제에 대한 배경지식을 가지고 회의 안건을 예상한 후 회의 자료를 파악하였으므로 하향식 읽기 모형에 해당한다.
④ 요리에 대한 경험과 지식을 바탕으로 요리 과정을 파악하였으므로 하향식 읽기 모형에 해당한다.
⑤ 해당 분야에 대한 기본적인 지식을 바탕으로 서문이나 목차를 통해 책의 전체적인 흐름을 파악하였으므로 하향식 읽기 모형에 해당한다.

05

정답 ③

농도가 15%인 소금물 200g의 소금의 양은 $200 \times \dfrac{15}{100} = 30$g이고, 농도가 20%인 소금물 300g의 소금의 양은 $300 \times \dfrac{20}{100} = 60$g이다. 따라서 두 소금물을 섞었을 때의 농도는 $\dfrac{30+60}{200+300} \times 100 = \dfrac{90}{500} \times 100 = 18$%이다.

06

정답 ②

$98 \times 102 \times 23 - 102^2 - 98^2$
$= 98 \times 102 \times 25 - 102^2 - 2 \times 98 \times 102 - 98^2$
$= (100-2)(100+2) \times 25 - (102^2 + 2 \times 98 \times 102 + 98^2)$
$= (100^2 - 2^2) \times 25 - (102+98)^2$
$= (10,000-4) \times 25 - 40,000$
$= (2,500-1) \times 4 \times 25 - 40,000$
$= 2,499 \times 100 - 40,000$
$= 249,900 - 40,000$
$= 209,900$

07

여직원끼리 인접하지 않는 경우는 남직원과 여직원이 번갈아 앉는 경우뿐이다. 이때 여직원 D의 자리를 기준으로 남직원 B가 옆에 앉는 경우를 다음과 같이 나눌 수 있다.

- 첫 번째, 여섯 번째 자리에 여직원 D가 앉는 경우
  남직원 B가 여직원 D 옆에 앉는 경우는 1가지뿐으로, 남은 자리에 남직원, 여직원이 번갈아 앉아 경우의 수는 $2 \times 1 \times 2! \times 2! = 8$가지이다.
- 두 번째, 세 번째, 네 번째, 다섯 번째 자리에 여직원 D가 앉는 경우
  각 경우에 대하여 남직원 B가 여직원 D 옆에 앉는 경우는 2가지이다. 남은 자리에 남직원, 여직원이 번갈아 앉으므로 경우의 수는 $4 \times 2 \times 2! \times 2! = 32$가지이다.

따라서 구하고자 하는 경우의 수는 $8 + 32 = 40$가지이다.

08

제시된 수열은 홀수 항일 때 $+12$, $+24$, $+48$, $\cdots$ 씩 증가하고, 짝수 항일 때 $+20$씩 증가하는 수열이다.
따라서 빈칸에 들어갈 수는 $13 + 48 = 61$이다.

09

A, B, C 모두 $\frac{1}{3}$ 과 가까우므로 $\frac{1}{3}$ 과 비교해 본다.

- A : $\frac{1}{3} = \frac{150}{450} = \frac{151}{453}$ 이고, $A = \frac{151}{455}$ 로 분모가 더 크므로 A는 $\frac{1}{3}$ 보다 작다.
- B : $\frac{1}{3} = \frac{160}{480} = \frac{161}{483}$ 이고, $B = \frac{161}{473}$ 로 분모가 더 작으므로 B는 $\frac{1}{3}$ 보다 크다.
- C : $\frac{1}{3} = \frac{180}{540} = \frac{187}{561}$ 이고, $C = \frac{187}{591}$ 로 분모가 더 크므로 C는 $\frac{1}{3}$ 보다 작다.

또한, A에서 C로 변한다고 가정할 때, 분자의 증가율은 $\frac{187 - 151}{151} = \frac{36}{151}$ 이고, 분모의 증가율은 $\frac{591 - 455}{455} = \frac{136}{455}$ 이다. 이를 $\frac{1}{4}$ 을 기준으로 비교하면 $\frac{36}{151} < \frac{1}{4}$ 이고 $\frac{136}{455} > \frac{1}{4}$ 이므로 분모의 증가율이 더 크다. 그러므로 C는 A보다 작다.
따라서 분수 A ~ C를 크기가 큰 순서대로 나열하면 B > A > C이다.

10

2022년에 중학교에서 고등학교로 진학한 학생의 비율은 99.7%이고, 2023년 중학교에서 고등학교로 진학한 학생의 비율은 99.6% 이다. 따라서 진학한 비율이 감소하였으므로 중학교에서 고등학교로 진학하지 않은 학생의 비율은 증가하였음을 알 수 있다.

[오답분석]
① 중학교의 취학률이 가장 낮은 해는 97.1%인 2020년이다. 이는 97% 이상이므로 중학교의 취학률은 매년 97% 이상이다.
② 매년 초등학교의 취학률이 가장 높다.
③ 고등교육기관의 취학률은 2020년 이후로 계속해서 70% 이상을 기록하였다.
⑤ 고등교육기관의 취학률이 가장 낮은 해는 2016년이고, 고등학교의 상급학교 진학률이 가장 낮은 해 또한 2016년이다.

11

[오답분석]
① B기업의 매출액이 가장 많은 때는 2024년 3월이지만, 그래프에서는 2024년 4월의 매출액이 가장 많은 것으로 나타났다.
② 2024년 2월에는 A기업의 매출이 더 많지만, 그래프에서는 B기업이 더 많은 것으로 나타났다.
④ A기업의 매출액이 가장 적은 때는 2024년 4월이지만, 그래프에서는 2024년 3월의 매출액이 가장 적은 것으로 나타났다.

⑤ A기업과 B기업의 매출액의 차이가 가장 큰 때는 2024년 1월이지만, 그래프에서는 2024년 5월과 6월의 매출액 차이가 더 큰 것으로 나타났다.

12

A ~ F 모두 문맥을 무시하고 일부 문구에만 집착하여 뜻을 해석하고 있으므로 '과대해석의 오류'를 범하고 있다. 과대해석의 오류는 전체적인 상황이나 맥락을 고려하지 않고 특정 단어나 문장에만 집착하여 의미를 해석하는 오류로, 글의 의미를 지나치게 확대하거나 축소하여 생각하고, 문자 그대로의 의미에만 너무 집착하여 다른 가능성이나 해석을 배제하게 되는 논리적 오류이다.

오답분석
① 무지의 오류 : '신은 존재하지 않는다가 증명되지 않았으므로 신은 존재한다.'처럼 증명되지 않았다고 해서 그 반대의 주장이 참이라고 생각하는 오류이다.
② 연역법의 오류 : '조류는 날 수 있다. 펭귄은 조류이다. 따라서 펭귄은 날 수 있다.'처럼 잘못된 삼단논법에 의해 발생하는 논리적 오류이다.
④ 허수아비 공격의 오류 : '저 사람은 과거에 거짓말을 한 적이 있으니 이번에 일어난 사기 사건의 범인이다.'처럼 개별적 인과관계를 입증하지 않고 전혀 상관없는 별개의 논리를 만들어 공격하는 논리적 오류이다.
⑤ 권위나 인신공격에 의존한 논증 : '제정신을 가진 사람이면 그런 주장을 할 수가 없다.'처럼 상대방의 주장 대신 인격을 공격하거나, '최고 권위자인 A교수도 이런 말을 했습니다.'처럼 자신의 논리적인 약점을 권위자를 통해 덮으려는 논리적 오류이다.

13

A ~ E열차의 운행시간 단위를 시간 단위로, 평균 속력의 단위를 시간당 운행거리로 통일하여 정리하면 다음과 같다.

구분	운행시간	평균 속력	운행거리
A열차	900분=15시간	$50m/s=(50 \times 60 \times 60)m/h=180km/h$	$15 \times 180 = 2,700km$
B열차	10시간 30분=10.5시간	$150km/h$	$10.5 \times 150 = 1,575km$
C열차	8시간	$55m/s=(55 \times 60 \times 60)m/h=198km/h$	$8 \times 198 = 1,584km$
D열차	720분=12시간	$2.5km/min=(2.5 \times 60)km/h=150km/h$	$12 \times 150 = 1,800km$
E열차	10시간	$2.7km/min=(2.7 \times 60)m/h=162km/h$	$10 \times 162 = 1,620km$

따라서 C열차의 운행거리는 네 번째로 길다.

14

스마트팜 관련 정부 사업 참여 경험은 K사의 강점 요인이다. 또한 정부의 적극적인 지원은 스마트팜 시장 성장에 따른 기회 요인이다. 따라서 스마트팜 관련 정부 사업 참여 경험을 바탕으로 정부의 적극적인 지원을 확보하는 것은 내부의 강점을 통해 외부의 기회 요인을 극대화하는 SO전략에 해당한다.

오답분석
①·②·③·④ 외부의 기회를 이용하여 내부의 약점을 보완하는 WO전략에 해당한다.

SWOT 분석 전략
• SO전략 : 내부 강점과 외부 기회를 극대화하는 전략
• WO전략 : 외부 기회를 이용하여 내부 약점을 강점으로 전환하는 전략
• ST전략 : 외부 위협을 최소화하기 위해 내부 강점을 극대화하는 전략
• WT전략 : 내부 약점과 외부 위협을 최소화하는 전략

15

정답 ②

K대학교 기숙사 운영위원회는 단순히 '기숙사에 문제가 있다.'라는 큰 문제에서 벗어나 식사, 시설, 통신환경이라는 세 가지 주요 문제를 파악하고 문제별로 다시 세분화하여 더욱 구체적으로 인과관계 및 구조를 파악하여 분석하고 있다. 따라서 제시문에서 나타난 문제해결 절차는 '문제 도출'이다.

> **문제해결 절차 5단계**
> 1. 문제 인식 : 해결해야 할 전체 문제를 파악하여 우선순위를 정하고 선정 문제에 대한 목표를 명확히 하는 단계
> 2. 문제 도출 : 선정된 문제를 분석하여 해결해야 할 것이 무엇인지를 명확히 하는 단계로, 현상에 대한 문제를 분해하여 인과관계 및 구조를 파악하는 단계
> 3. 원인 분석 : 파악된 핵심 문제에 대한 분석을 통해 근본 원인을 도출해 내는 단계
> 4. 해결안 개발 : 문제로부터 도출된 근본 원인을 효과적으로 해결할 수 있는 최적의 해결 방안을 수립하는 단계
> 5. 실행 및 평가 : 해결안 개발을 통해 만들어진 실행 계획을 실제 상황에 적용하는 단계로, 해결안을 통해 문제의 원인들을 제거해 나가는 단계

16

정답 ①

공공사업을 위해 투입된 세금을 본래의 목적에 사용하지 않고 무단으로 다른 곳에 쓴 상황이므로 '예정되어 있는 곳에 쓰지 아니하고 다른 데로 돌려서 씀'을 의미하는 '전용(轉用)'이 가장 적절한 단어이다.

오답분석
② 남용(濫用) : 일정한 기준이나 한도를 넘어서 함부로 씀
③ 적용(適用) : 알맞게 이용하거나 맞추어 씀
④ 활용(活用) : 도구나 물건 따위를 충분히 잘 이용함
⑤ 준용(遵用) : 그대로 좇아서 씀

17

정답 ③

시조새는 비대칭형 깃털을 가진 최초의 동물로, 현대의 날 수 있는 조류처럼 바람을 맞는 곳의 깃털은 짧고, 뒤쪽은 긴 형태로 이루어졌으며, 이와 같은 비대칭형 깃털이 양력을 제공하여 짧은 거리의 활강을 가능하게 하였다. 따라서 비행을 하기 위한 시조새의 신체 조건은 날개의 깃털이 비대칭 구조로 형성되어 있는 것이다.

오답분석
① 제시문에서 언급하지 않은 내용이다.
② · ④ 세 개의 갈고리 발톱과 척추뼈가 꼬리까지 이어지는 구조는 공룡의 특징을 보여주는 신체 조건이다.
⑤ 시조새는 현대 조류처럼 가슴뼈가 비행에 최적화된 형태로 발달되지 않았다고 언급하고 있다.

18

정답 ④

제시문은 서양의학에 중요한 영향을 준 히포크라테스와 갈레노스에 대해 소개하고 있다. 히포크라테스는 자연적 관찰을 통해 의사를 과학적인 기반 위의 직업으로 만들었으며, 히포크라테스 선서와 같이 전문직업으로써의 윤리적 기준을 마련한 서양의학의 상징이라고 소개하고 있으며, 갈레노스는 실제 해부와 임상 실험을 통해 의학 이론을 증명하고 방대한 저술을 남겨 후대 의학 발전에 큰 영향을 주었음을 설명하고 있다. 따라서 '히포크라테스와 갈레노스가 서양의학에 끼친 영향과 중요성'이 제시문의 주제로 가장 적절하다.

오답분석
① 갈레노스의 의사로서의 이력은 언급하고 있지만, 생애에 대해 구체적으로 밝히는 글은 아니다.
② 갈레노스가 해부와 실험을 통해 의학 이론을 증명하였음을 설명할 뿐이며, 해부학의 발전 과정에 대해 설명하는 글은 아니다.
③ 히포크라테스 선서는 히포크라테스가 서양의학에 남긴 중요한 윤리적 기준이지만, 이를 중심으로 설명하는 글은 아니다.
⑤ 히포크라테스와 갈레노스 모두 4체액설과 같은 부분에서는 현대 의학과 거리가 있었음을 밝히고 있다.

19

정답 ⑤

'비상구'는 '화재나 지진 따위의 갑작스러운 사고가 일어날 때에 급히 대피할 수 있도록 특별히 마련한 출입구'이다. 따라서 가장 비슷한 단어는 '갇힌 곳에서 빠져나가거나 도망하여 나갈 수 있는 출구'를 의미하는 '탈출구'이다.

오답분석
① 진입로 : 들어가는 길
② 출입구 : 나갔다가 들어왔다가 하는 어귀나 문
③ 돌파구 : 가로막은 것을 쳐서 깨뜨려 통과할 수 있도록 뚫은 통로나 목
④ 여울목 : 여울물(강이나 바다 따위의 바닥이 얕거나 폭이 좁아 물살이 세게 흐르는 곳의 물)이 턱진 곳

20

정답 ④

A열차의 속력을 V_a, B열차의 속력을 V_b라 하고, 터널의 길이를 l, 열차의 전체 길이를 x라 하자. A열차가 터널을 진입하고 빠져 나오는 데 걸린 시간은 $\dfrac{l+x}{V_a}=14$초이다. B열차 A열차보다 5초 늦게 진입하고 5초 빠르게 빠져나왔으므로 터널을 진입하고 빠져나오는 데 걸린 시간은 $14-5-5=4$초이다. 그러므로 $\dfrac{l+x}{V_b}=4$초이다.

따라서 $V_a=14(l+x)$, $V_b=4(l+x)$이므로 $\dfrac{V_a}{V_b}=\dfrac{14(l+x)}{4(l+x)}=3.5$배이다.

21

정답 ③

A팀은 5일마다, B팀은 4일마다 회의실을 사용하므로 두 팀이 회의실을 사용하고자 하는 날은 20일마다 겹친다. 첫 번째 겹친 날에 A팀이 먼저 사용했으므로 20일 동안 A팀이 회의실을 사용한 횟수는 4회이다. 두 번째 겹친 날에는 B팀이 사용하므로 40일 동안 A팀이 회의실을 사용한 횟수는 7회이고, 세 번째로 겹친 날에는 A팀이 회의실을 사용하므로 60일 동안 A팀은 회의실을 11회 사용하였다. 이를 표로 정리하면 다음과 같다.

겹친 횟수	첫 번째	두 번째	세 번째	네 번째	다섯 번째	···	$(n-1)$번째	n번째
회의실 사용 팀	A팀	B팀	A팀	B팀	A팀	···	A팀	B팀
A팀의 회의실 사용 횟수	4회	7회	11회	14회	18회	···		

겹친 날을 기준으로 A팀은 9회, B팀은 8회를 사용하였으므로 다음으로는 B팀이 회의실을 사용할 순서이다. 이때, B팀이 m번째로 회의실을 사용할 순서라면 A팀이 이때까지 회의실을 사용한 횟수는 $7m$회이다. 따라서 B팀이 겹친 날을 기준으로 회의실을 8회까지 사용하였고, 9번째로 사용할 순서이므로 이때까지 A팀이 회의실을 사용한 횟수는 최대 $7×9=63$회이다.

22

정답 ④

마지막 조건에 따라 광물 B는 인회석이고, 광물 B로 광물 C를 긁었을 때 긁힘 자국이 생기므로 광물 C는 인회석보다 무른 광물이다. 한편, 광물 A로 광물 C를 긁었을 때 긁힘 자국이 생기므로 광물 A는 광물 C보다 단단하고, 광물 A로 광물 B를 긁었을 때 긁힘 자국이 생기지 않으므로 광물 A는 광물 B보다는 무른 광물이다. 따라서 가장 단단한 광물은 B이며, 다음으로 A, C 순으로 단단하다.

오답분석
① 광물 A는 인회석보다 무른 광물이지만, 방해석인지는 확인할 수 없다.
② 광물 C는 인회석보다 무른 광물이므로 석영이 아니다.
③ 가장 무른 광물은 C이다.
⑤ 광물 B는 인회석이므로 모스 굳기 단계는 5단계이다.

23

에너지바우처를 신청하기 위해서는 소득기준과 세대원 특성기준을 모두 충족해야 한다. C는 생계급여 수급자이므로 소득기준을 충족하고, 65세 이상이므로 세대원 특성기준도 충족한다. 그러나 C의 경우 보장시설인 양로시설에 거주하는 보장시설 수급자이므로 지원 제외 대상이다. 따라서 C는 에너지바우처를 신청할 수 없다.

오답분석

① A의 경우 의료급여 수급자이므로 소득기준을 충족하고, 7세 이하의 영유아가 있으므로 세대원 특성기준도 충족한다. 따라서 에너지바우처를 신청할 수 있다.
② B의 경우 교육급여 수급자이므로 소득기준을 충족하고, 한부모가족이므로 세대원 특성기준도 충족한다. 또한, 4인 이상 세대에 해당하므로 바우처 지원금액은 716,300원으로 70만 원 이상이다.
④ 동절기 에너지바우처 지원방법은 요금차감과 실물카드 2가지 방법이 있다. 이 중 D의 경우 연탄보일러를 이용하고 있으므로 실물카드를 받아 연탄을 직접 결제하는 방식으로 지원받아야 한다.
⑤ E의 경우 생계급여 수급자이므로 소득기준을 충족하고, 희귀질환을 앓고 있는 어머니가 세대원으로 있으므로 세대원 특성기준도 충족한다. 또한 2인 세대에 해당하므로 하절기 바우처 지원금액인 73,800원이 지원된다. 이때, 하절기는 전기요금 고지서에서 요금을 자동으로 차감해 주므로 전기비에서 73,800원이 차감될 것이다.

24

A가족과 B가족 모두 소득기준과 세대원 특성기준이 에너지바우처 신청기준을 충족한다. A가족의 경우 5명이므로 총 716,300원을 지원받을 수 있다. 그러나 이미 연탄쿠폰을 발급받았으므로 동절기 에너지바우처는 지원받을 수 없다. 따라서 하절기 지원금액인 117,000원을 지원받는다. B가족의 경우 2명이므로 총 422,500원을 지원받을 수 있으며, 지역난방을 이용 중이므로 하절기와 동절기 모두 요금차감의 방식으로 지원받는다. 따라서 두 가족의 에너지바우처 지원 금액은 117,000+422,500=539,500원이다.

25

J공사의 지점 근무 인원이 71명이므로 가용인원수가 부족한 B오피스는 제외된다. 또한, 시설 조건에서 스튜디오와 회의실이 필요하므로 스튜디오가 없는 D오피스도 제외된다. 나머지 A, C, E오피스는 모두 교통 조건을 충족하므로 임대비용만 비교하면 된다. A, C, E오피스의 5년 임대비용은 다음과 같다.
- A오피스 : 600만×71×5=213,000만 원 → 21억 3천만 원
- C오피스 : 3,600만×12×5=216,000만 원 → 21억 6천만 원
- E오피스 : (3,800만×12×0.9)×5=205,200만 원 → 20억 5천 2백만 원
따라서 사무실 이전 조건을 바탕으로 가장 저렴한 공유 오피스인 E오피스로 이전한다.

26

제시된 프로그램은 'result'의 초기 값을 0으로 정의한 후 'result' 값이 2를 초과할 때까지 하위 명령을 실행하는 프로그램이다. 이때 'result' 값을 1 증가시킨 후 그 값을 출력하고, 다시 1을 빼므로 0 → 1 → 1 출력 → 0 → 1 → 1 출력 → 0 → 1 → 1 출력 → … 과정을 무한히 반복하게 된다. 따라서 1이 무한히 출력된다.

27

ROUND 함수는 인수를 지정한 자릿수로 반올림한 값을 구하는 함수로, 「=ROUND(인수,자릿수)」로 표현한다. 이때 자릿수는 다음과 같이 나타낸다.

만의 자리	천의 자리	백의 자리	십의 자리	일의 자리	소수점 첫째 자리	소수점 둘째 자리	소수점 셋째 자리
-4	-3	-2	-1	0	1	2	3

따라서 「=ROUND(D2,-1)」는 [D2] 셀에 입력된 117.3365의 값을 십의 자리로 반올림하여 나타내므로, 출력되는 값은 120이다.

28

ⓐ 짜깁기 : 기존의 글이나 영화 따위를 편집하여 하나의 완성품으로 만드는 일
ⓑ 뒤처지다 : 어떤 수준이나 대열에 들지 못하고 뒤로 처지거나 남게 되다.

오답분석
- 짜집기 : 짜깁기의 비표준어형
- 뒤쳐지다 : 물건이 뒤집혀서 젖혀지다.

29

정답 ④

공문서에서 날짜를 작성할 때 날짜 다음에 괄호를 사용할 경우에는 마침표를 찍지 않아야 한다.

공문서 작성 시 유의사항
- 한 장에 담아내는 것이 원칙이다.
- 마지막엔 반드시 '끝'자로 마무리한다.
- 날짜 다음에 괄호를 사용할 경우에는 마침표를 찍지 않는다.
- 복잡한 내용은 항목별로 구분한다('-다음-', 또는 '-아래-').
- 대외문서이며 장기간 보관되는 문서이므로 정확하게 기술한다.

30

정답 ②

만들 수 있는 모든 세 자리 자연수는 다음과 같다.

구분	세 자리 자연수																	
백의 자릿수	1						2						3			4		
십의 자릿수	2		3		4		1		3		4		1	2	4	1	2	3
일의 자릿수	3	4	2	4	2	3	3	4	1	4	1	3	2	4	1	4	1	2	2	3	1	3	1	2

이때, 모든 자연수의 합을 구하면 각 자릿수의 합은 다음과 같다.
- 백의 자릿수의 합 : $(100 \times 6) + (200 \times 6) + (300 \times 6) + (400 \times 6) = 6,000$
- 십의 자릿수의 합 : $(20 \times 2 \times 3) + (30 \times 2 \times 3) + (40 \times 2 \times 3) + (10 \times 2 \times 3) = 600$
- 일의 자릿수의 합 : $(3 \times 2 \times 3) + (4 \times 2 \times 3) + (2 \times 2 \times 3) + (1 \times 2 \times 3) = 60$

따라서 모든 자연수의 합은 $6,000 + 600 + 60 = 6,660$이다.

31

정답 ④

어떤 자연수의 모든 자릿수의 합이 3의 배수일 때, 그 자연수는 3의 배수이다. 그러므로 2+5+□의 값이 3의 배수일 때, 25□는 3의 배수이다. 2+5=7이므로, 7+□의 값이 3의 배수가 되도록 하는 □의 값은 2, 5, 8이다. 따라서 가능한 모든 수의 합은 2+5+8=15이다.

32

정답 ①

제시된 수열은 +10, +14, +18, … 인 수열이다. 따라서 빈칸에 들어갈 수는 98+30=128이다.

33

- 1,000 이상 10,000 미만

  맨 앞과 맨 뒤의 수가 같은 경우는 1 ~ 9의 수가 올 수 있으므로 9가지이고, 각각의 경우에 따라 두 번째 수와 네 번째 수로 0 ~ 9의 수가 올 수 있으므로 경우의 수는 10가지이다. 그러므로 모든 네 자리 대칭수의 개수는 9×10=90이다.
- 10,000 이상 50,000 미만

  맨 앞과 맨 뒤의 수가 같은 경우는 1, 2, 3, 4의 수가 올 수 있으므로 4가지이고, 각각의 경우에 따라 두 번째 수와 네 번째 수로 0 ~ 9의 수가 올 수 있으므로 경우의 수는 10가지, 그 각각의 경우에 따라 세 번째에 올 수 있는 수 또한 0 ~ 9의 수가 올 수 있으므로 경우의 수는 10가지이다. 그러므로 10,000 ~ 50,000 사이의 대칭수의 개수는 4×10×10=400개이다.

따라서 1,000 이상 50,000 미만의 모든 대칭수의 개수는 90+400=490개이다.

34

영서가 1시간 동안 빚을 수 있는 만두의 수를 x개, 어머니가 1시간 동안 만두를 빚을 수 있는 만두의 수를 y개라 할 때 다음 식이 성립한다.

$\frac{2}{3}(x+y)=60 \cdots \bigcirc$

$y=x+10 \cdots \bigcirc$

$\bigcirc \times \frac{3}{2}$에 $\bigcirc$을 대입하면

$x+(x+10)=90$

$\rightarrow 2x=80$

$\therefore x=40$

따라서 영서는 혼자서 1시간 동안 40개의 만두를 빚을 수 있다.

35

두 지점의 거리를 $x$km라 할 때 다음 식이 성립한다.

$\frac{x}{80}+\frac{1}{6}+\frac{x}{60} \geq \frac{150}{60}$

$\rightarrow \frac{3x+4x}{240} \geq \frac{15-1}{6}=\frac{14}{6}=\frac{7}{3}$

$\therefore x \geq 80$

따라서 두 지점의 거리는 최소 80km이다.

36

원기둥의 부피 구하는 공식은 다음과 같다.

$V=\pi \times r^2 \times h$

원기둥 모양의 수조에 물이 $\frac{1}{3}$만큼 채워져 있으므로 이를 고려하여 계산하면 다음과 같다.

$V=\pi \times \left(\frac{50}{2}\right)^2 \times \frac{120}{3}$

$=\pi \times 25^2 \times 40$

$=25,000\pi \text{cm}^3$

따라서 원기둥 모양의 수조에 채워진 물의 부피는 $25,000\pi \text{cm}^3$이다.

37

정답 ④

바이올린(V), 호른(H), 오보에(O), 플루트(F) 중 첫 번째 조건에 따라 호른과 바이올린을 묶었을 때 가능한 경우는 3!=6가지로 다음과 같다.
- (HV) − O − F
- (HV) − F − O
- F − (HV) − O
- O − (HV) − F
- F − O − (HV)
- O − F − (HV)

이때 두 번째 조건에 따라 오보에는 플루트 왼쪽에 위치하지 않으므로 (HV) − O − F, O − F − (HV) 2가지는 제외된다.
따라서 왼쪽에서 두 번째 칸에는 바이올린, 호른, 오보에만 위치할 수 있으므로 플루트는 배치할 수 없다.

38

정답 ③

사회적 기업은 수익 창출을 통해 자립적인 운영을 추구하고, 사회적 문제해결과 경제적 성장을 동시에 달성하려는 특징을 가진 기업 모델로, 영리 조직에 해당한다.

> **영리 조직과 비영리 조직**
> - 영리 조직 : 이윤 추구를 주된 목적으로 하는 집단으로, 일반적인 사기업이 해당된다.
> - 비영리 조직 : 사회적 가치 실현을 위해 공익을 추구하는 집단으로, 자선단체, 의료기관, 교육기관, 비정부기구(NGO) 등이 해당된다.

39

정답 ④

팀 목표를 달성하도록 팀원을 격려하는 환경을 조성하기 위해서는 동료의 피드백이 필요하다. 긍정이든 부정이든 피드백이 없다면 팀원들은 개선을 이루거나 탁월한 성과를 내고자 하는 노력을 게을리하게 된다.

> **동료의 피드백을 장려하는 4단계**
> 1. 간단하고 분명한 목표와 우선순위를 설정하라.
> 2. 행동과 수행을 관찰하라.
> 3. 즉각적인 피드백을 제공하라.
> 4. 뛰어난 수행성과에 대해 인정하라.

40

정답 ③

업무적으로 내적 동기를 유발하기 위해서는 업무 관련 교육을 꾸준히 하여야 한다.

> **내적 동기를 유발하는 방법**
> - 긍정적 강화법 활용하기
> - 새로운 도전의 기회 부여하기
> - 창의적인 문제해결법 찾기
> - 자신의 역할과 행동에 책임감 갖기
> - 팀원들을 지도 및 격려하기
> - 변화를 두려워하지 않기
> - 지속적인 교육 실시하기

41

정답 ④

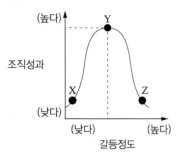

갈등정도와 조직성과에 대한 그래프에서 갈등이 X점 수준일 때에는 조직 내부의 의욕이 상실되고 환경변화에 대한 적응력도 떨어져 조직성과가 낮아진다. 갈등이 Y점 수준일 때에는 갈등의 순기능이 작용하여 조직 내부에 생동감이 넘치고 변화 지향적이며 문제해 결능력이 발휘되어 조직성과가 높아진다. 하지만 갈등이 Z점 수준일 때에는 오히려 갈등의 역기능이 작용하여 조직 내부에 혼란과 분열이 발생하고 조직 구성원들이 비협조적이 되어 조직성과는 낮아지게 된다.

42

정답 ⑤

제시된 순서도는 result 값이 6을 초과할 때까지 2씩 증가하고, result 값이 6을 초과하면 그 값을 출력하는 순서도이다. 따라서 result 값이 5일 때 2를 더하여 5+2=7이 되어 6을 초과하므로 출력되는 값은 7이다.

43

정답 ②

A프로그램 찾기 → 프로그램 보유(NO) → 관련 데이터 보유(YES) → [데이터] 출력 → STOP
따라서 데이터 메시지가 출력된다.

44

정답 ③

방문 사유 → 파손 관련(NO) → 침수 관련(NO) → 데이터 복구 관련(YES) → ◎ 출력 → STOP
따라서 출력되는 도형은 ◎이다.

45

정답 ③

• B씨 : 임시검사는 자동차관리법 또는 자동차관리법에 따른 명령이나 자동차 소유자의 신청을 받아 비정기적으로 실시하는 검사이 므로 자동차 소유주 임의의 판단으로 검사를 시행하는 것은 자동차관리법 위반 대상이 아니다.
• C씨 : 자동차자기인증의 표시가 된 자동차를 신규등록하는 경우에는 신규검사를 받은 것으로 보므로 자동차관리법 위반 대상이 아니다.

[오답분석]
• A씨 : 튜닝검사는 자동차를 튜닝한 경우에 실시하는 검사이므로 그 검사를 생략한 A씨는 자동차관리법을 위반하였다.
• D씨 : 누구든지 자동차검사에 사용하는 기계·기구에 설정된 자동차검사기준의 값 또는 기계·기구를 통하여 측정된 값을 조작· 변경하거나 조작·변경하게 할 수 없으므로 조작을 종용한 D씨는 자동차관리법을 위반하였다.

46

안전 스위치를 누르는 동안에만 스팀이 나온다고 하였으므로 안전 스위치를 누르는 등의 외부 입력이 없다면 스팀은 발생하지 않는다.

오답분석

① 기본형 청소구의 돌출부를 누른 상태에서 잡아당기면 좁은 흡입구를 꺼낼 수 있다고 언급되어 있다.
② 기본형 청소구로 카펫을 청소하면 청소 효율이 떨어질 뿐이며, 카펫 청소는 가능하다고 언급되어 있다.
③ 스팀 청소구의 물통에 물을 채우는 작업, 걸레판에 걸레를 부착하는 작업 모두 반드시 전원을 분리한 상태에서 진행해야 한다고 언급되어 있다.
⑤ 스팀 청소 완료 후 충분히 식지 않은 상태에서 통을 분리하면 뜨거운 물이 새어 나와 화상의 위험이 있다고 언급되어 있다.

47

바닥에 물이 남는다면 스팀 청소구를 좌우로 자주 기울이지 않도록 주의하거나 젖은 걸레를 교체해야 한다.

오답분석

① 흡입력이 약화될 경우 흡입구, 호스, 먼지통, 먼지분리기에 큰 이물질이 걸려 있는지를 확인해야 하고, 먼지통, 먼지분리기, 필터의 조립 상태를 확인하거나 필터를 교체해야 한다.
② 물 보충 램프 깜빡임이 발생할 경우 물통의 물이 충분히 있는지 확인하고 잠시 기다려야 한다.
④ 악취가 발생할 경우 먼지통 및 필터를 교체하거나 스팀 청소구의 청결 상태를 확인해야 한다.
⑤ 소음이 발생할 경우 흡입구, 호스, 먼지통, 먼지분리기에 큰 이물질이 걸려 있는지를 확인해야 하고, 먼지통, 먼지분리기, 필터의 조립 상태를 확인해야 한다.

48

스팀 청소구의 물통에 물을 채우는 작업, 걸레판에 걸레를 부착하는 작업 모두 반드시 전원을 분리한 상태에서 진행해야 한다고 언급되어 있다.

오답분석

① 스팀 청소구의 물통에 물을 채울 때에는 전원을 분리한 상태에서 진행해야 하므로 옳은 내용이다.
③ 스팀 청소 시에는 안전을 위해 안전 스위치를 누르면서 청소를 진행해야 하므로 옳은 내용이다.
④ 스팀 청소 중 스팀 청소구를 눕히면 뜨거운 물이 새어 나와 화상을 입을 수 있으므로 옳은 내용이다.
⑤ 스팀 청소 완료 후 충분히 식지 않은 상태에서 스팀 청소구를 분리할 경우 뜨거운 물이 새어 나와 화상을 입을 수 있으므로 옳은 내용이다.

49

상품코드의 맨 앞 자릿수가 '9'이므로 2 ~ 7번째 자릿수의 이진코드 변환 규칙은 'ABBABA'를 따른다. 이를 변환하면 다음과 같다.

3	8	7	6	5	5
A	B	B	A	B	A
0111101	0001001	0010001	0101111	0111001	0110001

따라서 주어진 수를 이진코드로 바르게 변환한 것은 ④이다.

50

정답 ③

1시간은 3,600초이므로 36초는 $(36초) \times \dfrac{(1시간)}{(3,600초)} = 0.01$시간이다. 그러므로 무빙워크의 전체 길이는 $5 \times 0.01 = 0.05$km이다.

따라서 무빙워크와 같은 방향으로 4km/h의 속력으로 걸을 때의 속력은 $5+4=9$km/h이므로 걸리는 시간은 $\dfrac{0.05}{9} = \dfrac{5}{900} = \dfrac{5}{900}$

$\times \dfrac{(3,600초)}{(1시간)} = 20$초이다.

51

정답 ④

2022년 A ~ C사의 자동차 판매 대수는 다음과 같다.
- A : $10,000 \times 0.2 = 2,000$대
- B : $10,000 \times 0.3 = 3,000$대
- C : $10,000 \times 0.5 = 5,000$대

2023년 A ~ C사의 자동차 전체 판매 대수는 16% 증가한 $10,000 \times (1+0.16) = 11,600$대이므로 각 기업의 판매 대수는 다음과 같다.
- A : $11,600 \times 0.25 = 2,900$대
- B : $11,600 \times 0.375 = 4,350$대
- C : $11,600 \times 0.375 = 4,350$대

각 기업의 2022년 대비 2023년의 판매 대수 증감량은 다음과 같다.
- A : $2,900 - 2,000 = 900$대
- B : $4,350 - 3,000 = 1,350$대
- C : $4,350 - 5,000 = -650$대

따라서 전년도 대비 판매 대수가 가장 크게 증가한 기업은 B사이며, B사의 2023년 판매 대수는 4,350대이다.

52

정답 ②

(영업이익률)$= \dfrac{(영업이익)}{(매출액)} \times 100$이고, 영업이익을 구하기 위해서는 매출총이익을 먼저 계산해야 한다. 따라서 2022년 4분기의

매출총이익은 $60-80 = -20$십억 원이고, 영업이익은 $-20-7 = -27$십억 원이므로 영업이익률은 $-\dfrac{27}{60} \times 100 = -45\%$이다.

53

정답 ④

A의 적금은 월 10만 원, 연 이자율 2% 단리로, 개월에 따른 이자를 구하면 다음과 같다.

- 1개월 후 : $100,000 \times \dfrac{1 \times 2}{2} \times \dfrac{0.02}{12} \fallingdotseq 167$원
- 2개월 후 : $100,000 \times \dfrac{2 \times 3}{2} \times \dfrac{0.02}{12} = 500$원
- 3개월 후 : $100,000 \times \dfrac{3 \times 4}{2} \times \dfrac{0.02}{12} = 1,000$원
- 4개월 후 : $100,000 \times \dfrac{4 \times 5}{2} \times \dfrac{0.02}{12} \fallingdotseq 1,667$원

$$\vdots$$

- 8개월 후 : $100,000 \times \dfrac{8 \times 9}{2} \times \dfrac{0.02}{12} = 6,000$원
- 9개월 후 : $100,000 \times \dfrac{9 \times 10}{2} \times \dfrac{0.02}{12} = 7,500$원

$$\vdots$$

• 12개월 후 : $100,000 \times \dfrac{12 \times 13}{2} \times \dfrac{0.02}{12} = 13,000$원

B의 예금 1년 이자는 $1,200,000 \times 0.006 = 7,200$원이다.

따라서 9개월 후 A의 적금 이자가 B의 예금 1년 이자보다 더 많아진다.

54

'인간의 뇌에 프로그램 되어 규칙에 따르도록 되어 있다.'라는 것은 교육 또는 사회적 제재를 통하지 않고 인간들이 자연스럽게 준수한다는 것을 뜻한다. 이는 인간 삶의 초기에 친밀하게 지냈던 사람은 '성적인 관심이 미약하고, 강하지 않다.'라는 뜻으로 추측이 가능하다. 따라서 친족 이성 간 성적인 욕망이 매우 강해 그로 인한 가정의 재앙을 막기 위해서 '금기'라는 내용을 고안했다는 것은 제시문의 내용과 상충한다.

[오답분석]

① 유년기 때 친밀도가 높을수록 성 접촉 빈도수가 낮다는 것으로, 제시문의 내용을 뒷받침하고 있다.

③ 인간과 가장 유사성이 높은 영장류도 본능적으로 가까운 족(族) 간의 짝짓기를 피한다는 내용으로 제시문을 뒷받침할 수 있다.

④ 키부츠에서 친밀하게 어린 시절을 보낸 사람들은 서로 이끌려 부부가 된 경우가 없다는 사실로 제시문의 견해를 뒷받침하고 있다.

⑤ 어린 시절에 며느리로 데려와 친밀하게 지냈던 사람들은 서로에 대한 성적인 관심 등이 약화되어 이혼율이 높다고 추측하고 있다. 따라서 이는 제시문 견해를 뒷받침하고 있다.

55

제시문은 말하는 사람과 듣는 사람이 각각 잘 전달했는지, 잘 이해했는지를 서로 확인하지 않고 그 순간을 넘겨버려 엇갈린 정보를 갖게 되는 상황에 대한 설명이다. 따라서 이는 서로 간의 상호작용이 부족한 것으로 볼 수 있다.

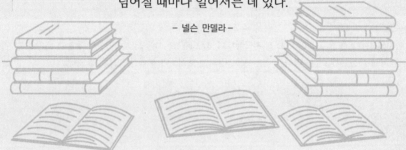

우리 인생의 가장 큰 영광은 절대 넘어지지 않는 데 있는 것이 아니라
넘어질 때마다 일어서는 데 있다.

- 넬슨 만델라 -

PART 1

합격의 공식 SD에듀 www.sdedu.co.kr

직업기초능력평가

CHAPTER 01   수리능력

CHAPTER 02   의사소통능력

CHAPTER 03   문제해결능력

CHAPTER 04   정보능력

CHAPTER 05   직업윤리

CHAPTER 06   기술능력

CHAPTER 07   자원관리능력

CHAPTER 08   자기개발능력

CHAPTER 09   조직이해능력

CHAPTER 10   대인관계능력

01 | 수리능력

출제유형분석 01 | 실전예제

01
정답 ④

A, B기차의 속력은 일정하며 두 기차가 터널 양 끝에서 동시에 출발하면 $\frac{1}{3}$ 지점에서 만난다고 했으므로 두 기차 중 하나는 다른 기차 속력의 2배인 것을 알 수 있다. 또한, A기차보다 B기차가 터널을 통과하는 시간이 짧으므로 B기차의 속력이 더 빠르다. A기차의 길이를 xm, 속력을 ym/s라고 하면, B기차의 속력은 $2y$m/s이다.

$570+x=50\times y \cdots \bigcirc$

$570+(x-60)=23\times 2y \cdots \bigcirc$

㉠과 ㉡을 연립하면

$60=4y \rightarrow y=15$

이를 ㉠에 대입하면

$x=50\times 15-570$

$\therefore x=180$

따라서 A기차의 길이는 180m이다.

02
정답 ②

초대장을 만드는 일의 양을 1이라고 가정하자. 혼자서 만들 때 걸리는 기간은 A대리는 6일, B사원은 12일이므로 각각 하루에 할 수 있는 일의 양은 $\frac{1}{6}$, $\frac{1}{12}$ 이다. 두 사람이 함께 일할 경우 하루에 할 수 있는 일의 양은 $\frac{1}{6}+\frac{1}{12}=\frac{3}{12}=\frac{1}{4}$ 이다. 따라서 A대리와 B사원이 함께 초대장을 만들 경우 하루에 할 수 있는 일의 양은 $\frac{1}{4}$ 이므로 완료하는 데 걸리는 시간은 4일이다.

03
정답 ④

• 만나는 시간

(거리)=(속력)×(시간)이므로 두 사람이 이동한 시간을 x시간이라고 하자. 두 사람이 이동한 거리의 합은 16km이므로

$16=3x+5x$

$\therefore x=2$

따라서 두 사람은 출발한 지 2시간 만에 만나게 된다.

• 거리의 차이

 – 갑이 이동한 거리 : $3\times 2=6$km

 – 을이 이동한 거리 : $5\times 2=10$km

따라서 두 사람이 이동한 거리의 차이는 $10-6=4$km이다.

04

A ~ C 세 사람의 청소 주기 6일, 8일, 9일의 최소공배수는 $2 \times 3 \times 4 \times 3 = 72$이다. 9월은 30일, 10월은 31일까지 있으므로 9월 10일에 청소를 하고 72일 이후인 11월 21일에 세 사람이 같이 청소하게 된다.

05

500g의 설탕물에 녹아있는 설탕의 양을 xg이라고 하자.

3%의 설탕물 200g에 들어있는 설탕의 양은 $\dfrac{3}{100} \times 200 = 6$g이다. 이에 따라 다음 식이 성립한다.

$\dfrac{x+6}{500+200} \times 100 = 7 \rightarrow x+6 = 49$

$\therefore x = 43$

따라서 500g의 설탕물에 녹아있는 설탕의 양은 43g이다.

06

둘레의 길이가 20cm이고, 넓이가 24cm^{2}이므로 다음 두 식이 성립한다.

$2(x+y) = 20 \rightarrow x+y = 10 \cdots \bigcirc$

$xy = 24 \cdots \bigcirc$

직사각형의 가로 길이와 세로 길이를 각각 3cm씩 늘렸을 때, 늘어난 직사각형의 넓이는 다음과 같다.

$(x+3)(y+3) = xy + 3x + 3y + 9$

따라서 $xy + 3x + 3y + 9 = xy + 3(x+y) + 9 = 24 + 3 \times 10 + 9 = 63$cm^{2}이다.

07

10명의 학생 중에서 임의로 2명을 뽑는 경우의 수는 $_{10}\mathrm{C}_2 = 45$가지이다. 이때 뽑은 2명의 학생이 같은 혈액형일 경우의 수를 구하면 다음과 같다.

- 뽑힌 2명의 학생의 혈액형이 모두 A형인 경우의 수는 $_2\mathrm{C}_2 = 1$가지
- 뽑힌 2명의 학생의 혈액형이 모두 B형인 경우의 수는 $_3\mathrm{C}_2 = 3$가지
- 뽑힌 2명의 학생의 혈액형이 모두 O형인 경우의 수는 $_5\mathrm{C}_2 = 10$가지

따라서 뽑은 2명의 학생의 혈액형이 다를 경우의 수는 $45 - (1+3+10) = 31$가지이다.

08

B를 거치는 A와 C의 최단 경로는 A와 B 사이의 경로와 B와 C 사이의 경로로 나눠서 구할 수 있다.

- A와 B의 최단 경로의 경우의 수 : $\dfrac{5!}{3! \times 2!} = 10$가지
- B와 C의 최단 경로의 경우의 수 : $\dfrac{3!}{1! \times 2!} = 3$가지

따라서 B를 거치는 A와 C의 최단 경로의 경우의 수는 $3 \times 10 = 30$가지이다.

09

수인이가 베트남 현금 1,670만 동을 환전하기 위해 수수료를 제외하고 필요한 한국 돈은 1,670만 동$\times$483원/만 동$=806,610$원이다. 우대사항에서 50만 원 이상 환전 시 70만 원까지 수수료가 0.4%로 낮아진다고 하였으므로, 70만 원의 수수료는 0.4%가 적용되고 나머지는 0.5%가 적용되어 총수수료는 $700,000 \times 0.004 + (806,610 - 700,000) \times 0.005 = 2,800 + 533.05 \fallingdotseq 3,330$원이다.

따라서 수인이가 원하는 금액을 환전하는 데 필요한 총금액은 수수료를 포함하여 $806,610 + 3,330 = 809,940$원이다.

01

과일 종류별 무게를 가중치로 적용한 네 과일의 가중평균은 42만 원이다. (라)과일의 가격을 a만 원이라 가정하고 가중평균에 대한 식을 정리하면 다음과 같다.

$(25 \times 0.4) + (40 \times 0.15) + (60 \times 0.25) + (a \times 0.2) = 42$

$\rightarrow 10 + 6 + 15 + 0.2a = 42 \rightarrow 0.2a = 42 - 31 = 11$

$\therefore a = \dfrac{11}{0.2} = 55$

따라서 빈칸 ㉠에 들어갈 (라)과일의 가격은 55만 원이다.

02

먼저, 각 테이블의 메뉴 구성을 살펴보면 전체 메뉴는 5가지이며, 모든 메뉴가 2그릇씩 주문이 되었다는 것을 알 수 있다. 즉, 1번부터 5번까지의 주문 금액의 합을 2로 나누어 주면 전체 메뉴의 총금액을 알 수 있다. 테이블 1 ~ 5까지의 주문 금액의 합은 90,000원이며, 이를 2로 나눈 45,000원이 전체 메뉴의 총금액이 된다. 이때, 테이블 1부터 3까지만 따로 떼어놓고 본다면 다른 메뉴는 모두 1그릇씩이지만 짜장면만 2그릇이 된다. 즉, 테이블 1 ~ 3까지의 주문 금액의 합(=51,000원)과 45,000원의 차이가 바로 짜장면 1그릇의 가격이 된다. 따라서 짜장면 1그릇의 가격은 6,000원임을 알 수 있다.

01

ㄱ. 습도가 70%일 때 연간소비전력량이 가장 적은 제습기는 A(790kWh)이다.

ㄷ. 습도가 40%일 때 제습기 E의 연간소비전력량(660kWh)은 습도가 50%일 때 제습기 B의 연간소비전력량(640kWh)보다 많다.

[오답분석]

ㄴ. 습도가 60%일 때 연간소비전력량이 가장 많은 제습기는 D지만, 습도가 70%일 때는 E이므로 순서는 동일하지 않다.

ㄹ. 제습기 E의 경우 습도가 40%일 때의 연간소비전력량의 1.5배는 660×1.5=990kWh이고, 습도가 80%일 때는 970kWh이므로 1.5배 미만이다.

02

$\dfrac{\text{(대학졸업자 취업)}}{\text{(전체 대학졸업자)}} \times 100 = \text{(대학졸업자 취업률)} \times \text{(대학졸업자의 경제활동인구 비중)} \times \dfrac{1}{100}$

따라서 OECD 평균은 $40 \times 50 \times \dfrac{1}{100} = 20\%$이고, 이보다 높은 국가는 B, C, E, F, G, H이다.

03

ㄴ. 2020년 대비 2023년 분야별 침해사고 건수 감소율은 다음과 같다.

- 홈페이지 변조 : $\dfrac{390 - 650}{650} \times 100 = -40\%$

- 스팸릴레이 : $\dfrac{40-100}{100}\times100=-60\%$

- 기타 해킹 : $\dfrac{165-300}{300}\times100=-45\%$

- 단순 침입시도 : $\dfrac{175-250}{250}\times100=-30\%$

- 피싱 경유지 : $\dfrac{130-200}{200}\times100=-35\%$

따라서 50% 이상 감소한 분야는 '스팸릴레이'로, 1개 분야이다.

ㄹ. 기타 해킹 분야의 2023년 침해사고 건수는 2021년 대비 증가했으므로 옳지 않은 설명이다.

오답분석

ㄱ. 단순 침입시도 분야의 침해사고는 매년 스팸릴레이 분야의 침해사고 건수의 2배 이상이다.

ㄷ. 2022년 홈페이지 변조 분야의 침해사고 건수가 차지하는 비중은 $\dfrac{600}{1,500}\times100=40\%$로, 35% 이상이다.

04

정답 ④

같은 물질에 대한 각 기관의 실험오차율의 크기 비교는 실험오차의 크기 비교로 할 수 있다.
물질 2에 대한 각 기관의 실험오차를 구하면 다음과 같다.
- A기관 : $|26-11.5|=14.5$
- B기관 : $|7-11.5|=4.5$
- C기관 : $|7-11.5|=4.5$
- D기관 : $|6-11.5|=5.5$

B, C, D기관의 실험오차의 합은 $4.5+4.5+5.5=14.5$이다.
따라서 물질 2에 대한 A기관의 실험오차율은 물질 2에 대한 나머지 기관의 실험오차율의 합과 같다.

오답분석

① • 물질 1에 대한 B기관의 실험오차 : $|7-4.5|=2.5$
  • 물질 1에 대한 D기관의 실험오차 : $|2-4.5|=2.5$
  즉, 두 기관의 실험오차와 유효농도가 동일하므로 실험오차율도 동일하다.

② 실험오차율이 크려면 실험오차가 커야 한다. 물질 3에 대한 각 기관의 실험오차를 구하면 다음과 같다.
  • A기관 : $|109-39.5|=69.5$
  • B기관 : $|15-39.5|=24.5$
  • C기관 : $|16-39.5|=23.5$
  • D기관 : $|18-39.5|=21.5$
  따라서 물질 3에 대한 실험오차율은 A기관이 가장 크다.

③ • 물질 1에 대한 B기관의 실험오차 : $|7-4.5|=2.5$

  • 물질 1에 대한 B기관의 실험오차율 : $\dfrac{2.5}{4.5}\times100 ≒ 55.56\%$

  • 물질 2에 대한 A기관의 실험오차 : $|26-11.5|=14.5$

  • 물질 2에 대한 A기관의 실험오차율 : $\dfrac{14.5}{11.5}\times100 ≒ 126.09\%$

  따라서 물질 1에 대한 B기관의 실험오차율은 물질 2에 대한 A기관의 실험오차율보다 작다.

⑤ 자료를 보면 A기관의 실험 결과는 모든 물질에 대해서 평균보다 높다. 따라서 A기관의 실험 결과를 제외한다면 유효농도 값(평균)은 제외하기 전보다 작아진다.

02 | 의사소통능력

출제유형분석 01 실전예제

01　정답 ②

제시문에 따르면 르네상스의 야만인 담론은 이전과는 달리 현실적 구체성을 띠고 있지만 전통 야만인관에 의해 각색되는 것은 여전하다.

02　정답 ①

제시문에 따르면 개념에 대해 충분히 이해하면서도 개념의 사례를 제대로 구별하지 못할 수 있다. 따라서 비둘기와 참새를 구별하지 못했다고 해서 비둘기의 개념을 이해하지 못하고 있다고 평가할 수는 없다.

오답분석

②·④ 개념을 이해하는 능력이 개념의 사례를 식별하는 능력을 함축하는 것은 아니므로 개념을 이해했다고 해서 개념의 사례를 완벽하게 식별할 수 있는 것은 아니다.

③ 개념을 충분히 이해하면서도 개념의 사례를 제대로 구별하지 못할 수 있으므로 개념의 사례를 구별하지 못했다고 해서 개념을 충분히 이해하지 못하고 있다고 판단할 수는 없다.

⑤ 개념의 사례를 식별하는 능력이 개념을 이해하는 능력을 함축하는 것은 아니므로 정사각형을 구별했다고 해서 정사각형의 개념을 이해하고 있다고 볼 수는 없다.

03　정답 ②

찬성 측은 공공 자전거 서비스 제도의 효과에 대해 예상하고 있지만 구체적인 근거를 제시하고 있지는 않다.

오답분석

① 반대 측은 자전거를 이용하지 않는 사람들도 공공 자전거 서비스 제도에 필요한 비용을 지불해야 하므로 형평성의 문제가 발생할 수 있다고 보았다.

③ 반대 측은 찬성 측의 공공 자전거 서비스는 사람들 모두가 이용할 수 있다는 주장에 대해 '물론 그렇게 볼 수도 있습니다만'과 같이 대답하며 찬성 측의 주장을 일부 인정하고 있다.

④ 반대 측은 공공 자전거 서비스 제도로 도로에 자전거와 자동차가 섞이게 되는 상황을 예상하면서 찬성 측의 주장에 대해 의문을 제기하고 있다.

⑤ 찬성 측은 공공 자전거 서비스 제도로 교통 체증 문제를 완화할 수 있다고 보았으며, 반대 측은 도로에 자전거와 자동차가 섞이게 되어 교통 혼잡 문제가 발생할 수 있다고 보았으므로 서로 대립하는 논점을 가지고 있음을 알 수 있다.

01

정답 ③

제시문의 내용은 크게 두 부분으로 나눌 수 있다. 글의 앞부분에서는 맥주의 주원료에 대해서 설명하고, 글의 뒷부분에서는 맥주의 제조공정 중 발효에 대해 설명하며 이에 따른 맥주의 종류에 대해 제시하고 있다. 따라서 제시문의 제목으로 가장 적절한 것은 ③이다.

02

정답 ①

제시문의 첫 번째 문단에서는 사회적 자본이 늘어나면 정치 참여도가 높아진다는 주장을 하였고, 두 번째 문단에서는 사회적 자본의 개념을 사이버공동체에 도입하였으나 현실과 잘 맞지 않는다고 하면서 사회적 자본의 한계를 서술했다. 그리고 마지막 문단에서는 사회적 자본만으로는 정치 참여가 늘어나기 어렵고 정치적 자본의 매개를 통해서 정치 참여가 활성화된다는 주장을 하고 있다. 따라서 ①이 제시문의 주제로 가장 적절하다.

03

정답 ②

제시문은 제4차 산업혁명으로 인한 노동 수요 감소로 인해 나타날 수 있는 문제점으로 대공황에 대한 위험을 설명하면서, 긍정적인 시각으로는 노동 수요 감소를 통해 인간적인 삶의 향유가 이루어질 수 있다고 말한다. 따라서 제4차 산업혁명의 밝은 미래와 어두운 미래를 나타내는 ②가 제목으로 가장 적절하다.

01

정답 ②

제시문은 K놀이공원이 음식물쓰레기로 인한 낭비의 심각성을 인식하여 환경부와 함께 음식문화 개선대책 협약을 맺었고, 이 협약으로 인해 대기업 중심의 국민적인 음식문화 개선 운동이 확산될 것이라는 내용의 글이다. 따라서 (나) 음식물쓰레기로 인한 낭비에 대한 심각성을 인식한 K놀이공원과 환경부 → (라) 음식문화 개선대책 협약 체결 → (다) 협약에 따라 사업장별 특성에 맞는 음식물쓰레기 감량 활동을 전개하는 K놀이공원 → (가) 협약을 계기로 대기업 중심의 범국민적 음식문화 개선 운동이 확산될 것을 기대하는 환경부 국장의 순서로 나열하는 것이 적절하다.

02

정답 ③

제시문은 효율적 제품 생산을 위한 방법 중 제품별 배치 방법의 장단점에 대한 내용의 글이다. 따라서 (다) 효율적 제품 생산을 위해 필요한 생산 설비의 효율적 배치 → (라) 효율적 배치의 한 방법인 제품별 배치 방식 → (가) 제품별 배치 방식의 장점 → (나) 제품별 배치 방식의 단점의 순서로 나열하는 것이 적절하다.

01

정답 ③

③은 교환되는 내용이 양과 질의 측면에서 정확히 대등하지 않기 때문에 비대칭적 상호주의의 예시이다.

02

정답 ④

재생 에너지 사업이 기하급수적으로 늘어남에 따라 전력계통설비의 연계용량 부족 문제가 발생하였는데, 이는 설비 보강만으로는 해결하기 어렵기 때문에 최소부하를 고려한 설비 운영 방식으로 해결하고자 하였다.

[오답분석]

① 탄소 중립을 위해 재생 에너지 발전 작업이 추진되고 있다고 하였으므로 적절한 추론이다.
② 재생 에너지의 예시로 태양광이 제시되었다.
③ 재생 에너지 확충으로 인해 기존 송배전 전력 설비가 과부하 되는 문제가 있다고 하였다.
⑤ 최소부하를 고려한 설비 운영 개념을 도입해 변전소나 배전선로의 증설 없이 재생 에너지 접속용량을 확대하는 방안이 있다고 하였다.

03

정답 ③

여성적인 사고는 분해되지 않은 전체 이미지를 통해서 의미를 이해하는 특징을 가지며, 남성적인 사고는 사고 대상 전체를 구성요소 부분으로 분해한 후 그들 각각을 개별화시키고 이를 다시 재조합하는 과정으로 진행한다고 하였다. 또한, 제시문에서 여성들은 그림문자를, 남성들은 표음문자를 이해하는 데 유리하므로, 표음문자 체계의 보편화는 여성의 사회적 권력을 약화하는 결과를 낳았다고 주장하고 있다. 따라서 이 결론이 나오기 위해서는 글을 읽고 이해하는 능력은 사회적 권력에 영향을 미친다는 전제가 필요하다.

[오답분석]

ㄱ. 그림문자를 쓰는 사회에서는 여성적인 사고를 필요로 하므로 여성들의 사회적 권력이 남성보다 우월하였을 것으로 추측할 수 있다.
ㄴ. 표음문자 체계가 기능적으로 복잡한 의사소통을 가능하게 하였는지는 제시되어 있지 않다.

01

정답 ②

원활한 의사표현을 위해서는 긍정과 공감에 초점을 둔 의사표현 방법을 습득해야 한다. 상대방의 말을 그대로 받아서 맞장구를 치는 것은 상대방에게 공감을 보여주는 가장 쉬운 방법이다.

[오답분석]

① 상대의 말이 채 끝나기 전에 어떤 답을 할까 궁리하는 것은 주의를 분산시켜 경청에 몰입하는 것을 방해한다.
③ 핵심은 구체적으로 짚되, 표현은 가능한 간결하게 하도록 하는 것이 바람직한 의사표현법이다.
④ 이견이 있거나 논쟁이 붙었을 때는 무조건 앞뒤 말의 '논리적 개연성'만 따지지 않고 이성과 감성의 조화를 통해 문제를 해결해야 한다.
⑤ 장점은 자신이 부각한다고 해서 공식화되지 않고, 오히려 자신의 단점과 실패경험을 앞세우면 더 많은 지지자를 얻을 수 있다.

02

정답 ③

언쟁하기란 단지 논쟁을 위해서 상대방의 말에 귀를 기울이는 것으로, 상대방이 무슨 주제를 꺼내든지 설명하는 것을 무시하고 자신의 생각만을 늘어놓는 것이다. 하지만 C사원의 경우 K사원과 언쟁을 하려 한다기보다는 K사원의 말에 귀 기울이며 동의하고 있다. 또한, K사원이 앞으로 취해야 할 행동에 대해 자신의 생각을 조언하고 있다.

오답분석

① 짐작하기란 상대방의 말을 듣고 받아들이기보다 자신의 생각에 들어맞는 단서들을 찾아 자신의 생각을 확인하는 것으로, A사원의 경우 K사원의 말을 듣고 받아들이기보단, P부장이 매일매일 체크한다는 것을 단서로 K사원에게 문제점이 있다고 보고 있다.

② 판단하기란 상대방에 대한 부정적인 선입견 때문에 또는 상대방을 비판하기 위해 상대방의 말을 듣지 않는 것을 말한다. B사원은 K사원이 예민하다는 선입견 때문에 P부장의 행동보다 K사원의 행동을 문제시하고 있다.

④ 슬쩍 넘어가기란 대화가 너무 사적이거나 위협적이면 주제를 바꾸거나 농담으로 넘기려 하는 것으로, 문제를 회피하려 해 상대방의 진정한 고민을 놓치는 것을 말한다. D사원의 경우 K사원의 부정적인 감정을 회피하기 위해 다른 주제로 대화방향을 바꾸고 있다.

⑤ 비위 맞추기란 상대방을 위로하기 위해 혹은 비위를 맞추기 위해 너무 빨리 동의하는 것을 말한다. E사원은 K사원을 지지하고 동의하는 데 너무 치중함으로써 K사원이 충분히 자신의 감정과 상황을 표현할 시간을 주지 못하고 있다.

PART 1

03 | 문제해결능력

01

정답 ①

'물을 녹색으로 만든다.'를 p, '냄새 물질을 배출한다.'를 q, '독소 물질을 배출한다.'를 r, '물을 황색으로 만든다.'를 s라고 하면 $p \rightarrow q$, $r \rightarrow \sim q$, $s \rightarrow \sim p$가 성립한다. 첫 번째 명제의 대우인 $\sim q \rightarrow \sim p$가 성립함에 따라 $r \rightarrow \sim q \rightarrow \sim p$가 성립한다. 따라서 '독소 물질을 배출하는 조류는 물을 녹색으로 만들지 않는다.'는 반드시 참이 된다.

02

정답 ⑤

마지막 조건에 의해 대리는 1주 차에 휴가를 갈 수 없다. 따라서 2~5주 차, 즉 4주 동안 대리 2명이 2주씩 휴가를 다녀와야 한다. 이때, 두 번째 조건에 의해 대리 중 한 명은 2~3주 차, 다른 한 명은 4~5주 차에 휴가를 간다. 따라서 대리는 3주 차에 휴가를 출발할 수 없다.

오답분석

①·③

1주 차	2주 차	3주 차	4주 차	5주 차
	사원 1	사원 1	사원 2	사원 2
	대리 1	대리 1	대리 2	대리 2
	과장	과장	부장	부장

②

1주 차	2주 차	3주 차	4주 차	5주 차
사원 1	사원 1		사원 2	사원 2
	대리 1	대리 1	대리 2	대리 2
과장	과장		부장	부장

④

1주 차	2주 차	3주 차	4주 차	5주 차
사원 1	사원 1	사원 2	사원 2	
	대리 1	대리 1	대리 2	대리 2
과장	과장	부장	부장	

01

파일 이름에 주어진 규칙을 적용하여 암호를 구하면 다음과 같다.

1. 비밀번호 중 첫 번째 자리에는 파일 이름의 첫 문자가 한글일 경우 @, 영어일 경우 #, 숫자일 경우 *로 특수문자를 입력한다.
   - 2022매운전골Cset3인기준recipe8 → *
2. 두 번째 자리에는 파일 이름의 총 자리 개수를 입력한다.
   - 2022매운전골Cset3인기준recipe8 → *23
3. 세 번째 자리부터는 파일 이름 내에 숫자를 순서대로 입력한다. 숫자가 없을 경우 0을 두 번 입력한다.
   - 2022매운전골Cset3인기준recipe8 → *23202238
4. 그 다음 자리에는 파일 이름 중 한글이 있을 경우 초성만 순서대로 입력한다. 없다면 입력하지 않는다.
   - 2022매운전골Cset3인기준recipe8 → *23202238ㅁㅇㅈㄱㅇㄱㅈ
5. 그 다음 자리에는 파일 이름 중 영어가 있다면 뒤에 덧붙여 순서대로 입력하되, a, e, i, o, u만 ‘a=1, e=2, i=3, o=4, u=5’로 변형하여 입력한다(대문자·소문자 구분 없이 모두 소문자로 입력한다).
   - 2022매운전골Cset3인기준recipe8 → *23202238ㅁㅇㅈㄱㅇㄱㅈcs2tr2c3p2

따라서 주어진 파일 이름의 암호는 ‘*23202238ㅁㅇㅈㄱㅇㄱㅈcs2tr2c3p2’이다.

02

ⅰ) A회사

　모든 부서가 a부서와만 정보교환을 하고 있고 다른 부서들은 서로 간에 정보교환을 하지 않으므로 하나의 점을 중심으로 방사형으로 연결된 (나)에 해당한다.

ⅱ) B회사

　a부서는 2개의 부서와, b·c부서는 3개의 부서와, 그리고 나머지 d~g의 4개 부서는 모두 1개의 부서와 정보교환을 하고 있다. (다)의 경우 좌우 양 끝단에 위치한 4개의 점은 모두 1개의 부서와만 연결되어 있으므로 d~g와 매칭되며, 정중앙에 위치한 점은 2개의 부서와 연결되어 있으므로 a와, 그리고 남은 2개의 점은 3개의 부서와 연결되어 있으므로 b, c와 매칭시킬 수 있다.

ⅲ) C회사

　각 부서는 2개의 부서와만 정보교환을 하고 있으며, 서로 꼬리에 꼬리를 무는 구조로 정보교환을 하는 것을 확인할 수 있다. 따라서 (가)에 해당한다.

03

- 1단계 : 주민등록번호 앞 12자리 숫자에 가중치를 곱하면 다음과 같다.

숫자	2	4	0	2	0	2	8	0	3	7	0	1
가중치	2	3	4	5	6	7	8	9	2	3	4	5
결과	4	12	0	10	0	14	64	0	6	21	0	5

- 2단계 : 1단계에서 구한 값의 합을 계산한다.

  $4+12+0+10+0+14+64+0+6+21+0+5=136$

- 3단계 : 2단계에서 구한 값을 11로 나누어 나머지를 구한다.

  $136 \div 11 = 12 \cdots 4$

- 4단계 : 11에서 3단계의 나머지를 뺀 수를 10으로 나누어 나머지를 구한다.

  $(11-4) \div 10 = 0 \cdots 7$

따라서 빈칸에 들어갈 수는 7이다.

01

정답 ⑤

각 펀드의 총점을 통해 비교 결과를 유추하면 다음과 같다.
• A펀드 : 한 번은 우수(5점), 한 번은 우수 아님(2점)
• B펀드 : 한 번은 우수(5점), 한 번은 우수 아님(2점)
• C펀드 : 두 번 모두 우수 아님(2점+2점)
• D펀드 : 두 번 모두 우수(5점+5점)

각 펀드의 비교 대상은 다른 펀드 중 두 개이며, 총 4번의 비교를 했다고 하였으므로 다음과 같은 경우를 고려할 수 있다.

i)

A		B		C		D	
B	D	A	C	B	D	A	C
5	2	2	5	2	2	5	5

표의 결과를 정리하면 D>A>B, A>B>C, B·D>C, D>A·C이므로 D>A>B>C이다.

ii)

A		B		C		D	
B	C	A	D	A	D	C	B
2	5	5	2	2	2	5	5

표의 결과를 정리하면 B>A>C, D>B>A, A·D>C, D>C·B이므로 D>B>A>C이다.

iii)

A		B		C		D	
D	C	C	D	A	B	A	B
2	5	5	2	2	2	5	5

표의 결과를 정리하면 D>A>C, D>B>C, A·B>C, D>A·B이므로 D>A·B>C이다.

ㄱ. 세 가지 경우에서 모두 D펀드는 C펀드보다 우수하다.
ㄴ. 세 가지 경우에서 모두 B펀드보다 D펀드가 우수하다.
ㄷ. 마지막 경우에서 A펀드와 B펀드의 우열을 가릴 수 있으면 A~D까지 우열순위를 매길 수 있다.

02

정답 ①

250만+1,000만×0.03=280만 원

오답분석

② 1,350만+20,000만×0.004=1,430만 원
③ 1,000만+20,000만×0.005=1,100만 원
④ 1,750만+30,000만×0.002=1,810만 원
⑤ 1,350만+540,000만×0.004=3,510만 원이지만 한도 1,750만 원을 초과하므로 보상 지급금액은 1,750만 원이다.

03

정답 ③

내구성과 안정성이 1순위라고 하였으므로 내구성에서 '보통' 평가를 받은 D모델은 제외한다. 그 다음 바닥에 대한 청소 성능 중 '보통' 평가를 받은 B모델을 제외하고, 자율주행성능에서 '보통' 평가를 받은 A모델과 E모델을 제외하면 남는 것은 C모델이므로 K씨의 조건을 모두 만족하는 것은 C모델이다.

04 | 정보능력

출제유형분석 01 실전예제

01

정답 ⑤

제시문에서는 '응용프로그램과 데이터베이스를 독립시킴으로써 데이터를 변경시키더라도 응용프로그램은 변경되지 않는다.'고 하였다. 따라서 데이터 논리적 의존성이 아니라 데이터 논리적 독립성이 적절하다.

오답분석
① '다량의 데이터는 사용자의 질의에 대한 신속한 응답 처리를 가능하게 한다.'라는 내용을 통해 실시간 접근성을 확인할 수 있다.
② '삽입, 삭제, 수정, 갱신 등을 통하여 항상 최신의 데이터를 유동적으로 유지할 수 있으며'라는 내용을 통해 데이터베이스는 그 내용을 변화시키면서 계속적인 진화를 하고 있음을 알 수 있다.
③ '여러 명의 사용자가 동시에 공유할 수 있고'라는 내용을 통해 동시 공유가 가능함을 알 수 있다.
④ '각 데이터를 참조할 때는 사용자가 요구하는 내용에 따라 참조가 가능함'이라는 부분에서 내용에 의한 참조인 것을 알 수 있다.

02

정답 ③

세탁기 신상품의 컨셉이 중년층을 대상으로 하기 때문에 성별이 아닌 연령에 따라 자료를 분류하여 중년층의 세탁기 선호 디자인에 대한 정보가 필요함을 알 수 있다.

출제유형분석 02 실전예제

01

정답 ④

RANK 함수에서 0은 내림차순, 1은 오름차순이다. 따라서 [F8] 셀의 「=RANK(D8,D4:D8,0)」 함수의 결괏값은 4이다.

02

정답 ③

PROPER 함수는 단어의 첫 글자만 대문자로 나타내고 나머지는 소문자로 나타내 주는 함수이다. 따라서 'Republic Of Korea'로 나와야 한다.

03

정답 ②

RIGHT 함수는 오른쪽에서부터 문자를 추출하는 함수이다. RIGHT(문자열,추출할 문자 수)이므로 「=RIGHT(A3,4)」가 옳다.

04

정답 ③

INDEX함수는 「＝INDEX(배열로 입력된 셀의 범위, 배열이나 참조의 행 번호, 배열이나 참조의 열 번호)」로 표시되고, MATCH함수는 「＝MATCH(찾으려고 하는 값, 연속된 셀 범위, 되돌릴 값을 표시하는 숫자)」로 표시되기 때문에 「＝INDEX(E2:E9, MATCH(0, D2:D9, 0))」을 입력하면 근무연수가 0인 사람의 근무월수가 셀에 표시된다. 따라서 2가 표시된다.

출제유형분석 03 ｜ 실전예제

01

정답 ③

for 반복문은 i 값이 0부터 1씩 증가하면서 10보다 작을 때까지 수행하므로 i 값은 각 배열의 인덱스(0 ~ 9)를 가리키게 되고, num에는 i가 가르키는 배열 요소 값의 합이 저장된다. arr 배열의 크기는 10이고 초기값들은 배열의 크기 10보다 작으므로 나머지 요소들은 0으로 초기화된다. 따라서 배열 arr는 {1, 2, 3, 4, 5, 0, 0, 0, 0, 0}으로 초기화되므로 이 요소들의 합 15와 num의 초기값 10에 대한 합은 25이다.

02

정답 ①

'strlen'은 문자열의 공백을 포함한 글자 수를 출력하는 함수이고 '\n'은 줄 바꿈 명령어이다. 이때 '\n'은 글자 수를 출력하는 함수에 포함되지 않았다. 따라서 "hello world"의 공백을 포함한 문자 수는 11이므로, 프로그램을 실행하면 11을 출력한다.

출제유형분석 01 실전예제

01

정답 ⑤

생계를 위해 어쩔 수 없이 기계적인 노동을 하며 부지런함을 유지하는 것 역시 외부로부터 강요당한 근면으로서 근면의 한 유형이다.

오답분석

② 직업에는 귀천이 없다는 점은 각자가 직업을 중시해야 하는 이유가 되므로, 근면한 태도를 유지해야 하는 근거로 볼 수 있다.

02

정답 ④

ㄴ. 모든 사람이 윤리적 가치보다 자신의 이익을 우선하여 행동한다면, 사회질서가 파괴될 수 있다.
ㄹ. 윤리적 행동의 당위성은 육체적 안락이나 경제적 이득보다 삶의 본질적 가치와 도덕적 신념에 근거한다.

오답분석

ㄱ. 모든 사람이 윤리적으로 행동할 때 나 혼자 비윤리적으로 행동을 하면 큰 이익을 얻을 수 있음에도 윤리적 규범을 지켜야
   하는 이유는 어떻게 살 것인가 하는 가치관의 문제와도 관련이 있기 때문이다.
ㄷ. 사람이 윤리적으로 살아야 하는 이유는 윤리적으로 살 때 개인의 행복과 모든 사람의 행복을 보장할 수 있기 때문이다.

출제유형분석 02 실전예제

01

정답 ①

S과장은 사회적으로는 좋은 일을 했지만, 회사의 입장에서는 자신의 책임을 그르친 행동을 하였다고 볼 수 있다. 직업을 가진
사람에게 자기가 맡은 업무는 함께한 동료들을 포함하여 수많은 사람과 관련된 공적인 약속이자 최우선 과제이다. S과장은 회사업무
중이었으므로 공적인 입장에서도 판단해야 한다.

02

정답 ⑤

ㄱ・ㅁ은 Excellence, ㄴ은 Courtesy, ㄷ은 Image, ㄹ은 Emotion에 해당한다. 따라서 5개의 보기 모두 서비스의 의미에 해당한다.

06 | 기술능력

출제유형분석 01 | 실전예제

01
정답 ①

시스템적인 관점에서 인식하는 능력은 기술적 능력에 대한 것으로, 기술경영자의 역할보다는 기술관리자의 역할에 해당하는 내용이다.

02
정답 ②

연구개발에 참가한 연구원과 엔지니어들이 그 기업을 떠나는 경우 기술과 지식의 손실이 크게 발생하는 점을 볼 때, 기술혁신은 새로운 지식과 경험의 축적으로 나타나는 지식 집약적인 활동으로 볼 수 있다.

> **기술혁신의 특성**
> • 기술혁신은 그 과정 자체가 매우 불확실하고 장기간의 시간을 필요로 한다.
> • 기술혁신은 지식 집약적인 활동이다.
> • 기술혁신 과정의 불확실성과 모호함은 기업 내에서 많은 논쟁과 갈등을 유발할 수 있다.
> • 기술혁신은 조직의 경계를 넘나든다.

출제유형분석 02 | 실전예제

01
정답 ④

문제발생 시 확인사항의 '찬바람이 지속적으로 나오지 않습니다.', '실내기', '실외기' 등의 단서를 통해 에어컨의 사용설명서라는 것을 알 수 있다.

02
정답 ④

에어컨 응축수가 잘 빠지지 않을 경우 곰팡이 냄새가 나므로, 배수호스를 점검해야 한다.

03
정답 ③

두께 100 ~ 160micron 사이의 코팅지를 사용할 수 있으므로 120micron 코팅지는 사용할 수 있다.

[오답분석]
① 스위치를 'ON'으로 놓고 3 ~ 5분 정도 예열을 해야 하며, 예열표시등이 파란불에서 빨간불로 바뀌고 코팅을 할 수 있다.
② 코팅지는 봉합된 부분부터 코팅 투입구에 넣어야 한다.

④ 코팅지는 코팅기를 통과하며 기기 뒷면 코팅 배출구에서 나오고, 임의로 코팅지를 잡아당기면 안 된다.
⑤ 사용 완료 후 1 ～ 2시간 정도 열을 충분히 식힌 후에 이동 및 보관을 해야 한다.

04 　　　　　　　　　　　　　　　　　　　　　　　　　　　　　　　정답 ⑤

코팅지가 기기에 걸렸을 경우 앞면의 스위치를 'OFF'로 돌려 전원을 차단시킨 다음 기기 뒷면에 있는 'REMOVE' 스위치를 화살표 방향으로 밀면서 코팅 서류를 조심스럽게 당겨 뽑아야 한다.

05 　　　　　　　　　　　　　　　　　　　　　　　　　　　　　　　정답 ⑤

접착액이 다량으로 붙어 있는 경우는 기기에 코팅 필름이 들어가지 않을 때의 원인에 해당한다.

07 | 자원관리능력

01

정답 ③

우선 B사원의 대화 내용을 살펴보면, 16:00부터 사내 정기 강연으로 2시간 정도 소요된다는 것을 알 수 있다. 또한 B사원은 강연 준비로 30분 정도 더 일찍 가야 하므로, 15:30부터는 가용할 시간이 없다. 그리고 기획안 작성업무는 두 시간 정도 걸릴 것으로 예상되는데, A팀장이 먼저 기획안부터 마무리 짓자고 하였으므로, 11:00부터 업무를 시작하는 것으로 볼 수 있다. 그런데 중간에 점심시간이 껴 있으므로, 기획안 업무는 14:00에 완료될 것이다. 따라서 A팀장과 B사원 모두 여유가 되는 시간은 14:00 ~ 15:30 이므로 가장 적절한 시간대는 ③이다.

02

정답 ④

프랑스와 한국의 시차는 7시간이다. 프랑스가 2일 9시 30분이라면, 한국은 2일 16시 30분이다. 따라서 비행시간이 13시간 걸린다고 하였으므로 인천에는 3일 5시 30분에 도착한다.

03

정답 ④

선택지에서 요일은 두 요일씩 짝지어져 있으므로 8시간의 윤리교육을 같은 요일에 이수하기 위해서는 해당 요일의 오전 일정이 4일간 비워져 있어야 한다. 월요일에는 14일 최과장 연차로 가능한 날이 3일뿐이고, 화요일에는 8일 오전 워크숍, 29일 오전 성대리 외근으로 가능한 날이 3일뿐이라 수강할 수 없다. 또한 목요일도 3일 오전 본사 회장 방문으로 가능한 날이 3일뿐이다. 수요일에는 30일 오전 임원진 간담회가 있지만, 이 날을 제외하고도 4일 동안 윤리교육 수강이 가능하며, 금요일에는 25일에 김대리 반차가 있지만 오후이므로 4일 동안 윤리교육 수강이 가능하다. 따라서 윤리교육이 가능한 요일은 수요일과 금요일이다.

04

정답 ④

• A씨가 인천공항에 도착하는 현지 날짜 및 시각

독일시각	11월 2일 19시 30분
소요 시간	+12시간 20분
시차	+8시간
	=11월 3일 15시 50분

인천공항에 도착하는 시각은 한국시각으로 11월 3일 15시 50분이고, A씨는 3시간 40분 뒤에 일본으로 가는 비행기를 타야 한다. 비행 출발 시각 1시간 전에는 공항에 도착해야 하므로, 참여 가능한 환승투어 코스는 소요 시간이 두 시간 이내인 엔터테인먼트, 인천시티, 해안관광이며, A씨의 인천공항 도착시각과 참여 가능한 환승투어 코스가 바르게 짝지어진 것은 ④이다.

01

 정답 ④

회사 근처 모텔에서 숙박 후 버스 타고 공항 이동 : 40,000원(모텔요금)+20,000원(버스요금)+30,000원(시간요금)=90,000원

[오답분석]

① 공항 근처 모텔로 버스 타고 이동 후 숙박 : 20,000원(버스요금)+30,000원(시간요금)+80,000원(모텔요금)=130,000원
② 공항 픽업 호텔로 버스 타고 이동 후 숙박 : 10,000원(버스요금)+10,000원(시간요금)+100,000원(호텔요금)=120,000원
③ 공항 픽업 호텔로 택시 타고 이동 후 숙박 : 20,000원(택시요금)+5,000원(시간요금)+100,000원(호텔요금)=125,000원
⑤ 회사 근처 모텔에서 숙박 후 택시 타고 공항 이동 : 40,000원(모텔요금)+40,000원(택시요금)+15,000원(시간요금)=95,000원

02

 정답 ③

정규시간 외에 초과근무가 있는 날의 시간외근무시간을 구하면 다음과 같다.

근무 요일	초과근무시간			1시간 공제
	출근	야근	합계	
1 ~ 15일	–	–	–	770분
18(월)	–	70분	70분	10분
20(수)	60분	20분	80분	20분
21(목)	30분	70분	100분	40분
25(월)	60분	90분	150분	90분
26(화)	30분	160분	190분	130분
27(수)	30분	100분	130분	70분
합계	–	–	–	1,130분

따라서 1,130분은 18시간 50분이고, 1시간 미만은 절사하므로 K사원이 받는 시간외근무수당은 7,000원×18시간=126,000원이다.

03

 정답 ②

우유 한 궤짝에는 우유가 40개 들어가므로 우유 한 궤짝당 28,000원(=700×40)의 비용이 필요하고, 가로 3m×세로 2m×높이 2m인 냉동 창고에 채울 수 있는 궤짝의 수를 계산하면 다음과 같다.
• 가로 : 궤짝의 가로 길이가 40cm이므로 300÷40=7.5개 → 7개(소수점 첫째 자리에서 내림)
• 세로 : 궤짝의 세로 길이가 40cm이므로 200÷40=5개
• 높이 : 궤짝의 높이가 50cm이므로 200÷50=4개
따라서 냉동 창고에 총 140궤짝(=7×5×4)이 들어가므로 약 400만 원(≒140×28,000=3,920,000)이 든다.

04

정답 ①

B기업에서 오후 회의실 사용을 취소한다고 하였으므로, 오전 회의실 사용에 관해서는 고려하지 않아도 된다.
ⅰ) B기업에서 오후에 예약한 회의실

조건에서 예약 시 최소 인원은 수용 인원의 $\frac{1}{2}$ 이상이어야 한다고 하였으므로 충족하는 회의실은 세미나 3・4이다. 또한,

예약 가능한 회의실 중 비용이 저렴한 쪽을 선택한다고 하였으므로 세미나 3과 세미나 4의 사용료를 구하면 다음과 같다.
• 세미나 3 : 74,000(기본임대료)+37,000(추가임대료)+20,000(노트북 대여료)+50,000(빔프로젝터 대여료)=181,000원
• 세미나 4 : 110,000(기본임대료)+55,000(추가임대료)+20,000(노트북 대여료)+50,000(빔프로젝터 대여료)=235,000원
그러므로 B기업에서 오후에 예약한 회의실은 세미나 3이다.

ii) B기업이 환불받을 금액

   B기업에서는 이용일 4일 전에 사용을 취소했으므로 환불규칙에 의해 취소수수료 10%가 발생한다. 따라서 환불받을 금액을 구하면 $181,000 \times 0.9 = 162,900$원이다.

출제유형분석 03 실전예제

01

정답 ③

각 과제의 최종 점수를 구하기 전에 항목별로 최하위 점수가 부여된 과제는 제외하므로, 중요도에서 최하위 점수가 부여된 B, 긴급도에서 최하위 점수가 부여된 D, 적용도에서 최하위 점수가 부여된 E를 제외한다. 나머지 두 과제에 대하여 주어진 조건에 따라 최종 점수를 구해보면 다음과 같다. 가중치는 별도로 부여되므로 추가 계산한다.

- A : $(84+92+96)+(84 \times 0.3)+(92 \times 0.2)+(96 \times 0.1)=325.2$점
- C : $(95+85+91)+(95 \times 0.3)+(85 \times 0.2)+(91 \times 0.1)=325.6$점

따라서 최종 점수가 높은 C를 가장 먼저 수행해야 한다.

02

정답 ⑤

가격, 조명도, A/S 등의 요건이 주어진 조건에 모두 부합한다.

[오답분석]

① 예산이 150만 원이라고 했으므로 예산을 초과하여 적절하지 않다.
② 신속한 A/S가 조건이므로 해외 A/S만 가능하여 적절하지 않다.
③ 조명도가 5,000lx 미만이므로 적절하지 않다.
④ 가격과 조명도 적절하고 특이사항도 문제없지만 가격이 저렴한 제품을 우선으로 한다고 하였으므로 E가 적절하다.

출제유형분석 04 실전예제

01

정답 ④

승진시험 성적은 100점 만점이므로 제시된 점수를 그대로 반영하고 영어 성적은 5를 나누어서 반영한다. 성과 평가는 2를 나누어서 합산하며, 그 합산점수가 가장 높은 사람을 선발한다. 이때, E와 I는 동료평가에서 하를 받았으므로 승진 대상자에서 제외된다. 이를 토대로 합산점수를 구하면 다음과 같다.

(단위 : 점)

구분	A	B	C	D	E	F	G	H	I	J	K
합산 점수	220	225	225	200	제외	235	245	220	제외	225	230

따라서 점수가 높은 2명인 F, G가 승진 대상자가 된다.

02

- 본부에서 36개월 동안 연구원으로 근무 → $0.03 \times 36 = 1.08$점
- 지역본부에서 24개월 근무 → $0.015 \times 24 = 0.36$점
- 특수지에서 12개월 동안 파견근무(지역본부 근무경력과 중복되어 절반만 인정) → $0.02 \times 12 \div 2 = 0.12$점
- 본부로 복귀 후 현재까지 총 23개월 근무 → $0.03 \times 23 = 0.69$점
- 현재 팀장(과장) 업무 수행 중
  - 내부평가결과 최상위 10% 총 12회 → $0.012 \times 12 = 0.144$점
  - 내부평가결과 차상위 10% 총 6회 → $0.01 \times 6 = 0.06$점
  - 금상 2회, 은상 1회, 동상 1회 수상 → $(0.25 \times 2) + (0.15 \times 1) + (0.1 \times 1) = 0.75$점 → 0.5점(∵ 인정 범위 조건)
  - 시행결과평가 탁월 2회, 우수 1회 → $(0.25 \times 2) + (0.15 \times 1) = 0.65$점 → 0.5점(∵ 인정 범위 조건)

따라서 Q과장에게 부여해야 할 가점은 3.454점이다.

03

A ~ E의 조건별 점수를 구하면 다음과 같다.

구분	직위	직종	근속연수	가족부양 수	주택 유무	합계
A	3점	5점	3점	–	10점	21점
B	1점	10점	1점	4점	10점	26점
C	4점	10점	4점	4점	–	22점
D	2점	3점	1점	6점	10점	22점
E	5점	5점	5점	6점	–	21점

C과장과 D주임의 경우 동점으로, 가족부양 수가 더 많은 D주임이 우선순위를 가진다. 따라서 가장 높은 점수인 B사원과 D주임이 사택을 제공받을 수 있다.

08 | 자기개발능력

출제유형분석 01 실전예제

01
정답 ⑤

자기개발은 교육기관 이외에도 실생활에서 이루어지며, 평생에 걸쳐서 이루어지는 과정이다. 우리의 직장생활을 둘러싸고 있는 환경은 끊임없이 변화하고 있으며, 이로 인해 특정한 사건과 요구가 있는 경우뿐만 아니라 지속적으로 학습할 것이 요구된다. 또한 우리는 날마다 다른 상황에 처하게 되는데, 이러한 상황에 대처하기 위해서는 학교교육에서 배우는 원리와 원칙을 넘어서 실생활에서도 지속적인 자기개발이 필요하다.

02
정답 ⑤

ㄱ. 자기개발은 크게 자아인식, 자기관리, 경력개발로 이루어진다.
ㄷ. 경력개발이 아닌 자기관리에 대한 설명이다.
ㄹ. 자기관리가 아닌 경력개발에 대한 설명이다.

오답분석

ㄴ. 자신의 가치, 신념, 흥미, 적성, 성격 등을 바르게 인식하는 자아인식은 자기개발의 첫 단계가 되며, 자신이 어떠한 특성을 가지고 있는지를 바르게 인식할 수 있어야 적절한 자기개발이 이루어질 수 있다.

출제유형분석 02 실전예제

01
정답 ①

S씨는 경력 중기 단계에 있다. 경력 중기는 자신이 그동안 성취한 것을 재평가하고, 생산성을 그대로 유지하는 단계이다. 그러나 경력 중기에는 직업 및 조직에서 어느 정도 입지를 굳히게 되어 더 이상 수직적인 승진 가능성이 적은 경력 정체 시기에 이르게 되며, 새로운 환경의 변화(과학기술, 관리방법의 변화 등)에 직면하게 되어 생산성을 유지하는 데 어려움을 겪기도 한다. 또한 개인적으로 현 직업이나 라이프스타일에 대한 불만을 느끼며, 매일의 반복적인 일상에 따분함을 느끼기도 한다.

오답분석

② 직업 선택 단계에 해당한다.
③ 조직 입사 단계에 해당한다.
④ 경력 초기 단계에 해당한다.
⑤ 경력 말기 단계에 해당한다.

02
정답 ①

R대리와 S과장은 경력개발의 이유로 환경변화를 이야기하고 있다. 환경변화에 따른 경력개발 요인에는 지식정보의 빠른 변화, 인력난 심화, 삶의 질 중시, 중견사원 이직 증가 등이 있다.

09 | 조직이해능력

출제유형분석 01 실전예제

01

정답 ①

(A)는 경영전략 추진과정 중 환경분석이며, 이는 외부 환경분석과 내부 환경분석으로 구분된다. 외부 환경은 기업을 둘러싸고 있는 경쟁자, 공급자, 소비자, 법과 규제, 정치적 환경, 경제적 환경 등이 해당되며, 내부 환경은 기업구조, 기업문화, 기업자원 등이 해당된다. ①에서 설명하는 예산은 기업자원으로서 내부 환경분석의 성격을 가지며, 다른 사례들은 모두 외부 환경분석의 성격을 가짐을 알 수 있다.

02

정답 ④

한정 판매 마케팅 기법은 한정판 제품의 공급을 통해 의도적으로 공급의 가격탄력성을 0에 가깝게 조정하는 것이다. 이 기법은 판매 기업의 입장에서는 이윤 증대를 위한 경영 혁신이지만 소비자의 합리적 소비를 저해할 수 있다.

출제유형분석 02 실전예제

01

정답 ④

조직은 영리성을 기준으로 영리조직과 비영리조직으로 구분할 수 있다.
㉠ 영리조직 : 재산상의 이익을 목적으로 활동하는 조직이다.
㉡ 비영리조직 : 자체의 이익을 추구하지 않고 공익을 목적으로 하는 조직이다.

02

정답 ①

조직의 규칙과 규정은 조직의 목표나 전략에 따라 수립되어 조직구성원들이 활동범위를 제약하고 일관성을 부여하는 기능을 한다. 예를 들어 인사규정, 총무규정, 회계규정 등이 있다.

출제유형분석 03 실전예제

01

정답 ⑤

A팀장이 요청한 중요 자료를 가장 먼저 전송하고, PPT 자료를 전송해야 한다. 점심 예약전화는 오전 10시 이전에 해야 하고, 오전 내에 거래처 미팅일자 변경 전화를 해야 한다.

02

⑤

현재 시각이 오전 11시이므로 오전 중으로 처리하기로 한 업무를 가장 먼저 처리해야 한다. 따라서 오전 중으로 고객에게 보내기로 한 자료 작성(ㄹ)을 가장 먼저 처리한다. 다음으로 오늘까지 처리해야 하는 업무 두 가지(ㄱ, ㄴ) 중 비품 신청(ㄱ)보다는 부서장이 지시한 부서 업무 사항(ㄴ)을 먼저 처리하는 것이 적절하다. 그리고 특별한 상황이 아닌 이상 개인의 단독 업무보다는 타인·타부서와 협조된 업무를 우선적으로 처리해야 한다. 따라서 '고객에게 보내기로 한 자료 작성 – 부서 업무 사항 – 인접 부서의 협조 요청 – 단독 업무인 비품 신청'의 순서로 업무를 처리해야 한다.

03

정답 ②

오답분석

①·④ 전결권자는 상무이사이다.
③·⑤ 대표이사의 결재가 필수이다(전결 사항이 아님).

04

정답 ③

이사원에게 현재 가장 긴급한 업무는 미팅 장소를 변경해야 하는 것이다. 미리 안내했던 장소를 사용할 수 없으므로 11시에 사용 가능한 다른 회의실을 예약해야 한다. 그 후 바로 거래처 직원에게 미팅 장소가 변경된 점을 안내해야 하므로 ⓒ이 ⓒ보다 먼저 이루어져야 한다. 또한, 거래처 직원과의 11시 미팅 이후에는 오후 2시에 예정된 김팀장과의 면담이 이루어져야 한다. 김팀장과의 면담 시간은 미룰 수 없으므로 이미 예정되었던 시간에 맞춰 면담을 진행한 후 부서장이 요청한 문서 작업 업무를 처리하는 것이 적절하다. 따라서 이사원은 ⓒ – ⓒ – ㉠ – ㉣ – ㉤의 순서로 업무를 처리해야 한다.

10 | 대인관계능력

출제유형분석 01 | 실전예제

01
정답 ③

시험 준비는 각자 자신의 성적을 위한 것으로 팀워크의 특징인 공동의 목적을 위한 것으로 보기 어렵다. 또한 상호관계성을 가지고 협력하는 업무로 보기 어려우므로 팀워크의 사례로 적절하지 않다.

02
정답 ④

팀워크 저해요인
• 조직에 대한 이해 부족
• 자기중심적인 이기주의
• '내가'라는 자아의식의 과잉
• 질투나 시기로 인한 파벌주의
• 그릇된 우정과 인정
• 사고방식의 차이에 대한 무시

03
정답 ②

팀워크와 구분되는 응집력에 대한 설명이다. 팀워크는 공동의 목적 달성이라는 의지를 가지고 서로 협력하여 성과를 내는 것을 의미한다.

출제유형분석 02 | 실전예제

01
정답 ②

거래적 리더십은 기계적 관료제에 적합하고, 변혁적 리더십은 단순구조나 임시조직, 경제적응적 구조에 적합하다.
• 거래적 리더십 : 리더와 조직원들이 이해타산적 관계에 의해 규정에 따르며, 합리적 사고를 중시하고 보강으로 동기를 유발한다.
• 변혁적 리더십 : 리더와 조직원들이 장기적 목표 달성을 추구하고, 리더는 조직원의 변화를 통해 동기를 부여하고자 한다.

02
정답 ③

리더는 조직구성원들 중 한 명일 뿐이라는 점에서 파트너십 유형임을 알 수 있다. 독재자 유형과 민주주의에 근접한 유형은 리더와 집단 구성원 사이에 명확한 구분이 있으나, 파트너십 유형에서는 그러한 구분이 희미하고, 리더가 조직에서 한 구성원이 되기도 하는 것을 볼 수 있다.

① 독재자 유형 : 독재자에 해당하는 리더가 집단의 규칙하에 지배자로 군림하며, 팀원들에게 자신의 권위에 대한 도전이나 반항 없이 순응하도록 요구하고, 개개인에게 주어진 업무만을 묵묵히 수행할 것을 기대한다.
② 민주주의에 근접한 유형 : 리더는 팀원들이 동등하다는 것을 확신시키고 경쟁과 토론, 새로운 방향의 설정에 팀원들을 참여시킨다. 비록 민주주의적이긴 하지만 최종 결정권은 리더에게 있음이 특징이다.
④ 변혁적 유형 : 변혁적 리더를 통해 개개인과 팀이 유지해 온 업무수행 상태를 뛰어넘으려 한다. 변혁적 리더는 특정한 카리스마를 통해 조직에 명확한 비전을 제시하고, 그 비전을 향해 자극을 주고 도움을 주는 일을 수행한다.
⑤ 자유방임적 유형 : 리더가 조직의 의사결정과정을 이끌지 않고 조직구성원들에게 의사결정 권한을 위임하는 리더십 유형이다. 자유로운 회의를 통해 다양한 의견을 제시할 수 있으나, 리더의 지시나 명령이 영향력을 발휘하지 못하고, 구성원의 역량이 낮을 때 의사결정을 내리기 어려운 단점을 볼 수 있다.

출제유형분석 03 　실전예제

01
정답 ②

3단계는 상대방의 입장을 파악하는 단계이다. 따라서 자기 생각을 말한 뒤 상대방의 견해를 물으며 입장을 파악하려는 ②가 3단계에 해당하는 대화로 가장 적절하다.

02
정답 ④

모든 사람들이 거의 대부분의 문제에 대해 나름의 의견을 가지고 있다는 점을 인식하고 의견의 차이를 인정하는 것이 중요하다. 의견의 차이를 인정하고, 상호간의 관점을 이해할 수 있게 됨으로써 갈등을 최소화할 수 있다.

갈등을 최소화하기 위한 기본 원칙
• 먼저 다른 팀원의 말을 경청하고 나서 어떻게 반응할 것인가를 결정하라.
• 모든 사람이 거의 대부분의 문제에 대해 나름의 의견을 가지고 있다는 점을 인식하라.
• 의견의 차이를 인정하라.
• 팀 갈등 해결 모델을 사용하라.
• 자신이 받기를 원치 않는 형태로 남에게 작업을 넘겨주지 말라.
• 다른 사람으로부터 그러한 작업을 넘겨받지 말라.
• 조금이라도 의심이 들 때에는 분명하게 말해 줄 것을 요구하라.
• 가정하는 것은 위험하다. 가정을 해야 할 때에만 그렇게 하라.
• 자신의 책임이 어디서부터 어디까지인지를 명확히 하라. 또한 다른 팀원의 책임과는 어떻게 조화되는지를 명확히 하라.
• 자신이 알고 있는 바를 알 필요가 있는 사람들을 새롭게 파악하라.
• 다른 팀원과 불일치하는 쟁점이나 사항이 있다면 다른 사람이 아닌 당사자에게 직접 말하라.

01

정답 ②

고객 불만 처리는 정확하게, 그리고 최대한 신속히 이루어져야 한다. 따라서 재발 방지 교육은 고객 보고 후 실시해도 무방하므로 신속하게 고객에게 상황을 보고하는 것이 우선이다.

[오답분석]

① 고객 보고 후 피드백이 이루어지면, 고객 불만 처리의 결과를 잘 파악할 수 있다.
③ 고객 불만 접수와 함께 진심어린 사과도 이루어져야 한다.
④ 고객 불만 접수 단계에서는 고객의 불만을 경청함으로써 불만 사항을 잘 파악하는 것이 중요하다.
⑤ 불만 처리 과정을 고객에게 통보해 줌으로써 업체에 대한 고객의 신뢰도를 높일 수 있다.

02

정답 ⑤

빨리빨리형의 경우 성격이 급하고, 확신이 있는 말이 아니면 잘 믿지 않는 고객을 말한다. 빨리빨리형에게 애매한 화법을 사용하면 고객의 기분은 더욱 나빠질 수 있다. 따라서 빨리빨리형은 만사를 시원스럽게 처리하는 모습을 통해 응대하는 것이 적절하다.

불만족 고객 유형별 대처 시 주의사항
• 거만형
  – 정중하게 대하는 것이 좋다.
  – 자신의 과시욕이 채워지도록 뽐내든 말든 내버려 둔다.
• 의심형
  – 분명한 증거나 근거를 제시하여 스스로 확신을 갖도록 유도한다.
  – 때로는 책임자가 응대하는 것도 좋다.
• 트집형
  – 이야기를 경청하고, 맞장구치고, 추켜 세우고, 설득해 가는 방법이 효과적이다.
    예 "손님의 말씀이 맞습니다. 역시 손님께서 정확하십니다."라고 고객의 지적이 옳음을 표시한 후 "저도 그렇게 생각하고
       있습니다만…"이라고 설득한다.
  – 잠자코 고객의 의견을 경청하고 사과를 하는 응대가 바람직하다.
• 빨리빨리형
  – "글쎄요?", "아마…", "저…" 하는 식으로 애매한 화법을 사용하면 고객은 신경이 더욱 날카롭게 곤두서게 된다.
  – 만사를 시원스럽게 처리하는 모습을 보이면 응대하기 쉽다.

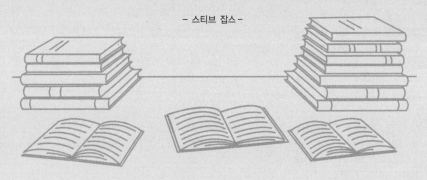

계속 갈망하라. 언제나 우직하게.

– 스티브 잡스 –

PART **2**

합격의 공식 SD에듀 www.sdedu.co.kr

최종점검 모의고사

제1회 최종점검 모의고사

제2회 최종점검 모의고사

제3회 최종점검 모의고사

제 1 회 최종점검 모의고사

01	02	03	04	05	06	07	08	09	10	11	12	13	14	15	16	17	18	19	20
④	①	①	②	⑤	⑤	①	③	①	①	④	④	①	④	④	②	②	③	②	④
21	22	23	24	25	26	27	28	29	30	31	32	33	34	35	36	37	38	39	40
⑤	③	②	①	⑤	③	④	⑤	④	②	③	③	②	③	④	①	②	④	④	①
41	42	43	44	45	46	47	48	49	50										
②	④	①	②	②	③	③	④	②	③										

01
정답 ④

청구범위를 넓게 설정할 경우 선행기술들과 저촉되어 특허가 거절될 가능성이 높아지므로 특허 등록의 가능성이 줄어들게 되지만, 청구범위를 좁게 설정할 경우에는 특허등록 가능성이 높아지게 된다.

오답분석

① 변리사를 통해 특허출원 명세서를 기재할 수 있다.
② 청구범위가 좁을 경우 보호 범위가 좁아져 제3자가 특허 범위를 회피할 가능성이 높아지게 된다.
③ 특허출원서에는 출원인이나 발명자 정보 등을 기재하고, 발명의 명칭, 발명의 효과, 청구범위 등은 특허명세서에 작성한다.
⑤ 특허출원은 주로 경쟁자로부터 자신의 제품을 지키기 위해 이루어지나, 기술적 우위를 표시하기 위해 이루어지기도 한다.

02
정답 ①

제시문은 코젤렉의 '개념사'에 대한 정의와 특징을 설명하는 글이다. 따라서 (라) 개념에 대한 논란과 논쟁 속에서 등장한 코젤렉의 '개념사' → (가) 코젤렉의 '개념사'와 개념에 대한 분석 → (나) 개념에 대한 추가적인 분석 → (마) '개념사'에 대한 추가적인 분석 → (다) '개념사'의 목적과 코젤렉의 주장의 순서대로 나열하는 것이 적절하다.

03
정답 ①

자동차의 용도별 구분을 보면 비사업용 자동차에 사용할 수 있는 문자기호는 'ㅏ,ㅓ,ㅗ,ㅜ' 뿐이다. 따라서 '겨'라고 한 ①은 옳지 않다.

04
정답 ②

84배 7895는 사업용인 택배차량이다.

오답분석

①·③·④·⑤ 비사업용 화물차량이다.

05

정답 ⑤

첨가물별로 평균 체중 청소년의 1일 평균 섭취량과 섭취 허용량을 구하면 다음과 같다.

(단위 : mg)

바닐린	섭취량	300(사탕)
	허용량	10×50=500, 따라서 허용량을 초과하지 않는다.
푸마르산	섭취량	15(사탕)+2,000(햄버거)=2,015
	허용량	4×50=200, 따라서 허용량을 초과한다.
글리세린	섭취량	600(음료)+800(스낵)=1,400
	허용량	30×50=1,500, 따라서 허용량을 초과하지 않는다.
식용색소 적색3호	섭취량	12(사탕)+8(스낵)=20
	허용량	0.1×50=5, 따라서 허용량을 초과한다.
식용색소 황색4호	섭취량	300(음료)+160(스낵)=460
	허용량	10×50=500, 따라서 허용량을 초과하지 않는다.

따라서 1일 섭취 허용량을 초과하는 첨가물은 푸마르산, 식용색소 적색3호이다.

06

정답 ⑤

상대방에 비해 자신의 힘이 강한 경우 유리한 협상전략은 강압전략으로, E사원이 제시한 협상전략은 유화전략이다.

오답분석

① B사원의 협상전략은 회피전략으로, 회피전략은 상대방에게 돌아갈 결과나 자신에게 돌아올 결과에 대해서 전혀 관심을 가지지 않을 때 사용할 수 있고, 자신이 얻게 되는 결과나 인간관계 모두에 대해서 관심이 없을 때 상대방과의 협상을 거절할 수 있다.
②・③ C사원의 협상전략은 협력전략으로, 협력전략은 참여자들 간에 신뢰에 기반을 둔 협력을 통해 진행해야 하는 것이 특징이다. 따라서 협상 당사자 간에 신뢰가 쌓여 있는 경우 매우 유리함을 알 수 있다.
④ D사원의 협상전략은 강압전략으로, 강압전략은 명시적 또는 묵시적으로 강압적 위협이나 강압적 설득, 처벌 등의 무력시위 또는 카드 등을 사용하여 상대방을 굴복시키거나 순응시키는 것이 특징이다.

07

정답 ①

변화에 저항하는 직원들을 성공적으로 이끌기 위해서는 주관적인 자세보다 가능한 객관적인 자세로 업무에 임할 수 있도록 해야 한다. 변화를 수행하는 것이 힘들더라도 변화가 필요한 이유를 직원들이 명확히 알도록 해야 하며, 변화의 유익성을 밝힐 수 있는 객관적인 수치 및 사례를 직원들에게 직접 확인시킬 필요가 있다.

변화에 저항하는 직원들을 성공적으로 이끄는 데 도움이 되는 방법
• 개방적인 분위기를 조성한다.
• 객관적인 자세를 유지한다.
• 구성원의 감정을 세심하게 살핀다.
• 변화의 긍정적인 면을 강조한다.
• 변화에 적응할 시간을 준다.

08

정답 ③

자기개발이 자신의 직위와 직급을 향상시키기 위해서 필요하다는 내용은 제시문을 통해 확인할 수 없다. 자기개발은 효과적으로 업무를 처리하기 위하여, 즉 업무의 성과를 향상시키기 위해서 필요한 것이며, 직위와 직급의 향상은 이를 통해 부차적으로 얻게 된다.

09

정답 ①

제품 매뉴얼은 제품의 설계상 결함이나 위험 요소를 대변해서는 안 된다.

10

정답 ①

T주임이 이동할 거리는 총 12km+18km=30km이다. T주임이 렌트한 H차량은 연비가 10km/L이며, 1L 단위로 주유가 가능하므로 3L를 주유하여야 한다. H차량의 연료인 가솔린은 리터당 1.4달러이므로 총 유류비는 3L×1.4달러=4.2달러이다.

11

정답 ④

T주임이 시속 60km로 이동하는 구간은 18km+25km=43km이고, 시속 40km로 이동하는 구간은 12km이다.

따라서 첫 구간의 소요 시간은 $\frac{43km}{60km/h}$=43분이며, 두 번째 구간의 소요 시간은 $\frac{12km}{40km/h}$=18분이다. 그러므로 총 이동시간은 43+18=61분, 1시간 1분이다.

12

정답 ④

5만 미만에서 10만~50만 미만까지의 투자건수 비율을 합하면 된다. 따라서 28+20.9+26=74.9%이다.

13

정답 ①

100만~500만 미만에서 500만 미만까지의 투자건수 비율을 합하면 11.9+4.5=16.4%이다.

14

정답 ④

미주가 집에서 출발해서 동생을 만나기 전까지 이동한 시간을 x시간이라고 하면, 미주가 이동한 거리는 $8x$km이고, 동생은 미주가 출발한 후 12분 뒤에 지갑을 들고 이동했으므로 동생이 이동한 거리는 $20\left(x-\frac{1}{5}\right)$km이다.

$$8x=20\left(x-\frac{1}{5}\right) \rightarrow 12x=4$$

$$\therefore x=\frac{1}{3}$$

따라서 미주와 동생은 $\frac{1}{3}$시간 즉, 20분 후에 만나게 된다.

15

정답 ④

직업생활에서의 목표를 단지 높은 지위에 올라가는 것이라고 생각하는 것은 잘못된 직업관으로, 입사 동기들보다 빠른 승진을 목표로 삼은 D는 잘못된 직업관을 가지고 있다.

바람직한 직업관
- 소명의식과 천직의식을 가져야 한다.
- 봉사정신과 협동정신이 있어야 한다.
- 책임의식과 전문의식이 있어야 한다.
- 공평무사한 자세가 필요하다.

16

[A1] 셀에 1을 쓰고 그냥 드래그하면 1이 복사되어 나타나며, [A1] 셀에 1을 쓰고 〈Ctrl〉 키를 누르고 드래그하면 숫자가 1씩 증가하여 나타나게 된다.

17

B대리는 상대방이 제시한 아이디어를 비판하고 있다. 따라서 브레인스토밍에 적합하지 않은 태도를 보였다.

> **브레인스토밍**
> • 다른 사람이 아이디어를 제시할 때는 비판하지 않는다.
> • 문제에 대한 제안은 자유롭게 이루어질 수 있다.
> • 아이디어는 많이 나올수록 좋다.
> • 모든 아이디어가 제안되고 나면 이를 결합하고 해결책을 마련한다.

18

제시문의 내용을 살펴보면 K전자는 성장성이 높은 LCD 사업 대신에 익숙한 PDP 사업에 더욱 몰입하였으나, 점차 LCD의 경쟁력이 높아짐으로써 PDP가 무용지물이 되었다는 것을 알 수 있다. 따라서 K전자는 LCD 시장으로의 사업전략을 수정할 수 있었지만, 보다 익숙한 PDP 사업을 선택하고 집중함으로써 시장에서 경쟁력을 잃는 결과를 얻게 되었다.

19

제시문에서는 환경오염이 급격한 기후변화의 촉매제 역할을 하고 있으며, 이는 농어촌과 식량 자원에 악영향을 미치고 있다고 이야기하고 있으므로 ②가 글의 주제로 가장 적절하다.

20

우리나라는 식량의 75% 이상을 해외에서 조달해 오고 있다. 이러한 특성상 기후변화가 계속된다면 식량공급이 어려워져 식량난이 심각해질 수 있다.

[오답분석]
① 기후변화가 환경오염의 촉매제가 된 것이 아니라, 환경오염이 기후변화의 촉매제가 되었다.
② 알프스나 남극 공기를 포장해 파는 시대가 올지도 모른다는 표현은 그만큼 공기질 저하가 심각하다는 것을 의미한다.
③ 한정된 식량 자원에 의한 굶주림이 일부 저개발 국가에서 일반화되었지만, 저개발 국가에서 인구의 폭발적인 증가가 일어났다고 는 볼 수 없다.
⑤ 친환경적인 안전 먹거리에 대한 수요가 증가하고 있지만 일손 부족 등으로 친환경 먹거리 생산의 대량화는 어렵다. 따라서 식량난의 해결방법이 될 수 없다.

21

• 두 번째 요건에 따라 $1,500m^2$에 2대를 설치해야 하므로 발전기 1기당 필요면적이 $750m^2$를 초과하는 D발전기는 제외한다.
• 세 번째 요건에 따라 에너지 발전단가가 97.5원/kWh를 초과하는 C발전기는 제외한다.
• 네 번째 요건에 따라 탄소배출량이 91g/kWh로 가장 많은 B발전기는 제외한다.
• 다섯 번째 요건에 따라 발전기 1기당 중량이 3,600kg인 A발전기는 제외한다.
따라서 후보 발전기 중 설치될 발전기는 E발전기이다.

22

제시된 직원 투표 결과를 정리하면 다음과 같다.

(단위 : 표)

여행상품	1인당 비용(원)	총무팀	영업팀	개발팀	홍보팀	공장1	공장2	합계
A	500,000	2	1	2	0	15	6	26
B	750,000	1	2	1	1	20	5	30
C	600,000	3	1	0	1	10	4	19
D	1,000,000	3	4	2	1	30	10	50
E	850,000	1	2	0	2	5	5	15
합계		10	10	5	5	80	30	140

㉠ 가장 인기 높은 여행상품은 D이다. 그러나 공장1의 고려사항은 회사에 손해를 줄 수 있으므로, 2박 3일 여행상품이 아닌 1박 2일 여행상품 중 가장 인기 있는 B가 선택된다. 따라서 750,000×140＝105,000,000원이 필요하므로 옳다.
㉢ 공장1의 A, B 투표 결과가 바뀐다면 여행상품 A, B의 투표 수가 각각 31, 25표가 되어 선택되는 여행상품이 A로 변경된다.

오답분석
㉡ 가장 인기 높은 여행상품은 D이므로 옳지 않다.

23

투자 여부 판단 조건에 대한 인과 및 상관관계를 추가로 정리하면 다음과 같다.
• ii)를 근거로 ㉣가 나타나지 않으면 ㉤는 나타나지 않는다.
• iii)을 근거로 ㉣ 또는 ㉢가 나타나지 않으면 ㉤는 나타나지 않는다.
조건에 따라 이상 징후 발견 여부를 정리하면 다음과 같다.

구분	㉮	㉯	㉰	㉱	㉲
A	○		○	×	×
B	○	○	○	○	
C	○	×	○	×	×
D	×	○	×		
E	×	×	×	×	×

따라서 투자 부적격 기업은 4개 이상의 징후가 발견된 B이다.

24

영상이 희미한 경우 리모컨 메뉴창의 초점 조절 기능을 이용하여 초점을 조절하거나 투사거리가 초점에서 너무 가깝거나 멀리 떨어져 있지 않은지 확인해야 한다.

25

벤치마킹은 비교대상에 따라 내부・경쟁적・비경쟁적・글로벌 벤치마킹으로 분류되며, 네스프레소는 뛰어난 비경쟁 기업의 유사 분야를 대상으로 벤치마킹하는 비경쟁적 벤치마킹을 하고 있다. 비경쟁적 벤치마킹은 아이디어 창출 가능성은 높으나 가공하지 않고 사용하면 실패할 가능성이 높다.

오답분석
① 내부 벤치마킹에 대한 설명이다.
②・③ 글로벌 벤치마킹에 대한 설명이다.
④ 경쟁적 벤치마킹에 대한 설명이다.

26

L사원은 신입사원을 보면서 자기개발의 필요성을 깨닫고 있다. 따라서 L사원이 자기개발을 하기 위해 가장 먼저 해야 할 일은 자기개발의 첫 단계인 자신의 흥미·적성 등 자신이 어떤 사람인지 파악하는 것이다.

오답분석

②·③·④·⑤ 모두 자기관리에 해당하는 것으로, 이는 자아인식의 단계 이후 이루어진다.

27

1부터 100까지의 값은 변수 x에 저장한다. 1, 2, 3, …에서 초기값은 1이고, 최종값은 100이며, 증분값은 1씩 증가시키면 된다. 즉, 1부터 100까지를 덧셈하려면 99단계를 반복 수행해야 하므로 결과는 5050이 된다.

28

색인이란 주요 키워드나 주제어를 소장하고 있는 정보원을 관리하는 방법으로, 정보를 찾을 때 쓸 수 있는 키워드인 색인어와 색인어의 출처인 위치 정보로 구성한 것이다. 요리연구가 A씨는 요리의 주재료를 키워드로 하여 출처와 함께 정보를 기록하였다.

오답분석

① 목록 : 정보에서 중요한 항목을 찾아 기술한 후 정리한 것이다.
② 목차 : 책이나 서류 따위에서 항목 제목과 해당 쪽 번호를 차례대로 적은 목록으로, 그 내용을 간략하게 알거나 쉽게 찾아 볼 수 있게 한 것이다.
③ 분류 : 유사한 정보끼리 모아 체계화하여 정리한 것이다.
④ 초록 : 논문 등 글의 앞부분에서 그 요지를 간략히 설명해 놓은 것이다.

29

행낭 배송 운행속도는 시속 60km로 일정하므로, A지점에서 G지점까지의 최단거리를 구한 뒤 소요 시간을 구하면 된다. 우선 배송 요청에 따라 지점 간의 순서 변경과 생략을 할 수 있으므로 거치는 지점을 최소화하여야 한다. 이를 고려하여 최단거리를 구하면 다음과 같다.

A → B → D → G ⇒ 6+2+8=16 ⇒ 16분(∵ 60km/h=1km/min)
따라서 대출신청 서류가 A지점에 다시 도착할 최소시간은 16분(A → G)+30분(서류작성)+16분(G → A)=62분=1시간 2분이다.

30

사내에서 상사나 직장동료로부터 업무적인 전화가 걸려올 경우 너무 사무적인 것보다 친절하고 상냥하게 받는 것이 좋다. 그러나 이웃 주민을 대하듯이 친근하게 하는 것은 격식에 어긋나 무례하다고 느낄 수 있으므로 지나치지 않도록 조심하여야 한다.

31

오답분석

ㄱ. 사람에 따라 인사법을 다르게 하는 것은 적절하지 않다.
ㄴ. 악수를 할 때는 너무 꽉 잡아서는 안 되며 적당한 세기로 잡아야 한다.

32

처음에 퍼낸 소금물의 양을 xg이라고 하자.

$$\frac{(800-x)\times 0.15}{800-x+150}=0.12 \rightarrow 800-x=\frac{0.12}{0.15}\times(950-x)$$

$\rightarrow 800-760=x-0.8x$

$\therefore\ x=200$

따라서 처음에 퍼낸 소금물의 양은 200g임을 알 수 있다.

33

정답 ②

영업의 주요 업무로는 견적 작성 및 제출, 시장분석, 판매 등이 있다. 금일 업무 내용 중 전사 공채 진행은 인사 업무이며, 명일 업무 내용 중 전사 소모품 관리는 총무 업무, 사원 급여 정산은 인사 업무로 볼 수 있다.

34

정답 ③

'썩은 사과의 법칙'에 따르면 먼저 A사원에게 문제 상황과 기대하는 바를 분명히 전한 뒤 스스로 변화할 기회를 주어야 한다.

35

정답 ④

스스로 하는 일이 없고, 제 몫의 업무를 제대로 수행하지 못하는 A사원은 수동형에 가깝다고 볼 수 있다.

36

정답 ①

제시문에서는 천재가 선천적인 재능뿐만 아니라 후천적인 노력에 의해서 만들어지는 존재라고 주장하고 있기 때문에 ①은 적절하지 않다.

오답분석

②·③·④ 제시문에서 언급된 절충적 천재(선천적 재능과 후천적 노력이 결합한 천재)에 대한 내용이다.

⑤ 영감을 가져다주는 것은 신적인 힘보다도 연습이라는 내용이므로 제시문과 같은 입장이다.

37

정답 ②

• (총공급전력량)=8,600만+(150만×3)=9,050만kW

• (최대전력수요)=7,300만×(1−0.03)=7,081만kW

• (전력예비율)=$\dfrac{9,050만-7,081만}{7,081만} \times 100 ≒ 27.81\%$

따라서 전력예비율이 정책목표인 30%에 미치지 않으므로 적절하지 않은 정책 대안이다.

오답분석

① • (총공급전력량)=8,600만+(150만×1)=8,750만kW

  • (최대전력수요)=7,300만×(1−0.1)=6,570만kW

  • (전력예비율)=$\dfrac{8,750만-6,570만}{6,570만} \times 100 ≒ 33.18\%$

③ • (총공급전력량)=8,600만+(150만×6)=9,500만kW

  • (최대전력수요)=7,300만×(1−0.01)=7,227만kW

  • (전력예비율)=$\dfrac{9,500만-7,227만}{7,227만} \times 100 ≒ 31.45\%$

④ • (총공급전력량)=8,600만+(150만×8)=9,800만kW

  • (최대전력수요)=7,300만kW

  • (전력예비율)=$\dfrac{9,800만-7,300만}{7,300만} \times 100 ≒ 34.25\%$

⑤ • (총공급전력량)＝8,600만kW
　• (최대전력수요)＝7,300만×(1−0.12)＝6,424만kW
　• (전력예비율)＝$\dfrac{8,600만-6,424만}{6,424만}$×100≒33.87%

38
정답 ④

자기개발은 개별적인 과정으로, 자신에 대한 이해를 바탕으로 환경변화를 예측하고, 자신에게 적합한 목표를 설정하며, 자신에게 알맞은 자기개발 전략이나 방법을 선정하여야 한다.

오답분석

① 자기개발은 일과 관련하여 이루어지는 활동으로, 생활 가운데 이루어져야 한다.
② 자기개발에서 개발의 주체는 타인이 아니라 자기 자신으로, 자기개발은 스스로 계획하고 실행하는 것이다.
③ 자기개발은 보다 보람되고 나은 삶을 영위하고자 노력하는 사람이라면 누구나 해야 하는 것이다.
⑤ 자기개발은 평생에 걸쳐서 이루어지는 과정으로, 변화하는 환경에 적응하기 위해서는 지속적인 자기개발이 필요하다.

39
정답 ④

제시된 사례에서 K씨는 자신의 흥미·적성 등을 제대로 파악하지 못한 채 다른 사람을 따라 목표를 세웠고, 이를 제대로 달성하지 못하였다. 이처럼 자신의 흥미·적성 등을 제대로 파악하지 못하면 많은 노력을 하여도 성과로 연결되기가 쉽지 않다.

40
정답 ①

WEEKDAY 함수는 일정 날짜의 요일을 나타내는 1에서 7까지의 수를 구하는 함수이다. WEEKDAY 함수의 두 번째 인수에 '1'을 입력해 주면 '일요일(1) ~ 토요일(7)'숫자로 표시되고 '2'를 넣으면 '월요일(1) ~ 일요일(7)'로 표시되며, '3'을 입력하면 '월요일(0) ~ 일요일(6)'로 표시된다.

41
정답 ②

유동인구가 가장 많은 마트 앞에는 설치가능 일자가 일치하지 않아 설치할 수 없고, 나머지 장소에는 설치가 가능하다. 유동인구가 많은 순서대로 살펴보면 공사 본부, 주유소, 우체국, 주민센터 순이지만, 주유소는 우체국과 유동인구가 20명 이상 차이가 나지 않으므로 게시기간이 주유소보다 더 긴 우체국에 설치한다. 따라서 공사 본부와 우체국에 설치한다.

42
정답 ④

장소별 설치 및 게시비용을 계산하면 다음과 같다.
• 주민센터 : 200만＋(10만×16일)＝360만 원
• 공사 본부 : 300만＋(8만×21일)＝468만 원
• 우체국 : 250만＋(12만×10일)＝370만 원
• 주유소 : 200만＋(12만×9일)＝308만 원
• 마트 : 300만＋(7만×24일)＝468만 원
따라서 설치 및 게시비용의 합이 가장 저렴한 주유소에 게시해야 한다.

43
정답 ①

성희롱 문제는 개인적인 문제일뿐만 아니라 사회적인 문제이기 때문에 제도적인 차원에서의 제재도 필요하다. 따라서 사전에 방지하고 효과적으로 처리하는 방안이 필요하다.

44

전체 고용인원의 절반은 16,178÷2=8,089명이다. 태양광에너지 분야에 고용된 인원은 8,698명이므로 전체 고용인원의 절반 이상을 차지한다.

오답분석

① 폐기물에너지 분야의 기업체 수가 가장 많다.

③ 전체 매출액 중 풍력에너지 분야의 매출액이 차지하는 비율은 $\dfrac{14,571}{113,076} \times 100 ≒ 12.89\%$이므로 15% 미만이다.

④ 전체 수출액 중 바이오에너지 분야의 수출액이 차지하는 비율은 $\dfrac{506}{40,743} \times 100 ≒ 1.24\%$로 1% 이상이다.

⑤ 전체 매출액 대비 전체 투자액의 비율은 $\dfrac{7,966}{113,076} \times 100 ≒ 7.04\%$로 7.5% 미만이다.

45

추운 지역의 LPG는 따뜻한 지역보다 프로판 비율이 높다.

46

경영은 경영목적, 인적자원, 자금, 경영전략의 4요소로 구성된다.
ㄱ. 경영목적에 대한 설명이다.
ㄴ. 인적자원에 대한 설명이다.
ㅁ. 자금에 대한 설명이다.
ㅂ. 경영전략에 대한 설명이다.

오답분석

ㄷ. 마케팅에 대한 설명이다.
ㄹ. 회계에 대한 설명이다.

47

모든 식물이 아닌 전체 식물의 90%가 피보나치 수열의 잎차례를 따르고 있다.

48

제시문은 피보나치 수열과 식물에서 나타나는 피보나치 수열에 대해 설명하고 있으므로 글의 제목으로 ④가 적절하다.

49

㉠은 '진리, 가치, 옳고 그름 따위가 판단되어 드러나 알려지다.'의 의미로 사용되었다. 반면 ②는 '드러나게 좋아하다.'의 의미로 사용되었다.

50

'1권 이상'의 성인 독서율은 2022년 대비 2023년 사례수 증가율만큼 증가한다. 빈칸 (가)의 50대 성인 독서율의 경우, 2022년 대비 2023년 사례수는 $\dfrac{1,200-1,000}{1,000} \times 100 = 20\%$ 증가하였다.
따라서 50대의 '1권 이상'의 성인 독서율 (가)에 들어갈 수치는 60×1.2=72가 된다.

01	02	03	04	05	06	07	08	09	10	11	12	13	14	15	16	17	18	19	20
④	③	②	①	⑤	②	③	④	④	⑤	①	⑤	④	④	④	②	④	③	③	④
21	22	23	24	25	26	27	28	29	30	31	32	33	34	35	36	37	38	39	40
①	②	③	①	①	③	⑤	②	⑤	⑤	④	⑤	①	②	⑤	③	④	④	④	④
41	42	43	44	45	46	47	48	49	50										
③	③	①	⑤	③	②	③	④	③	④										

01
정답 ④

제시문의 두 번째 문단에서 전기자동차 산업이 확충되고 있음을 언급하면서 구리가 전기자동차의 배터리를 만드는 데 핵심 재료임을 설명하고 있으므로 '전기자동차 산업 확충에 따른 산업금속 수요의 증가'가 글의 핵심 내용으로 가장 적절하다.

오답분석

①·⑤ 제시문에서 언급하고 있는 내용이지만 핵심 내용으로 보기는 어렵다.
② 제시문에서 '그린 열풍'을 언급하고 있으나, 그 현상의 발생 원인은 제시하고 있지 않다.
③ 제시문에서 산업금속 공급난이 우려된다고 언급하고 있으나 그로 인한 문제는 제시하고 있지 않다.

02
정답 ③

상업적 성공을 바탕으로 매너리즘에 빠진 할리우드 영화가 이를 극복하기 위해 엉성한 이야기 구조와 구성 방식, 실험 정신을 특징으로 하는 누벨바그의 창의적 시도를 받아들였다는 내용을 통해 알 수 있다.

03
정답 ②

A사원은 충분히 업무를 수행할 능력은 있으나 B과장으로부터 문책을 당한 경험으로 인해 과제를 완수하고 목표를 달성할 수 있는 능력 차원에서의 자아존중감이 부족한 상태이다.

오답분석

① 자기관리 : 자신을 이해하고, 목표를 성취하기 위해 자신의 행동 및 업무수행을 관리하고 조정하는 것이다.
③ 경력개발 : 자신과 자신의 환경 상황을 인식하여 분석하여 합당한 경력 관련 목표를 설정하는 과정이다.
④ 강인성 : 개인이 세상을 대하는 기본적 태도로서 헌신, 통제 및 도전적 성향을 가지는 것이다.
⑤ 낙관주의 : 아직 현실화되지 않은 앞으로의 일을 좋은 방향으로 생각하는 태도이다.

자아존중감
개인의 가치에 대한 주관적인 평가와 판단을 통해 자기결정에 도달하는 과정이며, 스스로에 대한 긍정적 또는 부정적 평가를 통해 가치를 결정짓는 것이다.
• 가치 차원 : 다른 사람들이 자신을 가치 있게 여기며 좋아한다고 생각하는 정도
• 능력 차원 : 과제를 완수하고 목표를 달성할 수 있다는 신념
• 통제감 차원 : 자신이 세상에서 경험하는 일들과 거기에 영향을 미칠 수 있다고 느끼는 정도

04

자기관리는 자신의 목표성취를 위해 자신의 행동과 자신의 업무수행을 관리하고 조정하는 것이라는 점에서 (가) 자기관리 계획, (마) 업무의 생산성 향상 방안, (아) 대인관계 향상 방안이 자기관리에 해당하는 질문으로 적절하다.

오답분석

• (나), (라), (자) : 자아인식에 해당하는 질문이다.
• (다), (바), (사) : 경력개발에 해당하는 질문이다.

05

정답 ⑤

2022년 2분기부터 2023년 1분기까지 차이가 줄어들다가, 2023년 2분기에 차이가 다시 늘어났다.

오답분석

① 제시된 자료에서 확인할 수 있다.
② 2022년 4분기의 한국과 일본, 일본과 중국의 점유율 차이는 각각 10.2%p이다.
③ 한국과 중국의 점유율 차이가 가장 적었던 시기는 2023년 3분기로, 이때 점유율의 차이는 39.3−23.7=15.6%p이다.
④ 2020년 2분기 중국과 일본의 차이는 38.4−13.1=25.3%p, 2023년 3분기의 차이는 26.0−23.7=2.3%p이다. 따라서 2.3×10=23%<25.3%이므로 옳은 설명이다.

06

정답 ②

B자동차가 이동한 시간을 t초라고 하면, A자동차가 이동한 시간은 $(a+t)$초이다. A자동차가 이동한 거리는 $\dfrac{x}{2}(a+t)$이며 B자동차가 이동한 거리는 $\left(\dfrac{x}{2}+\dfrac{x}{6}\right)t=\dfrac{2}{3}xt$이다.

$\dfrac{x}{2}(a+t)=\dfrac{2}{3}xt \rightarrow \dfrac{1}{2}(a+t)=\dfrac{2}{3}t$

$\therefore\ t=3a$

07

정답 ③

월요일에는 세미나에 늦지 않게만 도착하면 되므로, 서울역에서 8시에 출발하는 KTX를 이용한다. 수요일에는 최대한 빨리 와야 하므로, 사천공항에서 19시에 출발하는 비행기를 이용한다. 따라서 소요되는 교통비는 다음과 같다.
65,200(∵ '서울 − 사천' KTX 비용)+22,200(∵ '사천역 − 사천연수원' 택시비)+21,500(∵ '사천연수원 − 사천공항' 택시비)+93,200(∵ '사천 − 서울' 비행기 비용)×0.9(∵ 10% 할인)=192,780원

08

정답 ④

하인리히의 법칙은 큰 사고로 인해 산업재해가 일어나기 전에 작은 사고나 징후인 '불안전한 행동 및 상태'가 보인다는 것이다.

09

정답 ④

문제해결은 문제해결자의 개선의식, 도전 의식과 끈기를 필요로 한다. 특히 문제해결자의 현상에 대한 도전 의식과 새로운 것을 추구하려는 자세, 난관에 봉착했을 때 헤쳐 나가려는 태도 등이 문제해결의 밑바탕이 된다. A씨의 경우 문제해결 방법에 대한 지식이 충분함에도 불구하고 이런 도전 의식과 끈기가 부족하여 문제해결에 어려움을 겪고 있다.

10
정답 ⑤

주어진 조건을 바탕으로 a, b, c의 나이를 식으로 표현하면 다음과 같다.

$a \times b \times c = 2,450$, $a + b + c = 46$

세 명의 나이의 곱을 소인수분해하면 $a \times b \times c = 2,450 = 2 \times 5^2 \times 7^2$이다. 2,450의 약수 중에서 19 ~ 34세 나이를 구하면 25세이므로 갑의 동생 a는 25세가 된다. 그러므로 아들과 딸 나이의 합은 $b + c = 21$이다.

이때, 갑과 을의 나이의 합은 아들과 딸의 나이의 합의 4배라고 하였으므로, 갑과 을 나이의 합은 $21 \times 4 = 84$가 되며, 갑은 을보다 동갑이거나 연상이라고 했으므로 을의 나이는 42세 이하이다.

11
정답 ①

[오답분석]
② 결괏값에 출근과 지각이 바뀌어 나타난다.
③·⑤ 9시 정각에 출근한 손흥민이 지각으로 표시된다.
④ 9시 이전에 출근한 사람은 지각으로, 9시 이후에 출근한 사람은 출근으로 출력된다.

12
정답 ⑤

델파이 기법은 반복적인 설문 조사를 통해 의견 차이를 좁혀 합의를 도출하는 방식이다.

13
정답 ④

팀 발달 모형 단계에 따른 리더의 역할
- 형성(Forming) : 독립적인 팀원들은 팀의 목표와 서로에 대한 이해가 부족하므로 리더가 독단적으로 의사를 결정하여 구체적인 목표와 역할을 설정할 수 있는 지시형 리더십이 필요하다.
- 스토밍(Storming) : 팀 내부의 갈등이 높은 시기이므로 리더가 의사를 결정하고 그 이유를 사전에 설명하는 코치형 리더십이 필요하다. 리더는 팀원들이 조직의 목표에 몰입하고 관계를 개선할 수 있도록 노력해야 한다.
- 표준화(Norming) : 리더는 지시적 행위를 자제하고 의사결정 과정에 팀원들을 참여시키는 등의 지원적 태도를 지향하는 지원형 리더십이 필요하다.
- 수행(Performing) : 큰 갈등이 없는 안정적 시기이므로 리더가 아닌 팀에서 의사를 결정한다. 리더는 팀원들이 결정을 하도록 권한을 위임하고, 팀의 과업과 관계 유지 등의 균형을 추구한다.

14
정답 ④

[오답분석]
㉠·㉢ 외부로부터 강요당한 근면에 해당한다.

15
정답 ④

B대리는 A사원의 질문에 대해 명료한 대답을 하지 않고 모호한 태도를 보이고 있으므로 협력의 원리 중 태도의 격률을 어기고 있음을 알 수 있다.

16

제시문은 사회보장제도가 무엇인지 정의하고 있으므로 글의 제목으로는 '사회보장제도의 의의'가 가장 적절하다.

[오답분석]
① 사회보험과 민간보험의 차이점을 언급하고 있지만 글 내용의 일부이므로 글의 전체적인 제목으로는 적절하지 않다.
③ 우리나라만의 사회보장에 대한 설명은 아니므로 적절하지 않다.
④ 대상자를 언급하고 있지만 글 내용의 일부이므로 글의 전체적인 제목으로는 적절하지 않다.
⑤ 소득보장에 대해서는 언급하고 있지 않다.

17

정답 ④

K공사가 아스트로마사와 '차세대 CO_2 분리막 상용화 개발' 협약을 체결하였다는 (라)가 가장 먼저 오고 분리막 생산 공장에 대한 설명을 하는 (다), K공사가 개발하고 있는 분리막 기술에 대한 설명을 하는 (가), 분리막 기술의 장점과 전망을 이야기하고 있는 (나)의 순서로 나열해야 한다.

18

정답 ③

제품별 밀 소비량 그래프에서 라면류와 빵류의 밀 사용량의 10%는 각각 6.6톤, 6.4톤이다. 따라서 과자류에 사용될 밀 소비량은 총 42+6.6+6.4=55톤이다.

19

정답 ③

A ~ D과자 중 밀을 가장 많이 사용하는 과자는 45%를 사용하는 D과자이고, 가장 적게 사용하는 과자는 15%를 사용하는 C과자이다. 따라서 두 과자의 밀 사용량 차이는 42×(0.45-0.15)=12.6톤이다.

20

정답 ④

입사 예정인 신입사원이 총 600명이므로 볼펜 600개와 스케줄러 600권이 필요하다.
A, B, C 세 업체 모두 스케줄러의 구매가격에 따라 특가상품 구매 가능 여부를 판단할 수 있으므로 스케줄러의 가격을 먼저 계산해야 한다.
• A도매업체 : 25만 원×6=150만 원
• B도매업체 : 135만 원
• C도매업체 : 65만 원×2=130만 원
세 업체 모두 특가상품 구매 조건을 충족하였으므로 특가상품을 포함해 볼펜의 구매가격을 구하면 다음과 같다.
• A도매업체 : 25.5만 원(볼펜 300개 특가)+(13만 원×2SET)=51.5만 원
• B도매업체 : 48만 원(볼펜 600개 특가)
• C도매업체 : 23.5만 원(볼펜 300개 특가)+(8만 원×3SET)=47.5만 원
업체당 전체 구매가격을 구하면 다음과 같다.
• A도매업체 : 150만 원+51.5만 원=201.5만 원
• B도매업체 : 135만 원+48만 원=183만 원
• C도매업체 : 130만 원+47.5만 원=177.5만 원
따라서 가장 저렴하게 구매할 수 있는 업체는 C도매업체이며, 구매가격은 177.5만 원이다.

21

정답 ①

상향식 기술선택(Bottom Up Approach)은 기술자들로 하여금 자율적으로 기술을 선택하게 함으로써 기술자들의 흥미를 유발할 수 있고, 이를 통해 그들의 창의적인 아이디어를 활용할 수 있는 장점이 있다.

② 하향식 기술선택은 먼저 기업이 직면하고 있는 외부환경과 기업의 보유 자원에 대한 분석을 통해 기업의 중장기적인 사업목표를 설정하고, 이를 달성하기 위해 확보해야 하는 핵심고객층과 그들에게 제공하고자 하는 제품과 서비스를 결정한다.
③ 상향식 기술선택은 기술자들이 자신의 과학기술 전문 분야에 대한 지식과 흥미만을 고려하여 기술을 선택하게 함으로써, 시장의 고객들이 요구하는 제품이나 서비스를 개발하는 데 부적합한 기술이 선택될 수 있다.
④ 하향식 기술선택은 기술에 대한 체계적인 분석을 한 후, 기업이 획득해야 하는 대상기술과 목표기술수준을 결정한다.
⑤ 상향식 기술선택은 기술자들로 하여금 자율적으로 기술을 선택하게 함으로써 시장에서 불리한 기술이 선택될 수 있다.

22
정답 ②

• A : 창의적 사고는 아무것도 없는 무에서 유를 만들어 내는 것이 아니라, 끊임없이 참신한 아이디어를 산출하는 힘이다.
• D : 필요한 물건을 싸게 사기 위해서 하는 많은 생각들도 창의적 사고에 해당한다. 즉, 위대한 창의적 사고에서부터 일상생활의 조그마한 창의적 사고까지 창의적 사고의 폭은 넓으며, 우리는 매일매일 창의적 사고를 하고 있다고 볼 수 있다.

23
정답 ③

고객이 A/S를 문의한 시간은 14:40이고 30분 후에 센터에 도착하므로, 고객이 A/S를 접수하는 시간대는 15:00 ~ 17:00이다. 즉, 평균 15분의 대기시간이 걸린다. A/S 절차에 따라 소요 시간을 구하면 다음과 같다.
• 접수 : 5분
• 수리기사 배정 : 3분
• 대기 : 15분
• 제품 진단 : 5분
• 제품 수리 : 5분(액정교체)
• 제품 인도 : 5분
따라서 총 소요 시간은 5+3+15+5+5+5=38분이다.

24
정답 ①

원하는 행 전체에 서식을 넣고 싶다면 [열 고정] 형태로 조건부 서식을 넣어야 한다. [A2:D9]까지 영역을 잡고 조건부 서식 → 새 규칙 → 수식을 사용하여 서식을 지정할 셀 결정까지 들어간 다음 「=$D2<3」식을 넣고 서식을 넣으면 적용된다.

25
정답 ①

데이터베이스(DB; Data Base)란 어느 한 조직의 여러 응용 프로그램들이 공유하는 관련 데이터들의 모임이다. 대학 내 서로 관련 있는 데이터들을 하나로 통합하여 데이터베이스로 구축하게 되면 학생 관리 프로그램, 교수 관리 프로그램, 성적 관리 프로그램은 이 데이터베이스를 공유하여 사용하게 된다. 이처럼 데이터베이스는 여러 사람에 의해 공유되어 사용될 목적으로 통합하여 관리되는 데이터의 집합을 말하며, 자료 항목의 중복을 없애고 자료를 구조화하여 저장함으로써 자료 검색과 갱신의 효율을 높인다.

② 유비쿼터스 : 사용자가 네트워크나 컴퓨터를 의식하지 않고 장소에 상관없이 자유롭게 네트워크에 접속할 수 있는 정보통신 환경을 의미한다.
③ RFID : 극소형 칩에 상품정보를 저장하고 안테나를 달아 무선으로 데이터를 송신하는 장치를 말한다.
④ NFC : NFC는 전자태그(RFID)의 하나로, 13.56Mhz 주파수 대역을 사용하는 비접촉식 근거리 무선통신 모듈이며, 10cm의 가까운 거리에서 단말기 간 데이터를 전송하는 기술을 말한다.
⑤ 와이파이 : 무선접속장치(AP; Access Point)가 설치된 곳에서 전파를 이용하여 일정 거리 안에서 무선인터넷을 할 수 있는 근거리 통신망 기술이다.

26

정답 ③

오답분석
- B : 사장 직속으로 4개의 본부가 있다는 설명은 적절하지만, 인사를 전담하고 있는 본부는 없으므로 적절하지 않다.
- C : 감사실이 분리되어 있다는 설명은 적절하지만, 사장 직속이 아니므로 적절하지 않다.

27

정답 ⑤

서번트 리더십은 다른 사람을 섬기는 사람이 리더가 될 수 있다는 이론으로, 로버트 그린리프(Robert K. Greenleaf)가 처음 제시하였다. 인재를 가장 중요한 자원으로 보았으며, 봉사를 통해 구성원을 현명하면서도 자율적인 사람이 되도록 하는 것을 리더의 역할로 보고 있다.

오답분석
① 지시적 리더십 : 조직구성원에게 해야 할 일과 따라야 할 일을 지시하는 유형의 리더십이다.
② 파트너십 리더십 : 리더를 하나의 조직구성원으로 보는 것으로, 집단의 모든 구성원이 결과에 대한 책임을 함께 가져야 한다고 보는 리더십이다.
③ 슈퍼 리더십 : 구성원 개인의 능력을 필요로 하여 인재를 영입하고 육성하는 것을 중시하며, 리더가 구성원의 능력을 발현할 수 있게 하는 리더십이다.
④ 변혁적 리더십 : 리더가 조직구성원의 사기를 고양시키기 위해 미래의 비전과 집단의 사명감을 강조하고, 이를 통해 조직의 장기적 목표를 달성하려 하는 리더십이다.

28

정답 ②

모니터 드라이브를 설치하는 것은 'UNKNOWN DEVICE' 문구가 뜰 때이다.

29

정답 ⑤

모니터의 전원을 끈 상태에서도 잔상이 남아 있으면 먼저 고장신고를 해야 한다.

30

정답 ⑤

김대리는 자기개발의 목표(해외 근무를 지원하기 위한 자격증·어학 공부)와 일상생활(시부모님이 편찮으셔서 돌봐야 함)의 갈등으로 인해 자기개발계획 수립이 어려운 상황이다.

오답분석
① 자기정보의 부족 : 자신의 흥미, 장점, 가치, 라이프스타일을 충분히 이해하지 못해 자기개발계획 수립이 어려운 경우이다.
② 내부 작업정보의 부족 : 회사 내의 경력기회 및 직무 가능성에 대해 충분히 알지 못해 자기개발계획 수립이 어려운 경우이다.
③ 외부 작업정보의 부족 : 다른 직업이나 회사 밖의 기회에 대해 충분히 알지 못해 자기개발계획 수립이 어려운 경우이다.
④ 의사결정 시 자신감의 부족 : 자기개발과 관련된 결정을 내릴 때 자신감이 부족해 자기개발계획 수립이 어려운 경우이다.

31

정답 ④

제시된 사례에서 K사원이 판매라는 직업이 자신에게 맞지 않는다는 생각을 해왔다는 점을 볼 때, 자신을 제대로 파악하지 못하여 자신의 목표를 제대로 달성하지 못함을 알 수 있다. 한 사람이 직업인으로서 자신이 원하는 직업을 갖고 그 일을 효과적으로 수행하기 위해서는 자아인식을 통해 자신을 분석할 필요가 있다. 즉, 자신이 어떤 분야에 흥미가 있고, 어떤 능력의 소유자이며, 어떤 행동을 좋아하는지 등을 종합적으로 분석해야 한다.

32

정답 ⑤

제시문은 한전KDN이 2014년 11월 발주하여 27개월에 걸쳐 추진된 '차세대 전력판매 정보시스템' 구축 사업이 성공적으로 마무리되었다는 내용의 기사이다. 제시문에서는 '차세대 전력판매 정보시스템'에 대한 설명과 기대효과를 이야기하고 있으므로 글의 제목으로 ⑤가 적절하다.

33

정답 ①

차세대 전력판매 정보시스템은 실제 업무에 적용을 위하여 전국 한전 사업소에 확대 사업을 추진 중이다.

34

정답 ②

밑줄 친 부분의 앞과 뒤에서 모두 차세대 전력판매 정보시스템의 긍정적 기능들을 설명하고 있으므로 이를 연결해 주는 '그리고'가 적절하다.

35

정답 ⑤

제시문의 '이것'은 기업의 사회적 책임(CSR)을 말한다. 기업이 자사의 직원 복지에 투자하는 것은 기업의 사회적 책임과 관련이 없으며, 사회적 상생을 위한 투자나 지역 발전을 위한 투자 등이 사회적 책임에 해당한다.

36

정답 ③

남성 합격자 수는 1,003명, 여성 합격자 수는 237명이다. 여성 합격자 수의 5배는 $237 \times 5 = 1,185$명이므로 남성 합격자 수는 여성 합격자 수의 5배 미만이다.

오답분석

①·② 제시된 자료를 통해 알 수 있다.

④ (경쟁률)$= \dfrac{(\text{지원자 수})}{(\text{모집정원})} \times 100$이므로, B집단의 경쟁률은 $\dfrac{585}{370} \times 100 ≒ 158\%$이다.

⑤ • C집단 남성의 경쟁률 : $\dfrac{417}{269} \times 100 ≒ 155\%$

   • C집단 여성의 경쟁률 : $\dfrac{375}{269} \times 100 ≒ 139\%$

따라서 C집단에서는 남성의 경쟁률이 여성의 경쟁률보다 높다.

37

정답 ④

전체 5명에서 두 명을 선출하는 방법은 $_5C_2 = \dfrac{5 \times 4}{2} = 10$가지이고, 여자 3명 중에서 2명이 선출될 경우는 $_3C_2 = \dfrac{3 \times 2}{2} = 3$가지이다.

따라서 대표가 모두 여자로 선출될 확률은 $\dfrac{3}{10}$이다.

38

K사에서 출장지까지의 거리를 x km라 하자.

이때 K사에서 휴게소까지의 거리는 $\frac{4}{10}x = \frac{2}{5}x$ km, 휴게소에서 출장지까지의 거리는 $\left(1 - \frac{2}{5}\right)x = \frac{3}{5}x$ km이다.

$$\left(\frac{2}{5}x \times \frac{1}{75}\right) + \frac{30}{60} + \left(\frac{3}{5}x \times \frac{1}{75+25}\right) = \frac{200}{60}$$

$$\frac{2}{375}x + \frac{3}{500}x = \frac{17}{6}$$

$$8x + 9x = 4,250$$

$$\therefore \ x = 250$$

따라서 K사에서 출장지까지의 거리는 250km이다.

39

이번 주 추가근무 일정을 요일별로 정리하면 다음과 같다.

월	화	수	목	금	토	일
김은선(6) 민윤기(2)	김석진(5) 김남준(3) 정호석(4)	박지민(3) 김태형(6)	최유화(1) 박시혁(1)	유진실(3) 정호석(1)	이영희(4) 전정국(6)	박지민(2) 김남준(4)

하루에 2명까지 추가근무를 할 수 있는데 화요일에 3명이 추가근무를 하므로, 화요일 추가근무자 중 한 명이 추가근무 일정을 수정해야 한다. 그중에 김남준은 일주일 추가근무 시간이 7시간으로 최대 추가근무 시간인 6시간을 초과하였다. 따라서 김남준의 추가근무 일정을 수정해야 한다.

40

음료수의 생산 과정을 줄인 것은 작업 절차를 간소하게 한 것이므로 단순화인 (나)에 해당하고, 휴대전화와 충전 장치의 연결 방식을 같은 형식으로 통일한 것은 표준화인 (다)에 해당한다. 또한, 자동차 바퀴의 조립작업을 한 사람에서 두 사람으로 분업화한 것은 전문화인 (나)에 해당한다.

41

김과장이 2주 차 월요일에 단식을 했기 때문에, 1주 차 토요일과 일요일은 반드시 세 끼 식사를 해야 한다. 또한, 목요일은 업무약속으로 점심식사를 했으므로 단식을 할 수 없다. 이를 토대로 1주 차 식사 정보를 정리하면 다음과 같다.

구분	월요일	화요일	수요일	목요일	금요일	토요일	일요일
아침	○		○	○	○	○	○
점심				○		○	○
저녁				○		○	○

• 월요일에 단식을 했을 경우
  화·수요일은 세 끼 식사를 해야 한다. 그러면 금요일이 단식일이 되는데, 이 경우 네 번째 조건을 만족하지 못한다.
• 화요일(아침에 식사)에 단식을 했을 경우
  월·수·목요일은 세 끼 식사를 해야 한다. 그러면 금요일이 단식일이 되는데, 이 경우 네 번째 조건을 만족하지 못한다.
• 화요일(저녁에 식사)에 단식을 했을 경우
  월·수·목요일은 세 끼 식사를 해야 한다. 그러면 금요일이 단식일이고, 아침에 식사를 했으므로 모든 조건을 만족한다.

42

과업세부도는 세부 과업을 체계적으로 구분해 놓은 그래프를 말한다. 과업세부도를 활용함으로써 과제에 필요한 활동이나 과업을 구체적으로 파악할 수 있고, 이에 따라 정확한 예산 배분이 가능하다.

43

SUMIFS 함수는 주어진 조건에 의해 지정된 셀들의 합을 구하는 함수로, 「=SUMIFS(합계범위,조건범위,조건 값)」로 구성된다. 여기서 '조건 값'으로 숫자가 아닌 텍스트를 직접 입력할 경우에는 반드시 큰따옴표를 이용해야 한다. 즉, 「=SUMIFS(F2:F9, D2:D9,"남")」으로 입력해야 한다.

44

공식집단의 예로 제시되어 있는 동아리는 비공식집단이며, 비공식집단의 예로 제시되어 있는 임시 위원회는 공식집단의 예이다. 임시 위원회는 지속 기간의 차이에 따라 상설과 임시로 나누어질 뿐이며, 조직의 공식 목표를 위해 조직에서 만든 위원회이므로 공식집단에 속한다.

45

'(가) 비서실 방문'은 브로슈어 인쇄를 위해 미리 파일을 받아야 하므로 '(라) 인쇄소 방문'보다 먼저 이루어져야 한다. '(나) 회의실, 마이크 체크'는 내일 오전 '(마) 업무보고' 전에 준비해야 할 사항이다. 또한, '(다) 케이터링 서비스 예약'은 내일 3시 팀장회의를 위해 준비하는 것이므로 24시간 전인 오늘 3시 이전에 실시하여야 한다. 따라서 업무순서를 정리하면 (다) – (가) – (라) – (나) – (마)가 되는데, 이때 (다)가 (가)보다 먼저 이루어져야 하는 이유는 현재 시각이 2시 50분이기 때문이다. 비서실까지 가는 데 걸리는 시간이 15분이므로 비서실에 갔다 오면 3시가 지난다. 그러므로 케이터링 서비스 예약을 먼저 하는 것이 적절하다.

46

각국에서 출발한 직원들이 국내(대한민국)에 도착하는 시간을 계산하기 위해서는 먼저 시차를 구해야 한다. 동일 시점에서의 각국의 현지시각을 살펴보면 국내의 시각이 가장 빠르다는 점을 알 수 있다. 즉, 국내의 현지시각을 기준으로 각국의 현지시각을 빼면 시차를 구할 수 있다. 시차는 계산 편의상 24시를 기준으로 한다.

구분	계산식	시차
대한민국 ~ 독일	25일 06:20−24일 23:20	7시간
대한민국 ~ 인도	25일 06:20−25일 03:50	2시간 30분
대한민국 ~ 미국	25일 06:20−24일 17:20	13시간

각국의 직원들이 국내에 도착하는 시간은 출발지 기준 이륙시각에서 비행시간과 시차를 더하여 구할 수 있다. 계산 편의상 24시를 기준으로 한다.

구분	계산식	대한민국 도착시각
독일	25일 16:20+11:30+7:00	26일 10:50
인도	25일 22:10+08:30+2:30	26일 09:10
미국	25일 07:40+14:00+13:00	26일 10:40

따라서 인도에서 출발하는 직원이 가장 먼저 도착하고, 미국, 독일 순서로 도착하는 것을 알 수 있다.

47

정답 ③

㉠과 ㉣은 윤리적인 문제에 대하여 제대로 인식하지 못한 채 취해야 할 행동을 취하지 않는 도덕적 타성에 해당하고, ㉡과 ㉢은 자신의 행위가 나쁜 결과를 가져올 수 있다는 것을 모르는 도덕적 태만에 해당한다.

비윤리적 행위의 유형
- 도덕적 타성 : 직면하는 윤리적 문제에 대하여 무감각하거나 행동하지 않는 것이다.
- 도덕적 태만 : 비윤리적인 결과를 피하기 위하여 일반적으로 필요한 주의나 관심을 기울이지 않는 것이다.
- 거짓말 : 상대를 속이려는 의도로 표현되는 메시지이다.

48

정답 ④

직장에서의 정직한 생활을 위해서는 '남들도 하는 것이다.'와 같은 부정직한 관행을 따르지 않는다.

49

정답 ③

K씨와 통화 중인 고객은 불만표현 유형 중 하나인 빨리빨리형으로 성격이 급하고, 확신 있는 말이 아니면 잘 믿지 못하는 모습을 보인다. 이러한 경우 "글쎄요.", "아마"와 같은 애매한 표현은 고객의 불만을 더 높일 수 있다.

50

정답 ④

김사원은 과업수행에 거리낌이 없고 순응적이며, 팀플레이에 능숙하고, 리더와 조직을 신뢰하며 헌신하는 순응형 멤버십 유형에 해당한다. 따라서 동료들은 김사원이 참신한 아이디어가 없고, 인기 없는 일은 반기지 않으며, 조직을 위해 희생한다고 볼 수 있다.

오답분석
ㄹ. 업무 수행에 반드시 감독이 필요한 것은 수동형 멤버십에 대한 설명이다.

01	02	03	04	05	06	07	08	09	10	11	12	13	14	15	16	17	18	19	20
④	③	③	②	⑤	④	⑤	③	①	④	③	①	③	④	④	⑤	④	④	④	④
21	22	23	24	25	26	27	28	29	30	31	32	33	34	35	36	37	38	39	40
①	②	②	②	③	①	③	①	①	④	④	④	④	③	④	⑤	①	⑤	⑤	③
41	42	43	44	45	46	47	48	49	50										
④	③	①	①	④	②	⑤	③	①	①										

01

정답 ④

갑과 을이 맞힌 4점 과녁의 개수를 x개라고 가정하면, 갑과 을이 9점을 맞힌 화살의 개수는 다음과 같다.

(단위 : 발)

구분	갑	을
0점	6	8
4점	x	x
9점	$20-(6+x)$	$20-(8+x)$

이를 토대로 점수를 계산하면 다음과 같다.
- 갑의 점수 : $(0\times6)+(4\times x)+[9\times(14-x)]=(126-5x)$점
- 을의 점수 : $(0\times8)+(4\times x)+[9\times(12-x)]=(108-5x)$점

이때, x는 0과 12 사이의 정수이고($\because$ 4점을 맞힌 화살의 개수는 동일하다고 했으므로 을의 남은 화살 수인 최대 12발까지 가능), 갑과 을의 점수를 공차가 -5인 등차수열로 생각하여 규칙을 찾으면 다음과 같다.
- 갑의 가능한 점수 : 126점, 121점, 116점, 111점, … , 66점
- 을의 가능한 점수 : 108점, 103점, 98점, 93점, … , 48점

따라서 갑의 점수는 일의 자리가 6 또는 1로 끝나고, 을의 점수는 일의 자리가 8 또는 3으로 끝나야 하므로 선택지 중 가능한 점수는 86점과 68점이다.

02

정답 ③

자기계발 과목에 따라 해당되는 지원 금액과 신청 인원은 다음과 같다.

구분	영어회화	컴퓨터 활용능력	세무회계
지원금액	$70,000\times0.5=35,000$원	$50,000\times0.4=20,000$원	$60,000\times0.8=48,000$원
신청인원	3명	3명	3명

교육프로그램마다 3명씩 지원했으므로, 총 지원비는 $(35,000+20,000+48,000)\times3=309,000$원이다.

03

정답 ③

현재 동생의 나이를 x세라고 하면 형의 나이는 $(x+4)$세이다. 10년 후 아버지의 나이는 형의 나이와 동생의 나이 합의 2배가 되므로
$a+10=2[(x+10)+(x+4+10)]$ → $4x=a-38$

$$\therefore x=\frac{a-38}{4}$$

04

정답 ②

- A : 실내·외 온도 차이가 5℃ 이상이면 건강에 나쁜 영향을 끼치게 된다. 따라서 실내·외 온도 차이가 크게 나지 않게 조심해야 겠다는 반응은 적절하다.
- C : 전구를 닦지 않으면 최고 40%까지 밝기가 떨어지기 때문에 결론적으로 에너지를 더 많이 소모하게 된다. 따라서 한 달에 한 번 전등을 닦는 습관은 에너지 절약에 도움이 된다.

[오답분석]
- B : TV를 보지 않을 때는 플러그를 꼭 빼놓아야 한다.
- D : 선풍기는 강, 중, 약 조절에 따라 10W의 전력 소모차이가 있으므로, 전력소비가 적은 약한 바람으로 사용해야 한다.

05

정답 ⑤

'에너지 고갈의 위험성'에 대한 내용은 주어진 자료에 언급되어 있지 않으므로 적절하지 않다.

06

정답 ④

A씨는 주중에는 회사에서 패션디자이너로 일을 하고, 퇴근 후와 주말시간에는 유튜버로 활동하는 투잡을 가진 사람이다. 최근 사회 환경의 변화에 따라 투잡을 희망하거나 가지고 있는 사람이 꾸준히 증가하고 있다.

[오답분석]
① 청년실업은 외환위기 이후 우리나라 노동시장에서 부각된 문제로, 경기 침체 시 대부분의 기업들은 우선적으로 신규채용을 억제하기 때문에 청년 노동시장은 경기변동에 매우 민감한 특징이 있다.
② 전 세계적으로 창업이 증가하는 추세로, 최근에는 인터넷의 확산으로 공간이나 시간의 제약 없이 손쉽게 창업을 하고 있으며, 여성들의 창업도 증가하고 있다.
③ 지식과 정보의 폭발적인 증가로 새로운 기술개발에 따라 직업에서 요구되는 능력도 변화하고 있으며, 지속적인 능력개발이 필요한 시대가 되었다.
⑤ 우리나라의 경우 경쟁력 있는 복리후생 제도와 일과 삶의 균형에 대한 관심이 증가하고 있다.

07

정답 ⑤

지속적인 경기불황에 따라 2개 혹은 그 이상의 직업을 가지는 사람이 늘고 있다. 특히 주 5일제와 주 52시간 근무제가 시행되면서 이러한 투잡은 더욱 확대되고 있으며, 경제적 이유, 자아실현, 실직 대비 등의 이유로 투잡을 원하는 사람들이 늘어가고 있다. 또한 취업 이후에도 지속적인 경력 개발의 중요성이 점점 커지고 있으며, 환경의 변화가 잦고, 평생직장이라는 개념이 약해지면서 취업 이후에도 자신의 직업을 유지하기 위해 노력하는 것이 좋다.

08

정답 ③

ㄱ. 5원까지는 펼친 손가락의 개수와 실제 가격이 동일하지만 6원부터는 펼친 손가락의 개수와 실제 가격이 일치하지 않는다.
ㄴ. 펼친 손가락의 개수가 3개라면 숫자는 3 혹은 7이므로 물건의 가격은 최대 7원임을 알 수 있다.
ㄷ. 물건의 가격이 최대 10원이라고 하였으므로, 물건의 가격과 갑이 지불하려는 금액이 8원만큼 차이가 나는 경우는 상인이 손가락 2개를 펼쳤을 때 지불해야 하는 금액이 10원인 경우와 손가락 1개를 펼쳤을 때 지불해야 하는 금액이 9원인 경우뿐이다.

ㄹ. 5원까지는 실제 가격과 지불하려는 금액이 일치하므로 문제가 되지 않으며, 그 이후인 6원부터는 펼친 손가락의 개수가 6개 이상인 경우는 없으므로 물건의 가격을 초과하는 금액을 지불하는 경우는 발생하지 않는다.

09

제시문은 문제의 3가지 유형 중 탐색형 문제에 대한 설명으로, 현재의 상황을 개선하거나 효율을 높이기 위한 문제를 의미한다. 어제 구입한 알람시계의 고장은 이미 일어난 문제이므로 발생형 문제에 해당한다.

> **문제의 3가지 유형**
> • 발생형 문제 : 이미 일어난 문제(교통사고 등)
> • 탐색형 문제 : 현재의 상황에서 개선해야 하는 문제. 아직 일어나지 않았으나 방치하면 해결이 어려운 문제(생산 공장 이전 등)
> • 설정형 문제 : 미래지향적인 문제로 경험이 없거나, 미래 상황에 대응하여 앞으로 어떻게 할 것인지에 관한 문제(신제품 개발 등)

10

정답 ④

'피재해자는 전기 관련 자격이 없었으며, 복장은 일반 안전화, 면장갑, 패딩점퍼를 착용한 상태였다.'는 내용에서 불안전한 행동·상태, 작업 관리상 원인, 작업 준비 불충분이란 것을 확인할 수 있다. 그러나 기술적 원인은 지문에서 찾을 수 없다.

① 불안전한 행동 : 위험 장소 접근, 안전장치 기능 제거, 보호 장비의 미착용 및 잘못 사용, 운전 중인 기계의 속도 조작, 기계·기구의 잘못된 사용, 위험물 취급 부주의, 불안전한 상태 방치, 불안전한 자세와 동작, 감독 및 연락 잘못 등이 있다.
② 불안전한 상태 : 시설물 자체 결함, 전기 시설물의 누전, 구조물의 불안정, 소방기구의 미확보, 안전 보호 장치 결함, 복장·보호구의 결함, 시설물의 배치 및 장소 불량, 작업 환경 결함, 생산 공정의 결함, 경계 표시 설비의 결함 등이 있다.
③ 작업 관리상 원인 : 안전 관리 조직의 결함, 안전 수칙 미제정, 작업 준비 불충분, 인원 배치 및 작업 지시 부적당 등이 있다.
⑤ 작업 준비 불충분 : 작업 관리상 원인 중 하나이며, 피재해자는 경첩의 높이가 높음에도 불구하고 작업 준비에 필요한 자재를 준비하지 않은 채 불안전한 자세로 일을 시작하였다.

11

정답 ③

병은 멤버십 유형 중 실무형에 해당한다. 실무형은 규정과 규칙에 따라 행동하며, 개인 이익을 위한 흥정에 능하다. 리더의 판단에 의문을 품어도 규칙을 준수하는 편으로 적당한 열의를 가지고 업무를 수행한다.

① 갑은 소외형으로 부정적이고 고집이 세다. 조직의 인정을 받지 못하고 보상이 적절하지 않다고 생각하며, 일부러 반대 의견을 내기도 한다.
② 을은 순응형으로 조직을 믿고 헌신하며, 기존의 질서 및 리더의 의견을 따른다. 인기가 없는 일은 하지 않으려 하며, 아이디어가 없는 편이다.
④ 정은 수동형으로 판단 등을 리더에 의존하고, 지시를 해야 행동하며, 업무에서 제 몫을 하지 못하는 편이다. 노력과 공헌을 해도 소용없다고 느끼는 경향이 있다.
⑤ 무는 주도형으로 조직의 목적 달성을 위해 독립적·혁신적으로 사고하고, 적극적으로 실천하여 기대 이상의 성과를 내려고 한다. 스스로 생각하고 건설적인 비판을 하는 등 가장 모범적인 유형이다.

12
정답 ①

C팀장은 A팀원과 B팀원의 의견을 모두 듣고, 근본적인 문제를 해결하였음을 확인할 수 있다. 이는 윈 – 윈(Win – Win) 관리법에 해당되며, 이처럼 윈 – 윈(Win – Win) 관리법은 갈등과 관련된 모든 사람으로부터 의견을 받고자 노력해 문제의 본질적인 해결책을 찾는 방법으로 볼 수 있다. 즉, 윈 – 윈(Win – Win) 관리법은 일상에서 벌어지는 갈등을 피하거나 타협으로 예방하는 것이 아니라 문제를 근본적으로 해결하여 서로가 원하는 바를 모두 얻을 수 있는 방법으로 볼 수 있다.

13
정답 ③

㉠은 생리적 욕구가 자기개발을 방해하는 장애요인으로 작용한 것이다. 생리적 욕구는 인간의 생명 자체를 유지해 주는 기본적인 욕구로서, 음식물, 수면, 성생활 등 본능적 생리현상에 따른 욕구를 말한다.

14
정답 ④

그림에서 제시하는 중복된 항목 제거 기능을 통해 A열의 총무부, 인사부, 영업부, 기획부가 각각 하나의 행만 남게 되므로 유지되는 행의 개수는 4개이다.

15
정답 ④

목표의 층위·내용 등에 따라 우선순위가 있을 수는 있지만 하나씩 순차적으로 처리해야 하는 것은 아니다. 즉, 조직의 목표는 동시에 여러 개가 추구될 수 있다.

16
정답 ⑤

대규모 조직에 적합한 조직구조는 부문별 조직이다.

17
정답 ④

상대방의 부탁을 거절할 때는 빠를수록 좋다. 결정이 늦어질수록 상대방은 긍정적인 답변을 기대하게 되고, 시간이 지날수록 거절하기 더욱 어려워지기 때문이다.

18
정답 ④

업무를 처리할 때는 긴급성을 고려해야 한다. 즉, 먼저 부탁한 일이 있어도 더 급한 일이 생겼다면 그 일부터 처리하는 것이 효율적이다. 또한, 양해를 구하고 행동해야 한다.

19
정답 ④

기술 시스템의 발전 단계는 먼저 기술 시스템이 탄생하고 성장하며(발명, 개발 혁신의 단계), 이후 성공적인 기술이 다른 지역으로 이동하고(기술 이전의 단계), 기술 시스템 사이의 경쟁이 발생하며(기술 경쟁의 단계), 경쟁에서 승리한 기술 시스템의 관성화(기술 공고화 단계)로 나타난다.

20
정답 ④

각 코스의 특징을 설명하면서 코스 주행 시 습득할 수 있는 운전요령을 설명하고 있다.

21
정답 ①

(가) 문단에서는 인류가 바람을 에너지원으로 사용한 지 1만 년이 넘었다고 제시되어 있을 뿐이며, 이를 통해 풍력에너지가 인류에서 가장 오래된 에너지원인지는 추론할 수 없다.

22
정답 ④

(라) 문단은 비행선 등을 활용하여 고고도풍(High Altitude Wind)을 이용하는 발전기 회사의 사례를 제시하고 있지만, 그 기술의 한계에 대한 내용은 언급하고 있지 않다. 따라서 ④는 (라) 문단에 대한 주제로 적절하지 않다.

23
정답 ②

철수가 A지역에서 C지역까지 가는 데 걸린 시간은 $\frac{200}{80}$ =2시간 30분이다. 만수는 철수보다 2시간 30분 늦게 도착했으므로 걸린 시간은 5시간이다.

따라서 만수의 속력은 $\frac{300}{5}$ =60km/h이다.

24
정답 ②

통신사별 할인 혜택을 적용한 각 레스토랑의 예상금액은 다음과 같다.

구분	A통신사	B통신사	C통신사
A레스토랑	143,300−5,000=138,300원	143,300×0.85≒121,800원 (∵ 십 원 미만 절사)	143,300−14,300=129,000원
B레스토랑	165,000원	165,000×0.8=132,000원	65,000×0.7+100,000=145,500원
C레스토랑	174,500−26,100=148,400원	124,500×0.9+50,000=162,050원	174,500×0.7=122,150원

따라서 K씨의 가족이 A레스토랑에서 B통신사 15% 할인을 받았을 때, 121,800원으로 가장 저렴하게 식사할 수 있다.

25
정답 ③

甲대리의 성과평가 등급을 통해 개인 성과평가 점수에 가중치를 적용하여 점수로 나타내면 다음과 같다.

실적	난이도평가	중요도평가	신속성	총점
30×1=30	20×0.8=16	30×0.4=12	20×0.8=16	74

따라서 甲대리는 80만 원의 성과금을 받게 된다.

26
정답 ①

주변 사람들과 긍정적인 인간관계를 형성하기 위해서는 자기개발이 필요하며, 자기개발계획을 설계할 때는 인간관계를 고려해야 한다. 이처럼 자기개발에 있어서 인간관계는 중요한 요소이므로 회사 동료들과의 인간관계를 멀리하고 자기개발에 힘쓰는 A사원의 자기개발 방법은 적절하지 않다.

27
정답 ③

다섯 번째와 일곱 번째 조건에 의해, G는 첫 번째 자리에 앉는다. 이때 여섯 번째 조건에 의해, C는 세 번째 자리에 앉는다. A와 B가 네 번째, 여섯 번째 또는 다섯 번째, 일곱 번째 자리에 앉으면, D와 F가 나란히 앉을 수 없다. 따라서 A와 B는 두 번째, 네 번째 자리에 앉는다. 남은 자리는 다섯, 여섯, 일곱 번째 자리이므로 D와 F는 다섯, 여섯 번째 또는 여섯, 일곱 번째 자리에 나란히 앉게 되고, 나머지 한 자리에 E가 앉는다.

① · ② · ④ E가 다섯 번째, D가 여섯 번째, F가 일곱 번째 자리에 앉으면 성립하지 않는다.
⑤ B는 두 번째 또는 가운데 자리에 앉는다.

28

정답 ①

- 문제 인식 : 해결해야 할 전체 문제를 파악하여 우선순위를 정하고, 선정문제에 대한 목표를 명확히 하는 단계(ⓒ)
- 문제 도출 : 선정된 문제를 분석하여 해결해야 할 것이 무엇인지를 명확히 하는 단계(ⓔ)
- 원인 분석 : 파악된 핵심문제에 대한 분석을 통해 근본 원인을 도출하는 단계(ⓒ)
- 해결안 개발 : 문제로부터 도출된 근본 원인을 효과적으로 해결할 수 있는 최적의 해결방안을 수립하는 단계(ⓐ)
- 실행 및 평가 : 해결안 개발을 통해 만들어진 실행계획을 실제 상황에 적용하는 활동으로, 당초 장애가 되는 문제의 원인들을 해결안을 사용하여 제거하는 단계(ⓜ)

29

정답 ①

MID(데이터를 참조할 셀 번호,왼쪽을 기준으로 시작할 기준 텍스트,기준점을 시작으로 가져올 자릿수)로 표시되기 때문에 「＝MID(B2,5,2)」가 가장 적절하다.

30

정답 ④

문제 발생의 원인은 회의내용을 통해 알 수 있는 내용이다.

① 회의에 참가한 인원이 6명일 뿐 조직의 인원은 회의록에서 알 수 없다.
② 회의 참석자는 생산팀 2명, 연구팀 2명, 마케팅팀 2명으로 총 6명이다.
③ 마케팅팀에서 제품을 전격 회수하고 연구팀에서 유해성분을 조사하기로 했다.
⑤ 연구팀에서 유해성분을 조사하기로 결정했을 뿐 결과는 알 수 없다.

31

정답 ④

회의 후 가장 먼저 해야 할 일은 '주문량이 급격히 증가한 일주일 동안 생산된 제품 파악'이다. 문제의 제품이 전부 회수돼야 포장 재질 및 인쇄된 잉크 유해성분을 조사한 뒤 적절한 조치가 가능하기 때문이다.

32

정답 ④

제시문에서는 직업인의 기본자세를 설명하고 있으며, 경제적인 목적에 대한 내용은 확인할 수 없다. 직업은 경제적 목적 이외에 자신의 존재가치를 실현하고, 자기의 능력과 노력을 통하여 적극적으로 사회에 기여하기 위한 장으로, 모든 직업인은 직업에 대해 소명의식과 천직의식을 가져야 하며, 봉사정신과 협동정신, 책임의식과 전문의식을 가져야 한다. 또한, 공평무사한 자세가 필요하다.

33

정답 ④

최근 대두되고 있는 '초연결사회'에 대해 언급하는 (나) 문단이 가장 먼저 와야 하며, 다음으로는 초연결사회에 대해 설명하는 (가) 문단이 와야 한다. 또한, 초연결 네트워크를 통해 긴밀히 연결되는 초연결사회의 (라) 문단이 와야 하고, 마지막으로는 이러한 초연결사회가 가져올 변화에 대한 전망의 (다) 문단이 오는 것이 적절하다.

34

가정에 있을 경우 전력수급 비상단계를 신속하게 극복하기 위해 전력기기 등의 전원을 차단하거나 사용을 중지하는 것이 필요하나, 4번 항목에 따르면 안전, 보안 등을 위한 최소한의 조명까지 모두 소등할 필요는 없다.

[오답분석]

① 가정에 있을 경우 TV, 라디오 등을 통해 재난상황을 파악하여 대처하라고 하였으므로, 전력수급 비상단계 발생 시 대중매체를 통해 재난상황에 대한 정보를 파악할 수 있다는 것을 알 수 있다.
② 사무실에 있을 경우 즉시 사용이 필요하지 않은 사무기기의 전원을 차단하여야 한다.
④ 공장에서는 비상발전기의 가동을 점검하여 가동을 준비해야 한다.
⑤ 전력수급 비상단계가 발생할 경우 컴퓨터, 프린터 등 긴급하지 않은 모든 사무기기의 전원을 차단하여야 하므로 한동안 사무실의 업무가 중단될 수 있다.

35

ⓒ 사무실에서의 행동요령에 따르면 본사의 중앙보안시스템은 긴급한 설비로 볼 수 있다. 따라서 3번 항목의 예외에 해당하므로 중앙보안시스템의 전원을 즉시 차단해버린 이주임의 행동은 적절하지 않다고 볼 수 있다.
ⓔ 상가에서의 행동요령에 따르면 식재료의 부패와 관련 없는 가전제품의 가동을 중지하거나 조정하도록 설명되어 있다. 하지만 최사장은 횟감을 포함한 식재료를 보관 중인 모든 냉동고의 전원을 차단하였으므로 이는 적절하지 않은 행동이다.

[오답분석]

ⓐ 집에 있던 중 세탁기 사용을 중지하고 실내조명을 최소화한 김사원의 행동은 행동요령에 따른 적절한 행동이다.
ⓑ 공장에 있던 중 공장 내부 조명 밝기를 최소화한 박주임의 행동은 행동요령에 따른 적절한 행동이다.

36

'문제의 원인'과 '해결방안'은 서로 연결의 흐름이 정확해야 한다. 사이버 중독에 빠지는 근본적인 원인은 갈수록 사이버 공간을 현실도피의 수단으로 삼는 사람들이 늘어나고 있는 현상과 사이버 공간이 갖는 부정적 속성인 '권력욕'과 '소영웅 심리'를 부추기는 점 등이다. 따라서 해결방안은 이 두 가지 문제점을 모두 아우르는 것이어야 한다. 따라서 사이버 공간에 의존하는 현대인의 생활 자체를 막을 수 없는 상황에서는 '인터넷 사용 시간의 축소'와 '현실에서 충족하지 못한 욕구를 해소할 수 있는 문화 공간의 확대'가 가장 적절한 방안이라고 할 수 있다.

37

맛과 음식 구성의 점수를 환산하면 다음과 같다.

구분	맛	음식 구성	합계
A호텔	3×5=15점	3×5+1×3=18점	33점
B호텔	2×5+1×3=13점	3×5=15점	28점
C호텔	2×5=10점	3×5+1×3=18점	28점
D호텔	2×5+1×3=13점	3×5=15점	28점
E호텔	3×5+1×3=18점	2×5+1×3=13점	31점

맛과 음식 구성의 별의 개수를 보면 A호텔과 E호텔이 7개로 가장 많음을 알 수 있다. 그러므로 A호텔과 E호텔의 점수만 확인하면 된다. A호텔은 33점, E호텔은 31점으로 그 차가 3점 이하이다. 따라서 A호텔과 E호텔의 가격 점수를 비교하면 A호텔 18점, E호텔 15점으로 A호텔이 선택된다.

38

정답 ⑤

200만 원 내에서 25명의 식사비용을 내려면 한 사람당 식대가 200만÷25=8만 원 이하여야 한다. 이 조건을 만족하는 곳은 A, D, E호텔이고 총 식사비용은 각각 다음과 같다.

- A호텔 : $73,000 \times 25 = 1,825,000$원
- D호텔 : $77,000 \times 25 = 1,925,000$원
- E호텔 : $75,000 \times 25 = 1,875,000$원

가장 저렴한 A호텔과 E호텔의 가격 차이가 10만 원 이하이므로 맛 점수가 높은 곳으로 선정한다. 따라서 18점으로 맛 점수가 높은 E호텔이 선정된다.

39

정답 ⑤

기업 A ~ E의 기본생산능력을 각각 $a \sim e$라 하고, 주어진 조건을 토대로 1 ~ 3월 총생산량을 구하는 식을 정리하면 다음과 같다.

- 1월 : $b+c=23,000$
- 2월 : $(b+d) \times 0.5 = 17,000$
- 3월 : $c+1.2e=22,000$(단, $c=e$이므로, $c+1.2c=22,000$)

위의 식을 연립해서 풀면 $a=15,000$, $b=13,000$, $c=10,000$, $d=21,000$, $e=10,000$이므로 기본 생산량이 가장 큰 기업은 D이고, 세 번째로 큰 기업은 B이다.

40

정답 ③

A는 월요일부터 시작하여 2일 간격으로 산책하고, B는 그 다음 날인 화요일부터 3일마다 산책을 하므로 요일별로 정리하면 다음과 같다.

월요일	화요일	수요일	목요일	금요일	토요일	일요일
A		A		A		A
	B			B		

따라서 A와 B는 처음으로 금요일에 만난다.

41

정답 ④

자기개발은 특정한 프로그램에 참가하는 것보다 생활 가운데에서 이루어지는 것이 더 중요하다. 따라서 반드시 특정한 프로그램에 참가해야만 자기개발이 가능하다는 D사원의 설명은 적절하지 않다.

42

정답 ③

사단은 법인(法人)으로 등기되어야 법인격이 생긴다. 법인으로 등기 하지 않은 사단은 '법인이 아닌 사단'이라 한다.

[오답분석]
① 사람은 생존하는 내내 권리 능력을 갖게 되며, 그리하여 재산에 대한 소유권의 주체가 된다.
② 단체도 일정한 요건을 갖추면 법으로써 부여되는 권리 능력인 법인격을 취득할 수 있다.
④ 사람의 권리 능력과 법인격은 엄격히 구별되기 때문에 사원 개인에게까지 책임이 미치지 않는다.
⑤ 일인 주식회사에서는 일인 주주가 회사의 대표 이사가 되는 사례가 많다.

43

정답 ①

경영지원실이 가장 아래층이니 1층이며, 보험급여실이 경영지원실 바로 위층에 있으니 2층이다. 빅데이터운영실과 보험급여실 사이에는 두 층이 있으므로 빅데이터운영실이 5층이 된다. 나머지 3 · 4층 중 기획조정실의 층수에서 경영지원실의 층수를 빼면 3이 된다고 했으니 기획조정실이 4층이 되고 자동으로 3층은 급여관리실이 된다. 따라서 1층부터 순서대로 '경영지원실 – 보험급여실 – 급여관리실 – 기획조정실 – 빅데이터운영실'이다.

44

정답 ①

㉠ 단순한 인과관계 : 원인과 결과를 분명하게 구분할 수 있는 경우이다.
㉡ 닭과 계란의 인과관계 : 원인과 결과를 구분하기 어려운 경우이다.
㉢ 복잡한 인과관계 : 단순한 인과관계와 닭과 계란의 인과관계의 두 유형이 복잡하게 서로 얽혀 있는 경우이다.

45

정답 ④

행사장 방문객은 시계 반대 방향으로 돌면서 전시관을 관람한다. 400명의 방문객이 출입하여 제1전시관에서 100명이 관람한다면 나머지 300명은 관람하지 않고 지나치게 된다. 따라서 A지역에서 홍보판촉물을 나눠줄 수 있는 대상자는 300명이 된다. 그리고 B지역은 A지역을 걸쳐서 오는 300명과 제1전시관을 관람하고 나온 100명의 인원이 합쳐지는 장소이므로 총 400명을 대상으로 홍보판촉물을 나눠줄 수 있다. 이러한 개념으로 모든 지역을 고려해 보면 각 전시관과의 출입구가 합류되는 B, D, F지역에서 가장 많은 사람들에게 홍보판촉물을 나눠줄 수 있다.

46

정답 ②

고객은 대출 이자가 잘못 나갔다고 생각하고 일 처리를 잘못한다고 의심하는 상황이기 때문에 의심형 불만고객이다.

> **불만 고객 유형**
> • 거만형 : 자신의 과시욕을 드러내고 싶어 하는 사람으로, 보통 제품을 폄하하는 사람이다.
> • 의심형 : 직원의 설명이나 제품의 품질에 대해 의심을 많이 하는 사람이다.
> • 트집형 : 사소한 것으로 트집을 잡는 까다로운 고객이다.
> • 빨리빨리형 : 성격이 급하고, 확신 있는 말이 아니면 잘 믿지 않는 고객이다.

47

정답 ⑤

㉢ 빠른 해결을 약속하지 않으면 다른 불만을 야기하거나 불만이 더 커질 수 있다.
㉣ 고객의 불만이 대출과 관련된 내용이기 때문에 이 부분에 대해 답변을 해야 한다.

오답분석

㉠ 해결 방안은 고객이 아닌 K기관에서 제시하는 것이 적절하다.
㉡ 불만을 동료에게 전달하는 것은 고객의 입장에서는 알 필요가 없는 정보이기 때문에 굳이 말할 필요가 없다.

48

정답 ③

LEFT(데이터가 있는 셀 번호,왼쪽을 기준으로 가져올 자릿수)이다. 이때 주민등록번호가 있는 [C2] 셀에서 왼쪽을 기준으로 생년월일은 6자리이기 때문에 「=LEFT(C2,6)」가 가장 적절하다.

49

단축키 〈Shift〉+〈F2〉은 Excel 사용 시 '셀에 메모 삽입하기' 기능을 수행한다.

[오답분석]

② 〈Shift〉+〈F3〉 : 함수를 삽입한다.
③ 〈F2〉 : 활성 셀을 편집하고 해당 내용 끝부분에 삽입 지점을 둔다.
④ 〈F7〉 : 현재 워크시트나 선택한 범위의 맞춤법을 검사한다.
⑤ 〈Ctrl〉+〈Shift〉+〈End〉 : 수식 입력줄의 커서 위치에서 끝까지 모든 텍스트를 선택한다.

50

[오답분석]

ㄴ. 윤리적 관점에서 볼 때, 성실한 사람은 장기적으로 반드시 성공하게 된다고 본다.
ㄷ. 성실에서 정성이란 '진실하여 흠이 없는 완전한 상태에 도달하고자 하는 사람이 선을 택하여 노력하는 태도'를 가리킨다.

한전KDN 필기전형 답안카드

성 명

지원 분야

문제지 형별기재란

( )형   Ⓐ   Ⓑ

수 험 번 호

	⓪	①	②	③	④	⑤	⑥	⑦	⑧	⑨
⓪	①	②	③	④	⑤	⑥	⑦	⑧	⑨
⓪	①	②	③	④	⑤	⑥	⑦	⑧	⑨
⓪	①	②	③	④	⑤	⑥	⑦	⑧	⑨
⓪	①	②	③	④	⑤	⑥	⑦	⑧	⑨
⓪	①	②	③	④	⑤	⑥	⑦	⑧	⑨
	②	③	④	⑤	⑥	⑦	⑧	⑨

감독위원 확인

㊞

번호	답란	번호	답란	번호	답란
1	① ② ③ ④ ⑤	21	① ② ③ ④ ⑤	41	① ② ③ ④ ⑤
2	① ② ③ ④ ⑤	22	① ② ③ ④ ⑤	42	① ② ③ ④ ⑤
3	① ② ③ ④ ⑤	23	① ② ③ ④ ⑤	43	① ② ③ ④ ⑤
4	① ② ③ ④ ⑤	24	① ② ③ ④ ⑤	44	① ② ③ ④ ⑤
5	① ② ③ ④ ⑤	25	① ② ③ ④ ⑤	45	① ② ③ ④ ⑤
6	① ② ③ ④ ⑤	26	① ② ③ ④ ⑤	46	① ② ③ ④ ⑤
7	① ② ③ ④ ⑤	27	① ② ③ ④ ⑤	47	① ② ③ ④ ⑤
8	① ② ③ ④ ⑤	28	① ② ③ ④ ⑤	48	① ② ③ ④ ⑤
9	① ② ③ ④ ⑤	29	① ② ③ ④ ⑤	49	① ② ③ ④ ⑤
10	① ② ③ ④ ⑤	30	① ② ③ ④ ⑤	50	① ② ③ ④ ⑤
11	① ② ③ ④ ⑤	31	① ② ③ ④ ⑤		
12	① ② ③ ④ ⑤	32	① ② ③ ④ ⑤		
13	① ② ③ ④ ⑤	33	① ② ③ ④ ⑤		
14	① ② ③ ④ ⑤	34	① ② ③ ④ ⑤		
15	① ② ③ ④ ⑤	35	① ② ③ ④ ⑤		
16	① ② ③ ④ ⑤	36	① ② ③ ④ ⑤		
17	① ② ③ ④ ⑤	37	① ② ③ ④ ⑤		
18	① ② ③ ④ ⑤	38	① ② ③ ④ ⑤		
19	① ② ③ ④ ⑤	39	① ② ③ ④ ⑤		
20	① ② ③ ④ ⑤	40	① ② ③ ④ ⑤		

※ 본 답안지는 마킹연습용 모의 답안지입니다.

한전KDN 필기전형 답안카드

	①	②	③	④	⑤			①	②	③	④	⑤			①	②	③	④	⑤
1	①	②	③	④	⑤	21	①	②	③	④	⑤	41	①	②	③	④	⑤
2	①	②	③	④	⑤	22	①	②	③	④	⑤	42	①	②	③	④	⑤
3	①	②	③	④	⑤	23	①	②	③	④	⑤	43	①	②	③	④	⑤
4	①	②	③	④	⑤	24	①	②	③	④	⑤	44	①	②	③	④	⑤
5	①	②	③	④	⑤	25	①	②	③	④	⑤	45	①	②	③	④	⑤
6	①	②	③	④	⑤	26	①	②	③	④	⑤	46	①	②	③	④	⑤
7	①	②	③	④	⑤	27	①	②	③	④	⑤	47	①	②	③	④	⑤
8	①	②	③	④	⑤	28	①	②	③	④	⑤	48	①	②	③	④	⑤
9	①	②	③	④	⑤	29	①	②	③	④	⑤	49	①	②	③	④	⑤
10	①	②	③	④	⑤	30	①	②	③	④	⑤	50	①	②	③	④	⑤
11	①	②	③	④	⑤	31	①	②	③	④	⑤						
12	①	②	③	④	⑤	32	①	②	③	④	⑤						
13	①	②	③	④	⑤	33	①	②	③	④	⑤						
14	①	②	③	④	⑤	34	①	②	③	④	⑤						
15	①	②	③	④	⑤	35	①	②	③	④	⑤						
16	①	②	③	④	⑤	36	①	②	③	④	⑤						
17	①	②	③	④	⑤	37	①	②	③	④	⑤						
18	①	②	③	④	⑤	38	①	②	③	④	⑤						
19	①	②	③	④	⑤	39	①	②	③	④	⑤						
20	①	②	③	④	⑤	40	①	②	③	④	⑤						

※ 본 답안지는 마킹연습용 모의 답안지입니다.

성 명

지원 분야

문제지 형별기재란

Ⓐ
Ⓑ

( )형

수 험 번 호

⓪	①	②	③	④	⑤	⑥	⑦	⑧	⑨
⓪	①	②	③	④	⑤	⑥	⑦	⑧	⑨
⓪	①	②	③	④	⑤	⑥	⑦	⑧	⑨
⓪	①	②	③	④	⑤	⑥	⑦	⑧	⑨
⓪	①	②	③	④	⑤	⑥	⑦	⑧	⑨
⓪	①	②	③	④	⑤	⑥	⑦	⑧	⑨
⓪	①	②	③	④	⑤	⑥	⑦	⑧	⑨

감독위원 확인

(인)

한전KDN 필기전형 답안카드

성 명

지원 분야

문제지 형별기재란

( )형

Ⓐ
Ⓑ

수험번호

	0	0	0	0	0	0	0
	①	①	①	①	①	①	①
	②	②	②	②	②	②	②
	③	③	③	③	③	③	③
	④	④	④	④	④	④	④
	⑤	⑤	⑤	⑤	⑤	⑤	⑤
	⑥	⑥	⑥	⑥	⑥	⑥	⑥
	⑦	⑦	⑦	⑦	⑦	⑦	⑦
	⑧	⑧	⑧	⑧	⑧	⑧	⑧
	⑨	⑨	⑨	⑨	⑨	⑨	⑨

감독위원 확인

㉑

1	① ② ③ ④ ⑤	21	① ② ③ ④ ⑤	41	① ② ③ ④ ⑤
2	① ② ③ ④ ⑤	22	① ② ③ ④ ⑤	42	① ② ③ ④ ⑤
3	① ② ③ ④ ⑤	23	① ② ③ ④ ⑤	43	① ② ③ ④ ⑤
4	① ② ③ ④ ⑤	24	① ② ③ ④ ⑤	44	① ② ③ ④ ⑤
5	① ② ③ ④ ⑤	25	① ② ③ ④ ⑤	45	① ② ③ ④ ⑤
6	① ② ③ ④ ⑤	26	① ② ③ ④ ⑤	46	① ② ③ ④ ⑤
7	① ② ③ ④ ⑤	27	① ② ③ ④ ⑤	47	① ② ③ ④ ⑤
8	① ② ③ ④ ⑤	28	① ② ③ ④ ⑤	48	① ② ③ ④ ⑤
9	① ② ③ ④ ⑤	29	① ② ③ ④ ⑤	49	① ② ③ ④ ⑤
10	① ② ③ ④ ⑤	30	① ② ③ ④ ⑤	50	① ② ③ ④ ⑤
11	① ② ③ ④ ⑤	31	① ② ③ ④ ⑤		
12	① ② ③ ④ ⑤	32	① ② ③ ④ ⑤		
13	① ② ③ ④ ⑤	33	① ② ③ ④ ⑤		
14	① ② ③ ④ ⑤	34	① ② ③ ④ ⑤		
15	① ② ③ ④ ⑤	35	① ② ③ ④ ⑤		
16	① ② ③ ④ ⑤	36	① ② ③ ④ ⑤		
17	① ② ③ ④ ⑤	37	① ② ③ ④ ⑤		
18	① ② ③ ④ ⑤	38	① ② ③ ④ ⑤		
19	① ② ③ ④ ⑤	39	① ② ③ ④ ⑤		
20	① ② ③ ④ ⑤	40	① ② ③ ④ ⑤		

※ 본 답안지는 마킹연습용 모의 답안지입니다.

한전KDN 필기전형 답안카드

	1	2	3	4	5		21	1	2	3	4	5		41	1	2	3	4	5
1	①	②	③	④	⑤		21	①	②	③	④	⑤		41	①	②	③	④	⑤
2	①	②	③	④	⑤		22	①	②	③	④	⑤		42	①	②	③	④	⑤
3	①	②	③	④	⑤		23	①	②	③	④	⑤		43	①	②	③	④	⑤
4	①	②	③	④	⑤		24	①	②	③	④	⑤		44	①	②	③	④	⑤
5	①	②	③	④	⑤		25	①	②	③	④	⑤		45	①	②	③	④	⑤
6	①	②	③	④	⑤		26	①	②	③	④	⑤		46	①	②	③	④	⑤
7	①	②	③	④	⑤		27	①	②	③	④	⑤		47	①	②	③	④	⑤
8	①	②	③	④	⑤		28	①	②	③	④	⑤		48	①	②	③	④	⑤
9	①	②	③	④	⑤		29	①	②	③	④	⑤		49	①	②	③	④	⑤
10	①	②	③	④	⑤		30	①	②	③	④	⑤		50	①	②	③	④	⑤
11	①	②	③	④	⑤		31	①	②	③	④	⑤							
12	①	②	③	④	⑤		32	①	②	③	④	⑤							
13	①	②	③	④	⑤		33	①	②	③	④	⑤							
14	①	②	③	④	⑤		34	①	②	③	④	⑤							
15	①	②	③	④	⑤		35	①	②	③	④	⑤							
16	①	②	③	④	⑤		36	①	②	③	④	⑤							
17	①	②	③	④	⑤		37	①	②	③	④	⑤							
18	①	②	③	④	⑤		38	①	②	③	④	⑤							
19	①	②	③	④	⑤		39	①	②	③	④	⑤							
20	①	②	③	④	⑤		40	①	②	③	④	⑤							

※ 본 답안지는 마킹연습용 모의 답안지입니다.

성 명

지원 분야

문제지 형별기재란

ⓐ
ⓑ

(형)

수 험 번 호

⓪	①	②	③	④	⑤	⑥	⑦	⑧	⑨
⓪	①	②	③	④	⑤	⑥	⑦	⑧	⑨
⓪	①	②	③	④	⑤	⑥	⑦	⑧	⑨
⓪	①	②	③	④	⑤	⑥	⑦	⑧	⑨
⓪	①	②	③	④	⑤	⑥	⑦	⑧	⑨
⓪	①	②	③	④	⑤	⑥	⑦	⑧	⑨
⓪	①	②	③	④	⑤	⑥	⑦	⑧	⑨

감독위원 확인

(인)

2025 최신판 시대에듀 한전KDN
NCS + 최종점검 모의고사 6회 + 무료NCS특강

개정13판1쇄 발행	2025년 02월 20일 (인쇄 2024년 12월 03일)
초 판 발 행	2017년 05월 30일 (인쇄 2017년 05월 11일)
발 행 인	박영일
책 임 편 집	이해욱
편 저	SDC(Sidae Data Center)
편 집 진 행	김재희 · 김미진
표지디자인	김도연
편집디자인	양혜련 · 장성복
발 행 처	(주)시대고시기획
출 판 등 록	제10-1521호
주 소	서울시 마포구 큰우물로 75 [도화동 538 성지 B/D] 9F
전 화	1600-3600
팩 스	02-701-8823
홈 페 이 지	www.sdedu.co.kr
I S B N	979-11-383-8475-9 (13320)
정 가	25,000원

한전
KDN

NCS+모의고사 6회

최신 출제경향 전면 반영

기업별 맞춤 학습 "기본서" 시리즈

공기업 취업의 기초부터 심화까지! 합격의 문을 여는 Hidden Key!

기업별 시험 직전 마무리 "모의고사" 시리즈

실제 시험과 동일하게 마무리! 합격을 향한 Last Spurt!

※도서의 이미지 및 구성은 변동될 수 있습니다.

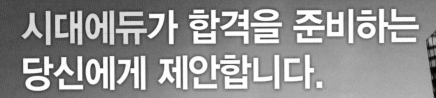